施 越——著

从奥伦堡到塔什干

Russia's Conquest
and Rule of
Central Asian Steppe

From ORENBURG
to TASHKENT

俄罗斯草原征服史

中国出版集团 东方出版中心

图书在版编目（CIP）数据

俄罗斯草原征服史：从奥伦堡到塔什干 / 施越著
. −上海：东方出版中心, 2023.8
　　ISBN 978-7-5473-2262-8

　　Ⅰ.①俄… Ⅱ.①施… Ⅲ.①战争史−俄罗斯 Ⅳ.
①E512.9

中国国家版本馆CIP数据核字（2023）第160989号

本书系北京市社会科学基金青年项目
"哈萨克斯坦近代历史研究"（编号：20LSC016）最终成果

俄罗斯草原征服史：从奥伦堡到塔什干

作　者　施　越
责任编辑　万　骏　刘玉伟
装帧设计　钟　颖

出 版 人　陈义望
出版发行　东方出版中心
地　　址　上海市仙霞路345号
邮政编码　200336
电　　话　021-62417400
印 刷 者　上海颛辉印刷厂有限公司

开　　本　890mm×1240mm 1/32
印　　张　11.75
字　　数　314千字
版　　次　2023年10月第1版
印　　次　2023年10月第1次印刷
定　　价　78.00元

"燕翼"丛书编委会

主　编　章永乐
编　　委（按姓氏音序排列）
　　　　陈侃理　陈斯一　程苏东　段德敏
　　　　孙飞宇　田　耕　王　栋　王维佳
　　　　吴杰伟　席天扬　向　勇　阎　天
　　　　昝　涛

"燕翼"丛书总序

进入 21 世纪以来,后冷战时期的单极国际体系正在加速向多极化格局演变,全球秩序进入了一个动荡变革期。一方面,新兴市场与发展中国家的经济与政治影响力不断扩大,在一些区域,对前殖民时代的区域性文明的自豪感加速复归;另一方面,国际体系中的保守力量对于多极化进程的阻碍也与日俱增,中国与诸多发展中国家的"发展权"面临着严峻的挑战。

正是在这一历史时刻,哲学社会科学的"自主知识体系"构建,上升为中国的国家战略。强调"知识体系"的"自主性",其前提在于认识到哲学社会科学知识的生产、传播和应用,本身就是特定的社会运行体系与机制的构成部分。科学是"求真"的事业,"求真"导向的学术纪律与学术规范具有保持学术领域的相对自主性的功能,而这种相对自主性是一个现代工业化社会保持知识创造活力的必然要求。但与此同时,哲学社会科学又是具有主体性的事业,研究者的提问和回答总是会反映特定的实践主体从自身生存处境出发的关切。实践主体的变化,往往会带来提问和回答方式的重大转变。

作为经历"后发型现代化"的国家,中国自近代以来的现代化实践,不可避免地受到更早经历工业化的国家的知识体系的影响。引入发达国家较为成熟与完整的知识体系，在诸多方面减少了学习的成本；但当中国需要在新的时势下提出新问题、寻找新答案的时候，相关实践在旧有的知识体系中往往得不到支持；当"中国式现代化"的实践已经对世界历史进程产生了巨大的影响之时，中国的许多重大创举和成就，仍无法在旧有的知识体系中赢得应有的光荣。如何通过学术思想的"守正创新"，不仅为真正具有生产性与创造性的实践"正名"，而且进一步支持和激发为人类文明探索更美好的可能性的集体实践，正是"自主知识体系"构建的现实指向之所在。

在"百年未有之大变局"下，有许多具有时代使命感的思想者，为了哲学社会科学领域的"自成体系，自建光荣"而夙兴夜寐、殚精竭虑。他们继承近代以来的学术前辈们"化蕴西学"的探索，并在与中国经验的对照之中，意识到各自研究领域的西学知识体系的"薄弱环节"之所在；他们从中国古典知识体系与当代中国鲜活的实践中获得诸多创新的灵感，并对人类社会一切文明成果保持开放的心态。"燕翼"丛书致力于记录他们学术思想探索留下的部分足迹，呈现部分探索成果。

"燕翼"的字面意思是"燕子的翅膀"。如果说翅膀是让燕子飞起来的力量，那么致力于"守正创新"的思想者与具有主体性自觉的思想探索，正是我们的时代能够被后世认定为一个具有创造力的时代的关键之所在。而在古文之中，"燕翼"的含义远远超出了上述字面意思。《诗经·大雅·文王有声》中的一句话被古代典籍广泛引用："武王岂不仕，诒厥孙谋，以燕翼子。"这里，"燕翼"通常被理解为一个动词，"燕"意味着"安"，"翼"意味着"敬""成"乃至"助"。但无论如何理解，"燕翼"连用，通常意味着为了子孙后代的未来进行筹划。哲学社会科学是探求真理的事业，也是为了子孙后代进行筹划的事业。事实上，当代中国所重视的"生存权"与"发展权"，都可以从代际关系的角度来理解："生存"指向世世代代的生存，"发展"意味着让子孙后代有更美好的未来。而具有捍卫"生存权"与"发展权"之自觉的学术，正是"诒厥孙谋，以燕翼子"的学术。同时，在对后世的责任感中，也蕴含了对于前人艰苦探索的敬意：从代际关系的视角来看，学术是一个需要薪火代代相传的事业，没有对于学术传统的继承和深入把握，后人也无法准确地找到前人探索中的"薄弱环节"，从而进行有意义的创新。

在中国古代，"燕翼"也经常意味着"辅佐"。而在 21 世纪的今天，"燕翼"可以被理解为：为公共事务的决策提供更为可靠的知识基础与更为明智的选项。从村委会到中央政府，从国际法院到联合国大会，各种公共决策的主体都在寻求更为可靠的知识的供给。近年来，"燕翼"公共决策的需求推动了智库建设的热潮，但要让"智库"之"智"如同源头活水，绵绵不绝，则需要将高度的责任感、敏锐的战略眼光与扎实的学术研究结合起来。这也正是"燕翼"丛书追求的目标，虽不能至，心向往之。

收入"燕翼"丛书的著作，一部分曾以不同形式获得过北京大学社会科学部、人文社会科学研究院、区域与国别研究院的研究项目资助，其他则是慨然应邀，共襄义举。我们感谢所有作者对于丛书所做出的贡献，同时也期待本丛书能真正体现"守正创新"精神，不负"燕翼"二字之大义，帮助广大读者打开理解中国与世界的新视野，并对未来思想者的学术生产发挥"辅佐"的作用。

是为序。

本书编委会
2023 年 9 月

凡 例

一、本书的研究对象涉及多种外国语言文字，其中文译名和外文名称呈现是较为棘手的问题。在中文译名方面，书中来源文献为俄文的人名、地名和专有名词，主要依据商务印书馆的《俄汉译音表》选择译名的汉字；来源文献为哈萨克文的术语，或参照俄文译名选字，或参照前人学者作品的通用译名；其他语种来源的术语，译名参照学界先例。

鉴于当前各学科以英文文献为主要的外文信息来源，笔者尝试将俄文和哈萨克文术语以拉丁字母转写的形式置于中文译名之后，便于各学科领域的读者查索本书涉及术语的相关外文信息。部分地理名词和已进入英语的术语则直接采用英文文献通用拼写方式。因人物名称相对容易查索，本书直接以拉丁字母转写来呈现外文人名。部分较为罕见的俄文和哈萨克文术语则采用中文译名之后以斜杠附上拉丁字母转写的方式呈现。

俄文术语的拉丁化方面，本书主要参照《美国国会图书馆俄文字母表拉丁转写方案》[①]。该方案随着大量英美学界俄国历史著作的汉译本而进入中国学界，中文学界的人文社科各领域的学者对其相对熟悉。需要

[①] 《美国国会图书馆俄文字母表拉丁转写方案》参见 https://www.loc.gov/catdir/cpso/romanization/russian.pdf。

注意的是，《美国国会图书馆俄文字母表拉丁转写方案》以符号（'）对应俄文软音符号（ь），以符号（"）对应硬音符号（ъ），此二者并非衍文。鉴于哈萨克斯坦共和国已经启动国语文字拉丁化改革，西里尔哈萨克文的拉丁转写方案参照 2021 年 1 月 28 日哈萨克斯坦政府公布的《拉丁文字母表》。上述外文术语名称的原文、拉丁转写和中文译名均罗列于本书末尾的"附录一"。

二、20 世纪 20 年代中期以前，俄文文献大多以"吉尔吉斯人"（Kirgiz）或"吉尔吉斯—凯萨克人"（Kirgiz-kaisak）称呼 1926 年之后为世人所熟知的"哈萨克人"。哈萨克各玉兹则被称呼为"大帐吉尔吉斯"（Kirgiz bol'shoi ordy）、"中帐吉尔吉斯"（Kirgiz srednei ordy）、"小帐吉尔吉斯"（Kirgiz mladshei ordy）和 1801 年之后由小玉兹分化出来的"布凯汗帐吉尔吉斯"（Kirgiz Bukeevskoi ordy）或"内帐吉尔吉斯"（Kirgiz vnutrennei ordy）。而"喀喇吉尔吉斯"（Karakirgiz）或"野石吉尔吉斯"（Dikokamennyi Kirgiz）等名称则被用来称呼 1926 年之后的"吉尔吉斯人"。巴托尔德认为"吉尔吉斯"一词源自东斯拉夫人对钦察游牧民的称呼[1]。本书在直译史料文献时，为贴近原文，译为"吉尔吉斯人"；而在一般行文中则使用当代更熟悉的"哈萨克人"译法，希望读者能够谅解。

三、国内学界对俄文行政术语 губерния（guberniia）和 область（oblast'）尚无统一译名。国内多数著作将 губерния 译为"省"而将 область 译为"州"[2]。因两词的区别在于 губерния 境内没有或较少驻扎常备军，而 область 境内驻有常备军，孟楠认为两词可通译为"省"[3]。

---

[1] 相关讨论参见［俄］巴托尔德著，张丽译：《巴托尔德文集（第 2 卷第 1 分册）：吉尔吉斯简史》，兰州：兰州大学出版社，2013 年，第 584—585 页；另见［哈］格奥尔吉·瓦西里耶维奇·坎著，中国社会科学院丝绸之路研究所等译：《哈萨克斯坦简史》，北京：中国社会科学出版社，2018 年，第 2—4 页。

[2] 例如，徐景学主编：《西伯利亚史》，哈尔滨：黑龙江教育出版社，1991 年。

[3] 孟楠：《俄国统治中亚政策研究》，乌鲁木齐：新疆大学出版社，2000 年，第 72 页。该作品在俄文术语译名方面为笔者提供了极大的帮助，特此感谢。

为区别两者，本文在孟楠观点的基础上，将губерния译为"州"，将область译为"省"。

关于俄文术语округ（okrug）的译法，孟楠在《俄国统治中亚政策研究》中因将губерния与область均译为"省"，故将округ译为"州"。捷连季耶夫《征服中亚史（第一卷）》中译本译为"区"。因当下国内学界一般将欧亚地区各国一级行政区область译为"州"，为避免造成误解，笔者将округ译为"区"。

四、乌拉尔哥萨克在1775年之前被称为雅伊克哥萨克，得名自雅伊克河（Yaik），即今乌拉尔河。1775年之前，乌拉尔河在俄文文献中被称为雅伊克河。在镇压普加乔夫起义之后，因雅伊克哥萨克大规模参与起义，叶卡捷琳娜二世（1762—1796年在位）下令将河流名称和对应的哥萨克军团名称改为"乌拉尔"。该名称沿用至今。为便于阅读，本书中一概以"乌拉尔"指称相关专有名称。

五、本书中所提到的日期均与史料保持一致，采用儒略历纪年法。一些书中提及的沙俄时期度量衡与公制转换如下：1俄里（верста）=1.067千米；1俄丈（сажень）=2.134米；1俄亩（лесятина）等于2400平方俄丈，约等于1.09公顷，合10925平方米或16.35亩；1普特（пуд）=16.381千克。

目 录

导　言 / 001

第一章　阿布勒海尔汗臣属与 18 世纪俄国对草原西路的政策　/ 025

一、19 世纪末之前的中亚草原：游牧生产方式与社会文化　/ 025

二、18 世纪初中亚草原的政治格局　/ 031

三、1730 年阿布勒海尔汗遣使俄国考叙　/ 036

四、18 世纪 30 年代的奥伦堡远征与要塞线体系的建立　/ 048

五、从册封到设官：18 世纪中后期建立草原统治体制的最初尝试　/ 060

结　语　/ 072

第二章　1822 年《西伯利亚吉尔吉斯人条例》与草原东路统治体制的
建立　/ 074

一、"欧亚革命"与 19 世纪 20 年代俄国与中亚草原的关系　/ 075

二、1822 年条例所见新统治体制　/ 077

三、1822 年条例在草原东路的政策实践　/ 096

四、19 世纪上半叶俄国在草原西路建立行政统治的失败尝试　/ 106

结　语　/ 111

第三章　1868 年《草原地区临时管理条例》与相关政策争论考释　/ 114

一、19 世纪上半叶俄国在草原地区的扩张与部落精英的分化　/ 116

二、1865 年草原委员会与"文明秩序"观念下的统治体制改革 / 122

三、1868 年临时条例所见草原地区新统治体制 / 130

四、"积极前进"抑或"精明无为":围绕中亚草原的政策争论 / 144

结　语 / 149

第四章　微观视角下的草原统治体制:以财政与教育为中心的考察 / 153

一、问题的提出 / 153

二、19 世纪 60—80 年代草原诸省的财政状况与汲取能力 / 160

三、劳师糜饷?中亚地区财政赤字问题再考 / 172

四、19 世纪后半期至 20 世纪初草原诸省的学校教育与濡化能力 / 185

结　语 / 193

第五章　19 世纪末至 20 世纪初草原地区的改革与移民问题 / 195

一、19 世纪 80—90 年代的统治体制改革:以 1891 年条例为中心 / 197

二、19 世纪末至 20 世纪初草原地区的移民问题 / 209

三、移民政策对中亚草原游牧社会的影响 / 218

结　语 / 239

结　论 / 241

附录一　重要术语和专有名词列表(按照俄文字母表顺序排列) / 252

附录二　重要条例文本译文 / 259

参考文献 / 324

后　记 / 358

导　言

　　本书的研究对象是 18 世纪 30 年代以降俄罗斯征服中亚草原的历程。因中亚草原主要分布于今哈萨克斯坦境内，这一选题对于理解我国的陆上邻邦——哈萨克斯坦有着至关重要的意义。这一进程始于 18 世纪初，至 19 世纪 60 年代俄国完成对中亚草原的征服，此后其统治延续了半个世纪。这一时期，中亚草原逐步被卷入近代资本主义世界体系。与马克思笔下英国在印度统治的性质相似，俄罗斯在中亚草原的统治同时带有"破坏"和"重建"的"双重使命"①。无论是其建立的行政和司法制度、经济开发活动和文教政策，还是由之引发的传统游牧社会的瓦解、民族解放运动和近代知识分子革新运动的兴起，均须置于 18—20 世纪的区域和全球历史背景下理解。

　　在笔者力所能及的范围内，本书充分利用外文一手文献和 20 世纪以来各国学界的研究成果，尝试对以下问题进行初步探讨。其一，在 18 世纪 30 年代，俄罗斯借助哪些条件介入中亚草原的政治事务中？其二，18 世纪后半期至 19 世纪中期，俄国如何分化哈萨克各部落，在笼络一部分贵族和氏族的基础上建立草原地区统治体制？其三，自 19 世纪 20 年代以降，俄国的草原统治体制如何演进，如何在制度设计中平

---

① 马克思：《不列颠在印度统治的未来结果》，《马克思恩格斯选集》，北京：人民出版社，2012 年，第 857 页。

衡各方利益？这一统治体制如何渗透基层，对草原游牧社会产生何种影响？其四，19世纪末至20世纪初，俄当局的移民政策如何重构草原地区的族裔结构、生产方式和产业格局？

本书的副标题"从奥伦堡到塔什干"选取了上述历史进程中的两个关键地理节点。奥伦堡是俄罗斯于18世纪30—40年代在乌拉尔河中游修筑的要塞。本书第一章将展示，奥伦堡的修筑标志着俄罗斯大举介入乌拉尔山南部和中亚草原西路各部之间的政治。以此为基地，俄国在18—19世纪逐渐深入中亚草原。1865年夺取中亚历史名城塔什干标志着俄罗斯实现了对中亚草原的征服。自帖木儿王朝消亡后，塔什干一度成为中亚草原各游牧部落与南部绿洲地区交换物资的中心，也因此成为各部争夺的对象。而自19世纪中期以降，塔什干不仅是俄罗斯在中亚的军政中心，也是俄罗斯和欧洲文化在中亚传播的关键节点。随着电报、铁路和印刷出版技术的传入，奥伦堡、塔什干以及阿克莫林斯克等城市成为中亚地区"现代"的象征。"从奥伦堡到塔什干"勾勒的不仅是俄国草原征服史的进程，同时也是中亚草原被纳入现代世界秩序的过程。

一、空间、时间与研究意义

本书所涉及的地理空间"中亚草原"以1991年之后出现的中亚地区为基础。冷战结束后，由哈萨克斯坦、吉尔吉斯斯坦、乌兹别克斯坦、塔吉克斯坦、土库曼斯坦组成的中亚（Central Asia/Центральная Азия）成为相对稳定的政治地理概念。这一空间在地理上大致可分为北部的草原地区，以及南部的山地、绿洲和荒漠地区，由此形成北部以游牧为主、南部以农耕和商贸为主的生产方式格局。中亚草原自古以来就是欧亚大陆的交通要道，东连准噶尔盆地和蒙古高原，西经里海和黑海北岸直达欧洲，南临锡尔河和阿姆河水系形成的中亚南部绿洲。

中亚草原在当下主要位于哈萨克斯坦共和国境内。哈萨克斯坦地处欧亚大陆腹心，国土面积为272.49万平方公里，位列世界第九。人口规模相对较小，2021 年 6 月哈国官方公布数据为 1898.5 万人①。1991年哈萨克斯坦独立后，中哈两国迅速建交，本着互惠共赢的精神发展双边关系。2013 年 9 月，中国国家主席习近平在哈萨克斯坦纳扎尔巴耶夫大学发表重要讲话，提出"丝绸之路经济带"倡议。2019 年 9 月，两国元首宣布将双边关系升格为"永久全面战略伙伴关系"。哈萨克斯坦的稳定与繁荣对于维护中国边疆安全、维系西向陆上交通、确保能源进口渠道多元化等方面均具有至关重要的意义；对于哈萨克斯坦而言，中国是国际和地区秩序的维护者，是最重要的贸易对象国和产能合作的可靠伙伴。

　　1991 年哈萨克斯坦独立后，我国学界介绍该国基本国情的著作相对而言较为丰富②。自 2013 年"一带一路"倡议提出以来，哈萨克斯坦外交、中哈经贸合作、大国在中亚博弈等议题受到了更多关注③。相比政治经济现状，我国学界较少产出以其历史文化为主题的学术作品，关注其近代发展历程的著作更是鲜见。而以中亚近代为时空坐标的研究作品不可避免地偏向中亚南部绿洲地区，因其人口相对北部草原地区更为稠密，文献传统更发达，也因地处"英俄大博弈"的前沿而更受

---

① Численность населения Казахстана вплотную приблизилась к 19 млн. https://vlast.kz/novosti/45695-cislennost-naselenia-kazahstana-vplotnuu-priblizilas-k-19-mln.html 2021 年 7月 3 日，最后登录日期：2021 年 9 月 2 日。

② 具有代表性的通识作品为霍加主编：《哈萨克斯坦共和国概况》，乌鲁木齐：新疆人民出版社，1992 年；赵常庆主编：《列国志：哈萨克斯坦》，北京：社会科学文献出版社，2004年；张宏莉：《当代哈萨克斯坦民族关系研究》，北京：世界知识出版社，2007 年。此外，我国学界译介了一批哈萨克斯坦重要领导人物的著作，例如［哈］努·纳扎尔巴耶夫著，哈依霞译：《前进中的哈萨克斯坦》，北京：民族出版社，2000 年；［哈］努·纳扎尔巴耶夫著，陆兵、王沛译：《时代·命运·个人》，北京：人民文学出版社，2003 年；［哈］努·纳扎尔巴耶夫著，徐葵等译：《哈萨克斯坦之路》，北京：民族出版社，2007 年；［哈］卡·托卡耶夫：《哈萨克斯坦：从中亚到世界》，北京：新华出版社，2001 年。

③ 韦进深、舒景林：《哈萨克斯坦国家发展与外交战略研究》，北京：世界图书出版公司，2016 年；李永全、王晓泉编：《"丝绸之路经济带"与哈萨克斯坦"光明之路"新经济政策对接合作的问题与前景》，北京：中国社会科学出版社，2016 年；李宁：《前苏联的遗产：哈萨克斯坦的粮食和能源产业》，沈阳：白山出版社，2016 年。

关注 [①]。

在空间维度上，本书所关注的区域在俄文文献中一般被称为"哈萨克草原"（киргизская степь/Kirgizskaia step'）[②] 或"草原诸省"（степные области/stepnye oblasti）。当前一般以地理概念"中亚草原"称呼之。中亚草原的地域边界在 19 世纪中期以前并无精确定义，大致包括西起乌拉尔河，东至额尔齐斯河，北抵西伯利亚南缘，南至锡尔河流域中下游的广袤地域 [③]。"草原诸省"则与俄国 19 世纪中期在该地区建立的行政区划密切相关，包括由 19 世纪 60 年代行政体制改革确定的乌拉尔斯克、图尔盖、阿克莫林斯克、塞米巴拉金斯克和七河五省。

在时间维度上，学界传统上以 1731 年哈萨克小玉兹阿布勒海尔汗之臣属为俄国介入中亚草原的开端，至 1917 年十月革命为近代与现代历史的分界。以 18 世纪 30 年代为上限，是因为围绕阿布勒海尔汗之臣属的一系列事件，包括哈萨克各部在内外压力下西迁、奥伦堡远征和要塞线修筑、俄国对哈萨克小玉兹事务的干涉等为后续俄国强化对草原地区的影响和中亚草原被纳入现代世界体系奠定了基础。独立后哈萨克斯坦的官修史书基本延续这一分期方式，但在对时段性质的界定上出现

---

① 以 1865 年征服塔什干为标志，在这一时间点之后传统的中亚近代史作品多将叙述重点置于俄国对布哈拉、浩罕和希瓦的征服以及在中亚南部绿洲农耕地区的统治。这一历史叙述的框架最初由俄军官兼历史编纂者捷连季耶夫以其三卷本《征服中亚史》开创。例如，王治来所著《中亚通史（近代卷）》和蓝琪所著《中亚史（第六卷）》均以英俄大博弈为叙述框架，故沿袭上述叙述框架，参见 [俄] 捷连季耶夫：《征服中亚史》（三卷本），北京：商务印书馆，1980—1986 年；王治来：《中亚通史（近代卷）》，乌鲁木齐：新疆人民出版社，2007 年；蓝琪：《中亚史（第六卷）》，北京：商务印书馆，2020 年。

② 关于帝俄时期俄文文献中将"哈萨克"称为"吉尔吉斯"的现象，参见本书"凡例"。

③ 1801 年从小玉兹分离而建立的布凯汗帐（Букеевская орда）位于乌拉尔河西侧。1845 年汗位废除，但保留由苏丹和俄罗斯官员共同执政的临时委员会；1858 年起仅由俄罗斯官员执政；1862 年起由俄罗斯内务部管辖；1876 年并入阿斯特拉罕省。19 世纪 60 年代俄当局在中亚草原东西两路陆续建立行政体制后，以俄国行政体制为基础的"草原诸省"概念一般不包括布凯汗国属地，参见 Харузин А.Н. Киргизы Букеевской орды: антрополого-этнологический очерк. М. 1889。

了一些变化①。本书沿用传统历史分期方式，以 18 世纪 30 年代为上限，以 1917 年为下限。

从中亚草原历史的角度来看，18—20 世纪是承上启下的关键时期。首先，这一时期上承 13 世纪初蒙古西征之后形成的政治合法性传统和 15 世纪中期以降该地区多个游牧部落联盟并存的政治格局。在这一时期，俄国利用巴什基尔、哈萨克、布哈拉、浩罕和希瓦等各股政治势力之间的争斗，以要塞线军事力量为后盾，通过笼络部落精英、调停氏族冲突和设官立制等手段，逐步将中亚草原从"外边疆"转为"内边疆"②，再从"内边疆"转为行省。其次，这一时期下启对当代哈萨克斯坦影响深远的 20 世纪，是该国俄苏文化传统形成的关键历史环节。从文献角度看，中亚草原书面文献传统薄弱而口传文学发达，故本书考察的时段是 15 世纪以降该地区历史文献规模的一个高峰：俄国各级军政机关留下了数以万计的档案卷宗，俄国东方学家和地方志编纂者留下了卷帙浩繁的历史学和民族志著作，而处于古今东西交汇时代的草原本土知识分子则创作了大量诗歌、散文和政论文章。这些文献成为后世学者重构和阐释 15—20 世纪历史脉络的史料，也成为当代哈萨克斯坦建构国族认同的基础。

最后，从俄罗斯史的角度来看，18—20 世纪俄国与中亚草原的关系也是观察俄国自身转变的重要窗口。20 世纪以来的俄国政治史研究有着较为显著的"政体中心论"倾向，即议题选择集中在君主制如何逐步向共和制转变，或为何未能在某一时间点向共和制转变③，而较少讨论作为大型跨地域政权的俄国在不同时期如何处理央地关系、政教关

---

① 参见 Акишев А.К. ред. История Казахстана с древнейших времен до наших дней（очерк）. Алматы，1993；Абылхожин Ж.Б. История Казахстана（с древнейших времен до наших дней）. Т. 3，Алматы，2010。

② ［美］拉铁摩尔著，唐晓峰译：《中国的亚洲内陆边疆》，南京：江苏人民出版社，2008 年，第 156—164 页。

③ ［俄］米罗年科著，许金秋译：《19 世纪俄国专制制度与改革》，北京：社会科学文献出版社，2017 年，第 1—5 页。

系、军政关系、族群关系等同样重要的"宪制难题"①。本书探讨的议题在共时性维度上有助于理解18—20世纪初俄罗斯央地关系和中亚边疆的形成。在历时性维度上，本书将有助于探讨俄国在这一时期经历的两个阶段的变迁：其一，18世纪中期俄国在草原地区北部修筑要塞线至19世纪20年代正式侵吞草原腹地之间存在近一个世纪的"停滞时期"。这一现象的背后是18世纪后半期欧洲地缘政治变局、第一次工业革命和法国大革命对俄国内政外交的深刻影响，而俄国征服中亚草原的进程正是在这一背景下逐步展开的（参见第二章）。其二，19世纪60年代俄国建立草原统治体制的进程与亚历山大二世改革同步展开。至19世纪末，欧洲资本和第二次工业革命向俄国扩散，俄国成为"帝国主义链条上最薄弱的环节"②。而草原诸省在新的技术条件下被大规模涌入的移民和资本改造为俄国重要的农业基地之一，逐渐被卷入以欧洲为中心的生产和分工体系。

二、各章内容概述

本书涉及的内容大致可分为三个时段。（1）自18世纪30年代至19世纪20年代：中亚草原各政治势力的一系列互动使得俄国借机介入该地区。至18世纪中期，俄当局以修筑要塞线的形式控制整个草原地区的北部（第一章）。（2）19世纪20—60年代：以要塞线为基础，俄当局以吸纳游牧部落进入其草原统治体制为手段向草原腹地扩张，至19世纪60年代末控制整个草原地区（第二章、第三章）。（3）19世纪60年代至1917年：在完成征服后，俄国逐步将草原诸省的行政司法体制与其内地省份接轨，并在此基础上引入资本和劳力大规模开垦草场，客观上推动了草原游牧社会的历史性变迁（第四章、第五章）。

18世纪初，俄国与中亚草原的关系整体上延续了数个世纪以来东

---

① 苏力：《大国宪制：历史中国的制度构成》，北京：北京大学出版社，2018年。

② Ленин В.И. Крепость цепь определяется крепостью самого слабого звена ее // Полное собрание статей. Т. 32. М. 1969. С. 200.

欧平原定居政权与游牧部落之间的互动形态。基辅罗斯时代至莫斯科公国时期的文献均在不同程度上记载了黑海和里海北岸游牧民群体对农耕村镇的袭扰，但双方之间同样存在贸易和其他形式的交换与合作①。16—17世纪，俄国借助近代欧洲的火器和工事修筑技术，依托东欧平原的水系修筑要塞线，以阻滞游牧民集团的大规模长途奔袭。至18世纪初，俄国已稳固控制伏尔加河流域。本书第一章描述的正是这一背景下，俄当局如何利用关键的政治机遇，将自身的政治影响力扩展至乌拉尔河流域和中亚草原西路。第一章梳理了1730年小玉兹阿布勒海尔汗遣使俄国的历史脉络，展现俄方如何利用阿布勒海尔急于寻求外力支持的处境而在乌拉尔河中游布局，以要塞线体系和哥萨克军团为基础，控驭巴什基尔、哈萨克和卡尔梅克各部落。受限于草原西路的自然环境和游牧生产的分散性，阿布勒海尔家族无力号令各氏族，更无力庇护俄国商旅安全过境。尽管如此，俄当局仍主要以该家族为介入小玉兹内政的抓手。18世纪后半期，俄方一度改变此前的政策，尝试在草原西路建立行政管理体制，将部落首领吸纳为领取薪俸的官员。但受草原西路的自然地理条件和政治形势所限，上述尝试终告失败。这一时期俄当局通过吸收部落精英子嗣进入其军政和文教机构，培养了一批熟谙欧俄和草原两种体系的帝国代理人，为19世纪20年代之后俄军大举深入草原地区奠定基础。

19世纪初，取得拿破仑战争胜利的俄国调整了政策，于19世纪20年代迈出吞并草原地区的步伐。其开始的标志是1822年《西伯利亚吉尔吉斯人条例》的颁布。本书第二章以这一条例的文本为中心，分析俄国在草原东路建立统治体制的进程和具体策略。这一条例由时任西西伯利亚总督的斯佩兰斯基起草并推行，其核心在于创设一套适用于草原地区的统治体制。在宣布废除哈萨克中玉兹汗位的基础上，这一条例

① Halperin, Charles J. *The Tatar Yoke: the Image of the Mongols in Medieval Russia*. Bloomington: Slavica, 2009.

首先设计了一套由俄当局监督的区—乡—阿吾勒三级主官选举制度，形成由汗王后裔和氏族首领组成的草原官僚机构。其次，以要塞线军力和草原官僚机构为基础，俄当局根据氏族游牧范围划设疆界，限制越界游牧，并向牧民灌输行政边界观念。再次，条例设计土地利用、税收、文教和社会阶层等制度吸引各阶层牧民转入定居。19 世纪 20—40 年代，鄂木斯克当局在草原东路相继开设八个外区，使得该地区各氏族分化为亲俄和抗俄两派。后者在 19 世纪中期草原地区的复杂政治局势下逐渐衰亡。

19 世纪中期，在俄军向草原腹地大举扩张、俄国开启资产阶级改革之际，俄当局组织跨部门委员会，重组整个中亚地区的统治体制。本书第三章以 19 世纪 60 年代俄国正式制定草原地区统治体制的过程及其关键文本 1868 年《草原地区临时管理条例》为中心，呈现制度设计背后的部门利益之争及时代观念的影响。在亚历山大二世改革的时代思潮下，1868 年临时条例以在草原地区建立"文明秩序"为名，为草原东西两路设计统一的行政和司法体制，并奠定此后半个世纪草原地区的行政区划格局。该条例扩充省级机构，废除此前由哈萨克部落精英充任半数职位的"区"，改为由俄军官主政的"县"，以强化草原各省对基层的统治。该条例将游牧社会的基层仲裁者"毕"制度化为"民族法庭"，负责依习惯法审理哈萨克人之间的民事案件，将其整合入俄国的司法体制。在社会经济方面，该条例带有鲜明的资产阶级改革特征，包括推行以货币税替代实物税、鼓励哈萨克官员和部落精英将牧地以俄当局认可的方式变更为私人占有的土地等。其第 210 条宣布作为哈萨克人牧场的土地为国家所有，由哈萨克人集体使用[1]。该条例的颁布不仅标志着草原统治体制的正式确立，也预示着 19 世纪末 20 世纪初欧俄移民向草原地区的大规模迁徙

---

[1] Масевич М.Г. Материалы по истории политического строя Казахстана. Т. 1, Алматы, 1960. С. 337.

浪潮。

第四章从宏观的历史叙事转入微观的制度考察，从地方财政视角管窥草原统治体制的运作状况。本章以各省历年省公署年度报告为主要数据来源，从各省财政收支状况来考察草原诸省自19世纪60年代至第一次世界大战前的财税汲取能力，由此探讨俄国的草原统治体制是否能有效运转。这一时期，向牧民征收的帐篷税是各省财政收入的最重要且最稳定的来源。其次，通过对比帐篷税预算和实际征收额度可以推测，19世纪60—90年代草原诸省能有效地向各省游牧人群中的绝大多数民众征收税款。而19世纪末欧俄移民涌入之后，帐篷税的重要性逐渐下降，土地税和商税在财政收入中的占比逐渐上升。最后，从财政支出部门分类分析，中亚部分省份的财政赤字主要来自军事支出和移民事务支出。如单独计算各省行政和司法机构的支出，则本省的财政收入可完全覆盖。由此可见，19世纪60—90年代俄国的草原统治体制对草原游牧社会有着较强的财政汲取能力。而在20世纪初交通和通信条件大幅现代化之后，草原诸省的财政收入对本地税源的依赖程度便不如此前时期。

第五章则回归地区层面的宏观叙述，关注19世纪90年代草原地区统治体制的改革及帝俄末期移民政策的深刻影响。1868年临时条例颁布后仅两年，俄当局便重新组织委员会对其进行修订，最终形成了1891年颁布的《阿克莫林斯克省、塞米巴拉金斯克省、七河省、乌拉尔斯克省和图尔盖省管理条例》。新条例的核心目标是促进草原诸省的规章制度与俄内地省份接轨，同时进一步推动草原地区牧地的私有化，降低大规模向草原地区迁入移民和注入资本的制度障碍。1891年条例颁布的同时，在俄当局积极调整移民政策、铁路和电报扩展至中亚、草原诸省制度内地化、欧俄地区人地矛盾尖锐等多重因素作用下，19世纪末至1916年，超过一百万欧俄农民涌入草原诸省。这一运动极大改变了草原地区的族裔结构、生产方式和产业格局，且形成了一系列推动游牧民定居化的社会经济机制。这一进程一方面引发了地方政府与牧民、移民与牧民、新移民与老移民等势力之间的冲突，另一方面也推动了整个草原地区农牧业生产的市场化和全球化。在这一进程中，传统游牧社会的以血缘为基础的权威逐渐瓦解，依附于俄国的行政、司法和文教体系的新兴知识分子，以及在变局中获取财富的新地方精英成为草原社会的新权力中心。

三、史料和文献综述

（一）帝俄时期的档案文献

需要承认的是，受到史料的限制，本书多数章节难免以俄国一方为叙述的主体。一方面，自 18 世纪以降，俄罗斯的官员、探险家和知识分子留下了大量关于中亚草原及其民众的记载。这些文献成为后世学者重构这一时期历史的史料基础。这些史料不可避免地带有同时代俄军政官员和文人墨客的立场、视角和偏见。另一方面，19 世纪 60 年代之后，俄国成为草原地区的主权者，故而垄断了对地方事务的解释权。在俄文文献之外，这一时期的基层法院司法判决文件和草原知识分子留下的作品均为后世研究者提供了更为丰富的视角。

本书相关的帝俄时期档案文献规模庞大。根据档案收藏机构的类型，帝俄时期的档案可分为中央政府档案和地方政府档案两类。与本书相关的中央政府档案主要收藏于俄罗斯联邦国家档案馆（GARF）[①]、俄罗斯国家历史档案馆（RGIA）和俄罗斯国家军事历史档案馆（RGVIA）。俄罗斯联邦国家档案馆和俄罗斯国家历史档案馆收藏帝俄时期各中央政府部门行政卷宗和与本书相关重要军政官员的个人档案卷宗。俄罗斯国家军事历史档案馆收藏帝俄陆军部档案卷宗。其第 400 号卷宗"参谋总部"保存各边疆地区军政单位（总督区、各省军区、各哥萨克军团）与参谋总部的往来公文。因陆军部下辖机构长期主导中亚

---

① 本节提及各档案馆的外文名称参见书末"参考文献"。

地区事务，该卷宗第一目录"亚洲司"收藏参谋总部参与亚洲各地军事行动的档案文献，尤其是各边疆省区军政建制和人口经济统计信息。

地方政府档案较为集中地收藏了与本书主题相关的文献，其中最为重要的机构包括位于阿拉木图市的哈萨克斯坦中央国立档案馆（TsGA RK）、位于塔什干市的乌兹别克斯坦中央国立档案馆（TsGA RUz）、位于俄罗斯联邦鄂木斯克市的鄂木斯克州历史档案馆（IAOO）。上述档案馆所在地均为帝俄时期重要的边疆军政中心，因此收藏军政机构在该地所辖省份的军事、行政、司法、社会经济乃至部分宗教事务管理档案。以哈萨克斯坦中央国立档案馆为例，该机构不仅收藏了相对完整的帝俄时期七河省内机构，包括省公署、省军区、七河哥萨克军团以及司法部门案卷；因阿拉木图在 1929—1997 年间为该国首都[①]，该机构作为国家级档案馆收集了国内各处 19 世纪草原诸省各级机构的档案。草原总督区卷宗（1882—1917 年）及重要总督的个人档案卷宗同样收录其中。因此，该档案馆无疑是对于研究近代中亚草原历史最为重要的机构之一。因 1867—1882 年和 1899—1917 年间的七河省以及 1867—1917 年间的锡尔河省在行政上隶属于土尔克斯坦总督区，其档案大多保存在总督区首府塔什干。此部分档案主要为乌兹别克斯坦中央国立档案馆所收藏。因鄂木斯克自 18 世纪中期以降长期为草原东路的军政中心，1868—1917 年间阿克莫林斯克省首府也设于此地，所以鄂木斯克州历史档案馆收藏了西西伯利亚总督区、西伯利亚军区、西伯利亚哥萨克军团以及司法、关税、文教、银行、西伯利亚大铁路及各类地方机构档案卷宗。

---

① 哈萨克共和国（全称为"哈萨克苏维埃社会主义共和国"）实际成立于 1936 年，此处为行文便利，概称为"哈萨克共和国"。此前各时期该行政单元的沿革如下：1919—1920 年俄共（布）建立隶属于俄罗斯苏维埃联邦社会主义共和国的吉尔吉斯边区（Киргизский край），首府位于奥伦堡；1920 年更名为"吉尔吉斯自治社会主义苏维埃共和国"；1925 年更名为"哈萨克自治社会主义苏维埃共和国"，同年首府迁至克孜勒奥尔达；1927 年首府迁至阿拉木图；1936 年行政单元升格为加盟共和国，相应更名为"哈萨克苏维埃社会主义共和国"。

20 世纪中后期，上述档案文献逐渐被史学界按照研究主题汇编为档案资料集。与本书相关的主要档案资料集如下。（1）马谢维奇（M. G. Masevich）编纂的《哈萨克斯坦政治制度史资料集》第 1 卷涵盖从 18 世纪初至 1917 年的时段，主要收录哈、乌、俄三国上述档案馆一系列未经刊布的档案，包括 18 世纪初外交文书、草原东路设立外区的重要文件、建立草原统治体制的重要管理条例文本等[①]。（2）《16—18 世纪哈萨克—俄罗斯关系：文书与资料集》和《18—19 世纪（1771—1867 年）哈萨克—俄罗斯关系：文书与资料集》分别收录 16—18 世纪和 18—19 世纪中期的档案史料。前者主要涉及早期俄哈交涉、1730 年阿布勒海尔汗遣使及臣属俄国、18 世纪俄国干预哈萨克小玉兹和中玉兹内部事务等主题。后者包含俄国外交部亚洲司与奥伦堡和鄂木斯克军政机构的往来公文、各要塞线司令关于辖区政治经济状况的呈文、1822 年管理条例文本及落实的相关报告等[②]。这两部资料集所收录的部分档案条目与马谢维奇主编资料集重合。（3）10 卷本《俄罗斯史料中的哈萨克斯坦历史》[③]为独立后哈萨克斯坦"文化遗产"项目下哈萨克斯坦历史多语种史料整理工程中的一部分，反映当代哈萨克斯坦历史学界在史料整理方面的成就。该资料集所收录史料的时段覆盖 15—20 世纪，类型包括早期编年史、俄国官方公文、西人以俄文记载的游记、科考报告、俄学者所采集的民间文学以及集体人物传记等。

（二）帝俄时期出版的文献和重要人物著述

作为欧洲列强之一，18—20 世纪初俄国出版了大量与中亚草原历

---

① Масевич М.Г. Материалы по истории политического строя Казахстана. Т. 1, Алма-Ата, 1960.

② Академия наук КазССР. Казахско-Русские отношения в XVI-XVIII веках: сборник документов и материалов. Алма-Ата, 1961; Академия наук КазССР. Казахско-Русские отношения в XVIII-XIX веках: сборник документов и материалов. Алма-Ата, 1964.

③ Койгелдиев М.К. ред. История Казахстана в русских источниках. Т. 1-10. Алматы, 2005.

史相关的著作。与本书相关的出版文献主要包括各中央和地方政府机构出版物、近代学者和作家的研究文献和文学作品以及报纸杂志。在官方机构出版物方面，与本书主题直接相关的首先是 19 世纪 80 年代之后草原诸省政府刊印的年度报告和地方名录（adres-kalendar′）[1]。各省年度报告一般包含各省人口统计、财政收支和社会经济数据，以及当年的省内大事记，是后世重构地方政治经济状况的重要史料。地方名录由总督区或省的统计委员会负责编制，一般每年刊印一版，旨在公布辖境内各军政单位和商业机构的人员和地址信息。地方名录对于后世考证地方军政机构历史沿革具有重要价值。此外，俄国各中央机构也会印制一些介绍地方省份的出版物。19 世纪末至 20 世纪初俄当局鼓励向草原诸省移民时期，此类概述移民目的地省份经济地理信息的出版物数量激增。例如，移民政策的关键执行机构"土地规划和农业总署"（前身为国家财产部）在各移民区的分支机构出版年度农业报告，统计当年该省自然地理状况，人口、产业、商贸、农作状况，土地开发和交易状况等信息[2]。一些欧俄省份的出版社也会刊印面向农民代表（即受雇先行前往移民目的地块考察的人员）和移民的对象省份介绍手册，提示移民可能面临的各类困难和建议[3]。此外，诸如帝俄地理学会之类的官方学术机构的出版物中也有一些涉及本书研究对象的部分，如谢苗诺夫（P. P. Semenov-Tianshanskii）主编的《俄罗斯：我们祖国的地理概览》第 18 卷《吉尔吉斯边区》收录 9 篇涉及中亚草原地理气候、历史文化、人口、产业、交通等主题的论文。最后，19 世纪后半期俄参谋总部和各地方军区均委托专人编写了哥萨克军团的统计资料和历史，例如霍罗什

---

① 例如，七河省年度报告参见 Обзор Семиреченской области, Верный, 1882–1917；1898 年七河省地方名录参见 Семиреченский областный статистический комитет. Памятная книжка и адрес-календарь Семиреченской области на 1898 год. Верный, 1898。

② 例如，七河省 1914 年农业报告，参见 ГУЗиЗ. Семиреченский Переселенческий район. Сельскохозяйственный обзор Семиреченской области за 1914. Верный, 1915。

③ 例如 Купласть А. Семиреченская область. Полтава, 1912。

欣编纂的《哥萨克军团：军事统计概述的尝试》、鲍罗金著二卷本《乌拉尔哥萨克：统计概览》、斯塔里科夫著《奥伦堡哥萨克军团历史统计纲要》和《奥伦堡哥萨克史》、列坚涅夫著《七河哥萨克军团史》等 [1]。鉴于乌拉尔、奥伦堡、西伯利亚和七河哥萨克在俄国与中亚草原关系中的重要作用，上述作品均有史料价值。

　　其次，自 18 世纪初以降，随着俄国与中亚草原的交流日益加深，部分俄官员和学者在当局的支持下对草原地区进行考察，并编纂草原地区的地理、历史和民族志著作。尽管此类考察的首要目标为勘察自然地理和动植物状况，但受到同时期欧洲自然史和地理学研究传统的影响，民族志亦包含在考察内容之列。例如，曾担任俄国皇家科学院院士的普鲁士博物学家帕拉斯（P. S. Pallas）曾到访伏尔加河下游 [2]。18世纪 30 年代随同基里洛夫参加奥伦堡远征的彼·伊·雷奇科夫（P. I. Rychkov）及其子尼·彼·雷奇科夫（N. P. Rychkov）均留下与草原西路相关的著作 [3]。画家约翰·卡斯尔（John Castle）更是在其游记中留下了一幅 18 世纪小玉兹阿布勒海尔汗的珍贵画像 [4]。进入 19 世纪，更多俄当局支持的科考队伍深入草原地区考察，谢苗诺夫和拉德洛夫等人均

---

[1] Хорошхин М. П. Казачьи войска : опыт военно-статистическаго описания. СПб., 1881; Бородин Н. Уральское казачье войско. Статистическое описание. Т. 1–2, Уральск, 1891; Стариков Ф.М. Историко-статистический очерк Оренбургского казачьего войска. Оренбург, 1891; Леденев Н.В. История Семиреченского казачьего войска. Верный, 1909.

[2] Паллас П.С. Путешествие по разным провинциям Российского государства. СПб., 1773–1788.

[3] Рычков П.И. История Оренбургская по учреждению Оренбургской губернии. Уфа, 1759; Рычков Н.П. Дневные записки путешествия капитана Николая Рычкова в киргиз-кайсацкой степе, 1771 году. СПб., 1772.

[4] Castle. Jomal von der Aog. 1736 aus Orenburg zu dem Abul-Gheier Chan der Kirgis-Kaysak Tartarischen Horda // Matcrialen zu der Russischen Geschichte seit dem Tode Kaiser Peter der Grossen. Riga，1784; Castle, John. *Into the Kazakh Steppe: John Castle's Mission to Khan Abulkhayir.* Signal Books，2014.

在此列 ①。至 19 世纪后半期草原统治体制建立后，为推动各省区的经济开发和制度改革，各类来自首都的考察团出于不同的政策目的对草原地区进行大范围的科考或调研，并留下相应的著作。其中具有代表性的是草原委员会考察团（1865—1867 年）、谢尔宾纳（F. A. Shcherbina）考察团（1896 年）、鲁缅采夫（P. P. Rumiantsev）考察团和 20 世纪初参政官帕伦（K. K. Palen）对中亚的巡察 ②。19 世纪后半期，为宣示统治成果，俄当局欢迎同时期的欧美外交官和旅行者到访中亚草原。尤金·斯凯勒（Eugene Schuyler）亨利·兰斯代尔（Henry Lansdell）分别于 1873 年和 1879 年完成在中亚草原的旅行，留下了相对丰富的文字记载 ③。

在历史编纂和回忆录方面，重要的作品至少包括以下这些作品。（1）廖夫申所著三卷本《吉尔吉斯—哈萨克各帐及各草原的叙述》。该作品为俄国学界首部系统性描述中亚草原地理、历史和社会民俗的作品。作者廖夫申是帝俄地理学会的创始人之一，兼具外交部任职履历和前线工作经验。他利用俄外交部亚洲司档案文献和实地考察所获信息完成这一著作 ④。（2）捷连季耶夫所著三卷本《征服中亚史》。该作品为俄

---

① ［俄］谢苗诺夫著，李步月译：《天山游记》，乌鲁木齐：新疆人民出版社，2001 年；Radloff W. *Aus Sibirien.* Leipzig：T.O. Weigel，1883。

② 这些考察活动存留的档案和出版文献较多，此处仅列举一部分。草原委员会相关记录参见 Гейнс А.К. Собрание литературных трудов. СПб, 1897；谢尔宾纳考察团的调研报告参见 Щербина Ф. А. ред. Материалы по киргизскому землепользованию в 12 томах. СПб., 1898-1909；鲁缅采夫考察团相关记录参见 Румянцев П.П. Киргизский народ в прошлом и настоящем. СПб., 1910；帕伦巡察相关文献参见 Пален К.К. Отчет по ревизии Туркестанского края. СПб., 1910。

③ Schuyler, Eugene. *Turkistan, Notes of a Journey in Russian Turkistan, Khokand, Bukhara, and Kuldja.* London：Sampson, Low, Marston, Searle, & Rivington, 1876–1877；Lansdell, Henry. *Russian Central Asia, Including Kuldja, Bokhara, Khiva and Merv.* London：S. Low, Marston, Searle, and Rivington, 1885.

④ Лёвшин А.И. Описание Киргиз-Казачьих или Киргиз-Кайсацких орды степей. Т. 1-3, СПб., 1832. 可能是将廖夫申姓氏第一音节元音 ё 误认为 e，部分前人学者译为"列夫申"。该作品标题译名参考孟楠：《俄国统治中亚政策研究》，乌鲁木齐：新疆大学出版社，2000 年，第 15 页。

参谋总部委托修撰的战史，作者亲历一系列中亚地区的战役，于1869—1899年间利用各地收藏文献陆续完成全书，于1906年以三卷本形式出版，其中第1卷详述18—19世纪俄国与中亚草原的关系[1]。(3) 巴布科夫所著回忆录《我在西西伯利亚服务的回忆（1859—1875年）》。作者自1857年起于草原东路的军政中心鄂木斯克长期任职，累迁至鄂木斯克军区（即1882年之前的西西伯利亚军区）总参谋长并一度代理草原总督区总督，1890年以步兵将军军衔退役。该作品详细记述了1822年管理条例颁布以来草原东路所经历的变迁以及帝俄在19世纪中期强占中国西北边疆大片领土的过程[2]。此外，杜波罗斯梅斯洛夫、梅埃尔、克拉索夫斯基等和克拉夫特等专家著有草原诸省的地方志、地理和人口统计以及游牧民习惯法相关作品[3]。维利亚明诺夫 - 泽尔诺夫、巴托尔德、阿里斯托夫、哈鲁津等东方学家对草原各民族的族源进行了考察[4]。而阿尼奇科夫和谢列达等作者则较早记载了这一时期草原游牧民的抗俄运动[5]。

再次，随着19世纪后半期电报、铁路和现代印刷工业传播到草原诸

---

①　Терентьев М.А. История завоевания Средней Азии. СПб., 1906.

②　Бабков И.Ф. Воспоминания о моей службе в Западной Сибири (1859–1875 г.). СПб., 1912.

③　Добросмыслов А.И. Тургайская область: исторический очерк. Тверь, 1902; Мейер Л. Киргизская степь Оренбургского ведомства. СПб., 1865; Красовский М. Область сибирских киргизов. СПб., 1868; Крафт И.И. Сборник узаконений о киргизах степных областей. Оренбург, 1898.

④　Вельяминов-Зернов В.В. Исследование о касимовских царях и царевичах. Т. 1–4. СПб., 1863–1887; Бартольд В.В. Очерк истории Семиречья, Верный, 1898; Аристов Н.А. Опыт выяснения этнического состава киргиз-казаков Большой Орды и кара киргизов. СПб., 1894; Заметки об этническом составе тюркских племен и народностей и сведения об их численности // Живая старина, 1896, шестой, вып. III–IV. С. 277–456; Харузин А.Н. Киргизы Букеевской орды: антрополого-этнологический очерк. М., 1889.

⑤　Аничков И.В. Киргизский герой (батыр) Джанходжа Нурмухамедов // ИОАИЭК. 1894. Т. 12, Вып. 3; Середа Н.А. Бунт киргизского султана Кенесары Касымова// Вестник Европы. No. 8–9, 1870; No. 9, 1871; Из истории волнений в Оренбургском крае: Материалы для истории последнего киргизского восстания, 1869–1870 // Русская мысль. Т. 13, вып. 8. М., 1892.

省，官方和民间的报纸杂志相继出现。19 世纪 70 年代，草原诸省公署均刊发以各自省份为名的官方报刊。部分省份的官方报刊发行面向本地居民的多语种版本，其内容包括官方政令和布告、本地商贸、公共卫生、生产生活技能等实用信息，以及本地各族历史和民族志等①。20 世纪初，近代草原本土知识分子也积极创办报纸杂志，刊登时事新闻、本地历史文化和文学性质更强一些的诗歌、散文。以瓦里汉诺夫、阿勒廷萨林、阿拜和布凯汗诺夫等人为代表的近代知识分子借助上述报纸杂志发表带有近代科学性质的论文和诗歌、散文、小说等体裁的文学作品，为当代哈萨克斯坦的语言、文学和文化的形成以及国家历史的建构奠定了不可或缺的基础②。

（三）当代哈萨克斯坦的通史和史学研究著作

自 20 世纪初，哈萨克斯坦及其前身的历史学者们积极发掘地方历史档案和民间文学素材，尝试以新政治空间为主体展开历史叙事。在20 世纪 20 年代和 30 年代，丘洛什尼科夫对草原地区封建关系的研究以及梁赞诺夫对 19 世纪前中期民众起义的研究均为后续草原地区历史书写开辟了新的传统③。1943 年，首部哈共和国通史在第二次世界大战的背景下出版。二战期间，莫斯科的一些历史学家们疏散到阿拉木图，

---

① 例如，阿克莫林斯克省发行的《吉尔吉斯草原报》报刊样例参见 Субханбердина Y. Киргизская степная газета：литературные образцы. Алма-Ата，1990。

② Валиханов Ч.Ч. Собрание сочинений в 5 томах. Алма-Ата，1984–1985；Алтынсарин И. Киргизская хрестоматия. Кн. 1，Оренбург，1879；Кунанбаев А. Избранное стихотворения，поэмы，слова-назидания. М. 1981；Букейхан А. Тандамалы：Шығармалар жинағы. Алматы，2002.

③ Чулошников А.П. Очерки по истории казак-киргизского народа в связи с общими историческими судьбами других тюркских племен. Оренбург，1921；«К истории феодальных отношений в Казахстане XVII-XVIII вв. // Известия АН СССР. Отделение общественных наук，№ 3. 1936；Рязанов А.Ф. Сорок лет борьбы за национальную независимость Казахского народа（1797–1838 г.）：Очерки по истории национального движения Казахстана. Кзыл-Орда，1926；Восстание Исатая Тайманова. Ташкент，1927；Батыр Сырым Датов // Советская Киргизия，1924.

在当时哈共和国的委托下编写这一部时段自远古至 1917 年的通史作品，由此开辟了现代意义上哈国的官修通史传统 ①。1977—1981 年间，标志着二战后哈学界研究水平和学术立场的五卷本官修通史陆续出版 ②。而在专题研究层面，学界在 18—20 世纪初中亚草原的人口、政治和社会结构、土地和移民、工农业史、地方史、左翼运动和民众起义，以及族群关系、中亚地区国际关系等议题上均有专题研究成果 ③。

① Абдыкалыков М. и Панкратова А.М. ред. История Казахской ССР с древнейших времен до наших дней. Алма-Ата, 1943.

② Нусупбеков А.Н. История Казахской ССР с древнейших времен до наших дней в 5 томах. Алма-Ата, 1977–1981.

③ 人口相关著作参见 Бекмаханова Н.Е. Многонациональное население Казахстана и Киргизии в эпоху капитализма. 60-е годы XIX в.-1917 г. М., 1986; 政治和社会结构相关著作参见 Зиманов С.З. Общественный строй казахов первой половины 19 в. Алма-Ата, 1958; Зиманов С.З. Политический строй Казахстана конца 18 и первой половины 19 в. Алма-Ата, 1960; Толыбеков С.Е. Кочевое общество казахов в 17-начале 20 в. Алма-Ата, 1971; Шахматов В.Ф. Казахская пастбищно-кочевая община. Алма-Ата, 1964; 土地和移民相关著作参见 Галузо П.Г. Аграрные отношения на юге Казахстана в 1867–1914 гг. Алма-Ата, 1965; Сулейменов В.С. Аграрный вопрос в Казахстане в последней трети 19-начале 20 в. Алма-Ата, 1963; 工农业史相关著作参见 Еренов А. Очерки по истории феодальных земельных отношеений у казахов. Алма-Ата, 1960; Дильмухамедов Е.Д. Из истории горной промышленности Казахстана. Алма-Ата, 1977; 地方史相关著作参见 Герасимова Э.И. Уральск. Исторический очерк（1613–1917）Алма-Ата, 1969; Касымбаев Ж.К. Семипалатинск в канун Октябрьской революции. Алма-Ата, 1970; 左翼运动和民众起义相关著作参见 Асылбеков М.Х. Железнодорожники Казахстана в первой русской революции. Алма-Ата, 1965; Маликов Ф. Февральская буржуазно-демократическая революция в Казахстане. Алма-Ата, 1972; Сулейменов В.С. Революционное движение в Казахстане в 1905–1907 гг. Алма-Ата, 1977; Сулейменов В.С., Басин В.Я. Восстание 1916 года в Казахстане. Алма-Ата, 1977; 哈俄关系相关著作参见 Аполлова Н.Г. Присоединение Казахстана к России в 30-х годах 18в. Алма-Ата, 1948; Аполлова, Н.Г. Экономические и политические связи Казахстана с Россией в 18-начале 19 в. М., 1960; Басин В.Я. Россия и казахские ханства в 15-18 вв. Алма-Ата, 1971; Бекмаханов, Е.Б. Казахстан в 20–40 годы XIX века. Алма-Ата, 1947; Бекмаханов, Е.Б. Присоединение Казахстана к России. М., 1957; Шоинбаев Т.Ж. Прогрессивное значение присоединения Казахстана к России. Алма-Ата, 1973; 帝俄时期国际关系相关著作参见 Басин В.Я. Казахстан в системе внешней политики России в первой половине 18в// Казахстан в 15-18 вв. Алма-Ата, 1969。

独立后，重述历史成为哈萨克斯坦在新形势下构建国族的重要政策抓手。20 世纪 90 年代，1993 年出版的阿基舍夫主编《哈萨克斯坦历史：从远古至今（纲要）》确立了独立后哈萨克斯坦官方历史的基本框架和观点[①]。世纪之交，哈科学院仿照先例，出版以当代哈萨克斯坦史观书写的五卷本通史[②]。进入 21 世纪后，随着哈萨克斯坦经济秩序的恢复，学界在专题研究上也有了一些新的进展。叶若菲耶娃借助历史人类学方法对阿布勒海尔汗的研究展示了新时代哈国学者结合传统史料和前沿方法的努力[③]。苏丹加利耶娃的研究团队将传统的档案文献研究与欧美学界"俄帝国史"的视角相结合，产出了一系列对 18—19 世纪俄军政体系与草原社会各阶层人群关系的微观研究[④]。此外，从多语种史料翻译和汇编，到具体历史人物和事件资料整理，再到以议题为导向的专著，哈国学界均取得了不同程度的进展。

（四）20 世纪中后期以降的中文、俄文和西文研究文献

自新中国成立以来，我国学界前人学者已从不同角度对中亚近代史进行了探索。首先，20 世纪 60—90 年代我国高校和科研机构曾开展大规模的外文文献译介工作，翻译出版了一批重要帝俄军政官员的回忆录和历史编纂作品，如巴布科夫的《我在西西伯利亚服务的回忆》、塔

① Акишев А.К. ред. История Казахстана с древнейших времен до наших дней（очерк）. Алматы，1993.

② Абылхожин Ж.Б. История Казахстана（с древнейших времен до наших дней）. Т. 1-5, Алматы，1997-2010.

③ Ерофеева И.В. Хан Абулхаир：полководец，правитель，политик. Алматы，2007；Ерофеева И.В. и др. Аныракайский треугольник：историко-географический ареал и хроника великого сражения. Алматы，2008.

④ Султангалиева Г.С. Казахское чиновничество Оренбургского ведомства：формирование и направление деятельности（XIX）// Acta Slavica Iaponica，27（2009）：77-101；Sultangalieva, Gulmira. "The Russian Empire and the Intermediary Role of Tatars in Kazakhstan：The Politics of Cooperation and Rejection" in Asiatic Russia: Imperial Power in Regional and International Contexts，2012，pp. 52-80.

格耶夫的《在耸入云霄的地方》、杜勃罗文的《普尔热瓦尔斯基传》，以及捷连季耶夫的三卷本《征服中亚史》①。另一项重要的文献编纂和译介工程是 20 世纪 70 年代由联合国教科文组织授权编写的《中亚文明史》。该项目最终产出了涵盖从远古至 20 世纪末历史的巨著。其第六卷部分章节与本书主题密切相关，反映独立后中亚国家学者对近代历史的观点②。此外，自 20 世纪 80 年代开始，贵州师范大学项英杰教授团队以《中亚史丛刊》为平台，贡献了诸如奥尔沃斯《俄国统治中亚百年史》和哈尔芬《中亚归并于俄国》等重要研究文献的节译③。兰州大学中亚研究所则组织翻译了哈萨克斯坦学者哈菲佐娃的《14—19 世纪中国在中央亚细亚的外交》和马萨诺夫主编的《哈萨克斯坦民族与文化史》等研究作品④。

其次，在大规模编译外文文献的基础上，我国学者也在各个专题领域积极开展研究。自 20 世纪 80 年代开始，王治来先生陆续撰写《中亚史》《中亚史纲》《中亚国际关系史》等专著，并将上述成果最终提炼为四卷本《中亚通史》的前三卷⑤。吴筑星的《沙俄征服中亚史考叙》

① ［俄］伊·费·巴布科夫著，王之相译，陈汉章校：《我在西西伯利亚服务的回忆》，北京：商务印书馆，1973 年；［俄］塔格耶夫著，薛蕾译：《在耸入云霄的地方》，北京：商务印书馆，1975 年；［俄］尼·费·杜勃罗文著，吉林大学外语系俄语专业翻译组译：《普尔热瓦尔斯基传》，北京：商务印书馆，1978 年；［俄］捷连季耶夫：《征服中亚史》（三卷本），北京：商务印书馆，1983—1986 年。

② ［法］C. 阿德尔编，吴强等译：《中亚文明史（第 6 卷）：走向现代文明：19 世纪中叶至 20 世纪末》，北京：中国对外翻译出版公司，2013 年。

③ 项英杰主编：《中亚史丛刊（第 1—7 期）》，贵阳：贵州师范大学，1983—1988 年。

④ ［哈］哈菲佐娃著，杨恕、王尚达译：《14—19 世纪中国在中央亚细亚的外交》，兰州：兰州大学出版社，2002 年；［哈］马萨诺夫等著，杨恕、焦一强译：《哈萨克斯坦民族与文化史》，北京：民族出版社，2018 年。

⑤ 王治来：《中亚史（第一卷）》，北京：中国社会科学出版社，1980 年；王治来：《中亚国际关系史》，长沙：湖南出版社，1997 年；王治来：《中亚通史（古代卷）》，乌鲁木齐：新疆人民出版社，2004 年；王治来：《中亚通史（近代卷）》，乌鲁木齐：新疆人民出版社，2007 年；丁笃本：《中亚通史（现代卷）》，乌鲁木齐：新疆人民出版社，2004 年。

对要塞线相关术语进行了细致的考辨①。孟楠的《俄国统治中亚政策研究》一书与本书涉及主题密切相关，全面地概述了俄国在中亚地区的军政、移民、宗教和教育政策②。本书在俄文和中亚史地术语的译名方面主要沿用《中亚通史》和《俄国统治中亚政策研究》等作品所开先例。此外，我国学者对族群历史文化、哈俄关系、俄国在草原地区的经济政策、1916年中亚起义均有专论③。上述作品在论点、史料和研究文献等层面均为本书提供了指引。

在欧美学界，随着二战之后区域研究的兴起，俄国与周边地区的关系逐渐受到关注。欧美学界研究中亚近代历史的问题意识主要在于梳理当时中亚各加盟共和国和各族群的形成历程，并意在塑造各族群之间的相互认知。其史料大多来自欧美学术机构收藏的帝俄时期报纸杂志和出版文献。与本书相关的代表性著作包括奥尔沃斯（Edward Allworth）主编的合集《中亚：俄罗斯统治一百年》。其中法国学者埃莱娜·卡莱尔·达科斯（Hélène Carrère d'Encausse）负责18—19世纪相关章节的写作④。奥尔科特（Martha Brill Olcott）于1987年出版的《哈萨克人》

① 吴筑星：《沙俄征服中亚史考叙》，贵阳：贵州教育出版社，1996年。

② 孟楠：《俄国统治中亚政策研究》，乌鲁木齐：新疆大学出版社，2000年。

③ 苏北海：《哈萨克族文化史》，乌鲁木齐：新疆大学出版社，1989年；李琪：《中亚维吾尔人》，乌鲁木齐：新疆人民出版社，2003年；王国杰：《东干族形成发展史——中亚陕甘回族移民研究》，西安：陕西人民出版社，1997年；吴宏伟：《中亚人口问题研究》，北京：中央民族大学出版社，2004年；蓝琪：《16—19世纪中亚各国与俄国关系论述》，兰州：兰州大学出版社，2012年；阿拉腾奥其尔、吴元丰：《清廷册封瓦里苏勒坦为哈萨克中帐汗始末——兼述瓦里汗睦俄及其缘由》，《中国边疆史地研究》1998年第3期，第52—58页；厉声：《哈萨克斯坦及其与中国新疆的关系》，哈尔滨：黑龙江教育出版社，2004年；张保国：《苏联对中亚及哈萨克斯坦的开发》，乌鲁木齐：新疆人民出版社，1989年；王希隆、汪金国：《哈萨克跨国民族社会文化比较研究》，北京：民族出版社，2004年；万雪玉：《1916年中亚各民族起义原因探讨》，《新疆大学学报（哲学社会科学版）》1997年第4期，第78—82页；徐海燕：《清朝在新疆与沙俄在哈萨克斯坦的"军政合一"管理体制比较》，《俄罗斯中亚东欧研究》2005年第3期，第75—79页；汪金国：《1916年中亚起义的性质及其历史意义》，《兰州大学学报（社会科学版）》2000年第6期，第98—102页。

④ Allworth, Edward. *Central Asia: A Century of Russian Rule*. New York: Columbia University Press, 1967.

一书收录于胡佛研究所赞助的"民族研究"（Studies of Nationalities）系列丛书。该作品主要借助 19 世纪的报纸杂志、出版文献和 20 世纪学者的研究著作 ①。皮尔斯（Richard Pierce）于 1960 年出版的《俄属中亚，1867—1917 年》一书从政府和行政管理、殖民政策、经济发展、文化冲突等角度展开，较为完整地叙述了 18 世纪至 20 世纪初俄国与中亚地区关系的诸多方面 ②。本尼格森（Alexandre Bennigsen）、派普斯（Richard Pipes）和刘金（Michael Rywkin）等所著作品对中亚地区族群关系和宗教问题有所涉及 ③。整体而言，冷战时期欧美学界对相关议题的研究在史料占有方面并无显著优势，其研究方式以评述前人观点、勾勒历史脉络为主，意在为政策研究界提供粗线条的文史背景知识，而较少深入微观层面开展主位研究的旨趣 ④。受限于当时欧美区域研究界与主流文史学界的隔阂，上述研究也并未引起其他学术领域的关注。

1991 年之后，以中亚为地域对象的历史学和人类学研究迎来新的机遇。俄罗斯和哈萨克斯坦各中央和地方档案管理机构的开放为域外历史学家提供了深入微观层面考察历史问题的可能。对于人类学家而言，这一地区也成为研究经济和社会转型、部落政治、宗教与现代等各类议题的新田野。因此，13 世纪蒙古西征以降至 20 世纪初的中亚历史一度成为俄罗斯研究、中东研究、历史学、人类学等学科的前沿交叉研究领域。在本书涉及的议题方面，冷战后欧美学界较有代表性的是弗吉尼

---

① Olcott, Martha. *The Kazakhs*. Stanford, C.A.: Hoover Institution Press, 1987.

② Pierce, Richard A. *Russian Central Asia, 1867–1917*. University of California Press, 1960.

③ Bennigsen, Alexandre, and S. Enders Wimbush. *Mystics and Commissars: Sufism in the Soviet Union*. University of California Press, 1985; Pipes, Richard. *The Formation of the Soviet Union. Communism and Nationalism, 1917–1923*, Cambridge: Harvard University Press, 1954; Rywkin, Michael. *Russia in Central Asia*, N.Y.: Collier, 1960; Michael Rywkin, ed. *Russian Colonial Expansion to 1917*. London: Mansell Publishing Limited, 1988.

④ 关于中亚问题研究中的主位和客位研究区分，参见曾向红、杨恕：《中国中亚研究 30 年来进展评估——基于观察视角与研究主题的评估框架》，《国际观察》2020 年第 6 期，第 66—98 页。

亚·马丁（Virginia Martin）对 19 世纪哈萨克习惯法与俄国司法体制关系的研究。其作品《草原上的法律与习惯》充分利用多语种档案文献，以基层司法案例从微观层面呈现 19 世纪后半期俄国草原统治体制给游牧社会带来的冲击 ①。坎贝尔（Ian Campbell）关于俄国在草原地区"中间人"的研究充分关注俄国建立统治所需的人力、组织和信息供给。以瓦里汉诺夫、阿勒廷萨林及其他近代知识分子为焦点，该作品深入分析其与俄国官员和学者之间的互动，探讨这些"中间人"所提供的知识和视角对于维系草原统治体制的重要意义 ②。此外，部分学者对宗教政策、国族建构、草原地区近代政治思潮、中亚地区的跨地区人口流动及中亚与南亚、西亚的交流等议题的研究均为本书提供了启示 ③。

日本的俄苏研究学界在苏联解体后调整研究方向，开始重视对中亚近代历史的研究。其代表人物为小松久男、松里公孝、宇山智彦和长绳

① Martin, Virginia. *Law and Custom in the Steppe: the Kazakhs of the Middle Horde and Russian Colonialism in the Nineteenth Century.* Curzon, 2001.

② Campbell, Ian W. *Kazak Intermediaries and Russian Rule on the Steppe, 1731–1917.* Ithaca, N.Y.: Cornell University Press, 2017.

③ Frank, Allen J. *Muslim Religious Institutions in Imperial Russia: the Islamic World of Novouzensk District and the Kazakh Inner Horde, 1780–1910.* Leiden: Brill, 2001; Werth, Paul. *At the Margins of Orthodoxy: Mission, governance, and Confessional Politics in Russia's Volga-Kama Region, 1827–1905.* Cornell University Press, 2002; Bustanov, Alfrid K. and Michael Kemper. "Russia's Islam and Orthodoxy beyond the Institutions: Languages of Conversion, Competition and Convergence." *Islam and Christian-Muslim Relations* 28, No. 2 (2017): 129–139; Morrison, Alexander. *Russian Rule in Samarkand 1868–1910: A Comparison with British India.* Oxford University Press, 2008; Sabol, Steven. *Russian Colonization and the Genesis of Kazak National Consciousness.* Springer, 2003; Kane, Eileen. *Russian Hajj: Empire and the Pilgrimage to Mecca.* Cornell University Press, 2015; Papas, Alexandre, Thierry Zarcone, and Thomas Welsford, eds. *Central Asian Pilgrims.: Hajj Routes and Pious Visits between Central Asia and the Hijaz*, Vol. 308. Walter de Gruyter, 2020; Campbell, Elena I. "Global Hajj and the Russian State." *Kritika: Explorations in Russian and Eurasian History* 18, No. 3 (2017): 603–612; Levi, Scott C. *The Rise and Fall of Khoqand, 1709–1876: Central Asia in the Global Age.* University of Pittsburgh Press, 2017.

宣博等。受同时期欧美学界在选题和研究方法上的影响，宇山智彦和长绳宣博均选择 19 世纪中后期兴起的近代草原知识分子为研究重点，探究俄罗斯帝国的多元复合统治结构和技艺、制度与思想的互动、跨地区网络和文化交流等议题 [①]。两位学者所在的北海道大学斯拉夫研究中心培养了一批关注中亚现当代问题的青年研究人员。具体而言，在与本书相关的议题上，日本学者在军政管理制度、文教政策、草原地区本土知识传统与知识分子网络等方面均有建树 [②]。

[①] Uyama, Tomohiko. "The Geography of Civilizations: a Spatial Analysis of the Kazakh Intelligentsia's Activities" in Matsuzato, Kimitaka ed. *Regions: A Prism to View the Slavic-Eurasian World.* Sapporo, 2000, pp. 70-99; Naganawa, Norihiro. "Transimperial Muslims, the Modernizing State, and Local Politics in the Late Imperial Volga-Ural Region." *Kritika: Explorations in Russian and Eurasian History* 18, No. 2, 2017, pp. 417-436.

[②] Uyama, Tomohiko. "A Particularist Empire: The Russian Policies of Christianization and Military Conscription in Central Asia" in Uyama, Tomohiko ed. *Empire, Islam, and Politics in Central Eurasia.* Sapporo: Slavic Research Center Hokkaido University, 2007, pp. 23-63; 本文中译版参见宇山智彦：《个别主义帝国》，庄宇、施越主编：《俄罗斯国家建构的道路选择》，北京：商务印书馆，2021 年; Naganawa, Norihiro. "The Hajj Making Geopolitics, Empire, and Local Politics: A View from the Volga-Ural Region at the Turn of the Nineteenth and Twentieth Centuries" in Alexandre Papas, Thomas Welsford, and Thiery Zarcone, eds. *Central Asian Pilgrims: Hajj Routes and Pious Visits between Central Asia and the Hijaz.* Berlin: Klaus Schwarz Verlag, 2012, pp. 168-198; Nishiyama, Katsunori. "Russian Colonization in Central Asia: A Case of Semirechye, 1867-1922" in Hisao Komatsu, et al. eds. *Migration in Central Asia: its History and Current Problems.* Osaka: The Japan Center for Area Studies, National Museum of Ethnology, 2000; Noda, Jin. *The Kazakh Khanates between the Russian and Qing Empires: Central Eurasian International Relations during the Eighteenth and Nineteenth Centuries.* Leiden: Brill, 2016; Akira, Ueda. "How did the Nomads Act during the 1916 Revolt in Russian Turkistan？" *Journal of Asian Network for GIS-based Historical Studies*, Vol. 1, (Nov. 2013): 33-44.

第一章　阿布勒海尔汗臣属与18世纪俄国对草原西路的政策

　　18—19世纪俄罗斯征服中亚草原地区的进程与这一地区的生态环境及游牧社会的组织形态有着密切的联系。前人学者往往以1730年哈萨克小玉兹阿布勒海尔汗遣使俄国作为臣属关系建立的关键事件。本章将表明，这一事件的主要意义在于为俄国介入草原西路事务提供历史性机遇。利用与小玉兹的交涉，俄国当局于1734年派遣"奥伦堡远征军"，在乌拉尔河中游建立据点，依托哥萨克军团建立要塞线，形成俄罗斯与中亚草原西路的边界。与此相似，俄当局利用额尔齐斯河、托博尔河、伊希姆河等重要水系修建西伯利亚要塞线。草原东西两路北部的要塞线构成这一时期俄国与草原地区的边界。而在近一个世纪后，要塞线也成为俄国深入草原腹地，进而征服中亚南部定居政权的跳板。本章首先将介绍中亚草原的生态环境、哈萨克各部的社会结构及18世纪初草原地区的政治格局，其次论述1730年阿布勒海尔汗遣使俄国事件及其历史意义。在此基础上，本章将重点分析1734年"奥伦堡远征"和要塞线体系的建立，并评述18世纪晚期俄国在草原西路建立统治体制的失败尝试。

一、19世纪末之前的中亚草原：游牧生产方式与社会文化

　　中亚草原从阿尔泰山和额尔齐斯河流域向西一直延伸至黑海西

岸。大致以乌拉尔河为界，以东地区在近代俄文文献中被称为"哈萨克草原"，其地域范围与中世纪波斯文文献所称"钦察草原"（Dasht-i Qipchaq）部分重合。该地区西起里海和乌拉尔河下游，北部大致以乌拉尔河中上游、乌伊河（Ui）、托博尔河（Tobol）、额尔齐斯河为界，东至阿尔泰山和天山，南至锡尔河（Syr-Darya）中下游。中亚草原冬季寒冷而漫长，夏季干旱炎热，呈现较强的大陆性气候。草原多数地区全年降水量低于 400 毫米，主要的河流由乌拉尔山、阿尔泰山、天山等山脉拦截来自大西洋和北冰洋的水汽形成。1991 年之后，这一地区主要位于哈萨克斯坦共和国境内，部分位于俄罗斯联邦、吉尔吉斯斯坦和乌兹别克斯坦境内。

根据自然地理特征，幅员辽阔的中亚草原可分为东西两路。草原东路北起托博尔河和额尔齐斯河，南至天山西部和锡尔河中游。东路的阿尔泰山和天山山脉接收大西洋水汽，形成该地区较为丰沛的水源，且有较多适于避风放牧的冬牧场。草原西路北起乌拉尔河、恩巴河（Emba）、图尔盖河（Turgai）和伊尔吉兹河（Irgiz），南至锡尔河下游和咸海。草原西路气候的大陆性特征较东路更强，水土条件较为恶劣。西路北部尚有山谷河流分布，而南部主要为荒漠地貌，人口稀少。东西两路地理特征的差异不仅塑造了 18—19 世纪俄国与两地人群交涉的方式，也深刻影响了俄国向草原腹地扩张的进程。

希罗多德和斯特拉博等古希腊作家记载了古波斯与阿姆河（Amu Darya）以北游牧民政权征战的历史片段[1]。自古波斯时代以降，游牧是中亚草原地区的主要生产方式，部分河谷和南部锡尔河中游存在农耕聚落和城市。游牧是畜牧业的一种形态。其本质是人类借助食草动物的移动力，季节性地利用稀缺的水草资源，维持人类在草原地区的生存[2]。

---

① ［古希腊］希罗多德著，王以铸译：《希罗多德历史：希腊波斯战争史（上册）》，北京：商务印书馆，1997 年，第 101—108 页；［古希腊］斯特拉博著，李铁匠译：《地理学（下）》，上海：上海三联书店，2014 年，第 760—764 页。

② 王明珂：《游牧者的抉择》，桂林：广西师范大学出版社，2008 年，第 3 页。

游牧生产方式的核心是实现牧团规模、牲畜数量和水草资源之间的动态平衡。生活在不同区域的牧团根据本地环境选择各自的游牧路线。对于中亚草原的哈萨克部落而言，牧团至少会区分适于躲避冬季风雪灾害的冬牧场（қыстау/qystau）和水源相对丰沛的夏牧场（жайлау/jailau）。此外，在条件允许之下，牧团会开辟春秋牧场（көктеу/kökteu 和 күзеу/küzeu），但驻牧时间相对较短。此外，根据所处的区域的环境条件，游牧民会开展包括小规模的灌溉农作、狩猎和贸易在内的"辅助性生业"[1]。

中亚草原上牧团的迁徙方式主要分为两种。第一种是平原地区的南北方向迁徙，即冬季在南部气温较高的草场避风过冬，夏季向北迁至水草条件较好的草场。冬夏牧场之间往往相距数百甚至上千公里。例如，19世纪末，俄国官员观察到，草原东路奈曼部落巴加纳勒氏族的部分牧团冬季在楚河流域活动，夏季则转场至额尔齐斯河流域。至20世纪初，草原西路仍有哈萨克牧团冬季在锡尔河下游驻牧，夏季迁徙至北部的图尔盖河流域[2]。但并非所有牧团均以如此长的距离游牧。一般草原北部的氏族的季节性迁徙距离在20—50俄里（约21—53公里），草原东南部的氏族约200俄里（约213公里），而东部地区一些氏族则在平原与山谷之间转场[3]。

季节性转场的目的是避免过度消耗单一草场的水草资源。因此，19世纪的民族志学者瓦里汉诺夫指出："看上去哈萨克人使用很多土地，但其实他们只占用（各片土地的）一部分时间。"[4]此种土地利用形

---

[1] 关于"辅助性生业"在游牧生产方式中的重要地位，参见王明珂：《游牧者的抉择》，桂林：广西师范大学出版社，2008年，第33—39页。

[2] Добросмыслов А.И. Тургайская область // Известия оренбургского отдела Императорского Русского географического общества, вып. 17, Тверь, 1902. С. 424.

[3] Потанин Г.Н. О рукописи капитана Андреева о Средней киргизской орде, писанной в 1785 году // ИзИРГО. Т. 9, вып. 2, 1875. С. 108.

[4] Валиханов Ч.Ч. О кочевках Киргиз // Собрание сочинений. Т. 4. Алма-Ата, 1985. С. 107.

式所衍生的财产观念与农耕社会的观念大相径庭：游牧民关注的是某一地块在特定时段的牧草质量和水资源的可及性，而非对某一地块的排他性永久占有权。因此，在和平时期，氏族和家系的首领会根据牧团规模、畜群数量以及氏族间关系等因素分配各牧团的游牧路线。而当恶劣气候（尤其是风雪灾）、战争或疫病袭来时，各氏族和牧团之间容易围绕牧场的分配爆发激烈的竞争。

除水源和草场，牲畜是另一项至关重要的生产资料。以牧团为单位，牲畜通过牧户间的互助和交换等形式为集体所有，并打上共同的氏族徽记（тамға/tamǧa）。哈萨克人以牲畜为主要的财富衡量标准。结为姻亲时需要的聘礼和处罚重罪时的"命价"（құн/qūn）均以牲畜来计量[1]。例如，根据 19 世纪俄国学者廖夫申（A. I. Lёvshin，生卒 1798 — 1879 年）记载，当时草原地区习惯法中，在涉事双方同意的情况下，杀害男性须赔偿 1000 头羊，杀害女性须赔偿 500 头羊；致人伤残则根据部位确定赔偿的羊只数量，致大拇指伤残须赔偿 100 头羊，小拇指须赔偿 20 头羊[2]。

哈萨克传统游牧社会内部以血缘和拟制血亲关系为基础，分为若干层次的社会集团。首先，自 16 世纪以降，哈萨克游牧民分为大、中、小三个"玉兹"（жұз/jūz，各玉兹的地域分布范围于下一节讨论）[3]。这一划分方式可能源自 17 世纪末头克汗（Tauke Khan）统一哈萨克各部

① 苏北海：《哈萨克族文化史》，乌鲁木齐：新疆大学出版社，1989 年，第 497 页；Martin, Virginia. *Law and Custom in the Steppe: the Kazakhs of the Middle Horde and Russian Colonialism in the Nineteenth Century*. Curzon, 2000, p. 23；Лёвшин А.И. Описание Киргиз-Казачьих или Киргиз-Кайсацких орды степей. Т. 3, СПб., 1832. С. 170–172。

② Лёвшин А.И. Описание Киргиз-Казачьих или Киргиз-Кайсацких орды степей. Т. 3, СПб., 1832. С. 171.

③ "玉兹"一词在哈萨克语中意为数字"一百"，亦有学者解读为"方面"，参见 Нусупбеков А.Н. История Казахской ССР с древнейших времен до наших дней в 5 томах. Т. 2, Алма-Ата, 1979. С. 248–249.

落后采取的地域和军事区划^①。延续 13 世纪蒙古西征之后在欧亚大陆各地建立的黄金家族法统，各玉兹推举"汗"（Khan）作为其政治和军事领袖，汗的男性后裔被称为"苏丹"（Sultan）。在 19 世纪 20 年代俄当局废除中玉兹和小玉兹汗位之前，三玉兹各自推举汗，且一个玉兹中可能存在多位汗。汗仅能从被认为是成吉思汗男性后裔的人群即"托热"（төре/töre）中推选。有别于定居社会的统治者，汗在名义上对推举他的部落掌握统治权，但因缺乏制度性的强制力保障，实际上未必能干涉氏族乃至牧团的生产活动。其权力大小往往与外部环境的压力以及个人的社会声望和政治技艺有关。

其次，在玉兹之下，哈萨克人分为若干依照血缘和拟制血亲关系划分的社会集团层级。苏北海先生将哈萨克社会划分为玉兹、兀鲁斯、乌鲁、塔衣甫、爱衣马克和阿吾勒六级，而将哈萨克汗国的社会组织分为七层：汗国、玉兹、兀鲁思、阿洛斯、露乌、阿塔阿衣马克和阿乌尔^②。廖夫申将玉兹以下的层级分为支系（поколение/pokolenie）、氏族（род/rod）、氏族分支（отделение/otdelenie）、氏族分组（отрасль/otrasl'）、分组的部分（часть отраслей/chast' otraslei）五级，但他明确指出，不同受访者对于分类的层级和数目并不具备整齐划一的认知，如"同一个氏族内，有人说分为 5—6 个部分（часть/chast'），有人说12 个部分"^③。由此可见，结构功能主义视角下的亲属关系层级概念未必能严格对应历史人群的社会组织方式和观念。在哈萨克人的社会层级概念中，高层的玉兹和底层的阿吾勒范畴相对稳定。阿吾勒一般包

---

① Нусупбеков А.Н. История Казахской ССР с древнейших времен до наших дней. Т. 2. Алма-Ата, 1979. С. 248–249. 佐口透提出，"大玉兹"的"大"指代的是其起源古老而非力量强大或人口众多，含有先辈之意。参见［日］佐口透著，章莹译：《新疆民族史研究》，乌鲁木齐：新疆人民出版社，1993 年，第 294 页。

② 苏北海：《哈萨克族文化史》，乌鲁木齐：新疆大学出版社，1989 年，第 36 页、第 332—333 页。

③ Лёвшин А.И. Описание Киргиз-Казачьих или Киргиз-Кайсацких орды степей. Т. 3, СПб., 1832. С. 5.

括 3—15 帐牧民。在两者之间，哈萨克人使用露乌（ру/ru）、爱衣马克（аймак/aimaq）等内涵相对模糊的词汇指称人类学领域的部落、氏族甚至氏族分支等概念，其实际的边界和人群规模取决于语境，且各层级之间不一定存在从属关系[1]。因此，俄文和英文学界基本形成以部落（племя/tribe）、氏族（род/clan）、家系（отделение/lineage）和次家系（подотделение/sub-lineage）来划分哈萨克人的社会层级的共识[2]。

相比规模更小的家系，氏族的构成存在更多拟制血亲成分，因此对应的制度建构和文化符号体系更为发达。对于个体而言，氏族归属涉及安全保障、婚姻关系建立、财产继承、债务偿付、过错罪责担保、社会救济提供以及集体仪式参与等。同一氏族的游牧民被认为可以上溯到共同的七代父系祖先（Жеті ата/Jetı ata），并被要求背诵世系（шежіре/şejıre），使用共同的氏族徽记（таmға/tamğa），呼喊共同的氏族战斗口号（ұран/ūran），以及参加氏族内部的各类互助，以此来强化拟制血亲观念[3]。游牧政治体往往依托氏族间的联合而建立。较为稳定的部落内部往往存在描述各氏族权力关系的民间传说，以塑造契合游牧生产方式的共同体观念。同一部落的氏族之间往往会存在"英雄祖先与弟兄民族"的神话信仰[4]。例如，中玉兹阿尔根部落下的六个主要氏族认为"阿尔根"是自己共同的祖先，而各自氏族的名称源自阿尔根正妻（бәйбіше/bäibışe）所生诸子的名字。各氏族权位的排序则以阿尔根正妻生子的顺序来解释[5]。

① Martin，Virginia. *Law and Custom in the Steppe: the Kazakhs of the Middle Horde and Russian Colonialism in the Nineteenth Century*. Curzon，2000，pp. 173-174.

② Krader，Lawrence. *Social Organization of the Mongol-Turkic Pastoral Nomads*. The Hague：Mouton& Co. 1963，pp. 179-286.

③ Bacon，Elizabeth. *Obok: a Study of Social Structure in Eurasia*. N.Y.：Wenner-Gren Foundation for Anthropological Research，1958，pp. 71-75.

④ 王明珂：《英雄祖先与弟兄民族：根基历史的文本与情境》，北京：中华书局，2009 年。

⑤ Востров В.В.，Муканов М.С. Родоплеменной состав и расслеение казахов. Алма-Ата，1968. С. 71-72.

在血亲关系层级之外，哈萨克传统社会分为白骨（ак сүйек/aq süiek）和黑骨（кара сүйек/ qara süiek）两阶层。白骨指代有资格成为汗和苏丹的成吉思汗后裔（"托热"），以及自称伊斯兰教先知后裔的"和卓"（қожа/qoja）。白骨阶层在哈萨克社会中享有诸多特权，侵犯其名誉或身体者将遭到比一般命价更为严厉的惩罚[1]。黑骨则指称并无特殊身份的平民。在白骨与黑骨之外，尚有因战争或饥荒而沦为奴隶的人群。汗和苏丹的扈从则被称为"托连古特"（төлеңгіт/töleŋgıt）[2]。

在现代人口普查技术大规模应用之前，准确计算人口数量极为困难。19世纪之前哈萨克各部的历史人口数字主要来自俄国方面的估算。廖夫申根据布隆涅夫斯基（S. B. Bronevskii）、安德烈耶夫（I. G. Andreev）等人的记载估算，19世纪初大玉兹约10万帐，中玉兹21万帐，小玉兹19万帐，总计约50万帐[3]。别克马汉诺娃估算，1840年前后草原西路和内帐共计15万帐约65.5万人，草原东路共计约63万人。但这一数据并不包括草原南部的游牧人群[4]。

二、18世纪初中亚草原的政治格局

18世纪初的中亚草原存在多个政治集团。1715年头克汗（Tauke Khan）去世后，哈萨克各玉兹中存在着多名汗王，三玉兹互不统属：大玉兹主要活动于巴尔喀什湖流域、楚河流域和锡尔河中游地区；中玉兹部分游牧于额尔齐斯河到乌伊河流域，部分与大玉兹杂居于锡尔河中游；小玉兹分布于草原西路的乌拉尔河、伊尔吉兹河、恩巴河流域和锡

---

[1] Лёвшин А.И. Описание Киргиз-Казачьих или Киргиз-Кайсацких орды степей. Т. 3, СПб., 1832. С. 171–172.

[2] 国内学界前人学者也有翻译为"铁链格提"，参见编写组：《哈萨克族简史》，北京：民族出版社，2008年，第176页。

[3] Лёвшин А.И. Описание Киргиз-Казачьих или Киргиз-Кайсацких орды степей. Т. 3, СПб., 1832. С. 2.

[4] Бекмаханова Н.Е. Многонациональное население Казахстана и Киргизии в эпоху капитализма. 60-е годы XIX в.-1917 г. М., 1986. С. 256–270.

尔河流域下游。

此外，18 世纪初的中亚草原地区尚有其他一系列重要的游牧部落集团。其中政治影响力最大的是准噶尔部。17 世纪初勃兴的准噶尔部控制了草原东路的额尔齐斯河流域，并时常征伐巴尔喀什湖流域和锡尔河流域的游牧民群体。在西西伯利亚南部，准噶尔部遭遇俄国势力，双方争夺对额尔齐斯河左岸巴拉宾草原游牧民的征税权和额尔齐斯河附近盐湖的采盐权[①]。17 世纪末至 18 世纪初，准噶尔部的兵锋一度抵达锡尔河中下游，之后至 18 世纪中叶长期维持对中亚草原的政治影响[②]。

在准噶尔部的挤压下，卫拉特土尔扈特部联合和硕特和杜尔伯特的一部分于 17 世纪 30 年代迁徙到伏尔加河下游，以"卡尔梅克人"之名出现在俄文和中亚语言文字史料中[③]。卡尔梅克人所占据里海北岸伏尔加河和乌拉尔河之间的草场，此前为金帐汗国后继政权之一的诺盖部控制。诺盖在 16 世纪中期分裂为大、小两部。而卡尔梅克人则于 17 世纪 30 年代从诺盖部手中夺取里海北岸牧场，此后成为哈萨克小玉兹的西邻。卡尔梅克人自 17 世纪中期起与俄国保持较为密切的往来，包括 17 世纪 70 年代发兵支持俄国对奥斯曼和克里米亚汗国联军作战、18 世纪初辅助俄军参加大北方战争和库班河远征等。在阿玉奇汗（生卒 1669—1724 年）统治时期，卡尔梅克人一度征服从北高加索到里海东部的广袤地域[④]。

在中亚草原以南，18 世纪初锡尔河和阿姆河流域的绿洲农耕地区

---

① 王治来：《中亚通史（近代卷）》，乌鲁木齐：新疆人民出版社，2007 年，第 97—98 页。

② 马大正、成崇德编：《卫拉特蒙古史纲》，乌鲁木齐：新疆人民出版社，2006 年，第 93—94 页。

③ 17 世纪以降俄文文献中的"卡尔梅克"主要指称 17 世纪 30 年代西迁至伏尔加河下游的分支。为称呼便利，本书以"卡尔梅克"称呼与俄国往来更为密切的伏尔加河下游卫拉特各部。参见马大正、成崇德编：《卫拉特蒙古史纲》，乌鲁木齐：新疆人民出版社，2006 年，第 215—216 页。

④ Бакунин Б.М. Описание калмыцких народов, а особливо из них торгоутского, и поступков их ханов и владельцев. Элиста, 1995. С. 25-27.

主要为布哈拉汗国所控制。阿姆河下游绿洲则存在着相对独立的希瓦汗国政权。希瓦汗国以南以西的荒漠地带分布着卡拉卡尔帕克和土库曼部落。18 世纪末，以乌兹别克明格部为主体的浩罕依托费尔干纳盆地的地缘条件崛起，一度与布哈拉争夺中亚南部绿洲地区的控制权 [1]。

沙皇俄国源自偏居伏尔加河西侧支流的莫斯科公国。13 世纪初蒙古西征以降，该地区长期处于金帐汗国统治之下。14 世纪初，莫斯科大公尤里·丹尼洛维奇（1303—1325 年在位）与金帐汗联姻，借汗国包税人的身份笼络或征伐周边政权，由此逐渐发展为伏尔加河西侧的主要政治力量。15 世纪中期金帐汗国分裂为喀山、阿斯特拉罕和克里米亚汗国等地方政权，莫斯科公国由此崛起为区域强权。16 世纪中期，伊凡四世攻克喀山（1552 年）和阿斯特拉罕（1556 年）之后，以叶尔马克（Yermak Timofeevich）为首的哥萨克借助伏尔加河、乌拉尔河以及西伯利亚诸水系迅速控制各重要交通节点，建立托博尔斯克（1590年，即原西伯利亚汗国的汗帐）、秋明（1586 年）、苏尔古特（1594年）、塔拉（1594 年）等军镇，以开发皮毛和矿产等重要资源维系其西伯利亚军政力量。同一时期，莫斯科公国于 1574 年建立乌法（Ufa）要塞，沿伏尔加河东侧水系深入乌拉尔山的巴什基尔人地区。

18 世纪初以前，俄国影响西伯利亚和中亚草原的重要抓手正是分布于乌拉尔河和鄂毕河流域的哥萨克群体。"哥萨克创造了俄罗斯" [2]，托尔斯泰此言可能会引发争议，但对于 18—19 世纪俄罗斯与中亚草原的关系而言，哥萨克军团（казачье войско/kazach'e voisko）的重要性毋庸置疑。因早期历史缺乏文献记载，哥萨克的起源众说纷纭。对于本章而言，较为重要的是探讨 18 世纪初草原邻近地区乌拉尔、奥伦堡和

---

[1] 关于浩罕汗国兴起对于中亚地区政治局势的冲击，参见 Levi, Scott. *The Rise and Fall of Khoqand: Central Asia in the Global Age, 1709-1876.* Pittsburgh, Pa., University of Pittsburgh Press, 2017。

[2] Толстой Л.Н. *Полное собрание сочинений в 90 томах* (1928-1958). T. 48. M., 1952. C.123.

西伯利亚哥萨克军团的形成。18 世纪初,彼得一世(1682—1725 年在位)效仿西欧改革统治体制,以向西北争夺波罗的海沿岸地区为战略方向,同时也热衷于拓展通向东方的商路和在亚洲的势力范围。而各哥萨克团体则是俄国向亚洲扩张首先要笼络的力量。

乌拉尔哥萨克① 分布于乌拉尔河中下游,以渔猎、采盐和农耕为生。早在 17 世纪中期,部分哥萨克沿乌拉尔河南下,在其中游修筑雅伊茨克要塞(始建于 1613 年,1773—1775 年普加乔夫起义被镇压后更名为乌拉尔斯克),在下游修筑古里耶夫要塞(始建于 1647 年,位于今哈萨克斯坦阿特劳)。16 世纪末至 17 世纪初,乌拉尔哥萨克接受莫斯科公国庇护。沙皇将乌拉尔河口至中游的土地均封予乌拉尔哥萨克,并允许其接纳逃亡农奴。其族裔构成较为多元,既包括逃亡的俄罗斯农奴,也有少数鞑靼人、卡尔梅克人、巴什基尔人、米舍尔亚克人、捷普佳尔人和哈萨克人等。1718 年,俄当局介入乌拉尔哥萨克的阿塔曼(Ataman)任命,并要求其归还一些逃亡农奴。大北方战争(1700—1721 年)后,俄国当局将一批瑞典战俘送到乌拉尔哥萨克领地充实人口。奥伦堡哥萨克的前身为乌法、萨马拉一带形成的哥萨克聚落。1734 年奥伦堡远征之后,这些人群由俄当局归并为奥伦堡哥萨克。1748 年,奥伦堡要塞线各据点的哥萨克被统编为奥伦堡哥萨克军团,在编哥萨克约 5000 人② 。同一时期,为控制阿尔泰山至巴拉宾草原的矿产和土地,俄军沿额尔齐斯河修筑要塞,而西伯利亚哥萨克成为主要的守备力量。西伯利亚哥萨克据称是叶尔马克所率哥萨克的后继者,通过

---

① 中古至近代欧亚大陆腹地的游牧民普遍称乌拉尔河为"雅伊克河"(Yaik)。1775 年以前,生活在这一流域的哥萨克也被命名为"雅伊克哥萨克"。1773 年,乌拉尔河流域爆发普加乔夫起义。作为对普加乔夫起义的事后处置措施,俄当局取消了雅伊克哥萨克和顿河哥萨克的自治地位,并将所有涉及"雅伊克"一词的地名和机构名称替换为"乌拉尔"。因"乌拉尔"一名对于当代读者而言更为熟悉,为避免专有名词混淆,本书以"乌拉尔"替代"雅伊克"。

② [哈]马萨诺夫等著,杨恕、焦一强译:《哈萨克斯坦民族与文化史》,北京:民族出版社,2018 年,第 130 页。

吸纳欧俄地区的逃亡农奴、流放者和农民形成。

18世纪初，彼得一世在草原东西两路分遣两支军队南下，探索通往亚洲腹地的道路。在草原东路，布赫戈勒茨（I. D. Bukhgol'ts，生卒1671—1741年）于1715年率领约3000人的军队溯额尔齐斯河而上。在遭到准噶尔部阻击和围困后，布赫戈勒茨所部从亚梅什湖附近的要塞撤退，并在撤回西伯利亚总督府衙托博尔斯克的途中，在鄂木河与额尔齐斯河交汇处修筑鄂木斯克（Omsk）要塞。鄂木斯克后来成为俄国控制额尔齐斯河流域和草原东路的关键据点。而在草原西路，贝科维奇 - 切尔卡斯基（Aleksandr Bekovich-Cherkasskii）同样于1715年率军从里海东岸向希瓦汗国进发。这支军队主要由乌拉尔哥萨克组成。此次远征未能如布赫戈勒茨一般在草原西路建立据点，且全军为希瓦汗国所消灭①。即便如此，在18世纪30年代奥伦堡远征之后，俄军以西路的奥伦堡和东路的鄂木斯克为中心，逐渐沿着乌拉尔河和额尔齐斯河构筑要塞线，奠定后续深入草原东西两路的军事力量。

最后，在乌拉尔河中上游，定居于此的巴什基尔人自16世纪中期开始在名义上臣属于莫斯科大公国。但在17—18世纪，俄当局强征土地赋税和强行传教导致巴什基尔人多次起义。1662—1664年、1681—1684年和1704—1711年的三次起义延缓了俄国向草原地区扩张的进程。18世纪30年代俄国介入草原西路政治的部分原因也是为加强对巴什基尔人活动地域的控制。

概言之，在18世纪初，影响中亚草原政治态势的主要力量是东部的准噶尔部和北部的俄罗斯。准噶尔部尽管具备远征锡尔河中下游的军事实力，但其主要战略意图在于东进。与此相似，尽管这一时期沙皇已经有向草原腹地派遣军队的尝试，但俄罗斯以其西北为主要的战略方向，意在控制波罗的海沿岸地区以融入北欧的经贸体系。值得注意的

---

① 此次远征的具体细节为诸多通史作品记载，此处不再赘述，可参见王治来：《中亚通史（近代卷）》，乌鲁木齐：新疆人民出版社，2007年，第112—118页。

是，在 18 世纪初，乌拉尔山南部的巴什基尔人和里海北岸的卡尔梅克人在名义上均臣属于沙皇。在 18 世纪 20 年代准噶尔部与哈萨克各部数次交战之后，小玉兹首领阿布勒海尔汗遣使俄国。这一事件拉开了18 世纪 30 年代俄国介入草原西路事务的历史帷幕。

三、1730 年阿布勒海尔汗遣使俄国考叙

阿布勒海尔（Abul'khair Muhammed Gazi Bahadur Khan，生卒？—1748 年）出身于一个地位相对较低的苏丹家族。此前家族内并无男性成员出任汗王。阿布勒海尔大约在 17 世纪 80 年代生于草原西路锡尔河下游。据 19 世纪俄罗斯学者克拉夫特（I. I. Kraft）考证，阿布勒海尔幼年失去父母和叔叔，被迫独立谋生。据民间传说，他在年轻时偶遇黑骨出身的富人巴特尔贾尼别克，后者将其收留为牧人，并成为其未来的岳父①。青年时代的阿布勒海尔曾在卡尔梅克的阿玉奇汗手下任职，熟悉当时卡尔梅克人相对高效的军事技术和组织。1708—1709 年间，哈萨克各部与准噶尔部爆发多次战争。阿布勒海尔此时已脱离卡尔梅克，在上述战争中崭露头角。1709 年，阿布勒海尔甚至应巴什基尔人首领阿勒达尔（Aldar Isyangeldin，生卒？—1740 年）的邀请，参与巴什基尔人反抗沙皇当局在乌拉尔山南部的统治的斗争②。

阿布勒海尔在 18 世纪 20 年代被推举为哈萨克小玉兹汗，以锡尔河中游为主要牧地，并自称为哈萨克各玉兹的大汗。但以头克汗子嗣以及中玉兹、大玉兹的汗为代表的哈萨克各部首领并不承认其权威。他参与 1714—1720 年间多次哈萨克各部对准噶尔、卡尔梅克、巴什基尔、乌拉尔哥萨克和俄罗斯村镇的袭击行动，成为哈萨克各部主要的军事首领之一。

---

① Невольник. Предание о киргиз-кайсацком хане Абулхаире // Тургайские областные ведомости. 1899. No 52. C. 7–8.

② Ерофеева И.В. Хан Абулхаир: полководец, правитель, политик. Алматы, 2007. C. 144.

1722 年底，随着东部军事压力的减小，准噶尔首领将目光投向西部的中亚草原。1723 年 2—3 月，准噶尔部抄掠楚河和锡尔河流域。根据当时俄罗斯驻布哈拉使节弗洛里奥·贝内韦尼（Флорио Беневени/Florio Beneveni）的记载，准噶尔部劫掠此前为哈萨克人所占据的锡尔河中游城市，兵锋直抵苦盏。哈萨克大玉兹向西、向南逃散，迁入人口相对稠密的南部绿洲地区，引发当地尖锐的人地矛盾。此后十多年，撒马尔罕和希瓦等城市人口锐减，经济形态一度从商品经济倒退到以货易货的原始经济①。此次突袭在哈萨克民间传统中留下深刻印记，形成以"大灾年"为主题的歌谣和传说②。

锡尔河下游的小玉兹则退散至希瓦汗国和乌拉尔河流域。阿布勒海尔汗的长妻、继母和弟弟的妻子均在准噶尔部突袭期间被俘虏。迁徙至乌拉尔河流域的小玉兹各部落时常与邻近的巴什基尔、卡尔梅克、乌拉尔哥萨克等人群争夺牧场。1723 年、1724 年和 1726 年，哈萨克各部多次袭击卡尔梅克牧地，双方互有胜负。1727 年，准噶尔部策妄阿拉布坦暴毙。利用准噶尔内部权力过渡的机遇，哈萨克各部组织了多次对准战役。其中规模较大的包括 1727 年的布兰德河（Bulanty-Belyauty）战役和 1730 年的昂阿刺海（Anyrakai）战役。阿布勒海尔汗领导了上述战役，获得了相对显赫的声望③。

即便如此，阿布勒海尔汗仍不具备统治三玉兹的权威，也没有

① Койгелдиев М.К. ред. История Казахстана в русских источниках. Т. 2. Алматы, 2005. С. 341-344; Аполлона Н.Г. Присоединение Казахстана к России в 30-х годах XVII века. С. 174-178.

② Абдыкалыков М. и Панкратова А.М. ред. История Казахской ССР с древнейших времен до наших дней. Алма-Ата, 1943. С. 223-226; 关于"大灾年"的历史编纂学研究，参见 Hancock-Parmer, Michael. "The Soviet Study of the Barefooted Flight of the Kazakhs." *Central Asian Survey*, No. 3（2015）: 281-295。

③ Ерофеева И.В. Хан Абулхаир: полководец, правитель, политик. Алматы, 2007. С. 188-207. 关于哈萨克斯坦学界对昂阿剌海战役细节的考证，参见 Ерофеева И.В. и др. Аныракайский треугольник: историко-географический ареал и хроника великого сражения. Алматы, 2008。

完全得到小玉兹各部落的认可。小玉兹和部分中玉兹部落推举卡伊普（Каип/Kaip）为汗，另一部分中玉兹部落推举图尔逊（Tursyn）为汗。图尔逊汗在 1717 年去世后，头克汗的子嗣博拉特（Bolat）和塞梅克（Semeke，俄文文献记载为 Шемяка/Shemiaka）相继被推举为汗王。而大玉兹在这一时期则有伊曼、鲁斯捷姆、阿卜杜拉和卓勒巴尔斯等汗王[①]。

在这一背景下，阿布勒海尔汗早在 1726 年便尝试联络俄国，希冀借助其支持应对内外挑战，但并无成果[②]。1730 年春，在转场至乌拉尔河流域期间，小玉兹与巴什基尔和乌拉尔哥萨克发生多次冲突。鉴于他们均为俄罗斯属民，在 1730 年 5 月中玉兹与小玉兹的氏族大会上，双方的汗王和首领共同决定遣使俄国，寻求达成和平的方案[③]。但需要注意的是，此次会议将遣使的目标定位为寻求由沙皇调和哈萨克与其近邻的关系，而非成为俄罗斯的臣民。但阿布勒海尔汗有自己的考虑：他希望效仿卡尔梅克的阿玉奇汗，在俄国的支持下成为小玉兹乃至哈萨克各部的实权君主，推动游牧社会的中央集权，并建立由其家族男性子嗣世袭汗位的制度。

1730 年 6 月，巴什基尔人首领阿勒达尔赴伊尔吉兹河会见阿布勒海尔，意在劝说其臣属于女皇。阿勒达尔是 1707—1709 年巴什基尔起义的领袖。俄军与其达成妥协后，他率领其部众臣属沙皇，但保持较高程度的自主权。与阿布勒海尔汗一样，阿勒达尔以及支持他的巴什基尔首领都希望各方能达成相对稳定的牧地分配方案，以免长期陷入无休止的冲突之中。同时，借助拉拢小玉兹汗王，阿勒达尔也能提升其在沙皇

① Ерофеева И.В. Хан Абулхаир: полководец, правитель, политик. Алматы, 2007. С. 136–137.

② Абдыкалыков М. и Панкратова А.М. ред. История Казахской ССР с древнейших времен до наших дней. Алма-Ата, 1943. С. 226; Акишев А.К. ред. История Казахстана с древнейших времен до наших дней (очерк). Алматы, 1993. С. 179.

③ Ерофеева И.В. Хан Абулхаир: полководец, правитель, политик. Алматы, 2007. С. 216.

眼中的地位。1734年，阿布勒海尔汗臣属的相关交涉基本完成后，俄当局授予阿勒达尔子嗣世袭巴什基尔塔尔汗（Tarkhan）的权力，并赠予大量财货 [①]。

按照上述会议精神，阿布勒海尔汗于1730年8月派出由科伊达古鲁勒（Seitkul Koydagul-uly）和科什泰吾勒（Kotlumbet Koshtai-uly）率领的使团。他们在阿勒达尔陪同下首先赴乌法会见乌法总督布图尔林（Buturlin）。在后者的安排下，这个使团携阿布勒海尔汗的文书赴彼得堡会见女皇安娜（1730—1740年在位）[②]。

早在16世纪末，莫斯科公国与哈萨克人已经有外交往来 [③]，因此俄方对这一人群并不感到陌生。阿布勒海尔汗所派使团携带的信件为以阿拉伯文书写的鞑靼语，因当时草原西路的识字阶层主要使用此种书面语言。经俄外交衙门翻译为俄文后，信件于1730年9月8日呈递女皇。在信件的俄译本中，阿布勒海尔汗声称他代表哈萨克中玉兹和小玉兹。在信件开头，他首先陈述道，作为俄国属民的巴什基尔人与他所代表的哈萨克人之间关系并不亲密。他希望"完全臣属于陛下"（быть совершенно подвластным Вашему величеству），希望得到陛下的庇护（покровительство）和帮助（помощь），以便与巴什基尔人和谐相处 [④]。前人学者在对比阿拉伯文书写的鞑靼语版本与俄文译本后，认为上述关键语句的译文与原文存在出入。"完全臣属于陛下"所对应的

---

① Ерофеева И.В. Хан Абулхаир: полководец, правитель, политик. Алматы, 2007. С. 257–259.

② 关于此次访问的细节，参见 Лёвшин А.И. Описание Киргиз-Казачьих или Киргиз-Кайсацких орды степей. Т. 2, СПб., 1832. С. 93–94。

③ 例如，《16—18世纪哈萨克—俄罗斯关系：文书与资料集》最早收录的档案年份为1594年，参见 Академия наук КазССР. Казахско-Русские отношения в XVI-XVIII веках: сборник документов и материалов. Алма-Ата, 1961。

④ Академия наук КазССР. Казахско-Русские отношения в XVI-XVIII веках: сборник документов и материалов. Алма-Ата, 1961. С. 35.

原文应准确译为"向陛下寻求保护"①，其原意与文末"希望得到陛下的庇护和帮助"更加契合。

10月21日，使团会见女皇。阿布勒海尔汗的使者宣称，阿布勒海尔汗希望按照与巴什基尔人相同的条件成为沙皇属民，即承诺为俄罗斯女皇服务，支付实物税（yasak，或译为"皮毛税"），并归还前几年被他们俘虏的所有俄罗斯臣民。与此同时，沙皇政府将承担保护哈萨克人免受其他俄罗斯臣民侵扰的义务，尤其是调解哈萨克人与巴什基尔人的关系②。

俄国外交衙门根据文书和与使团成员的交涉，于1730年10月30日向女皇呈交了一份分析报告。报告称，隶属于阿布勒海尔汗的小玉兹约为4万帐游牧民，活动于锡尔河、萨雷苏（Sary-su）和图尔盖河之间，且小玉兹尚有巴拉克（Barak）和阿布勒曼别特（Abulmambet）两位汗。阿布勒海尔汗向俄方提出五项条件：（1）向沙皇缴纳等同于巴什基尔人缴纳额度的实物税；（2）不受臣属于沙皇的各部落侵扰；（3）如哈萨克人遭到任何敌人进攻，均可得到沙皇和沙皇属民的保护；（4）希望与卡尔梅克人和巴什基尔人和平相处；（5）希望沙皇和臣属于沙皇的各部落交还被俘的哈萨克人质，也会交还劫掠的沙皇属民人质。根据以上信息，外交衙门建议安娜女皇在以下四项条件的基础上采纳阿布勒海尔汗的提议：（1）要求阿布勒海尔汗及其属民对沙皇和继承者永远忠诚；（2）与巴什基尔人、卡尔梅克人一样执行沙皇的调令；（3）与巴什基尔、乌拉尔哥萨克和卡尔梅克等沙皇臣民和平相处；（4）不得侵扰来自阿斯特拉罕等地的俄国属民商旅。女皇同意了报告的

---

① Noda, Jin. *The Kazakh Khanates Between the Russian and Qing Empires: Central Eurasian International Relations During the Eighteenth and Nineteenth Centuries.* Leiden: Brill, 2016, pp. 56–57.

② Ерофеева И.В. Хан Абулхаир: полководец, правитель, политик. Алматы, 2007. С. 264.

意见 ①。

1731 年 2 月 19 日，女皇签发诏书，明确在以下四点条件基础上接纳阿布勒海尔汗所代表的哈萨克人为臣属人群：（1）宣誓效忠沙皇并缴纳实物税；（2）承诺保护其不再遭受俄罗斯臣民或其他敌人的侵扰；（3）下令其与巴什基尔、卡尔梅克等人群相互交换俘虏；（4）保护俄罗斯及其臣民所组成的商旅通过 ②。尽管从史料中分析，至此沙皇与阿布勒海尔汗尚未直接接触，哈萨克使团与俄国翻译和官员在沟通中扮演了重要角色，但俄方已经认定阿布勒海尔汗所寻求的是与巴什基尔和卡尔梅克类似的臣属地位。此外，尽管已了解到即便在小玉兹内部阿布勒海尔汗也不是唯一的汗，但俄方默认阿布勒海尔汗为哈萨克各部的代表。这一策略为后续俄国声称对所有哈萨克人享有宗主权奠定了基础。

俄当局在诏书颁布后，迅速派遣外交衙门的译员捷夫克列夫（A. I. Tevkelev，生卒 1674—1766 年）率团携带诏书、徽标、长袍、军刀等礼品，于 1731 年 4 月陪同使团返回，并会见阿布勒海尔汗。捷夫克列夫使团的任务是传达女皇诏令，确认阿布勒海尔汗履行宣誓效忠的程序。从圣彼得堡出发时，随同捷夫克列夫出使的还有两名负责记录沿途地形的测绘员和若干哥萨克护卫。1731 年初，外交衙门向捷夫克列夫下达一份指示文件，详述与小玉兹进一步交涉的一系列谈判条款。文件显示，如哈萨克汗及其臣民希望宣誓成为沙皇属民，则须承诺庇护俄罗斯商队、每年支付皮毛税、交纳汗王和贵族子嗣作为人质，以及与其他

---

① Академия наук КазССР. Казахско-Русские отношения в XVI-XVIII веках: сборник документов и материалов. Алма-Ата, 1961. С. 35-37.

② Академия наук КазССР. Казахско-Русские отношения в XVI-XVIII веках: сборник документов и материалов. Алма-Ата, 1961. С. 40-41.

俄罗斯臣民和平相处，并遵守俄罗斯的基本法律 [1]。文件中还详尽地罗列了捷夫克列夫出使途中须调查的信息：

> 往返途中，捷夫克列夫须记录日志。从乌法出发后，第一须描述巴什基尔人：他们有什么样的住所、牧地、城市或村庄，以及什么样的政府、产业和财产？第二是那些巴什基尔人相距吉尔吉斯人有多远？那里有什么样的住所？河流和其他水域的大小如何？有哪些渡口、森林和草原？以及各地之间距离几何，是否有防御工事？第三是关于吉尔吉斯人，特别是关于他们的首领阿布勒海尔汗的情况：在他治下是否有城市？有多少定居和农耕人口？是否还有其他汗王，他们是否有自己的城市或草场？在城市或驻牧地中是否有耕地、花园或其他手工作坊？这些汗王及其下属的牧场或城市是否服从阿布勒海尔汗？这些财产是通过世袭继承的还是掠夺获得的？他们从臣民那里如何收取贡赋？每年给阿布勒海尔汗缴纳多少贡赋？他们所有人是否仅信仰伊斯兰教，抑或他们实际上遵守其他类型的法律？阿布勒海尔汗是否在获得其他汗王和民众同意的情况下向我们派遣了使者？他们与周边人群有着何种商贸关系？汗王是否从中获得收入？他们掌握何种工艺，尤其是否掌握火器制造或硝石和火药加工技术？他们是否能制造火炮或枪械？如果不能，那如何获得火器？是通过采购，还是以物易物？他们的牧地与哪些人接邻？他们现在与哪些人处于和平、与哪些人处于战争状态？以及是否还有其他道路通向俄罗斯的城市？ [2]

① Академия наук КазССР. Казахско-Русские отношения в XVI-XVIII веках: сборник документов и материалов. Алма-Ата, 1961. С. 42–43. No. 30. Инструкция Коллегии ин. дел-переводчику М. Тевкелеву, отправленному во главе посольства к хану Абулхаиру для принятия от него присяги на подданство России (1731 г. фев.).

② Академия наук КазССР. Казахско-Русские отношения в XVI-XVIII веках: сборник документов и материалов. Алма-Ата, 1961. С. 43–44.

因此，捷夫克列夫同时承担着查探草原西路政治格局及劝诱更多哈萨克首领成为俄国属民的双重任务。

捷夫克列夫原名骨咄禄－穆罕默德（Kutlu-Mukhammed），是奥卡河流域卡西莫夫汗国（Касимовское ханство/Qasimov Khanate）贵族捷夫克列夫家族后裔。捷夫克列夫在俄文文献中以阿利克谢·伊万诺维奇为名，以译员身份供职于俄外交衙门。此人兼具俄罗斯官员职位和鞑靼贵族血统，既熟谙官僚流程，也能保持与中亚和西亚人群在信仰习惯和语言上的亲缘性。捷夫克列夫曾以译员身份随彼得一世参加 1711 年的普鲁特河战役、1715 年的希瓦远征和 1722—1723 年的波斯远征，熟悉俄国周边邻近地区的政治事务。因此，1731 年安娜女皇颁布诏书之后，他成为处理哈萨克小玉兹事务的理想人选。在 18 世纪 30—40 年代，他长期活跃在草原西路的政治舞台上，是俄哈关系早期的重要人物。

1731 年 7 月 4 日，捷夫克列夫使团抵达乌法，并在此逗留约一个月，为前往小玉兹牧地作最后准备。为确保使团安全，乌法督军布图尔林为捷夫克列夫挑选了一支 70 人的卫队，包括 10 名龙骑兵、10 名乌法贵族、10 名乌拉尔哥萨克和 30 名巴什基尔贵族，并配备 200 匹马和 10 头骆驼。巴什基尔人首领阿勒达尔派遣其子曼苏尔、其亲密伙伴马拉卡耶夫（Kidrias Mallakaev）和哈萨克人雷斯拜（Rysbai）前赴阿布勒海尔汗帐，安排途中的安保事宜。8 月 22 日，以巴特尔速云久克（Siyundiuk）为首的 4 名阿布勒海尔汗的代表随马拉卡耶夫返回乌法。他们带来一封阿布勒海尔汗致捷夫克列夫的信。信中声称，布哈拉、希瓦、塔什干城等地的君主都承认阿布勒海尔汗是他们的最高统治者，也都希望随同阿布勒海尔汗一同成为俄罗斯属民 [1]。

---

[1] Академия наук КазССР. Казахско-Русские отношения в XVI-XVIII веках: сборник документов и материалов. Алма-Ата, 1961. С. 45. No. 32. Донесение М. Тевкелева в Коллегию ин. дел. О приезде его к хану Абулхаиру для переговоров о подданстве казахов（1731 г. августа 26）.

1731 年 10 月 3 日，捷夫克列夫抵达伊尔吉兹河畔的汗帐附近，会见由阿布勒海尔汗长子弩喇丽（Nurali）苏丹、女婿巴特尔（Batyr）苏丹率领的约一千人。10 月 6 日，阿布勒海尔汗派人转告捷夫克列夫，要求其夜间乔装打扮，秘密地在野外会见阿布勒海尔汗，以避人耳目。见面后，阿布勒海尔汗便向他透露了此前双方交涉中并未坦白的实情：臣属俄国的请求并未得到所有哈萨克汗王和首领的支持。反对阿布勒海尔汗决定的汗王和首领们还不知道捷夫克列夫的到来。执意提出这样的请求，主要是出于以下原因：（1）准噶尔部夺取了阿布勒海尔汗祖先们此前占有的塔什干、塞兰等锡尔河中游城市，且其妻子和继母仍被准噶尔囚禁，对抗准噶尔需要俄罗斯的支持；（2）此外，尽管已经与布哈拉和希瓦和解，但阿布勒海尔汗领导的部落尚未稳定卡尔梅克人和巴什基尔人的关系，故希望由沙皇调停其与上述两者的长期冲突；（3）卡尔梅克人和巴什基尔人均受到沙皇的保护，所以阿布勒海尔须通过申请获得同样地位来实现前述目标。此外，阿布勒海尔汗称其同族部落民"是野人，不可能一下子驯化他们，必须像熟练地捕捉野兽一样对待他们"[1]。他请求捷夫克列夫不要公开强迫哈萨克首领们宣誓效忠，以免引发骚动。他希望捷夫克列夫之后陆续向其他汗王和首领分发财货，逐一笼络，以劝诱他们共同效忠女皇。

10 月 7 日，捷夫克列夫率队首次参加哈萨克首领会议，宣布了来意，并要求阿布勒海尔汗和哈萨克首领们完成臣属沙皇的宣誓仪式。然而，阿布勒海尔汗请捷夫克列夫先行返回。会场上，哈萨克各部首领之间爆发流血冲突。反对派首领们声称要杀死捷夫克列夫，瓜分其随行财货和随从人员。他们认为，尽管阿布勒海尔汗声称寻求与俄国结成军事联盟，实际上沙皇的立场是要求各部首领宣誓臣服。因此，捷夫克列夫

---

① Академия наук КазССР. Казахско-Русские отношения в XVI-XVIII веках: сборник документов и материалов. Алма-Ата, 1961. С. 49-50. No. 33. Из журнала переводчика М. Тевкелева, ездившего в Малый жуз для переговоров о подданстве казахов（1731 г. окт. 3-1733 г. янв. 14）.

一行的目的是查探行军条件，为俄军的进攻作准备。

捷夫克列夫在其同行巴什基尔贵族的建议下，主动联系以布肯拜（Bukenbai）为代表的阿布勒海尔汗派哈萨克首领以求自保 [1]。为确保随行人员的安全，捷夫克列夫遣返了其中的大部分，仅留以泰玛斯（Taimas Shaimov）为代表的熟悉小玉兹情况的巴什基尔贵族，以便开展交涉。

10月10日，捷夫克列夫出席哈萨克汗王和首领大会，准备于此次会议上要求阿布勒海尔汗履行臣属宣誓仪式。在他的发言环节，他首先指出，哈萨克人面临来自卡尔梅克人、巴什基尔人、西伯利亚诸要塞的俄军以及乌拉尔哥萨克人的多方面威胁。反对派戕杀俄使并不会对俄罗斯造成任何伤害，反而会招致俄罗斯及其属民的全面报复。其次，他高傲地宣称沙皇接受哈萨克人的臣属请求是一种屈尊俯就的行为，"就好像是与草原上的野兽在一起，是不体面的"[2]。俄罗斯对哈萨克人没有任何需求。如果首领们不愿效忠，那沙皇也不会赐予哈萨克人属民身份，他本人也"不会为俄罗斯帝国（российская империя）带来任何耻辱"[3]。捷夫克列夫的演讲起到了一定的作用，当日会议上，以布肯拜为首的27名哈萨克贵族随同阿布勒海尔汗进行了宣誓仪式，并领取了捷夫克列夫馈赠的礼品。

尽管如此，反对派势力与日俱增。在处理与反对派关系的问题上，阿布勒海尔汗起初直接要求捷夫克列夫将其随行财货全部转交，以便由其用于收买反对派首领。捷夫克列夫一度认为阿布勒海尔汗是假借反对派威胁之名巧取豪夺，因此坚持不向汗王移交。但出于安全考虑，

---

① Лёвшин А.И. Описание Киргиз-Казачьих или Киргиз-Кайсацких орды степей. Т. 2, СПб., 1832. С. 102.

② Академия наук КазССР. Казахско-Русские отношения в XVI-XVIII веках: сборник документов и материалов. Алма-Ата, 1961. С. 54.

③ Академия наук КазССР. Казахско-Русские отношения в XVI-XVIII веках: сборник документов и материалов. Алма-Ата, 1961. С. 54.

此后捷夫克列夫长期跟随汗帐活动。尽管如此，1731年10月中下旬，几乎每天都有反对派的人马夜袭捷夫克列夫的营帐，劫掠其马匹和财物。其中，10月22日晚9点，首领卓勒巴斯·拜穆拉特（Dzhalbas Baimurat）率部围攻汗帐，但直到半夜尚未分胜负。阿布勒海尔汗不得不向拜穆拉特提交两名手下作为人质，捷夫克列夫损失15匹马。类似的袭击在11月3日、11月13日多次发生。在屡次遭受反对派威胁之下，阿布勒海尔汗于11月19日再度要求捷夫克列夫交出财物，以由他来收买反对派。在权衡利弊之后，捷夫克列夫判断侵吞财货并非阿布勒海尔汗的主要意图，如果没有汗王保护，那无论是汗王一派还是反对派都可以轻易得手。因此他连同自己的私人物品一并送给汗王。可能是财物转移的成效，11月21日，反对派中的30名首领转变立场，自愿加入臣属效忠的队伍中。11月末，在捷夫克列夫的贿赂和阿布勒海尔汗的拉拢下，反对派首领瑟尔勒拜（Sarlybai）以及巴特尔苏丹相继放弃敌对立场。

但汗王派和反对派的斗争并未因此而结束。捷夫克列夫在小玉兹一直驻守到1732年11月底，最终与阿布勒海尔汗达成臣属沙皇的所有细节条件。阿布勒海尔汗借护送捷夫克列夫返回俄都复命的机会，派遣其次子叶拉雷苏丹（Erali）为首的使团一同出访俄国。使团中包括几名大玉兹出身但生活在小玉兹之中的首领。他们的出现为俄方留下阿布勒海尔汗有能力代表其他玉兹向俄国提出臣属请求的印象。1733年1月2日，捷夫克列夫抵达乌法，后辗转返回圣彼得堡，结束为期近一年半的出使活动。

叶拉雷苏丹使团与沙皇的会谈涉及后续俄哈关系中的一系列实质性问题。根据叶拉雷苏丹转述，阿布勒海尔汗做出四点承诺：（1）维持俄国与小玉兹接邻地区的治安；（2）保护各方对俄贸易过境商队的安全；（3）必要时像卡尔梅克人和巴什基尔人一样提供武力支持；（4）缴纳兽皮作为实物税。与此相应，他提出两点新的要求：首先，俄当局须保证支持汗位由阿布勒海尔家族后裔世袭；其次，俄方须在乌拉尔河中游的奥里河和乌拉尔河交汇处建立一座要塞，供阿布勒海尔汗过冬，并在危急时刻作为庇护之所。19 世纪俄国史学家廖夫申认为，当时的阿布勒海尔汗无力兑现上述任何一条承诺，因为他在自己的属民中尚且缺乏足够的权威。但其请求使俄当局看到了构建东南边疆新战略布局的机遇[1]。

廖夫申简明扼要地概括了这一事件的两方面意义。首先，阿布勒海尔汗的臣属至少为俄国介入小玉兹内政和草原西路的地区政治提供了所谓合法性，为构建乌拉尔哥萨克、巴什基尔、卡尔梅克和哈萨克小玉兹四方相互制衡的格局提供了条件。其次，小玉兹在名义上的臣属有助于将俄国的影响力扩展到整个草原西路，吸引中玉兹、大玉兹以及咸海周边的卡拉卡尔帕克人和希瓦汗国向俄国寻求保护。而打通经锡尔河流域至南亚的商路正是彼得一世遗留的愿景[2]。对于阿布勒海尔汗而言，俄国的支持首先有助于提升其在小玉兹内部的影响力，进而使其家族长期把持汗位；其次可稳定小玉兹与巴什基尔、卡尔梅克和乌拉尔哥萨克的关系，甚至可能让阿布勒海尔汗获得统摄中玉兹和大玉兹的威望。哈萨克斯坦历史学家耶若菲耶娃（I. V. Erofeeva，生卒 1953—2020 年）认为，阿布勒海尔汗是 18 世纪哈萨克斯坦历史上最重要的政治人物之一。因为他试图把握俄国扩张带来的历史机遇，即利用俄国的支持以及先进的火器和筑城技术推动游牧社会的中央集权，克服游牧社会的分散性。

当然，18 世纪中后期的历史表明，双方的期望大多未能实现：阿布勒海尔汗及其后裔并无能力统合小玉兹各部，自然也不可能成为俄国通向中亚腹地的跳板。而 18 世纪初的俄国尚不具备足够军事投射能力

---

[1] Лёвшин А.И. Описание Киргиз-Казачьих или Киргиз-Кайсацких орды степей. Т. 2, СПб., 1832. C. 109-111；因要塞预定建于奥里河口，最初定名为 "奥伦堡"（Оренбург）。该名称由奥里河（Орь）与表示城市名称的后缀构成。

[2] Лёвшин А.И. Описание Киргиз-Казачьих или Киргиз-Кайсацких орды степей. Т. 2, СПб., 1832. C. 96-97.

来整合其亚洲边疆人群，制止其相互攻伐，遑论在小玉兹遭到袭击之际及时提供庇护。1730 年阿布勒海尔汗遣使俄国时，一定程度上高估了沙皇对卡尔梅克、巴什基尔和乌拉尔哥萨克的约束能力。

但在反复试探与斗争之后，真正得以长期维系的是俄国与阿布勒海尔家族的共生关系：18 世纪中期以降，阿布勒海尔汗的后裔长期充当俄国在中亚草原西路的代理人；而在俄当局的支持下，这一家族至 1824 年长期把持汗位，汗位废除后则继续以俄罗斯贵族身份出任军政官员，或直接转型为俄罗斯社会的政治和文化精英。同样具有长期影响的是阿布勒海尔汗关于修建要塞的请求：奥伦堡要塞不仅仅成为阿布勒海尔家族与俄当局交涉的重要场所，以奥伦堡为中心、沿乌拉尔河修筑的要塞线体系还成为 18 世纪中期俄国控制巴什基尔、卡尔梅克和小玉兹的有力工具。

四、18 世纪 30 年代的奥伦堡远征与要塞线体系的建立

欧亚大陆历史上在农耕和游牧两种生产方式的长期互动下，农耕聚落一方往往以草木、夯土或石材构筑围墙和更为复杂的防御设施，以应对游牧民的机动性，并相对稳定地控制和开发墙内的土地和资源。在东欧平原上，自基辅罗斯时代以降，定居政权留下大量与游牧人往来的记录 ①。即使在 16 世纪中期征服喀山汗国和阿斯特拉罕汗国之后，莫斯科公国仍长期遭受黑海和里海北岸游牧部落的侵扰。因此，莫斯科公国同样借助土木工事阻滞骑兵的长距离奔袭。较为重要者是 16 世纪中期伊凡四世时期为对抗克里米亚汗国而修筑的"大防线"。该防线距离莫斯科市中心约 300 公里，贯穿今天的奥廖尔、图拉、梁赞等州。这些防

---

① Мавродина Р.М. Киевская Русь и кочевники: историографический очерк. Ленинград, 1983.

线随着俄国在 16 世纪以后的迅速扩张而逐渐向东、南、西方向推进 ①。对于俄国而言，17 世纪末以降其主要战略方向为西方。因此，依托山川地形，将多个要塞（крепость/krepost′）以规模较小的岗哨、兵站和木质或土质长墙连接形成"要塞线"（укреплённая линия/ukreplënnaia liniia）② 是控制东方和南方广袤地域的有效军事手段。18 世纪初，以别尔哥罗德线、辛比尔斯克线、外卡玛河线和坦波夫线等工事为基础，俄当局逐渐在其南部形成一套以土墙、木质尖刺和壕沟连接的要塞为基础的防御体系。在 18 世纪中期，俄国逐步升级边疆地区的防御工事，强化其军事守备和领土拓殖功能。这一时期建成的乌拉尔线、奥伦堡线、苦水线、伊希姆线和额尔齐斯线等事实上形成了中亚草原与乌拉尔—西西伯利亚地区之间的"边界"。本节将首先从奥伦堡远征开始讨论，考叙俄国构建草原北部要塞线体系的过程。

（一）奥伦堡远征与奥伦堡要塞的建立

　　奥伦堡远征（Orenburg Expedition）源自阿布勒海尔汗在臣属交涉过程中向俄方提出的请求，即在乌拉尔河与奥里河交汇处建立要塞，供其过冬并接受俄国的军事庇护。俄当局重视这一提议，派遣五等文官（статский советник/statskii sovetnik）基里洛夫（I. K. Kirilov）以护送小玉兹叶拉雷使团返程为名，率远征军择地修筑要塞 ③，并沿乌拉尔河构筑要塞线体系。

---

① 关于此类土木工事要塞线对于俄国南向扩张的历史意义，参见 Moon, David. "Peasant Migration and the Settlement of Russia's Frontiers, 1550-1897." *The Historical Journal*, Vol. 40, No. 4, 1997, pp. 859-893。

② "要塞线"一词曾在我国学界前人文献中译为"堡垒线""碉堡线""防线""工事线""进攻线"等。吴筑星在权衡后译为"要塞线"，本书沿用这一观点。相关译名的讨论参见吴筑星：《沙俄征服中亚史考叙》，贵阳：贵州教育出版社，1996 年，第 128—137 页。

③ 关于奥伦堡建设的相关历史背景，参见［俄］捷连季耶夫著，武汉大学外文系译：《征服中亚史（第一卷）》，北京：商务印书馆，1980 年，第 62—63 页；另见 Donnelly, Alton. "The Orenburg Expedition: Russian Colonial Policies on the Southeastern Frontier, 1734-1740." Ph. D. dissertation, University of California, Berkeley, 1960。

基里洛夫在呈递女皇安娜的报告中明确指出此次远征的战略意义。首先，预计修筑的要塞位于巴什基尔、哈萨克小玉兹和卡尔梅克各部活动范围之间，配合乌拉尔河要塞线，可有效分割上述各部，使其相互牵制。乌拉尔河全长 2428 公里，发源于乌拉尔山南部，上游流向为自北向南，至奥里河汇入处折向西流，最大支流萨克马拉河（Sakmara）接入之后继续向西，至乌拉尔斯克处转折向南，最终注入里海，河口附近形成三角洲。奥里河河口至乌拉尔斯克段为乌拉尔河的中游，该地区属森林草原和草原之间的过渡带，年降水量在 300—400 毫米之间。中游以北为巴什基尔人分布地区，以南为小玉兹牧地。乌拉尔斯克以南为下游，流经荒漠地区，年降水量小于 200 毫米。下游西侧为卡尔梅克人牧地，东侧为小玉兹牧地。乌拉尔河每年 11 月到 3 月和 4 月间为结冰期。小玉兹和其他游牧民群体时常借助结冰的河面穿越乌拉尔河，袭击另一侧的农耕聚落或冬牧场。因此，如俄军能沿乌拉尔河修筑要塞线，则相当于在巴什基尔、卡尔梅克和哈萨克小玉兹之间打入楔子，可通过贸易、军援和武力施压等手段同时对三者产生影响。

其次，奥伦堡可作为"通往东方的大门"，成为联络中亚南部乃至南亚和东亚的商贸节点。基里洛夫在报告中提到："如果俄国犹豫，则中亚可能被卫拉特人、波斯人甚至荷兰人控制。正如西班牙人和葡萄牙人从美洲获得大量财富，俄国人也可以从这些富饶的土地获得铅、盐、黄金、白银、红宝石、蓝宝石和其他金属。"[①] 基里洛夫在报告中设想俄国商旅从希瓦、布哈拉甚至印度带回奇珍异宝，期望世界各地的商人来奥伦堡交易。

在对基里洛夫报告的答复中，女皇期待奥伦堡远征军达到以下三方面目标。其一是扩展俄罗斯在乌拉尔河流域的政治影响力。远征军须以

---

① Khodarkovsky, Michael. *Russia's Steppe Frontier: the Making of a Colonial Empire, 1500-1800.* Bloomington: Indiana University Press, 2002, pp. 156-158.

阿布勒海尔汗为抓手，争取邀请中玉兹的塞梅克汗、大玉兹以及卡拉卡尔帕克人首领均至奥伦堡会面，并诱导其效忠沙皇。在宣誓效忠后，须采用灵活手段保持各部的服从，并以奥伦堡为中心，监视北部的巴什基尔、南部的哈萨克、西部的卡尔梅克和东部的准噶尔，引导各方相互牵制[①]。此外，以奥伦堡为节点，远征军须以武装船队控制乌拉尔河流域，并在各部合作下在咸海建设港口，组建咸海舰队。其二是引导各部首领定居。根据阿布勒海尔汗和其他首领意愿，远征军可在奥伦堡周边划设牧场，修建房舍和礼拜寺，并在奥伦堡设立法庭，邀请部落首领任职审案。其三是开发经济和商贸潜力。在阿布勒海尔汗的配合下测绘周边地区，勘探矿藏，采购臣属游牧部落的马匹，并择机向布哈拉派遣商队[②]。

于是，1734 年 6 月 15 日，基里洛夫携带一封安娜女皇致阿布勒海尔汗和一封致中玉兹塞梅克汗的信从圣彼得堡出发。基里洛夫是一位地理学家，以擅长绘制地图而闻名。辅佐他远征的正是此前出使小玉兹的核心人物捷夫克列夫。完成首次赴小玉兹的使命后，捷夫克列夫已被擢升为陆军上校。基里洛夫率领的队伍主要包含两类专业人员：首先是要塞修筑和水陆作战人员，包括工程师、炮兵军官、海军军官、造船工程师、引航员和水手；其次是各专业的调查人员，包括测绘师、采矿工程师、植物学家、药剂师、画家、医生、历史编纂员和若干斯拉夫—拉丁学校学生等。基里洛夫专门选调几名武备中学的士官生学习亚洲的语言和风俗习惯，为未来赴奥伦堡任职作准备。此外，他从喀山和乌法征调部分步兵、炮兵和哥萨克，组建奥伦堡边区军事力量。女皇特许基里洛夫以乌法省的财政收入补贴远征军的经费，并授权他处理与东方人群的交涉事务。

---

① Лёвшин А.И. Описание Киргиз-Казачьих или Киргиз-Кайсацких орды степей. Т. 2, СПб., 1832. С. 116.

② Лёвшин А.И. Описание Киргиз-Казачьих или Киргиз-Кайсацких орды степей. Т. 2, СПб., 1832. С. 113–114.

俄当局的上述计划并未顺利实现。在基里洛夫出发后，乌拉尔山南部的巴什基尔人爆发起义（1735—1740 年）。起义军数次袭击基里洛夫的远征军，迟滞了其行军速度。1735 年 8 月 15 日，在离开彼得堡一年多之后，基里洛夫抵达奥里河与乌拉尔河的河口，开始修筑要塞。巴什基尔起义使基里洛夫认识到，作为未来要塞线中心的奥伦堡必须更靠近伏尔加河流域的军政中心。他还建议女皇下令修筑从萨马拉城至奥伦堡的要塞线，确保新据点得到伏尔加河流域军力的支持。但基里洛夫本人于 1737 年 4 月去世。他在去世之前尚未实现会见哈萨克各部首领这一基本目标。

奥伦堡要塞最初选址存在三方面问题：（1）乌拉尔河与奥里河交汇处距离伏尔加河流域相对遥远，与俄核心区联络不便；（2）该处位于草原地区，周边人口稀少，且缺乏燃料和石材，不利于后续建设；（3）乌拉尔河与奥里河每年 4 月和 5 月汛期水量集中，故要塞容易为春季汛期暴涨的河水侵蚀。由此，奥伦堡二易其址，最终于 1743 年定址于萨克马拉河与乌拉尔河交汇处，仍沿用奥伦堡之名。而 1735 年最初建立的要塞则更名为奥尔斯克（Orsk）。1743 年确定的奥伦堡要塞位于奥尔斯克西向约 250 公里处。奥伦堡西北方向可沿萨马拉河（Samara）行约 400 公里至伏尔加河畔的萨马拉城，进而利用伏尔加河水系与喀山和莫斯科保持联系。

1744 年，俄当局以奥伦堡要塞为基础，撤销原先的奥伦堡远征军名称，改设正式的行政单元奥伦堡省（Оренбургская губерния/Orenburgskaia guberniia），下辖车里雅宾斯克、上乌拉尔、乌法和奥伦堡等县（уезд/uezd），为同时期俄国面积最大的行省之一。省长（губернатор/gubernator）为其军政首脑。该行政单元名称和边界此后几经变更，但始终为俄当局处理草原西路事务的军政中心。

表 1-1　奥伦堡所属行政单元行政长官年表 [①]

历任长官	俄文人名	人名拉丁转写	任职时间
奥伦堡远征军司令（1734—1744 年）			
基里洛夫	Кирилов, Иван Кириллович	Kirilov, Ivan Kirillovich	1734—1737 年
塔季谢夫	Татищев, Василий Никитич	Tatishchev, Vasilii Nikitich	1737—1739 年
乌鲁索夫	Урусов, Василий Алексеевич	Urusov, Vasilii Alekseevich	1739—1742 年
涅普柳耶夫	Неплюев, Иван Иванович	Nepliuev, Ivan Ivanovich	1742—1744 年
奥伦堡省省长（1744—1780 年）			
涅普柳耶夫	Неплюев, Иван Иванович	Nepliuev, Ivan Ivanovich	1744—1759 年
达维多夫	Давыдов, Афанасий Романович	Davydov, Afanasii Romanovich	1759—1763 年
沃尔科夫	Волков, Дмитрий Васильевич	Volkov, Dmitrii Vasil′evich	1763—1764 年
普佳京	Путятин, Авраам Артамонович	Putiatin, Avraam Artamonovich	1765—1768 年
赖因斯多普	Рейнсдорп, Иван Андреевич	Reinsdorp, Ivan Andreevich	1769—1780 年

----

① 18 世纪至 19 世纪中期，奥伦堡所属行政单元沿革情况如下：1734—1744 年称奥伦堡远征军（Оренбургская экспедиция），1744 年设奥伦堡省（Оренбургская губерния）；1780 年奥伦堡省并入辛比尔斯克和乌法总督区（Симбирское и Уфимское наместничество），1796 年重设奥伦堡省（Оренбургская губерния），1850 年升格为奥伦堡总督区（Оренбургское генерал-губернаторство）。1868 年临时条例颁布后，草原西路分为乌拉尔省和图尔盖省，仍由奥伦堡总督管辖；1891 年条例颁布后，草原西路的乌拉尔斯克省和图尔盖省直属于内务部，但图尔盖省的省会设于奥伦堡，故不再罗列奥伦堡军政主官信息。参见孟楠：《俄国统治中亚政策研究》，乌鲁木齐：新疆大学出版社，2000 年，第 66 页。

历任长官	俄文人名	人名拉丁转写	任职时间
辛比尔斯克和乌法总督区总督（1781—1796 年）			
亚科勃	Якоби, Иван Варфоломеевич	Yakobi, Ivan Varfolomeevich	1781—1782 年
阿普赫金	Апухтин, Аким Иванович	Apukhtin, Akim Ivanovich	1783—1784 年
伊戈利斯特罗姆	Игельстром, Осип Андреевич	Igel'strom, Osip Andreevich	1785—1790 年
佩乌特林格	Пеутлинг, Александр Александрович	Peutling, Aleksandr Aleksandrovich	1790—1794 年
维亚兹米京诺夫	Вязмитинов, Сергей Козьмич	Viazmitinov, Sergei Koz'mich	1795—1796 年
奥伦堡省督军（1797—1851 年）			
伊戈利斯特罗姆	Игельстром, Осип Андреевич	Igel'strom, Osip Andreevich	1797—1799 年
巴赫麦捷夫	Бахметев, Николай Николаевич	Bakhmetev, Nikolai Nikolaevich	1799—1803 年
沃尔康斯基	Волконский, Григорий Семёнович	Volkonskii, Grigorii Semënovich	1803—1817 年
埃森	Эссен, Пётр Кириллович	Essen, Pëtr Kirillovich	1817—1830 年
戈洛文	Головин, Евгений Александрович	Golovin, Evgenii Aleksandrovich	1830—1830 年
苏赫捷林	Сухтелен, Павел Петрович	Sukhtelen, Pavel Petrovich	1830—1833 年
佩罗夫斯基	Перовский, Василий Алексеевич	Perovskii, Vasilii Alekseevich	1833—1842 年
奥勃鲁切夫	Обручев, Владимир Афанасьевич	Obruchev, Vladimir Afanas'evich	1842—1851 年

历任长官	俄文人名	人名拉丁转写	任职时间
奥伦堡总督区总督（1851—1881 年）			
佩罗夫斯基	Перовский，Василий Алексеевич	Perovskii，Vasilii Alekseevich	1851—1857 年
卡捷宁	Катенин，Александр Андреевич	Katenin，Aleksandr Andreevich	1857—1860 年
别扎克	Безак，Александр Павлович	Bezak，Aleksandr Pavlovich	1860—1865 年
克雷扎诺夫斯基	Крыжановский，Николай Андреевич	Kryzhanovskii，Nikolai Andreevich	1865—1881 年

（二）以奥伦堡为中心的草原西路要塞线体系

18 世纪中期至 19 世纪初修建的草原西路要塞线体系西起乌拉尔河，东至额尔齐斯河，主要由乌拉尔线、奥伦堡线、乌伊河线和西伯利亚线构成。此类要塞线由要塞（крепость/krepost′）、多面堡垒（редут/redut）、武装岗哨（форпост/forpost）、兵站（станция/stantsiia）和示警塔楼（сигнальный маяк/signal′nyi maiak）等类型的工事组成。要塞为其中规模最大的永备建筑，大多兼用木料和石料构筑，依据规模在城墙各处设置不同数量的棱堡，外部由堑壕、拒马和城外哥萨克据点形成防御体系。要塞内外往往居住从事工商业的居民，建有教堂、军事设施、军火库、营房、办公室、医院、监狱、学校、库房、水井。还有商铺、马厩、谷仓，以及交易场（меновой двор/menovoi dvor），供来自草原和河中地区的商人开展贸易[1]。

多面堡垒、武装岗哨和兵站为 18 世纪俄文术语中对不同规模防御

---

① Муратова С.Р.，Тычинских З.А. Фортификационные особенности пограничных крепостей Урала и Западной Сибири XVIII в. // Проблемы востоковедения. Т. 77，No. 3，（2017）. С. 33-38.

工事的称呼。多面堡垒一般为边长 20 俄丈（约 42.7 米）的正方形，由土基加高，四角修筑棱堡，在各个进攻方向布置交叉火力，四周设有堑壕和拒马。多面堡垒内部设有兵营、谷仓、马厩、军械库和瞭望台等设施。武装岗哨在规格上一般小于多面堡垒，为边长 10—20 俄丈（约 21.3—42.7 米）的正方形，而兵站则为边长 10 俄丈（约 21.3 米）的正方形建筑，两者所配备的设施相应简化。除了部分要塞有条件建筑石质城墙外，上述多数工事为利用土料加固的木质建筑，因此经常需要修缮。

最初随基里洛夫出征的奥伦堡地方史编写者雷奇科夫（P. I. Rychkov）[1]记载了奥伦堡要塞的城防工事细节：奥伦堡要塞长约 1444 米，宽约 1216 米，周长约 4.88 公里，呈南北略长的椭圆形；最初设有 9 个棱堡和 2 个半棱堡，配置 77 门要塞炮，后逐渐增多。城墙高约 3.7 米，宽约 12.6 米，根据地势起伏略有调整。城墙外围绕有深约 3.7 米、宽约 10.7 米的护城河。

除修筑奥伦堡要塞以外，俄军沿乌拉尔河向上下游延展要塞线。奥伦堡要塞沿乌拉尔河向东向北的工事被称为"奥伦堡线"，经奥尔斯克要塞至乌拉尔河上游的上乌拉尔斯克（Верхнеуральск/Verkhneural′sk）。从上乌拉尔斯克向东延伸则称为乌伊河线［Уйская линия/Uiskaia liniia，长约 770 俄里（821 公里）］。该线沿乌伊河而下，经过特罗伊茨克要塞，最终抵达位于乌伊河与托博尔河交汇处的兹维林诺戈洛夫斯克（Звериноголовск/Zverinogolovsk）要塞。奥伦堡要塞向西向南被称为"乌拉尔线"。乌拉尔线以乌拉尔斯克为节点，分为西侧的下乌拉尔线和东侧的上乌拉尔线。下乌拉尔线长约 460 俄里（491 公里），由 7 座要塞和 15 座武装岗哨构成，连接两端的乌拉尔斯克和古里耶夫。每座要塞轮换驻防 60—80 名乌拉尔哥萨克，配备一门火炮；而武装岗哨轮换驻防 20—30 名乌拉尔哥萨克。上乌拉尔斯克线沿乌拉尔河右岸修

① Рычков П.И. История Оренбургская по учреждению Оренбургской губернии. Уфа, 1759.

筑，连接乌拉尔斯克和奥伦堡。其要塞和武装岗哨的修建和人员配置与下乌拉尔线相似。在乌拉尔线和奥伦堡线的各要塞、武装岗哨和哨所之间，俄军修筑了一系列示警塔楼，并用桦树、柳树的枝条和堑壕构筑简易边墙。至奥伦堡省督军沃尔康斯基（G. S. Volkonskii）在任时期（1803—1807年），乌拉尔线和奥伦堡线基本成形。

（三）以鄂木斯克为中心的草原东路要塞线体系

　　草原东路的西伯利亚要塞线则主要由西伯利亚总督修筑。与草原西路的乌拉尔线和奥伦堡线相似，西伯利亚要塞线有着戍守农耕区和工矿区、阻滞游牧部落侵袭和圈占牧场三方面意义。西伯利亚要塞线以额尔齐斯河流域要塞为基础，全长2149俄里345俄丈（约2293.3公里），包含西侧的托博尔-伊希姆线（Тобол-Ишимская/Tobol-Ishimskaia，1752—1755年修建），向南延伸的额尔齐斯线（1745—1752年修建）和东侧的科雷万-库兹涅茨克线（Колыван-Кузнецкская/Kolyvan-Kuznetskskaia，1747—1768年修建）[1]。相较于草原西路的乌拉尔线和奥伦堡线，草原东路的西伯利亚线各防御工事之间的距离更远，且并未修设简易边墙。要塞线的守备力量主要由正规军和西伯利亚哥萨克构成。18世纪末期，西伯利亚要塞线仅有7个步兵营驻防[2]。各防御工事之间的空间布置西伯利亚哥萨克定期巡逻。1808年，俄当局颁布《西伯利亚要塞线哥萨克条例》，正式组建西伯利亚要塞线哥萨克军团，下辖10个哥萨克骑兵团和2个骑炮连，军官和士兵总数约6000人。

　　西伯利亚要塞线的核心为连接东西两翼的额尔齐斯线。该要塞线沿额尔齐斯河右岸而建，控制沿途诸多河口与盐湖，意在庇护处于其东侧的阿尔泰工矿区。额尔齐斯线以1716年布赫戈勒茨远征失败后修建的鄂木斯克为起点。此后，俄军再次侵入额尔齐斯河上游，于1716年重修亚

①　Муратова С.Р. На страже рубежей Сибири // Национальные культуры региона. Тюмень, 2007. С. 32-46.

②　吴筑星：《沙俄征服中亚史考叙》，贵阳：贵州教育出版社，1996年，第128页。

梅舍夫要塞，且分别于 1717 年、1718 年和 1720 年修筑热列津斯克、塞米巴拉金斯克和乌斯季卡缅诺戈尔斯克要塞。额尔齐斯线于 1752 年初步完工，长达 930 俄里，主要包括（自北向南）鄂木斯克、热列津斯克、亚梅舍沃、塞米巴拉金斯克和乌斯季卡缅诺戈尔斯克 5 座要塞，其间的 12 座武装岗哨和 20 个兵站组成。因额尔齐斯河上游深入草原东路，沿线的要塞的贸易功能逐渐显现。早在 18 世纪下半叶，塞米巴拉金斯克即成为俄罗斯商人、邻近游牧民和定居人群商旅的商贸中心。

位于额尔齐斯线西侧的托博尔河和伊希姆河地区早在 17 世纪末已开始修筑防御工事，旨在保护该地区以北托博尔河流域的秋明和托博尔斯克等农耕定居点。1752 年，俄参政院下令在原有防御工事的基础上修缮此前分布于托博尔河和伊希姆河的诸多工事，形成托博尔－伊希姆线。该要塞线所经过地带为西伯利亚森林带以南的草原地区。春夏河水解冻后，多地会因河水泛滥形成无法穿行的沼泽，人畜易患疫病。该地区多咸水湖，因此部分地段被称为"苦水线"（горькая линия/gor'kaia liniia）[1]。1755 年完工后，该要塞线包含 9 座要塞和 16 个多面堡垒，贯通西侧的乌伊线和东侧的额尔齐斯线；全长为 509 俄里 200 俄丈（约 549.9 公里），平均每 22 公里设有一座防御工事。但由于大部分工事所处地区的自然环境较为恶劣，难以开发农业，故该要塞线主要通过轮换驻防军队维系。

位于额尔齐斯线东侧的科雷万－库兹涅茨克线建设较早，旨在保护阿尔泰北麓工矿定居点。在 18 世纪中期额尔齐斯线基本成型后，俄当局试图将原先分布在阿尔泰山北麓的防御工事与之联结。1747 年，参政院下令修缮科雷万－库兹涅茨克线的工事，主要包括 4 个要塞、7 个武装岗哨和 4 个兵站。但在 18 世纪 50 年代末，该要塞线逐渐失去军事功能，因为处于阿尔泰山西南侧的乌斯季卡缅诺戈尔斯克足以充当

---

[1] Муратова, С. Р. Географическое описание Тоболо-Ишимской линии // Известия Российского государственного педагогического университета им. АИ Герцена. Т. 13, No. 36（2007）.

前线要塞。因此，相比草原东西两路的各条要塞线，1768 年完工的科雷万 - 库兹涅茨克线所配置的军力较少，军事意义较弱。

至 19 世纪初，俄国基本完成草原东西两路的要塞线建设。大致以乌伊河线与托博尔 - 伊希姆线的连接点兹维林诺戈洛夫斯要塞（今俄罗斯联邦库尔干州南部）为界，其西由奥伦堡当局管辖，其东至额尔齐斯河由西西伯利亚当局管辖。值得注意的是，从乌拉尔河到额尔齐斯河，俄当局多将要塞线布置于河流之后，即以河流为第一道屏障，借助要塞线监视游牧部落的大规模集体行动。

要塞线体系对俄国控制乌拉尔山到草原西路的政局起到了至关重要的作用。例如，廖夫申记载，1755 年 5 月巴什基尔人再度起义，时任奥伦堡总督的涅普柳耶夫从喀山、顿河哥萨克和伏尔加河下游的卡尔梅克人征调援军，并武装了捷普佳尔人和米舍尔亚克人，以悬赏首领的方式分化起义军。此外，因预见到起义军可能向南突破乌拉尔要塞线以寻求小玉兹庇护，涅普柳耶夫刻意制造小玉兹首领与巴什基尔人之间的敌意，择机放松要塞线守备，诱导两部相互攻伐；而在双方均损失惨重后，俄军则以调停者姿态再度强化管控，禁止双方渡河[1]。尽管 1771 年东归的土尔扈特部顺利突破了乌拉尔要塞线的阻拦，1773—1775 年普加乔夫起义更是沉重打击了沙皇的统治，但对于巴什基尔人和小玉兹而言，要塞线是俄国控制该地区政局的基石。

综上所述，要塞线的功能并不限于防御来自某一特定方向游牧民团体的侵袭。近代火器、要塞线和哥萨克军团的结合使俄当局能以有限的军力影响西至伏尔加河下游，东至阿尔泰山，南至里海北岸，北至乌拉尔河以北的广袤土地上的游牧和半游牧人群。例如在草原西路，南北向的乌拉尔河下游段分割卡尔梅克和小玉兹牧地，东西向的乌拉尔河中游段阻隔小玉兹和巴什基尔人。掌握驻防优势军事力量的俄军可根据整个

---

[1] Лёвшин А.И. Описание Киргиз-Казачьих или Киргиз-Кайсацких орды степей. Т. 2, СПб., 1832. С. 214–215.

草原地区的政治形势控制各部的渡河通行权限，利用各游牧集团对草场资源的竞争，选择性地制造矛盾，阻止各地区的游牧部落形成成吉思汗时代的跨地域联盟，由此抑制其军事潜力。同时，俄当局利用邻近游牧部落对农牧物产交换的刚性需求，通过建设大型贸易集市加深其对俄军政中心的依赖。

五、从册封到设官：18 世纪中后期建立草原统治体制的最初尝试

在奥伦堡要塞建成后，第二任奥伦堡远征军司令塔季谢夫继续基里洛夫未竟的事业，即推动阿布勒海尔汗履行其效忠誓词上的承诺。18世纪 30—50 年代，俄国与小玉兹的交涉主要围绕誓词涉及的四方面问题展开，即停止各部之间的攻伐、保护过境商旅、为沙皇提供军事支持、缴纳实物税。除此之外，按照俄国与巴什基尔和卡尔梅克等"东方人群"交涉的惯例，阿布勒海尔汗在宣誓之后须向奥伦堡遣送子嗣作为人质。围绕上述问题，历任奥伦堡当局主官逐渐介入小玉兹内政中，并以阿布勒海尔汗家族作为主要的合作者。本节将首先从 1738—1739 年塔季谢夫和乌鲁索夫对小玉兹的交涉切入，理解俄当局与阿布勒海尔家族特殊关系形成的过程；其次，本节将分析 18 世纪晚期伊戈利斯特罗姆改革的思路。这一时期，奥伦堡当局尽管已具备干预小玉兹内部事务的能力，但受制于草原西路的自然条件和 18 世纪后半期的国际形势，伊戈利斯特罗姆所建立的行政机构只是昙花一现。相较之下，草原东路在 1822 年《西伯利亚吉尔吉斯人条例》框架下建立的统治体制则更为持久（参见第二章）。

（一）俄当局对阿布勒海尔汗和弩喇丽汗的册封

1737 年出任奥伦堡远征军司令后，塔季谢夫邀请阿布勒海尔汗和小玉兹其他首领在奥伦堡附近会面，代表俄当局完成正式的册封和宣誓效忠仪式。1738 年 8 月，塔季谢夫率领俄军安排隆重的欢迎仪式。俄方首先派遣一位少校率一个连的龙骑兵、两个排的掷弹兵和军乐队出城

迎接。城内军队全副武装列队于道路两侧，炮兵在汗经过时鸣放 9 响礼炮。双方会见的营帐中挂有女皇的画像。阿布勒海尔汗首先表明臣属之意，而塔季谢夫则建议阿布勒海尔汗再度履行宣誓效忠仪式。

于是，在奥伦堡的营帐内，阿布勒海尔汗在一名穆斯林长者的引导下，跪在金色地毯上聆听臣服宣誓的誓词和经文，并亲吻《古兰经》。与此同时，作为司令助手的捷夫克列夫在另一个营帐中为其他部落首领主持宣誓仪式。宣誓仪式结束后，塔季谢夫赠予汗一把镶金军刀，并为所有宾客举行宴饮和赛马。次日，阿布勒海尔汗的长子弩喇丽苏丹完成臣属宣誓仪式。塔季谢夫以女皇名义授予弩喇丽苏丹镶银军刀 [1]。

臣属仪式之后，塔季谢夫与阿布勒海尔汗会晤多次，达成包括上缴实物税在内的一系列协议。阿布勒海尔汗再次承诺为过境沙皇臣民商旅提供保护，且保证交还哈萨克各部扣押的俄罗斯俘虏。但他提出新的请求，希望俄当局以其子霍加艾买提（Khoja Akhmet）交换当时作为人质居住在奥伦堡的次子叶拉雷（Erali）苏丹，并请求俄当局护送汗后帕派（Papai）赴彼得堡游历观览 [2]。

1738 年 8 月阿布勒海尔汗会晤塔季谢夫标志着小玉兹汗和首领第一次在俄国的控制军镇内完成册封仪式。相比 1732 年捷夫克列夫在小玉兹为阿布勒海尔汗举行的宣誓效忠仪式，此次阿布勒海尔汗以效忠仪式争取俄国支持的意图更加明显。作为接受臣属关系的一部分，阿布勒海尔汗向俄方质押子嗣，并缴纳贡赋。但除此之外，保护商旅远非阿布勒海尔汗力所能及，遑论要求哈萨克各部交还俄罗斯俘虏和逃人，抑或约束各部不再袭击要塞线的俄国属民。尽管如此，俄当局在 18 世纪多数时间中均支持阿布勒海尔汗及其继任汗位的家族后裔出任小玉兹的名义首领，以该家族作为干预草原西路事务的抓手，维持该地区各人群的

① Лёвшин А.И. Описание Киргиз-Казачьих или Киргиз-Кайсацких орды степей. Т. 2, СПб., 1832. С. 133–135.

② Лёвшин А.И. Описание Киргиз-Казачьих или Киргиз-Кайсацких орды степей. Т. 2, СПб., 1832. С. 136.

平衡和俄国政治影响力的存续。

此后，俄国与小玉兹的交涉往往选择在奥伦堡长官更替或汗位继承的时机进行。第三任奥伦堡远征军司令乌鲁索夫亲王于 1739 年抵达奥伦堡。随后，他利用新上任的契机邀请小玉兹和中玉兹的汗、苏丹和首领举行会面。值得注意的是，此前尽管阿布勒海尔汗多次自称代表哈萨克各玉兹与俄国交涉，但实际上中玉兹首领至此尚未与奥伦堡当局正式交涉。阿布勒海尔汗此次并未亲自前往，而是派遣其子弩喇丽和叶拉雷率 75 名小玉兹首领赴会[①]。此次会晤中，乌鲁索夫提到，1738 年一支俄罗斯官方商队从奥伦堡出发赴塔什干贸易，在塔什干附近遭哈萨克人劫掠。故乌鲁索夫要求阿布勒海尔汗兑现承诺，查找、归还商品，并交还在押俄罗斯俘虏。此事并未得到阿布勒海尔汗一方答复。

而弩喇丽则要求俄方为阿布勒海尔汗在锡尔河下游建造一座要塞，并为其提供火炮，以支持阿布勒海尔家族控制希瓦汗国以及咸海周边地区。乌鲁索夫以奥伦堡要塞火炮数量有限为名拒绝提供火器支援，但同意协助修建要塞，并以勘察要塞地形环境为名派遣测绘员穆拉文（Muravin）和工程师纳济莫夫（Nazimov）随行前往咸海沿岸考察。此二人考察历时一年，绘制了俄当局获得的草原西路和咸海周边的第一张现代地图。而阿布勒海尔所希望的要塞则并未建立[②]。

尽管阿布勒海尔汗在 1731 年、1732 年和 1738 年以不同形式向俄当局宣誓臣服，但这并不意味着小玉兹各部就此终止对周边巴什基尔、卡尔梅克、乌拉尔哥萨克以及俄罗斯移民的劫掠，经草原西路赴中亚南部的商旅也并不会因为这些仪式而获得安全保障。阿布勒海尔汗曾要求俄当局为他配备武装护卫，允许其下属部落跨越乌拉尔河使用西侧草场，甚至以倒向周边其他政权为筹码向俄方施压。在机遇出现的情

---

① Лёвшин А.И. Описание Киргиз-Казачьих или Киргиз-Кайсацких орды степей. Т. 2, СПб., 1832. С. 139–140.

② Лёвшин А.И. Описание Киргиз-Казачьих или Киргиз-Кайсацких орды степей. Т. 2, СПб., 1832. С. 141.

况下，阿布勒海尔汗的确曾尝试引入其他力量介入草原事务。18 世纪
40 年代初，波斯纳迪尔沙（Nadir Shah）一度侵入中亚南部，而同一时
期，阿布勒海尔汗刚在希瓦汗国立足。阿布勒海尔汗派遣俄国测绘员穆
拉文充当使者，向纳迪尔沙提请臣服，并请求纳迪尔沙册封其为希瓦汗
国的汗王。纳迪尔沙热情接待穆拉文，但委托他转告阿布勒海尔汗亲自
前来军帐会商。阿布勒海尔汗闻讯，担心纳迪尔沙设伏将其暗杀，便从
希瓦撤出，返回锡尔河下游牧地以躲避波斯兵锋。由此可见，阿布勒海
尔汗将对周边强势政权的臣属请求作为生存策略。但除俄国之外，这一
时期周边强权并无介入草原西路的战略意图。

表 1-2　俄国所册封小玉兹汗王表

汗王名称	俄文文献所见名称	人名拉丁转写	在位年份
阿布勒海尔	Абульхаир	Abul'khair	1731—1748 年 [①]
弩喇丽	Нурали	Nurali	1748—1786 年
叶拉雷	Ерали	Erali	1791—1794 年
叶希姆	Есим	Esim	1795—1797 年
艾楚瓦克	Айчувак	Aichuvak	1797—1805 年
江托热	Джантюре/ Джантюрин	Dzhantiure/ Dzhantiurin	1805—1809 年
希尔加齐	Шергази	Shergazi	1812—1824 年

1748 年，阿布勒海尔汗意外身亡引发俄国对小玉兹汗位选举的
首次介入。当年，阿布勒海尔汗在劫掠拉卡尔帕克人的途中遭巴拉克
（Barak）苏丹袭杀。巴拉克苏丹是小玉兹另一名相对有威望的贵族首领。
此事件意味着 1731 年阿布勒海尔汗宣誓效忠以来俄当局首次面临小玉
兹汗位继承问题。当时奥伦堡当局面临着两种选择：或继续支持阿布勒

---

① 本表以沙俄册封阿布勒海尔为汗的年份为时间起点，因此从 1731 年开始计算阿布勒海尔汗
的在位年份。

海尔汗后裔，或尝试与巴拉克苏丹合作，支持其从阿布勒海尔家族手中夺取汗位。阿布勒海尔汗的儿子弩喇丽、叶拉雷和艾楚瓦克均多次与奥伦堡当局接触，且此前作为质子在俄罗斯社会中生活，故得到奥伦堡方面多数官员的认可。而以捷夫克列夫为代表的一派则认为巴拉克苏丹更适合作为俄国在小玉兹的代理人，因为巴拉克苏丹在击杀阿布勒海尔汗后得到了一些氏族拥戴，相对有能力掌控局面，更有可能落实约束部众、交还俘虏逃人和保护商旅等俄方长期以来的诉求。时任奥伦堡总督的涅普柳耶夫（1744—1759 年在任）则认为，由阿布勒海尔汗的子嗣继位相对而言风险较小。于是，以总督意见为方针，长期处理哈萨克人事务的捷夫克列夫再次赴小玉兹各部联络。最终，在奥伦堡当局的支持下，弩喇丽在民众大会（народное собрание/narodnoe sobranie）上被推举为新汗。

除明确汗位人选之外，俄当局同时也在权衡是否继续以"哈萨克各帐的汗"为头衔册封新汗。尽管阿布勒海尔汗并无统摄各玉兹的权力，但 1731 年他以上述名义自居，向沙皇宣誓臣属；俄当局亦顺水推舟，在诏书中称呼阿布勒海尔汗为"哈萨克各帐的汗"，借此声称对哈萨克各部享有宗主权[1]。阿布勒海尔汗死后，其继承人是否应承袭这一头衔，是奥伦堡当局需要斟酌的第二个问题。

弩喇丽被推举为汗后，其近臣扎尼别克巴特尔（Жанибек батыр/Zhanibek batyr）率一众首领至奥伦堡，要求俄当局承认弩喇丽为小玉兹和中玉兹的汗。实际上，在 18 世纪 40 年代，中玉兹和大玉兹仍受准部控制，仅有阿布勒海尔汗一系与俄国方面保持较为密切的互动。因此，1749 年 2 月 26 日，俄当局向弩喇丽颁发承认其为"哈萨克各帐的汗"的诏书，并邀请弩喇丽赴奥伦堡举行宣誓效忠仪式[2]。

继位之后，弩喇丽向俄方提出两点请求：第一，以向巴拉克苏丹复

---

① Академия наук КазССР. Казахско-Русские отношения в XVI-XVIII веках: сборник документов и материалов. Алма-Ата, 1961. С. 35.

② Лёвшин А.И. Описание Киргиз-Казачьих или Киргиз-Кайсацких орды степей. Т. 2, СПб., 1832. С. 180.

仇和约束下属氏族为理由，请求俄方提供军力支持；第二，以母亲和兄弟均希望厚葬其父为由，希望俄方在适宜地点为阿布勒海尔汗修建陵墓和纪念碑。弩喇丽的这两点请求暗含希望俄国向草原西路倾注更多军政资源的意图。奥伦堡总督涅普柳耶夫明确拒绝提供军事支持。对于第二点，涅普柳耶夫则将其与发展草原商贸的诉求相结合，提出在将阿布勒海尔汗的遗体迁至要塞线附近的条件下，俄方可以以陵墓和纪念碑为中心修建城市，作为小玉兹首领和民众举行仪式、生活和贸易的场所。此事后来因各方就选址无法达成一致而搁置①。弩喇丽担任小玉兹汗长达38年（1748—1786年），成为18世纪中后期俄国在草原西路的主要合作者。

阿布勒海尔汗死后，草原西路的政治格局更为复杂。除了击杀阿布勒海尔汗的巴拉克苏丹以外，尚有其他强势首领觊觎汗位。1750年，小玉兹另一首领巴特尔苏丹被一些氏族拥立为汗，其子卡伊普（Kaip）被希瓦汗国拥立为汗。巴特尔自认为权势不低于弩喇丽，便遣使奥伦堡交涉，希望得到俄方承认。巴特尔并未直接提出臣属的请求，而是要求奥伦堡方面开辟经由其下属牧地至希瓦的商旅路线。这一请求并未得到俄方支持。尽管俄方不满于弩喇丽无力庇护商队，但巴特尔家族同样未必有能力兑现许诺。故俄方以传统商旅路线经过弩喇丽牧地为由，希望巴特尔与弩喇丽和睦相处②。

此后，阿布勒海尔后裔与巴特尔家族陷入长达数十年的对抗。小玉兹内部就是否应向奥伦堡归还俄罗斯、巴什基尔和卡尔梅克各族俘虏，以及是否应支持俄军镇压巴什基尔人起义等问题出现分裂。以弩喇丽汗为代表的阿布勒海尔家族多数情况下站在俄国一方，故遭到部分小玉兹氏族首领的反对。弩喇丽汗一定程度上兑现了其父阿布勒海尔汗对沙皇的承诺：他惩戒了一些劫掠俄罗斯沿边居民点的游牧民，并将部分在押

---

① Лёвшин А.И. Описание Киргиз-Казачьих или Киргиз-Кайсацких орды степей. Т. 2, СПб., 1832. С. 183–184.

② Лёвшин А.И. Описание Киргиз-Казачьих или Киргиз-Кайсацких орды степей. Т. 2, СПб., 1832. С. 201–203.

俄罗斯和卡尔梅克俘虏交还俄方。1750年，作为答谢，俄当局向弩喇丽汗提出，如能交还所有俄罗斯和卡尔梅克俘虏，则向其发放年俸，并以奥伦堡当局的名义向他赠送礼品①。此外，俄当局允许弩喇丽汗选派亲属、苏丹或长老每二至三年一次赴彼得堡觐见沙皇，实际上是希图借此以当时俄国相对优越的器物条件吸引小玉兹首领倾心于俄欧文化，变相扩大其在草原西路上层贵族中的影响力。

（二）叶卡捷琳娜二世统治时期设官建制的尝试

18世纪中期，中亚草原周边地区发生了一系列政治变动。1747年，波斯纳迪尔沙被刺杀，此后伊朗高原的政权不再有能力介入中亚草原地区事务。1755年，清廷平定准部，并于1762年设立伊犁将军，统辖天山南北。对于小玉兹的汗和首领而言，清廷无意介入草原西路事务，波斯陷入内乱，布哈拉和浩罕尚且无力对抗俄国，因此，周边并无外力可借用于平衡俄国的影响力。

而在叶卡捷琳娜二世（1762—1796年在位）执政初期，俄当局的主要精力也在于处理欧洲事务。在七年战争（1756—1763年）之后，俄国一方面强化国内贵族地位，另一方面在波兰和黑海周边两个方向攻城掠地。叶卡捷琳娜二世与普鲁士、奥地利合谋三度瓜分波兰（1772年、1793年、1795年），两度与奥斯曼展开旷日持久的战争（1768—1774年，1787—1792年），并积极调动贵族开发新占领的土地。至18世纪70年代，在频繁的战事和沉重的税赋压迫下，1773年乌拉尔河流域爆发普加乔夫起义。作为对普加乔夫起义的事后处置措施，俄当局取消了雅伊克哥萨克和顿河哥萨克的自治地位，并将所有涉及"雅伊克"一词的地名和机构名称替换为"乌拉尔"②。18世纪末俄当局在中亚草原西路设官建制的尝试，正是在上述历史背景下展开。

---

① 实际上，年俸自1755年才开始发放，参见 Лёвшин А.И. Описание Киргиз-Казачьих или Киргиз-Кайсацких орды степей. Т. 2, СПб., 1832. С. 196-197。

② 孙成木、刘祖熙、李建:《俄国通史简编（上册）》，北京:人民出版社，1986年，第343页。

1782 年，叶卡捷琳娜二世发布谕令，以奥伦堡为中心设立名为"边境远征军"（пограничная экспедиция/pogranichnaia ekspeditsiia）的特别管理机构。该机构负责在奥伦堡和西伯利亚边境修建清真寺、附属学校和商贸驿站（caravan-sarai），并以军事和经济手段支持小玉兹中持亲俄立场的氏族首领[①]。上述政策的前提假设是政治经济利益能够使哈萨克各部首领与俄罗斯人产生更为紧密的联系。此类以经贸手段笼络草原游牧部落的政策在 18 世纪中期涅普柳耶夫主政奥伦堡期间（1742—1759 年）已有尝试。涅普柳耶夫认为，动用正规军难以对活动在广袤荒漠地区的游牧民造成实质性威胁；要塞线附近游牧的哈萨克人已经与要塞线民众产生共存关系，鼓励他们发展与俄罗斯城镇的贸易能"软化"他们。而在对待汗裔人质方面，涅氏建议将他们送至圣彼得堡接受教育，而非长期扣押在边境小镇，以更好地培养未来的代理人[②]。

叶卡捷琳娜二世的谕令主要由两度出任奥伦堡地区军政主官的伊戈利斯特罗姆（O. A. Igel'strom，1785—1790 年和 1797—1799 年在任）执行。伊戈利斯特罗姆首次上任时，弩喇丽汗正陷于内外交困的局面。1783 年冬，草原西路遭受风雪灾，大量牧民陷入破产境地。弩喇丽汗向奥伦堡当局提请渡过乌拉尔河，依靠乌拉尔河西侧里海北岸的牧场维持生计。这一提议遭到俄方拒绝。作为报复，对弩喇丽汗不满的部分氏族追随瑟热姆（Сырым/Syrym）[③] 劫掠乌拉尔哥萨克领地。1784—1785 年间，小玉兹牧民袭击要塞线的事件频发。伊戈利斯特罗姆由此认为，阿布勒海尔家族已经无力统治小玉兹，并将叶卡捷琳娜二世的战略意图解读为根据 1775 年《全俄帝国各省管理体制》[④] 将草原西路纳入俄国领土，

---

① Лёвшин А.И. Описание Киргиз-Казачьих или Киргиз-Кайсацких орды степей. Т. 2, СПб., 1832. С. 276–277.

② Академия наук КазССР. Казахско-Русские отношения в XVI-XVIII веках: сборник документов и материалов. Алма-Ата, 1961. С. 341–348.

③ 哈萨克斯坦历史学界称之为瑟热姆·达托夫（Сырым Датов）。

④ 关于叶卡捷琳娜二世的 1775 年地方行政管理制度改革，参见孙成木、刘祖熙、李建：《俄国通史简编（上册）》，北京：人民出版社，1986 年，第 344—345 页。

建立行政管理体制。因此，在上任后，他试图利用阿布勒海尔家族、巴特尔家族和瑟热姆这三支力量并存的状态，在草原西路嫁接俄国统治体制。

改换小玉兹统治体制的首要问题是如何处理长期由阿布勒海尔家族把持的汗位。在启蒙思潮的影响下，改造君主专制体制、建立"文明"政体一度成为 18 世纪后半期俄国贵族中的流行思潮。而在这一话语影响下，阿布勒海尔汗和弩喇丽汗的统治被认为是亟待改造的"东方"和"专制"形态。于是，伊戈利斯特罗姆借机向叶卡捷琳娜二世提出大胆的改革方案，其内容至少包括以下五方面：（1）废除小玉兹汗位；（2）将小玉兹牧地划为三部分，各自推举一名首领；（3）建立乡法院（расправа/rasprava）；（4）在要塞线选址修建城市、礼拜寺、贸易集市和学校，加强与游牧社会的经济和文化联系；（5）建议从喀山鞑靼人中招募毛拉，作为笼络哈萨克贵族的"中间人"。

伊戈利斯特罗姆首先向小玉兹的苏丹和首领发布公告，要求他们召开民众大会，讨论如何维护地区秩序。反对阿布勒海尔家族的首领们抓住机遇，由瑟热姆牵头两次召开民众大会，呼吁以能力和功绩为标准推举首领。自认为得到俄当局支持的瑟热姆于 1786 年公然袭击弩喇丽汗帐，掠其妻儿，迫使后者逃亡到乌拉尔斯克。伊戈利斯特罗姆顺势将弩喇丽汗护送到奥伦堡，后软禁于乌法；而将其弟艾楚瓦克扣押于乌拉尔斯克要塞。

在暂时限制了阿布勒海尔家族的权力之后，伊戈利斯特罗姆与瑟热姆一派达成协议，设立新的行政管理机构。首先，伊戈利斯特罗姆下令禁止乌拉尔哥萨克劫掠小玉兹，并允许小玉兹各部迁徙至乌拉尔河与伏尔加河之间的草场放牧；其次，奥伦堡当局以小玉兹下属三个部落联盟[1]各自的牧场范围为基础，将草原西路划分为三个行政单元，每部各立一首领。1787 年，伊戈利斯特罗姆进一步改革首领统治制度，要求各部

---

[1] 小玉兹三个主要的部落为阿里木吾勒（哈萨克文：Әлімұлы；俄文：Алимулы）、拜吾勒（哈萨克文：Байұлы；俄文：Байулы）和杰特鲁（哈萨克文：Жетіру；俄文：Семиродский）。

落联盟推举一名首领（главный/glavnyi）和若干名长老（старейшина/stareishina）形成统治机构，管理民众。瑟热姆被选为拜吾勒支系的首领。所有当选的首领和长老须集会宣誓效忠，经女皇谕准后，由奥伦堡当局支发薪俸[①]。

在三个行政单元的基础上，伊戈利斯特罗姆要求各每个部落联盟的首领根据牧户数量设立乡法院：阿里木吾勒和拜吾勒各设两所，杰特鲁设一所。每所乡法院设主席一人，成员二人，负责文书工作的毛拉或书吏一人，外加助理一人，每日集会审案。书吏和助理均由奥伦堡当局公费聘任，依照奥伦堡当局制定的规章流程起草和管理司法文书[②]。在设立基层司法机构的同时，伊戈利斯特罗姆派人搜集哈萨克民俗、道德和司法习惯相关素材，准备将哈萨克习惯法文本化，为编纂草原地区的法典作准备。在搭建行政和司法机构的框架之后，伊戈利斯特罗姆着手修建城市、礼拜寺、贸易集市和学校。奥伦堡当局以经济利益引导部落首领占有和开发临近要塞线的土地，以公费办学吸引哈萨克各阶层子弟入学。

然而，与众多无视物质基础的上层建筑改革相似，伊戈利斯特罗姆设置的行政和司法机构并未起到预想的作用。首先，因乡法院的运作方式与游牧社会传统差异较大，其主席和成员长期缺席，法院难以正常运作；其次，草原西路的国际政治环境出现复杂变化：1788 年，奥斯曼帝国为制衡俄国，通过布哈拉埃米尔联络哈萨克各玉兹，鼓动其威胁俄国后方。布哈拉与阿布勒海尔汗之子叶拉雷和瑟热姆分别取得了联系。

---

① Лёвшин А.И. Описание Киргиз-Казачьих или Киргиз-Кайсацких орды степей. Т. 2, СПб., 1832. С. 299.

② Лёвшин А.И. Описание Киргиз-Казачьих или Киргиз-Кайсацких орды степей. Т. 2, СПб., 1832. С. 298. 因该机构名称最初指叶卡捷琳娜二世执政时期欧俄省份为国家农奴设立的基层司法机构，故孟楠书中译为"农民特别法庭"。考虑到 18 世纪后半期小玉兹以游牧生产方式为主，这一译法可能引起误解，译为"乡法院"更能体现该机构设立所包含的建立行政区划的目标（参见孟楠：《俄国统治中亚政策研究》，乌鲁木齐：新疆大学出版社，2000 年，第 70 页）。

尽管瑟热姆并未听令，但奥伦堡当局知悉此事后对其不再信任[①]。最后，1789 年法国大革命的爆发迫使俄国从维护君主制的角度重新权衡废除小玉兹汗位的利弊。

1790 年，弩喇丽汗去世。小玉兹汗位继承的问题再次摆到俄当局面前。在这一背景下，伊戈利斯特罗姆废除汗位的尝试与俄国上层迅速抬头的保守主义思潮相悖。为避免引发对君主制正当性的质疑，俄当局迅速指定了弩喇丽汗的兄弟、阿布勒海尔汗后裔中年龄最长的叶拉雷继位（1791—1794 年在位），并为其仓促办理宣誓仪式。在这一形势下，此前伊戈利斯特罗姆以部落联盟首领为基础建立的行政和司法机构便名存实亡，伊戈利斯特罗姆本人也于 1790 年卸任总督。

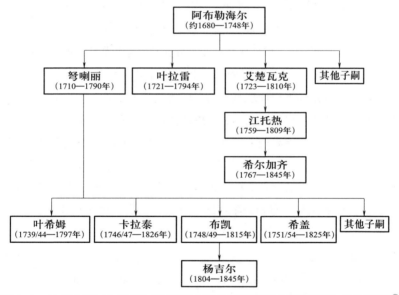

图 1-1　18 世纪至 19 世纪初哈萨克小玉兹阿布勒海尔家族部分成员系谱[②]

① 廖夫申在其作品中收录布哈拉埃米尔致小玉兹首领的信件译文，参见 Лёвшин А.И. Описание Киргиз-Казачьих или Киргиз-Кайсацких орды степей. Т. 2, СПб., 1832. С. 301-303。

② Ерофеева И.В. Хан Абулхаир: полководец, правитель, политик. Алматы, 2007. С. 244-245.

俄当局重新扶持阿布勒海尔家族的举动使得巴特尔家族和瑟热姆极为不满。巴特尔家族的卡伊普去世后，其子阿布勒加齐（Абульгазы/Abul'gazy）继续与阿布勒海尔家族为敌，因此与瑟热姆合作袭扰要塞线。伊戈利斯特罗姆的继任者佩乌特林格（A. A. Peutling）回归到以扶持阿布勒海尔家族为中心的政策路线。他下令重新封锁乌拉尔要塞线，禁止小玉兹跨河游牧，并允许乌拉尔哥萨克劫掠哈萨克人。同时，他调动正规军和乌拉尔哥萨克进剿巴特尔家族和瑟热姆，并以 3000 卢布悬赏后者。

1794 年 6 月，叶拉雷汗去世。俄当局指定弩喇丽汗之子叶希姆（1795—1797 年在位）继任为汗。叶希姆汗在 1795 年 9 月 15 日于奥伦堡附近完成宣誓效忠仪式。瑟热姆指责叶希姆汗投靠俄国，反对其向奥伦堡当局移交劫掠要塞线定居点的哈萨克人，要求叶希姆汗以 2000 头羊的命价（кұн/qūn）赔偿[①]。俄当局一改此前拒绝向小玉兹汗提供军事支持的惯例，派遣一支哥萨克卫队保护叶希姆汗，并协助其打击瑟热姆一派。此外，奥伦堡当局支持叶希姆汗成立汗谘议会，推举有声望的苏丹和首领作为成员，辅佐汗处理各部落事务。

然而，出乎俄当局意料的是，1797 年 11 月叶希姆汗被瑟热姆的下属袭杀。叶希姆汗的叔叔，即弩喇丽汗和叶拉雷汗的弟弟艾楚瓦克暂时代理汗谘议会主席。谘议会成员由三大部落联盟中各挑选二人组成。后经讨论，俄当局支持艾楚瓦克继任汗位。但艾楚瓦克汗年迈体衰，不但无力领导汗谘议会，更无暇管束小玉兹各部。部分拒绝效忠艾楚瓦克汗的部落向南部和东部迁徙，或退居锡尔河下游，或攻取土库曼人位于乌斯特尤尔特高原（Ust'-Yurt plateau）和曼吉什拉克半岛（Mangyshlaq peninsular）的牧地，或进入中玉兹领地混居。瑟热姆最后被迫出逃希瓦，于 1802 年去世。

---

① Лёвшин А.И. Описание Киргиз-Казачьих или Киргиз-Кайсацких орды степей. Т. 2, СПб., 1832. С. 313–316.

1799 年，弩喇丽汗的另一名子嗣布凯（Букей/Bukei，生卒 1742—1815 年）苏丹抓住小玉兹汗连续更替、草原西路政局动荡的时机，向当局提请永久迁徙其部众到乌拉尔和伏尔加河之间的草原地带（即土尔扈特部东归之前的牧场），并请求沙皇派遣 100 名哥萨克官兵维持地方秩序。上述请求得到沙皇保罗一世（1796—1801 年在位）的支持。1801 年秋，布凯苏丹带领约一万帐牧户迁入该地区，其中大多来自拜吾勒和阿里木吾勒部落联盟。俄当局试图将这一部分哈萨克人打造为游牧集团臣服的样板，故于 1812 年册封布凯苏丹为汗，其属民被称为布凯汗国或"内帐"（внутренняя орда/vnutrenniaia orda）。

结语

在 18 世纪 30 年代，阿布勒海尔汗遣使俄国、捷夫克列夫访问小玉兹、奥伦堡建城以及要塞线修筑等一系列事件，为此后俄国介入草原西路事务拉开了序幕。尽管阿布勒海尔汗并未获得小玉兹所有首领和民众的支持，实际上也不具备号令哈萨克各部落、庇护俄国商旅的能力，但俄当局抓住了其臣属带来的政治机会：以奥伦堡为中心修筑要塞线，以乌拉尔和奥伦堡哥萨克军团为控制乌拉尔河流域的人力基础，进而得以使小玉兹、希瓦、巴什基尔、卡尔梅克等部之间相互牵制。18 世纪后半期，俄当局逐渐改变此前的羁縻统治，尝试在草原西路引入行政管理体制，将各部落首领转为俄当局发放薪资的官僚。然而，一方面俄当局在 19 世纪中期之前尚无力在自然环境相对恶劣的草原西路腹地建立常设军事据点，故而难以对小玉兹各部形成日常的控制；另一方面，欧洲和俄国国内的政局和政治思潮也影响着俄当局对小玉兹的政策。因此，除了伊戈利斯特罗姆的短暂调整外，直至 19 世纪 60 年代，阿布勒海尔家族始终是俄当局在草原西路的主要代理人。

除了介入各部之间关系之外，奥伦堡当局在 18 世纪后半期逐渐吸收阿布勒海尔家族后裔以及其他首领子嗣进入俄国的学校和军政官僚体系，由此逐渐形成一批熟谙草原和欧俄、游牧与城市两种文化的中介人群。这一批部落精英子嗣与同样熟悉两个"世界"的各哥萨克军团在19世纪成为俄国向草原腹地扩张、建立和维系草原统治体制的骨干力量。

第二章 1822 年《西伯利亚吉尔吉斯人条例》与草原东路统治体制的建立

　　18 世纪末，奥伦堡省督军伊戈利斯特罗姆在草原西路废除小玉兹汗位和建立行政机构的尝试因法国大革命爆发而仓促废止。此后俄国忙于欧陆战事而无暇东顾。拿破仑战争结束后，俄国向周边地区的扩张一度不受欧洲列强的限制，而加强对草原地区的控制是向中亚南部投射影响力的前提。在 18 世纪，俄国与中亚草原关系的主要舞台在草原西路。但在 19 世纪 20—60 年代，草原东路成为观察俄国重塑与草原地区关系的焦点。本章将结合全球史研究者提出的"欧亚革命论"，探讨 18 世纪 30 年代至 19 世纪 20 年代俄国何以止步于要塞线，以及为何在 19 世纪 20 年代开始深入草原腹地。本章的主体内容是对 1822 年《西伯利亚吉尔吉斯人条例》（下文简称"1822 年条例"）[1]文本的分析。这一条例明确提出了建立吸纳本土精英的行政机构、划分疆界和引导牧民定居三方面的政策，勾勒了 19 世纪中叶以降俄国草原统治体制的基本框架。最后，本章将考证 19 世纪 20—40 年代上述条例的落实情况，从政治机构设置的视角观察俄国向草原腹地扩张的进程。

---

[1]　条例的俄文名称、来源及全文译文参见"附录二"。

一、"欧亚革命"与 19 世纪 20 年代俄国与中亚草原的关系

受 19 世纪英俄大博弈期间俄国知识分子的自我认知和英国宣传的影响，20 世纪各国知识界往往以生命体发育的比喻来想象俄国扩张的进程，强调其扩张总体规模之巨大和进程之连续性："从 15 世纪中叶到 19 世纪末的 400 年间，沙皇俄国约以每天 50 平方英里的速度向外扩张。"[1] 从偏居伏尔加河一侧的莫斯科公国"成长"为领土面积超过 2200 万平方公里的大国。按照此种刻板印象，18 世纪 30 年代奥伦堡远征和 18 世纪中期修筑要塞线之后，俄国理应继续沿草原东西两路南下。但实际上，俄军在草原地区以建立统治体制为目标的扩张肇始于 19 世纪 20 年代。那么为何中间存在近一个世纪的"停滞"？

近期的全球史研究为上述问题提供了思考的进路。英国历史学家约翰·达尔文（John Darwin）提出了 18 世纪后半期"欧亚革命"的概念[2]。"欧亚革命"实际上是这一时期欧亚大陆上地缘政治、经济和文化三个领域相互交织的革命性变化。在地缘政治层面，18 世纪后半期欧洲列强相继卷入七年战争（1756—1763 年）、北美独立战争（1776—1783 年）、法国大革命和拿破仑战争。此前（18 世纪上半叶）法国精心维系的大西洋、欧陆和近东的均势格局相继崩塌，改为 1815 年之后形成的英、法、俄、普、奥"大国协调"（Concert of Powers）。这一系列战争之后，法国不再能阻碍英国成为全球的海上霸主。而缺少了法国的制衡，俄国以波兰和奥斯曼等法国盟友为代价，在东欧和巴尔干地区进一步扩张。"五强共治"局面形成后，欧洲大陆进入所谓"百年和平"，即一战之前欧陆本土没有再出现将所有列强都卷入

---

[1] ［美］亨利·赫坦巴哈等著，吉林师范大学历史系翻译组译：《俄罗斯帝国主义：从伊凡大帝到革命前》，北京：生活·读书·新知三联书店，1978 年，第 1 页。

[2] ［英］约翰·达尔文著，黄中宪译：《帖木儿之后：1405 年以来的全球帝国史》，北京：中信出版集团，2021 年，第 159 页。

的全面战争。同时，英俄两国各自向"东方"的扩张则不再受其他欧洲列强掣肘，英俄大博弈的格局由此显现。在经济层面，第一次工业革命、欧陆战争以及全球化的贸易活动共同促成了达尔文所谓"军事—财政国家"的形成。国家、资本和工业更为紧密地结合在一起，资本主义生产关系逐渐取代封建主义，军事技术和战术在战争刺激之下迅速迭代。物质层面的剧烈变动自然也促成文化层面的变迁。以商业、理性和文明等概念为中心的各类学说逐渐支撑起"欧洲人"的共同身份和所谓"文明使命"的普遍信念，并借助新兴的世俗知识生产体系将欧洲以外的空间纳入以欧洲为演化终点的线性发展时间序列中[1]。

"欧亚革命"之后，俄国所面临的内外条件与 18 世纪 30 年代大相径庭。在地缘政治层面，俄国向亚洲内陆地区的扩张与英国在南亚和东亚的扩张呈现竞争与模仿。在经济层面，19 世纪 20 年代以后俄国本土的纺织工业逐渐兴起，枪械、火炮、交通和通信技术也在西欧影响下发展。在文化层面，拿破仑战争的胜利使俄国贵族和军官确认了"欧洲人"的身份，吸纳了启蒙思潮的一系列观念。值得注意的是，参加 19 世纪中期征服中亚草原重要战役决策的高层官员和前线军官大多经历过拿破仑战争，往往难以容忍俄军在"亚洲人"面前的军事失败，故倾向于默许前线人员的军事冒险行为[2]。

"欧亚革命论"有助于理解 19 世纪初俄国在中亚草原面临的新内外条件，而一系列本地的因素则为 19 世纪 20 年代俄国向草原腹地扩张提供了便利。18 世纪后半期，草原东路已形成相对稳定的政治格局。但进入 19 世纪初，中玉兹内部的汗权的衰落为俄国扩张提供了可乘之机。1781 年阿布赉汗去世后，其长子瓦里（Vali）被推举为汗。同年，

---

① ［澳］布雷特·鲍登著，杜富祥、季澄、王程译：《文明的帝国：帝国观念的演化》，北京：社会科学文献出版社，2020 年。

② Morrison, Alexander. *The Russian Conquest of Central Asia: A Study in Imperial Expansion, 1814–1915.* Cambridge, U.K.: Cambridge University Press, 2021, pp. 24–28.

部分中玉兹氏族推举达伊尔（Dair）为汗，反对瓦里的汗权。1816年，俄当局直接册封达伊尔之弟布凯（Bukei，生卒 1737—1817 年）为汗。1819 年瓦里去世后，时任西伯利亚总督的斯佩兰斯基于 1821 年宣布废除中玉兹汗位，强行推动他所设计的草原行政管理制度，即 1822 年条例。

二、1822 年条例所见新统治体制

斯佩兰斯基（M. M. Speranskii，生卒 1772—1839 年）是沙皇亚历山大一世（1801—1825 年在位）的近臣。斯氏受法国启蒙思想影响深刻，长于立法，试图参照同时期法国的政治制度在俄国推动变革。然而，1812 年俄法战争爆发之后，斯佩兰斯基为国内保守势力所排挤。1816 年，他被任命为奔萨省省长，后于 1819 年转任西伯利亚总督。亚历山大一世意图派遣斯佩兰斯基系统性地改革西伯利亚广袤地域上的统治体制[①]。当时中亚草原东路事务由西伯利亚总督通过鄂木斯克管辖。因此，斯佩兰斯基也参与到由外交、财政和内务三部大臣加上陆军总参谋长组成的亚洲委员会，协助制定和执行对中亚地区的政策。

1822 年 7 月 22 日，沙皇谕令正式颁布《西伯利亚吉尔吉斯人条例》，强行规定草原东路中玉兹地区（即额尔齐斯河以西以南至巴尔喀什湖以北）的管理体制。1822 年条例旨在将"苏丹""毕"（бий/bii）等游牧社会精英转化为基层官吏；在草原上划分和维持行政边界，推动从血缘到地缘的社会治理结构转变；建设医疗、防疫和荒年粮食供应等基础设施，吸引游牧民适应定居的农耕和工商业生产方式。实际上，该条例以要塞军力为后盾，以草场划分和边界管控分隔各游牧氏族，以俄国法律压缩传统游牧社会习惯法的适用范围，以商贸、文教和社会服务

---

① 关于斯佩兰斯基在西伯利亚总督任内的改革措施概述，参见徐景学主编：《西伯利亚史》，哈尔滨：黑龙江教育出版社，1991 年，第 235—239 页；Raeff, Marc. *Siberia and the Reforms of 1822*. Seattle：University of Washington Press，1956，pp. 39-128。

吸引游牧人弃牧从农，最终消解游牧生产方式所蕴含的军事潜能。在部分吸纳草原游牧政治和社会传统的基础上，该条例为俄国深度介入和改造草原地区提供了一套系统方案，为后续对中亚南部农耕区大规模用兵奠定了政治和军事基础。

（一）草原上的官和吏：1822 年条例所见草原统治体制

1822 年条例的正文共计十章 319 条。其中，第一至六章（第 4 条至第 253 条）为条例的主体部分，规定新管理体制的机构组成和职权范围。这一新体制由俄罗斯政府和地方 / 土著（туземный/tuzemnyi）政府组成。俄罗斯政府由西西伯利亚总督区和鄂木斯克省① 两级构成；地方政府则由在俄当局监督下的哈萨克人选举产生。根据同在 1822 年由斯佩兰斯基起草的《西伯利亚诸省机构建制章程》②，此前单一的西伯利亚总督区被划分为西西伯利亚和东西伯利亚两个总督区。西西伯利亚总督区下辖托博尔斯克、托木斯克和鄂木斯克三个省。托博尔斯克省与托木斯克省名义上管辖两地省府至北冰洋的广袤区域。鄂木斯克省则管辖包括沿额尔齐斯河修筑的要塞线，以及即将在草原东路建立的诸多行政机构。

---

① 该时期以鄂木斯克为中心的行政机构变更多次，罗列如下：鄂木斯克要塞建于 1716 年，18 世纪末至 1822 年之前隶属于托博尔斯克州（Тобольская губерния）；1822 年鄂木斯克省（Омская область）设立，为统辖哈萨克中玉兹事务的行政机构；1838 年西西伯利亚总督区（1822—1882 年）的总督驻地由托博尔斯克迁至鄂木斯克，此后鄂木斯克成为西西伯利亚的军政中心；1854 年鄂木斯克省调整为西伯利亚吉尔吉斯省（Область сибирских киргизов）；1868 年西伯利亚吉尔吉斯省废除，鄂木斯克成为新设立阿克莫林斯克省府，且继续为西西伯利亚总督区驻地；1882 年西西伯利亚总督区废止，鄂木斯克成为新设立草原总督区（1882—1918 年）总督驻地。

② 该条例俄文名称为 Учреждения для управления Сибирских губерний（Uchrezhdeniia dlia upravleniia Sibirskikh gubernii），中文译名参考徐景学主编：《西伯利亚史》，哈尔滨：黑龙江教育出版社，1991 年，第 236 页。

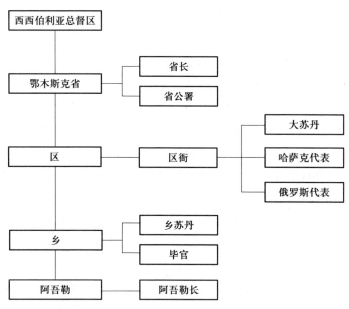

图 2-1　1822 年条例设计行政管理层级和机构

　　鄂木斯克省下设区（округ/okrug）、乡（волость/volost'）和阿吾勒（аул/aul）三级行政机关。以要塞线为基准，鄂木斯克省下辖的区为内区（внутренний округ/vnutrennii okrug）和外区（внешний округ/vneshnii okrug）。外区设在草原东路要塞线以外的游牧地区，为俄罗斯政府和土著政府之间的枢纽。区由血缘上较为亲近或地缘上相邻的 15—20 个乡组成。各外区的管理机关为区衙（окружный приказ/okruzhnyi prikaz），设置固定驻地。外区依据区衙驻地名称命名。区衙由大苏丹（старший султан/starshii sultan）担任主席，另有由鄂木斯克省省长指定的两名俄罗斯人代表（заседатель/zasedatel'）① 及选举产生的两名哈萨克人代表为区衙成员。区衙按照编制配备书吏、翻译和口

---

① 关于此处对区衙之 заседатель 的译法，孟楠著作译为"代表"；捷连季耶夫《征服中亚史（第一卷）》中译本译为"陪审官"。因区衙成员所承担职能不仅限于司法，译为"陪审官"可能产生歧义，故本文取孟楠一书译法。

译员。区衙以书面公文处理日常案件，以俄语和鞑靼语为书面语言登记簿册。在处理日常事务时，如区衙成员出现分歧，案件依大苏丹意见处理，但各方意见须登记在册，提交省公署（第 71 条）。大苏丹、区衙哈萨克代表、乡苏丹以及区衙和乡苏丹随从文员均根据编制从俄当局获得薪金。区衙另有省公署支发的办公经费，以及用于赈灾、医疗和教育的专用拨款（第 117—119 条）。区衙配备有作为警察力量的哥萨克卫队（отряд/otriad）。哥萨克卫队由要塞线上的哥萨克调拨，常驻于区衙所在地，特殊情况下作为区衙执法力量分拨驻扎到乡。

乡由 10—12 个阿吾勒组成。乡的划分往往对应某一氏族（род/rod），且名称大多与乡内主要氏族的名称对应。各乡的主官为"乡苏丹"（волостной султан/volostnoi sultan）。乡苏丹可指定一名助手，并配有通晓俄语和鞑靼语的书吏。乡下分阿吾勒。阿吾勒由 50—70 帐（кибитка/kibtka）游牧户组成。每个阿吾勒由其内部哈萨克人推举产生的阿吾勒长（аульный старшина/aul'nyi starshina）管理，以数字编号命名。乡和阿吾勒两级的主官在日常行政中主要以口头方式下达政令，但涉及国家经费支出的活动，区、乡和阿吾勒三级均须以简便方式依照相关法律记账。

新统治体制的核心在于以俄当局监督下的基层选举实现对游牧社会的渗透。受同时期欧陆启蒙思潮影响，斯佩兰斯基尝试将基层选举制度应用到草原边疆，并将其改造为介入游牧社会的有效手段。1822 年条例规定了大苏丹、区衙哈萨克人代表、乡苏丹和阿吾勒长的选举规则、任期和核准机构，将游牧社会推举首领的习惯纳入俄国统治体系之下，以选举制度介入游牧社会，使其内部的权力关系可视化。条例规定，区衙建立之前，须先举行阿吾勒长和乡苏丹选举。阿吾勒长每三年选举一次，可连选连任。阿吾勒长的选举以口头方式进行，以简单多数原则投票选出。得票最高者当选阿吾勒长；得票第二者当选"阿吾勒长候补"（кандидат аульного старшины/kandidat aul'nogo starshiny），仅在阿吾勒长无法履职时代理。当选人的名单须呈报区衙核准，但区衙无权更改选举结果。如区衙对某一阿吾勒选举的人选有异议，可呈报省长复议①。

乡苏丹的选举规则和任期与阿吾勒长选举类似。一旦当选，乡苏丹头衔可依照嫡长原则世袭。如果苏丹没有子嗣，则乡社（волостное общество/volostnoe obshchestvo）从其兄弟或近亲中推举候选人；如果整个苏丹的支系绝嗣，则乡社另选苏丹。其人选须经省公署批准②。任期结束而未能连任的乡苏丹保留"苏丹"称号，但不得介入乡事务的管理。此处需要指出的是，首先，"依照嫡长原则世袭"并非这一时期哈萨克社会中的固有传统。游牧生产方式下人均寿命相对较短，统治权在同辈男性间传承相对有利于保证牧团灵活对应自然环境的挑战和社会资源的竞争，因此，兄终弟及原则在前现代的游牧民群体中存在合理性。1822年条例在强调"依照嫡长原则世袭"的同时，也为以其他原则推举继承人留出空间，即所谓"在乡社同意的前提下，依照习惯"，最终经省公署批准。其次，条例相关条文并没有详细规定阿吾勒长和乡苏丹选举的具体投票和计票程序。此类细节将在19世纪60年代之后出台的条例中得到完善。

相比乡层面一旦当选便拥有世袭特权的乡苏丹，作为区衙首脑的大苏丹则受更为严格的选任制度管辖。区衙大苏丹的人选范围仅限于"苏丹"（第36条）；而区衙的两位哈萨克代表则可以从区辖境内的毕或阿吾勒长中推举。区衙成员的人选须得到省公署允准。大苏丹的任期为三年，区衙哈萨克代表的任期为两年，均可连选连任。该选举的时间一般定为每年八月，各乡通过选举产生的乡苏丹、毕和阿吾勒长有权参与投票。因疾病或其他原因无法参与投票者，可以在规定期限内以书面方式寄送选票，后者与普通选票有同等效力。选举以简单多数原则确定

① Масевич М.Г. Материалы по истории политического строя Казахстана. Т. 1. Алматы, 1960. С. 94.

② Масевич М.Г. Материалы по истории политического строя Казахстана. Т. 1. Алматы, 1960. С. 94.

人选 [①]。

值得注意的是，规定区衙大苏丹人选范围的第 36 条文本表述存在一定的歧义："大苏丹仅从诸苏丹中选举产生。"（Старший султан избирается одними султанами.）在传统哈萨克游牧社会语境中，"苏丹"这一称号与血统密切相关，指代成吉思汗的男性后裔。而在俄国的草原统治体制下，"苏丹"仅指代区和乡两级行政机关的首脑 [②]。1822 年条例和其他后续相关法律文本中并无明文规定苏丹人选的血统或家族出身。从第 36 条的上下文来分析，上述语句中的"苏丹"应该指代俄当局监督下乡级选举产生的乡苏丹。上文的后半句写道："区衙的哈萨克代表从毕官和首领中选举产生。"可见，整句所使用的词汇均为 1822 年条例语境下的职官名称，而非传统游牧社会语境中的身份称号。从实践层面看，根据 1822 年条例先后设立的 8 个外区中，有至少 2 个外区的首任大苏丹出身黑骨阶层。而 19 世纪 60 年代的行政体制改革更是废除了大苏丹职位，改"乡苏丹"为"乡长"（волостной управитель/ volostnoi upravitel'）。可见，从 1822 年条例开始，俄当局便有意识地推动从血缘到地缘的社会变迁。

为强化俄当局作为哈萨克官员权力来源的观念，1822 年条例独辟一节规定哈萨克官员的行政级别：大苏丹在当选之日即获得陆军少校军衔（相当于八等文官），且在服务三个任期之后，有权向当局申请俄罗斯帝国贵族（дворянство/dvorianstvo）身份。区衙中，其他官员均不得获得高于九等文官的品级。乡苏丹的级别相当于十二等文官。阿吾勒长和毕官如没有获封官衔，则视同俄罗斯内地的村长。条例第 50

---

① Масевич М.Г. Материалы по истории политического строя Казахстана. Т. 1. Алматы, 1960. С. 95.

② 哈萨克斯坦学者苏丹加利耶娃在论述哈萨克官僚群体时曾注意到这一条文，但她将此处的"苏丹"理解以血统为基础的身份，而强调俄国政策实践与法律条文之间的张力，参见 Sultangalieva, G. "Kazahskie činovniki Rossijskoj Imperii XIX v.: osobennosti vosprijatija vlasti." *Cahiers du monde russe*. 56, No. 56/4（2015）：651–679.

条明文规定："所有被选任的吉尔吉斯人首领，在没有上级政府的同意下，均不得自行确定权责。他们仅仅是上级政府授权统治民众的地方官员。"[①]

此外，1822 年条例以提倡废奴为由，否定传统哈萨克社会中的人身依附关系，强调苏丹和阿吾勒长等人仅为官僚体制下的官员，不可与普通牧民建立主奴关系。条例明文规定，苏丹对辖区内的哈萨克人不再有奴役的权力，而仅有当局授予的权力。在区、乡成立之前既有的奴隶可以保留，且有转让、出售和继承的权利，但禁止奴役作为自然人的哈萨克人。所有哈萨克人均有权拥有不动产，可在遭到压迫的情形下向苏丹的上级长官起诉。作为补偿，条例规定苏丹可免于肉刑（第 273—279 条）。

除赋予哈萨克基层政府职官品级观念之外，条例尤其重视建构选举和授权流程的仪式感。条例试图将大苏丹和区衙代表的选举大会塑造成游牧社会生活的重大仪式。条例第二章以十条的篇幅阐述大苏丹的选举流程，甚至明文规定无法到场投票者的选票递送方式（第 41 条）。条例建议选举时间为 8 月，即牧团转向冬牧场之前时间相对宽裕的夏末时分，最好选在哈萨克人的节日，以便各氏族精英和普通牧民都有机会参与到选举大会之中（第 39 条）。选举的地点一般为区衙所在地（第 44 条），而区衙一般设在区辖境的地理中心（第 70 条）。区衙成员选举的得票情况甚至要求向全区公众公布（第 43 条）。条例要求，选举流程完成之后，应当加入特殊的仪式，要求当选的哈萨克官员以传统方式宣誓任职（第 304 条）。当局应支持在区衙大苏丹选举之后举办特殊庆典，同时为有特殊贡献的哈萨克人授勋颁奖（第 44—45 条）。

基层选举便于俄国向游牧社会渗透，而权力的触角则是俄当局向上述各级土著政府选派的书吏。19 世纪初，哈萨克贵族普遍不识字，遑

---

① Масевич М.Г. Материалы по истории политического строя Казахстана. Т. 1. Алматы, 1960. С. 95.

论掌握草原地区通行的鞑靼文或俄文。这便为俄当局向各氏族派遣书吏提供了最基本的理由。1822 年条例所附编制规定鄂木斯克省将为每个区配备 1 名书吏、2 名笔译员和 3 名口译员，每个乡配备 1 名笔译员和 1 名口译员。根据条例颁布后的实践来看，这些笔译员的主要来源是鄂木斯克亚洲学校（Омская азиатская школа/Omskaia aziatskaia shkola）的毕业生或掌握哈萨克语的哥萨克。其薪资均由俄当局拨发。在亲俄哈萨克贵族的配合下，这些大多在史料文献中难以留名的吏员将成为俄当局与哈萨克社会沟通的中间人。到 19 世纪中后期，在俄罗斯教育体系下成长的哈萨克吏员将逐渐跻身这一行列。

表 2-1　1822 年条例附录所见中玉兹单一外区年度经费预算

类别	人数	单位预算（银卢布）	总额（银卢布）
大苏丹薪金	1	1200	1200
俄罗斯代表薪金	2	1000	2000
哈萨克代表薪金	2	200	400
书吏薪金	1	900	900
笔译员、兼任科室主任薪金	2	800	1600
口译员薪金	3	300	900
医生薪金	2	1000	2000
区衙办公经费	—	—	2000
乡苏丹薪金	20	150	3000
随从笔译员和口译员薪金	40	300	12000
乡苏丹办公经费	—	100	2000
区诊所经费		—	500
房舍维护经费		—	1000
校舍维护经费		—	500
福利机构维护经费		—	500
节庆支出		—	500
总计	73	—	31000

在区—乡—阿吾勒三层机构组成的行政部门之外，1822年条例尝试初步引入行政与司法分立的原则，以哈萨克社会中掌握习惯解释权的长老"毕"（бий/bii）①为基础，创制草原统治体制下的基层司法职官"毕官"②，进而将依照习惯法审理案件的毕官整合入俄国边疆司法体制之中。条例规定，在乡和阿吾勒两级，哈萨克人之间的所有民事诉讼案件由各乡的毕官解决，而刑事与行政诉讼案件则主要由区衙受理，乡苏丹无权干预司法③。

1822年条例将涉及哈萨克人的司法案件分为刑事、民事和行政诉讼三类。刑事案件包括叛国、谋杀、抢劫及牲畜扣押（барымта/barymta）和抗法等类。此类案件一概由区衙审理，并受省法院监督。行政诉讼涵盖对阿吾勒长、乡苏丹、大苏丹和区衙会议哈萨克代表等土著官员的诉讼案件。原告须向高于被告对象行政级别一级的行政主官提起诉讼。盗窃等轻微刑事案件和民事案件则交由毕官处理。此类案件均以口头方式、依据哈萨克习惯法（адат/adat）处理，并在判决后立即执行。如原告对毕官的判决不服，可以书面方式向鄂木斯克省省长提起上诉，请求再次审理。而毕官的资格可因审判不公而随时被暂停④。尽管该条例并未明确毕官的选任方式，但第220条规定，当局在接到关于某位毕官审判不公的诉讼，且调查确证后，可暂停其毕官资格⑤。

---

① 哈萨克语中的毕意为法官。该词汇与古代北方民族官号"匐"勘同，在古突厥语中泛指各类通过军事权力而获得民政和司法权力的首领。关于该词的词源及前人讨论，参见孟楠：《俄国统治中亚政策研究》，乌鲁木齐：新疆大学出版社，2000年，第79页。

② 俄当局沿用哈萨克传统社会的称号，以此创制职官。为区分哈萨克传统社会中作为部落和氏族中掌握习惯解释权的长老和俄国所设立的职官，本作将前者译为"毕"，后者译为"毕官"。

③ Масевич М.Г. Материалы по истории политического строя Казахстана. Т. 1. Алматы, 1960. С. 103.

④ Масевич М.Г. Материалы по истории политического строя Казахстана. Т. 1. Алматы, 1960. С. 103—104.

⑤ 该条文并未明确哪一级政府有权暂停毕官资格，猜测可能是省公署一级，参见 Масевич М.Г. Материалы по истории политического строя Казахстана. Т. 1. Алматы, 1960. С. 103。

区—乡—阿吾勒三级土著政府除保境安民以外，最核心的职能是征收实物税。1822 年条例规定，各部落氏族在加入草原统治体制最初五年可免除各类税费；但从第六年开始，各牧户须缴纳实物税（yasak），税额为对除骆驼以外的牲畜值百抽一。对于已成为纳税对象的区，省公署每年须提前制定预算，征收的马匹主要用于补给要塞线哥萨克军团，而牛羊则优先供给要塞线和各区衙的医院；多余的牲畜则在海关转换为现金，存入国库。在各征收牲畜的区，下辖各乡负责牲畜的清点和征收，每三年更新一次牲畜数目，每年夏季征收一次"健康的牛和强壮的马"（第 133—141 条）。税收相关条文还重点提及牧民供养苏丹的传统。1822 年条例允许哈萨克牧户供奉苏丹，但要求区衙监督此类供奉的规模，保证钱款用于正途。而辖境内各宗教的神职人员则要求由苏丹供奉（第 130—132 条）[1]。

1824 年俄当局首次开设区衙后，实际上第一次对各区征收实物税的年份是 1832 年。至 19 世纪 50 年代，各区依然长期欠税[2]。但对比 1822 年之前的政治格局，1822 年条例设立征税职能的目的不仅仅着眼于经济层面。以乡和区为税额统计主体，意味着乡和区的哈萨克官员和书吏在客观上掌握以武力为后盾的征税权。相较之下，俄国草原统治体制下的税收比传统社会各氏族对白骨阶层的供养更为稳定，较少受到自然条件和氏族间政治斗争的影响。但选择加入草原统治体制，就意味着放弃了独立自主，将命运和阶层特权交由俄当局掌控。

概言之，1822 年条例所规划的统治体制突破了此前俄国对草原东路的政策框架，试图将临近要塞线的牧区纳入俄当局的行政管理之下。这一体制以俄国监督下的选举形成的乡和阿吾勒两级土著官员为基础，推举出区衙大苏丹和哈萨克代表。这一体系将此前俄当局对哈萨克游牧

① Масевич М.Г. Материалы по истории политического строя Казахстана. Т. 1. Алматы, 1960. С. 100.

② Martin, Virginia. "Kazakh Chinggisids, Land and Political Power in the Nineteenth Century: a Case Study of Syrymbet." *Central Asian Survey* 29, No. 1（2010）: 100.

社会的干预制度化：一方面，当局以选举之名使游牧部落社会内部政治精英之间的竞争公开化、"可视化"；另一方面，在法理观念上，游牧社会首领掌权的合法性表面上依然来源于氏族和部落的推举，而俄当局的授权则变得日益重要。

值得注意的是，尽管1822年条例的主要目标在于建立一套适用于草原地区的统治体制，但新体制并非彻底另起炉灶。在官号方面，新体制沿用了作为部族和氏族首领的"苏丹"称号，但极大地束缚了苏丹的权限。"毕"在传统哈萨克社会的地位因时而异。权位高者，有17—18世纪初头克汗时代传说中分管三玉兹的托列（Tole）、卡兹别克（Kazybek）和艾伊铁克（Aiteke）。但在1822年条例所建立的新管理体制下，毕官成为俄当局的基层司法官员，仅有权受理民事诉讼案件。尽管如此，官号的制度化有利于新制度在草原地区生根，让部落精英和普通牧民逐渐接受相同头衔背后大相径庭的权力内涵。

（二）从血缘到地缘：1822年条例所见草原行政区划方案

与建立草原统治体制同样重要的是对草原东路地理空间的划分和空间秩序的维持，推动以地缘性组织逐渐取代传统游牧社会的血缘性组织。因游牧生产方式要求灵活利用广袤地域范围内的水草资源，牧团之间往往没有长期划定的边界。作为对现实的妥协，1822年条例一方面明确以氏族归属来设立阿吾勒和乡，但另一方面，俄当局要求以氏族的"传统牧场"为基础划分区和乡的边界，并通过诸多手段强化内外边界观念，进而将区—乡—阿吾勒的纵向科层组织与横向的空间划分结合。1822年条例中诸多涉及行政区划的条款旨在限制游牧人的移动性，抑制游牧社会跨区域的联合潜力，将游牧民整合入定居秩序。

1822年条例设计了一套划分草原空间和维持定居秩序的蓝图。条例的第一章标题即为"划界"（Разделение/Razdelenie），要求依照区—乡—阿吾勒三级行政单位划分沿额尔齐斯河西伯利亚要塞线以西以南地区。各区边界的划分由俄要塞线军需官负责。区边界一经划定，各区衙"权力不得超越其行政边界"（第10条、第60条）。条例强调，"每个区的居民未经地方长官允许不得越界"（第9条）。各区被禁止在其他区衙辖境内自行缉捕罪犯和逃亡者，而须通知逃人所在的区衙以采取措施。在乡边界层面，条例同样强调从属人原则向属地原则的转变：如乡边界划定后，同一氏族被划入两个乡，则乡苏丹不可管理两个乡的事务。"在乡社同意的情况下，权力可交给其子或兄弟；否则需要通过选举产生新的乡苏丹"（第35条）。乡苏丹不得在辖境以外的乡行使权力，即使其他乡的哈萨克人与苏丹有血缘关系（第107条）。阿吾勒长在通报苏丹前不允许自行游牧转场，且只有在苏丹下令的前提下，才可与其他官员发生职务上的联系。上述条文旨在以行政原则取代传统的血缘纽带，重新建构各层级的游牧人组织。

表2-2　1822年条例各章节标题汉俄对照

各章节标题		各章节标题（俄文原文）		条目
第一章　划界		Глава 1　Разделение		4–14
第二章 管理机构	第一节 机构组织	Глава 2 Управление	Отделение 1 Состав управления	15–24
	第二节 选举规则		Отделение 2 Порядок выборов	25–50
	第三节 级别和职衔		Отделение 3 Сравнение и чинах	51–55
第三章 政治事务	第一节 区级机关	Глава 3 Наказ полицейский	Отделение 1 По окружному управлению	56–95
	第二节 乡级机关		Отделение 2 По волостному управлению	96–116

各章节标题		各章节标题（俄文原文）		条目
第四章 经济事务	第一节 政府收支	Глава 4 Наказ хозяйственный	Отделение 1 Казенное хозяйство	117-127
	第二节 税收和赋役		Отделение 2 Сборы и повинности	128-149
	第三节 内部经济		Отделение 3 Внутреннее хозяйство	150-187
	第四节 商业		Отделение 4 Торговля	188-204
第五章 司法事务	第一节 刑事案件	Глава 5 Наказ судебный	Отделение 1 Дела уголовные	205-214
	第二节 诉讼案件		Отделение 2 Дела исковые	215-220
	第三节 对基层机关的 诉讼	Глава 5 Наказ судебный	Отделение 3 Дела по жалобам на низшие управления высшим	221-227
第六章 特殊规章	第一节 医务	Глава 6 Особенные установления	Отделение 1 Часть медицинская	228-235
	第二节 防疫隔离		Отделение 2 Карантины	236-242
	第三节 宗教和教育 规章		Отделение 3 Установления духовные и по части народного просвещения	243-249
	第四节 福利机构		Отделение 4 Благотворительные заведения	250-253

各章节标题			各章节标题（俄文原文）		条目
第七章 各级机关责任			Глава 7 Ответственность управления		254-261
第八章 省级长官特殊事务			Глава 8 Особенный наказ областному начальству		262-267
第九章 吉尔吉斯人的特殊法律和习惯			Глава 9 Особенные права и обычаи киргизов		268-283
第十章 本条例的落实办法	第一节 总则	Глава 10 Порядок приведения сего устава в действие	Отделение 1 Общие правила		284-300
	第二节 各乡采纳新统治体制流程	Глава 10 Порядок приведения сего устава в действие	Отделение 2 Прием волостей в порядок нового устройства		301-307
	第三节 与尚未采纳新统治体制各乡的关系		Отделение 3 Отношение к волостям, не поступившим на положение нового устройства		308-315
	第四节 要塞线的移动		Отделение 4 Движимость линии		316-319

在确定草原东路内部边界划分原则的同时，1822 年条例同样尝试明确草原东路新吞并领土的外部边界。根据距离要塞线的远近，各区被分为近线区（близ-линейный округ/bliz-lineinyi okrug）和边境区（пограничный округ/pogranichnyi okrug）两类。属于边境区一类的各区须在远离要塞线的一侧树立界标，以宣示所谓"主权界线"。同时，边境各区应配备规模更大的哥萨克卫队以卫戍边界。区衙成员应率领哥

萨克卫队巡查边界，平日由边境各阿吾勒长负责巡查事务。在重要地块应树立永久性界标（第 77—80 条）。条例规定，"禁止俄属哈萨克人越过此边界游牧"（第 78 条）。

在俄国的"主权边界"内，要塞线则有区分内地与内边疆的功能。近线区承担限制哈萨克牧民任意越界进入线内省份的义务。在有贸易需求的情况下，哈萨克牧民可以进入要塞线上的据点和附近的村庄进行交易。越界游牧的行为只有在区衙向地方法庭（земский суд/zemskii sud）申请后才可执行（第 88—93 条）。尽管这些关于国界和内外边界规定在短时间内不易实现，但条文本身和各区开设时宣读条例文本的仪式均有宣示主权边界、强化牧民边界意识的功效。

在划定边界的基础上，1822 年条例设计了一系列对跨界移动的管控措施。除上文提到常规的游牧活动以外，条例重点关注的尚有两类穿越行政边界的"移动"形态：商贸与牲畜扣押。就商贸而言，条例规定，区衙有义务收集过境商人和商队的信息，并提供保护。所有异国人士（иноземец/inozemets）在进入第一个俄属边境区时，区衙负责出具书面文件。如异国人士意图穿越要塞线进入俄内地省份，区衙须护送其至最近的要塞线关卡。异国人士通关须出示区衙出具的书面文件。如异国人士或商旅的行进路线未经区衙驻地，则可由边境某乡苏丹处出具书面文件，供要塞线关卡查验。乡苏丹出具的书面文件须上报区衙（第69、83 条）。所有经要塞线进入内地省份的异国人士和商旅均须经关卡查验，其书面文件须上报省公署。在处置非法越境的异国人士部分，条例仅提到对清朝臣民的处理方式：扣留后送交省公署，并由省公署遣送至恰克图（第 86 条）。对旅行者和商队的管控能有效体现新管理体制空间划分的意义，并在日常的行政实践中强化区乡两级哈萨克官员对行政边界的认知，进而强化俄当局试图塑造的边界观念，限制游牧群体的移动性。

边界管控的另一重点是抑制牲畜扣押行为。牲畜扣押是游牧社会常见的一种现象。它指的是某一游牧民或氏族因感到遭受来自另一人或氏族的不公正待遇，通过劫掠并扣留对方牲畜的方式迫使对方谈判补偿。在完成谈判后，扣押牲畜的一方往往会交还全部牲畜，或留下一部分作为赔偿①。然而此类朴素的草原传统容易诱发氏族乃至部落间的冲突，以致形成长期的纷争。因此，对于试图在草原上建立稳固政治秩序的俄当局而言，牲畜扣押不可作为单纯的民族习惯对待。1822年条例第五章将涉及哈萨克人的司法案件分为刑事、民事和行政诉讼案件三类，而牲畜扣押与叛国、谋杀和抢劫一道被定义为刑事案件，须由区衙派人侦查、经区衙会议审判且受到省法院监督（第206—214条）。乡苏丹作为氏族中有影响力的人物，往往与牲畜扣押事件的当事方存在血缘或地缘上的联系。故条例规定，"如苏丹被指控放任抢劫或牲畜扣押，甚至卷入其中，则立即移送法庭"，追究刑事责任（第256条）。

除此之外，条例专辟一节，规定草原地区的防疫隔离措施。而这部分措施的设计，则充分借助上述行政区划，将疫病的潜在威胁转变为强化行政区划的有利因素。条例将应对疫病的主要责任置于区衙。一旦出现牲畜倒毙现象，区衙一方面需要立即通报邻近的要塞线长官；另一方面应以乡为单位，切断疫病乡与无疫病乡之间的联系，并通过草原地区的哨所士兵传递信息。区衙须警告无疫病乡的哈萨克人尽快转场，远离出现疫病的牧区，并针对易感畜群建立隔离措施。而乡苏丹和阿吾勒长必须尽向普通牧户传播讯息，以防疫病扩散（第236—242条）。由此，疫病将成为强化俄国行政机构权威和行政区划效力的机遇。

1822年条例所见划分空间和维系边界的条款主要涉及对行政机构辖区的界定和对普通民众移动行为的限制。需要指出的是，在这一体制完全落实之前，草原地区也并非完全不存在边界的"自由世界"：游

---

① 关于牲畜扣押的相关描述，国内研究参见苏北海：《哈萨克族文化史》，乌鲁木齐：新疆大学出版社，1996年，第363、366页；英文学界的主要研究参见 Martin, Virginia. *Law and Custom in the Steppe: the Kazakhs of the Middle Horde and Russian Colonialism in the Nineteenth Century*, Surrey: Curzon Press, 2001, pp. 140-155，但马丁没有注意到的是，与草原地区牲畜扣押相关的立法可追溯到1822年条例。

牧部落和氏族之间同样存在依习惯、协商或暴力划分的草场边界。而1822年条例首次在草原东路以成文法的形式规定行政层级及对应的行政边界。与此相应，行政边界在规范意义上划定了各级哈萨克官员的权力边界。结合要塞线海关、司法和防疫隔离等制度，俄当局在19世纪后半期通过规制放牧、迁徙、牲畜扣押、疫病防治等行为，使行政边界逐渐从文本变为普通哈萨克牧户要面对的生活现实。

（三）从游牧到定居：1822年条例对游牧民定居的引导计划

如前文所述，从俄国的角度来看，哈萨克人对于西伯利亚要塞线的威胁源于其游牧生产方式所蕴含的军事潜能。设官立制和划分边界均为抑制大规模游牧政权兴起的手段。而要从根本上消弭游牧集团对农耕社会的军事威胁，最终需要通过引导游牧民转入定居秩序来实现。斯佩兰斯基充分理解牧民定居和发展草原地区各类产业对于维持草原统治体制的重要性。因此，1822年条例在信息收集、房舍修建、土地利用和社会服务等方面提出了一系列设想。

要在草原地区建立定居秩序、发展农业和工商业，首先需要准确的人口和土地资源统计信息。1822年条例要求各区衙登记本区下辖各乡苏丹和阿吾勒长的真实姓名和驻地变动情况；每三年清查一次各乡和阿吾勒的帐户数目及异动状况；如辖区内有建筑或不动产，则要求登记所在地块信息（第68条）。其次，边疆当局以拨款激励区衙修建各类房舍，优先将区衙驻地发展为具有商业意义的集镇。1822年条例规定，每个区都必须建造以下四类建筑：（1）区衙办公房舍和区衙文员的住所；（2）神职人员的礼拜寺；（3）可服务150—200人的诊所；（4）哥萨克卫队的兵营（第124条）。为此，各区衙必须制定预算，上报省公署，并按照预算执行建筑计划。在引入1822年条例的最初五年，执行该条例的各区哈萨克人享受五年的免税优惠，但鼓励哈萨克人自愿捐赠牲畜、物品或货币以支持医院、学校和福利机构房舍的建设。捐赠物资须由区衙登记造册，呈报省公署。

相对准确的人口和土地信息是后续分配土地使用权的基础，而土地利用政策则明确包含引导牧民定居和参与农耕活动的目标。1822 年条例规定，各区衙须指定地块，划分适用于农牧、手工业和商业的土地。大苏丹有权使用区衙驻地周边 5—7 平方俄里的土地；每位区衙哈萨克代表有权使用 2 平方俄里土地；每位区衙俄罗斯代表有权使用 1 平方俄里土地。区衙翻译和文员的土地分配标准等于同级哥萨克军官。而驻扎在草原地区的哥萨克卫队士兵每人可分得 15 俄亩份地用于维持生计。此外，如有自愿从事农耕的哈萨克人，每人可获得 15 俄亩土地，由区衙监督其耕种和使用状况。条例要求，区衙的俄罗斯代表和哥萨克卫队成员应作为表率，积极参与农耕和建筑修造工作；如有可能，应发展园艺、养蜂和其他副业；应吸引苏丹、阿吾勒长和普通哈萨克人积极利用区衙下辖的各类设施，为他们提供帮助、支持和建议，以吸引更多人适应定居生活。如已分配的土地在五年内未经耕种或使用，则区衙有权收回并重新分配（第 167—183 条）。

值得注意的是，1822 年条例的起草者还尝试引入包括公共粮食供应、医疗、防疫、教育和社会保障等方面的现代国家社会服务职能。这至少反映条例起草者相信，这些机构将更有利于吸引牧人转入定居生活。条例以 17 条的篇幅规定公共粮食供应政策。第 150 条开宗明义："尽管粮食当前不是吉尔吉斯—凯撒克人的主要食品，但为了预防他们因牲口倒毙或染病而陷入饥荒，以及鼓励他们务农，要在每个区设立官粮铺（казённая хлебная продажа/kazënnaia khlebnaia prodazha）。"[①] 官粮铺旨在为牧民提供粮食，尤其是在灾荒时期平抑食品价格。为此，鄂木斯克省为每个新开设的外区准备 3 万卢布贷款。待官粮铺的资本规模增长至初始资本的 2.5 倍之后，可开始还贷。条例对官粮铺的利润、售价和销售量都做出具体限制。各区官粮铺的主管和护卫人选由省公署确

---

① Масевич М.Г. Материалы по истории политического строя Казахстана. Т. 1, Алматы, 1960. С. 100.

定，其薪金从官粮铺营业利润中支发（第150—164条）。值得注意的是，第160条规定，官粮铺以俄国货币进行粮食交易。而1822年条例规定的对哈萨克牧民征税的方式仍然是值百抽一的牲畜实物税。可见，除维系基本的粮食供应外，在草原地区开设官粮铺还有推广俄国法币使用、吸引哈萨克人定居农耕的目的。

在医疗卫生方面，条例规定，每个区须配备两名医生（лекарь/lekar'），为官兵和居民提供医疗服务。每个区须建设固定的诊所，为区内贫穷和重病的哈萨克人提供诊疗场所。可雇佣贫穷的哈萨克人担任诊所内的勤杂人员，其支出由各乡和阿吾勒承担，区衙管理其日常运营。医生应该为患者的需求在区内巡诊。此外，医生应该尽可能劝说哈萨克人接种天花疫苗，由当局提供物质激励（第229—235条）。

在文化和教育方面，1822年条例起草者认为哈萨克人当时的信仰状况接近于原始多神崇拜而非正统的伊斯兰信仰，故存在吸引大多数哈萨克人改宗东正教的可能性。条例鼓励省公署联系东正教会，向草原东路派遣传教士。如果某个区皈依东正教的人数达到一千人，那么鄂木斯克省必须拨款建造教堂，并要求东正教会分配牧师。如牧师顺利进驻，应与省教育部门长官配合，尽力筹款建立教会学校，教授哈萨克学童俄文读写、算术和法律。条例规定，每个哈萨克人都有权送子嗣到俄罗斯学校接受教育。乡苏丹和阿吾勒长的子嗣如自愿进入俄罗斯学校学习，可由当局公费支持。学童在接受俄文读写和算术训练后，如家长同意，可担任公职。除上述待建的教会学校以外，其他俄罗斯学校均应以各种方式支持哈萨克人就学（第243—249条）。在社会福利方面，条例要求各区厅准备5—10顶毡帐用于社会救助，为受伤、年长、有精神疾病和丧失劳动能力的人提供帮助（第252—253条）。

促进草原地区的土地开发和公共设施建设需要鄂木斯克省省长和省公署支持。条例的起草者也充分考虑到了这一方面。条例规定，省长必须关心哈萨克人的受教育和住房建设状况，并派遣军需官赴从事农耕的哈萨克人处协助丈量土地（第264—265条）。当局可根据需求发放一次性补贴，支持从事农耕的哈萨克人建造和维修房舍（第120条）。省长还有义务调查要塞线和邻近集镇的农具交易情况，保障农具的供给。哥萨克卫队在赴草原地区之前，应携带铸造工具，以便在当地开设工匠店铺。此外，省公署应该鼓励各区向率先在农垦、养蜂或其他事业方面取得成就的哈萨克人颁奖（第185—187条）。在商贸方面，条例允许商旅免税通过草原地区，且不对商旅与哈萨克人之间的贸易行为征税，以便吸引更多商旅赴草原地区（第193—194条）。条例规定省长每年需亲自或派人到草原地区考察一次，巡视秩序（第267条）。

1822年条例甚至考虑到为接受定居生活方式和俄罗斯教育的哈萨克人打开融入俄罗斯社会的通道。条例规定，在乡社和地方长官允准的情况下，帝国境内的哈萨克人有权赴内地省份谋生。每位哈萨克人均有权申请加入俄罗斯帝国的某一阶层（сословие/soslovie），有权登记注册为某一行会的成员。在转入其他阶层之后，哈萨克人将脱去异族的阶层身份，转而享受、承担相应阶层的权利、义务（第268—271条）。

综上所述，1822年条例尝试以区衙为政策落实的中坚力量，通过鼓励定居农垦、引入医疗教育等社会服务、招徕商旅和为哈萨克人提供融入帝国社会主流的机会等手段，吸引部分游牧人接受定居生活方式，逐步实现帝国对草原地区的整合。

三、1822年条例在草原东路的政策实践

（一）区衙的开设

尽管1822年条例全文通篇以主权者的口吻规定草原东路的政治事务，但事实上，草原东路的第一个外区区衙在条例颁布近两年之后才开设。1824年4月8日，鄂木斯克省下辖的第一个外区正式开设：卡尔卡拉林斯克区（外文名称参见表2-3）完成大苏丹和区衙代表选举。该区实际上由追随中玉兹布凯汗的阿尔根部落（Argyn）下属一些氏族构成，估算规模为2万帐游牧民。俄当局于1815年册封布凯为中玉兹汗，以

制衡瓦里汗的影响力。而在区衙开设之际，下辖各乡和阿吾勒的名录尚未完全清点，边界也并未完成划分①。一部分下辖乡的苏丹没有到场参加此次区衙开设仪式，但以不同形式向俄当局表示接受 1822 年条例。最终当选大苏丹的是托热出身、布凯汗的亲属图尔逊·钦吉索夫（Tursun Chingisov）②。俄当局选派鄂木斯克亚洲学堂的三名学员赴该区担任下辖乡苏丹的书吏。区衙哥萨克卫队由要塞线抽调的 250 名哥萨克组成。卫队首领哥萨克连长卡尔贝舍夫（Karbyshev）兼任区衙俄罗斯代表。

值得注意的是，俄当局明确以位于区衙驻地卡尔卡拉勒（Karkaraly）以东 280 俄里（约 297 公里）的谢米雅尔斯克武装岗哨（форпост Семиярский/Forpost Semiiarskii）作为该区的联络要塞。哥萨克卫队轮流派员维系区衙至谢米雅尔斯克的交通线，通过该地与鄂木斯克维持至少每两周一次的通信频率。区内各乡之间的文书传递劳役由各乡轮流承担。在区衙开设的政令中，省长要求哥萨克携带农具和种子，在区衙周边从事农垦，以免对牧民造成经济负担，并通过发展农业吸引牧人定居。区衙开设之时，区、乡和阿吾勒的划界工作尚未落实。

监督区衙开设的鄂木斯克省公署局长苏明（Sumin）重视新条例落实过程中基层工作的重要性。对区衙内部的俄罗斯官兵，他强调，所有区衙内服役的俄罗斯官员和士兵应该尊重大苏丹、哈萨克代表、乡苏丹以及毕官，"任何不合适的行为都会遭到处分"③。对本地民众，他强调，区衙的哈俄官员应在后续几年时间注重维系传统，避免轻易对哈萨克人动用刑罚，尽力消弭各氏族之间的冲突，预防其违法和犯罪行为。如周边哈萨克牧团或氏族以口头或书面形式请求区衙庇护，应立即上报省督军。

---

① Масевич М.Г. Материалы по истории политического строя Казахстана. Т. 1. Алматы, 1960. С. 112–114.

② 此人之后连续六个任期担任该区大苏丹（1824—1843 年），且其子图列克（Тулек）和谢尔江（Сержан）在 19 世纪中期也出任过该区大苏丹。

③ Масевич М.Г. Материалы по истории политического строя Казахстана. Т. 1. Алматы, 1960. С. 117–118.

1824 年的两份氏族首领与鄂木斯克省督军之间的通信有助于我们理解区衙之外的氏族加入草原统治体制之下的动机。1824 年 8 月 27 日,中玉兹阿尔根部落博詹氏族的苏丹沙玛·阿布赉汗诺夫(Shama Ablaikhanov)致信鄂木斯克,称 1823 年 12 月已经请求西西伯利亚总督允许其氏族到指定地点放牧,并协助解决博詹氏族与奈曼部落下属氏族的牲畜扣押纠纷,但上述请求并未得到答复。信中陈述,阿布赉汗诺夫致力于向氏族内其他首领和牧民宣传加入俄国的优越性,尤其强调俄当局可以保护他们在其控制之下的牧场安全放牧,并获得当局提供的草料,但民众尚不信任[①]。一个月后,俄当局于 1824 年 9 月 28 日热情答复,邀请阿布赉汗诺夫携其氏族首领、毕和其他要人到访卡尔卡拉林斯克区衙;如果阿布赉汗诺夫能劝说其氏族其他首领同意加入卡尔卡拉林斯克区,则俄当局承诺为其民众提供庇护,且阿布赉汗诺夫将被推举为乡苏丹,获得每年 300 银卢布薪金[②]。值得注意的是,此处俄当局承诺提供的薪金额度是 1822 年条例规定编制中乡苏丹薪金(每年 150 银卢布)的两倍。

1825 年 2 月 22 日,苏丹瑟班库勒·汗和卓(Sultan Sybankul Khankhozhin)致信沙皇尼古拉一世。信中提到,1824 年曾有为数 30 人的哥萨克分队抵达他所在的氏族,随行的毛拉将 1822 年条例的部分章节翻译为鞑靼语,向苏丹讲述俄当局的政策。汗和卓提到,首个区衙设立在阿尔根部落牧地,因各部落之间长期存在竞争关系,部分民众担心阿尔根部落得到俄国支持而将侵夺其牧场牲畜。此外,此前曾有俄军至此抢掠牲畜和财物,因此民众并不信任。汗和卓建议俄当局向其氏族派驻一名老成而清廉的官员和 300 名哥萨克,一方面阻止内部的牲畜扣押行为,另一方面也震慑奈曼部喀喇克烈、阿尔特克氏族以及大玉兹乌孙部对其的劫掠行为。同时,他建议俄方在奈曼和乌孙部相关氏族设

① Масевич М.Г. Материалы по истории политического строя Казахстана. Т. 1. Алматы, 1960. С. 122-123.

② Масевич М.Г. Материалы по истории политического строя Казахстана. Т. 1. Алматы, 1960. С. 128-129.

乡，将其纳入统治体系，确保他们不再行劫掠之事。如俄方能实现上述条件，则汗和卓保证将劝说民众加入草原统治体制[①]。

卡尔卡拉林斯克区开设的同月底，1824年4月29日，鄂木斯克省开设第二个外区——科克切塔夫区。科克切塔夫位于伊希姆要塞线上的重镇——彼得罗巴甫洛夫斯克要塞（Petropavlovsk）以南约175公里，为水草条件良好的丘陵地带，当时是中玉兹末代汗瓦里的牧场。该地区的阿尔根部阿特盖和坎杰加勒氏族以及克烈、钦察部落部分首领支持开设区衙。当选的首任大苏丹的是已故中玉兹瓦里汗之子迦拜杜拉（Gabaidulla）。在区衙开设后，可能因不满于汗位被俄单方面废除，迦拜杜拉尝试恢复旧制，意图称汗。但俄当局察觉此事，于卡尔卡拉林斯克区辖境将其扣押。后出身黑骨阶层的吉勒加尔·拜托金（Dzhilgar Baitokin）以及瓦里汗的长孙阿布赉·加巴索夫（Ablai Gabassov）相继担任科克切塔夫区大苏丹[②]。而区衙所需的书吏、译员、作为护卫的哥萨克卫队和最初五年的运行经费均由俄当局提供支持。

表2-3　鄂木斯克省下辖各区列表

区名	俄文名称	拉丁转写	建立日期
外区			
卡尔卡拉林斯克区	Каркаралинский	Karkaralinskii	1824年4月8日
科克切塔夫区	Кокчетавский	Kokchetavskii	1824年4月29日
阿亚古兹区	Аягузский	Ayaguzskii	1831年7月9日
阿克莫林斯克区	Акмолинский	Akmolinskii	1832年5月19日
巴彦阿吾勒区	Баян-аульский	Bayan-aul'skii	1833年3月9日
乌奇布拉克区	Уч-булакский	Uch-bulakskii	1833年3月9日，1838年被撤销

---

① Масевич М.Г. Материалы по истории политического строя Казахстана. Т. 1. Алматы, 1960. C. 129–131.

② Зилгара Байтокаулы // Казахстанская национальная энциклопедия. Т. 2. Алматы, 2005. C. 408–409.

区名	俄文名称	拉丁转写	建立日期
阿曼卡拉盖区	Аманкарагайский（Кушмурунский）	Amankaragaiskii（Kushmurunskii）	1834 年 8 月 11 日，1843 年迁址，易名为库什穆伦区；1859 年撤销
科克佩克特区	Кокпектинский	Kokpektinskii	1844 年
内区			
鄂木斯克区	Омский	Omskii	
彼得罗巴甫洛夫斯克区	Петропавловский	Petropavlovskii	1838 年并入托博尔斯克省
塞米巴拉金斯克区	Семипалатинский	Semipalatinskii	1838 年并入托木斯克省，1854 年建塞米巴拉金斯克省
乌斯季卡缅诺戈尔斯克区	Усть-Каменогорский	Ust'-Kamenogorskii	1838 年并入托木斯克省

19 世纪 30 年代，鄂木斯克省陆续开设阿亚古兹区（1831 年）、阿克莫林斯克区（1832 年）、巴彦阿吾勒区（1833 年）、乌奇布拉克区（1833 年）、阿曼卡拉盖区（1834 年）和科克佩克特区（1844 年）六个区。各区开设时，西西伯利亚总督和鄂木斯克省省长主要关注乡和阿吾勒首领是否参与区衙选举和宣誓效忠仪式、区和乡两级行政单位边界的划分、对牲畜扣押行为的严格限制、对农垦和商贸的支持以及吸引尚未效忠的哈萨克氏族加入俄籍、采纳新管理体制 [1]。

（二）开区仪式与权力关系的构建

在开设区衙的实际过程中，俄当局极为重视通过仪式彰显权力关系。例如，为筹备 1832 年阿克莫林斯克区衙的开设，西西伯利亚总督

---

[1] Правила деятельности Каркаралинского окружного приказа, составленные омским областным начальником. 11 апреля 1824 // Масевич М.Г. Материалы по истории политического строя Казахстана. Т. 1. Алматы, 1960. С. 112–118.

维利亚明诺夫（I. A. Vel'iaminov，1828—1834 年在任）在一封致鄂木斯克省省长的信中写道："选举之后，在区衙成立时要举行仪式，给半野蛮的民众留下深刻印象。"为此总督特批 1 万卢布预算用于采购区衙办公用品、开设仪式物资以及赠送各级首领的礼品，而当年的整个区的公职人员薪资及办公经费总预算仅为 2.1 万卢布 [1]。

　　阿克莫林斯克区衙所在地当时是中玉兹卡尔佩克氏族（Karpyk）苏丹胡代缅金（Kon ur Kul'dzha Kudaimendin）的牧场。胡代缅金正是俄当局认可的该区首任大苏丹。赴阿克莫林斯克的哥萨克卫队司令舒宾上校（F. K. Shubin）[2] 详细报道了该区衙的开设仪式全过程：1832 年 8 月 22 日上午 10 点，仪式以舒宾指挥的阅兵式开始。在三发礼炮之后，军乐队奏乐。俄军官兵全副武装，在毡房前的广场列阵，以排为单位举行阅兵式。第二个环节是由译员诵读 1822 年条例的哈萨克文译本。诵读完毕后，与会乡苏丹和其他具有选举资格的哈萨克人进行大苏丹和区衙哈萨克人代表选举仪式。人选确定后，由毛拉带领与会所有哈萨克人进行礼拜仪式，同时俄军乐队奏军乐。之后，当选的大苏丹和两位区衙哈萨克人代表在毛拉带领下，诵读以俄文起草、附哈萨克文译文的誓词，同时宣誓向沙皇和真主效忠。宣誓结束后，宣誓人在誓词文件上签名或留下个人印章。誓词文件在仪式之后逐级呈送省长、总督及沙皇。接着，先由与会哈萨克人祝福所有当选的哈萨克官员长寿，后俄罗斯官员以俄语重复贺词。卫队鸣炮 31 响，同时朝天鸣枪，高呼"乌拉"三次，复以小号奏乐 [3]。

---

[1]　Масевич М.Г. Материалы по истории политического строя Казахстана. Т. 1. Алматы, 1960. С. 147-148.

[2]　舒宾于 1783 年生于贵族家庭，1796 年开始服军役，最初派驻鄂木斯克要塞；曾参加 1812 年俄法战争，战后返回西伯利亚要塞线任职，参与解决哈萨克氏族间纠纷。1830 年 5 月，他率领一支约 200 人的队伍赴草原开设阿克莫林斯克区衙。队伍中有负责地图测绘的军事人员，沿途搜集行军信息，并择地修筑工事，为开设区衙作准备。

[3]　Масевич М.Г. Материалы по истории политического строя Казахстана. Т. 1. Алматы, 1960. С. 151.

完成宣誓仪式后，俄卫队司令向大苏丹授予绣有区徽的旗帜，竖立于大苏丹毡房顶端。大苏丹与哈萨克人代表在毡房内悬挂沙皇尼古拉一世画像，在帐内放置印有沙皇谕令的三棱柱。之后三人签署以俄文起草、附哈译文的区衙设立文件。同一时间，卫队行进回营，仪式正式结束，转入宴请赠礼环节。俄卫队司令以每人一杯红酒及一俄磅（约409.5克）牛肉的标准设宴招待与会众哈萨克苏丹、毕官和阿吾勒长，并赠送礼物。宴饮间歇，俄方为歌舞和赛马等活动准备奖金，由哈方按习俗自行表演娱乐。仪式和宴请共计三天。哈萨克官民宴后各自返乡①。

　　对比俄当局所设计的区衙开设和大苏丹上任仪式与1738年8月册封小玉兹汗的仪式（参见第一章第五节），可发现一个世纪前后俄国自我认知以及在处理与哈萨克人关系方面的转变。两个时代的仪式均以阅兵式开场，且中间穿插鸣放礼炮等展示现代火器的环节，突出俄军欧式操典和火器的优越性。1738年封汗仪式和1832年开区仪式至少存在以下三方面差异。首先，封汗仪式由奥伦堡省督军或西西伯利亚总督代表俄当局主持，而开区衙仪式则仅由一名俄军上校主持。1822年条例规定，大苏丹被授予俄军少校（相当于八等文官）军衔。因此，主持开区仪式的俄方首领级别相应降低，以示权力关系的转变。其次，开区仪式并不安排军官为大苏丹穿戴礼袍、礼帽和佩戴军刀的环节②，也并未出现欧亚草原游牧首领继位中常见的抬毡仪式③。可能该仪式随俄当局废除中玉兹汗位而被一并废止，抑或部落首领并不将大苏丹视同汗王。封

---

①　Масевич М.Г. Материалы по истории политического строя Казахстана. Т. 1. Алматы，1960. С. 151.

②　［哈］格奥尔吉·瓦西里耶维奇·坎著，中国社会科学院丝绸之路研究所等译：《哈萨克斯坦简史》，北京：中国社会科学出版社，2018年，第132—133页。

③　关于欧亚草原游牧民族首领继位仪式中抬毡环节的讨论，参见罗新：《黑毡上的北魏皇帝》，北京：海豚出版社，2014年，第24—48页；苏北海：《哈萨克族文化史》，乌鲁木齐：新疆大学出版社，1996年，第335—336页。关于哈萨克传统中汗继位仪式的抬毡行为记载，参见［俄］捷连季耶夫著，武汉大学外文系译：《征服中亚史（第一卷）》，北京：商务印书馆，1980年，第105页。

汗仪式中念诵《古兰经》文本的环节也改为"诵读 1822 年条例的哈萨克文译本"以及向沙皇和真主效忠的誓词。可见，开区仪式包含展示俄方优势权力地位的考量。最后，1832 年开区仪式中加入了哈萨克官员签署文件并盖章的环节，包含灌输书面官僚流程观念的考量。除此之外，鸣放礼炮和奏乐、诵读文件、宣誓效忠和宴饮赠礼等环节均延续下来。通过短短几页的报告，后人可充分领会到俄当局在宣示主权和整合土著习俗之间的权衡。

（三）西伯利亚哥萨克军团的重要作用

支持上述新政治关系构建的关键军事力量同样是哥萨克军团。草原东路要塞线体系主要依托西伯利亚哥萨克军团。该军团 18 世纪之前的历史同样模糊不清，据称为叶尔马克征服西伯利亚所率部众的后裔，实际上吸纳了大量来自欧俄地区的逃亡农奴、流放者和迁徙农民。1760年沙皇授权军团自行选举阿塔曼。1808 年，俄当局颁布《西伯利亚要塞线哥萨克军团条例》，以额尔齐斯河、伊希姆河和科雷万－库兹涅茨克要塞线的哥萨克为基础，正式确定其称号为"西伯利亚要塞线哥萨克军团"。军团总部设于鄂木斯克，平时维持 10 个骑兵团和 2 个骑炮连建制（5950 名官兵）；普通哥萨克士兵获得每人 6 俄亩土地、每年6.165 卢布薪资及其他补贴。此后，该军团逐渐参照顿河哥萨克军团进行标准化改革。1813 年，部分俄法战争中被俘的波兰士兵被遣送到西伯利亚，整编入西伯利亚要塞线哥萨克军团，其中一些受过教育的军官被任命为军团新开设鄂木斯克哥萨克军团学堂 ① 的教师。为配合 1822

---

① 该学校于 1826 年更名为西伯利亚要塞线哥萨克军团鄂木斯克学堂（Омское училище Сибирского линейного казачьего войска），1845 年更名为西伯利亚士官武备学校（Сибирский кадетский корпус），1866 年改为西伯利亚武备中学（Сибирская военная гимназия），1882 年恢复西伯利亚士官武备学校（Сибирский кадетский корпус）名称。该机构始终为沙俄时期草原东路最重要的军校。中玉兹瓦里汗后裔、著名军官瓦里汉诺夫父子均曾就读于此处。

年条例落实，军团于 1824 年向卡尔卡拉林斯克区衙移民 50 户哥萨克，兼顾经济和军事职能。1846 年，该军团吸纳大量在西伯利亚要塞线垦殖的农民成为哥萨克。军团男性人口扩张到 3 万人。1849—1851 年间，俄当局迁徙部分奥伦堡和萨拉托夫的农民和哥萨克至西伯利亚要塞线以南的临近区域建立村镇，并将军团常设编制改为 10 个骑兵团和 3 个骑炮连。1853 年，军团成立一个由 200 名退役哥萨克组成的商会，专司草原东路地区的商贸。此后，其第 9 团和第 10 团于 1867 年另行组建为七河哥萨克，成为 19 世纪后半期七河省俄军的骨干力量。

表 2-4　1858 年西伯利亚哥萨克要塞线军团驻防部署

军事单位		总部驻地	防区范围
西伯利亚要塞线哥萨克军团		鄂木斯克市	西伯利亚吉尔吉斯省、托木斯克省南部
第 1 骑兵旅	旅部	科克切塔夫区衙	西伯利亚吉尔吉斯省北部
	第 1 骑兵团	科克切塔夫区衙	科克切塔夫区衙
	第 2 骑兵团	阿特巴萨尔镇	伊希姆河以南至萨雷苏
第 2 骑兵旅	旅部	彼得罗巴甫洛夫斯克	兹维林诺戈洛夫斯克至鄂木斯克的要塞线两侧 10 俄里带
	第 3 骑兵团	普列斯诺夫要塞	
	第 4 骑兵团	彼得罗巴甫洛夫斯克	
	第 5 骑兵团	尼古拉耶夫要塞	
第 3 骑兵旅	旅部	鄂木斯克市	鄂木斯克至谢米亚尔斯克要塞的要塞线两侧 10 俄里带
	第 6 骑兵团	鄂木斯克市	
	第 7 骑兵团	科里亚科夫要塞、巴彦阿吾勒区衙、卡尔卡拉林斯克区衙	
第 4 骑兵旅	旅部	塞米巴拉金斯克	塞米巴拉金斯克省至阿尔泰山北麓矿区

军事单位		总部驻地	防区范围
第4骑兵旅	第8骑兵团	塞米巴拉金斯克	谢米亚尔斯克要塞到布赫塔尔玛要塞
	第9骑兵团	安东涅夫要塞	乌斯季卡缅诺戈尔斯克至库兹涅茨克的要塞线两侧10俄里带
	第10骑兵团	科帕尔要塞	科帕尔至维尔内要塞交通线
西伯利亚要塞线哥萨克军团骑炮旅	第20骑炮连	鄂木斯克市	鄂木斯克
	第21骑炮连	科帕尔要塞	科帕尔要塞
	第22骑炮连	阿克莫林斯克区衙	阿克莫林斯克区衙

　　该军团1858年的驻防部署可以较为清晰地反映俄军在草原东路的战略考量。军团主力仍沿西伯利亚要塞线布防。其第2和第3骑兵旅分列于以鄂木斯克为中心的要塞线两翼。而第1骑兵旅和第20骑炮连负责监视整个西伯利亚吉尔吉斯省（下辖5个外区），其布防重点为科克切塔夫、阿克莫林斯克和阿特巴萨尔三处。各外区区衙另配置哥萨克卫队，形成对于各主要牧场的控制。第4骑兵旅则分布于从阿尔泰山北麓库兹涅茨克至准噶尔阿拉套西侧的广袤地域，其中第10骑兵团和第21骑炮连作为前锋驻扎于1846年构筑的科帕尔要塞，强占当时仍属于清朝的巴尔喀什湖以东以南地区。因此，以要塞线"包围"草原东路是俄军部署的重点，而草原腹地的驻军则相对较少。

　　19世纪中期途经草原东路的俄国军政官员和旅行家从不同角度记述了1822年条例颁布后不到半个世纪时间内该地区的变化。至19世纪60年代，草原东路的省—区—乡—阿吾勒四级行政体制已稳固建立，且区衙会议规模扩展到7人（大苏丹和俄哈各三名代表）。因大苏丹和哈萨克代表大多不识字，三名俄罗斯代表中一人担任常任代表，掌管区衙文书工作。但是，区衙的实际权力因 19 世纪 20 年代至 40 年代频繁的战事而被架空。这一时期，以肯尼萨尔起义为代表的抗俄势力与俄当局的斗争导致军队和大量武装移民进驻草原东路。区衙甚至需要向邻近俄驻军求助以处理凶杀、抢劫和牲畜扣押案件。在司法方面，区衙的司法职能因部落首领不熟悉俄国司法程序而长期未能落实。相比之下，制度化的毕官同时受到哈萨克和哥萨克的欢迎[1]。

在边界管控方面，尽管区和乡的边界尚未稳固，行政体系带来的区域划分观念已经存在。在引导定居方面，阿克莫林斯克（即今哈萨克斯坦首都阿斯塔纳的前身）区衙驻地发展成区域商贸中心，为商人与牧民自发交易的场所。至 19 世纪 60 年代中期，该地一年的货物交易额达到 150 万银卢布[2]。值得注意的是，19 世纪中期到访草原东路的俄军政官员大多抱怨该地区的管理制度尚无力将俄罗斯的器物制度和文化扩展到本地社群，但鲜少有人反映本地统治不够稳固。可见，至 19 世纪 60 年代，俄国的军政力量已经有效控制了草原东路的政治秩序，形成跨地域哈萨克人游牧政权的可能性已经基本排除。以诺夫哥罗德和伊尔比特集市（Irbit）为枢纽的俄国商贸网络也已经渗透到该地。而统治体制中的司法、商贸、文教和社会服务等职能仍相对虚弱。

四、19 世纪上半叶俄国在草原西路建立行政统治的失败尝试

与 19 世纪 20—40 年代草原东路的进展相比，奥伦堡当局在草原西路建立统治的尝试是失败的。在 1822 年条例颁布两年后，时任奥伦堡督军的埃森借鉴其条文制定了《奥伦堡吉尔吉斯人条例》（下文简称 "1824 年条例"），1824 年经俄外交部亚洲委员会批准实行。埃森试图效仿斯佩兰斯基在草原东路的政策，废除小玉兹汗位，并在草原西路设立行政统治机构。奥伦堡当局早在 18 世纪 80 年代便尝试在草原

---

① Гейнс А.К. Собрание литературных трудов. СПб., 1897. С. 109-113.

② Гейнс А.К. Собрание литературных трудов. СПб., 1897. С. 114.

西路废汗设官，但受到法国大革命影响，伊戈利斯特罗姆改革半途而废。1824 年条例继续坚持废除汗位的目标，但在建立草原地区统治制度方面，无论是在条例文本还是政策实践层面，西路都与东路存在显著差别。

在统治机构方面，1824 年条例延续此前惯例，由俄外交部亚洲委员会和奥伦堡省督军协调管理小玉兹部众及接邻中亚地区事务，具体工作由奥伦堡亚洲管理局（1844 年之后改组为奥伦堡边防委员会）负责。该机构最初成立于叶卡捷琳娜二世统治时期，1782—1799 年称为"奥伦堡边防远征军"。奥伦堡亚洲管理局的成员有主席 1 人，谘议（советник/sovetnik）2 人，陪审员（aceccop/asessor）2 人，哈萨克代表 4 人，在西路要塞线经商的布哈拉和希瓦代表 2 人。其成员选任须经外交部批准。亚洲管理局集行政、财税和司法职能于一身，包括同时监管要塞线和草原西路地区政治状况，管理要塞线的国库收入，审理涉及哈萨克人和在要塞线经商的中亚各族的诉讼案件[①]。奥伦堡亚洲管理局下设涅普柳耶夫士官学校，招收小玉兹首领子弟入学，为亚洲管理局培养后备书吏和哈萨克官员。1824 年条例颁布后，小玉兹艾楚瓦克汗之子、末代小玉兹汗希尔加齐（Shergazy）被任命为奥伦堡亚洲管理局委员，每月领取 150 银卢布薪水，实际上被软禁于奥伦堡直至去世。

在奥伦堡亚洲管理局之下，草原西路的管理分为要塞线管理机构和草原管理机构。要塞线根据要塞管辖的范围分为 11 个段（дистанция/distantsiia），每一段由相应的要塞线段司令（校级军官）管辖，负责要塞线的防卫和内部警务。草原西路划分为东、中、西三部（часть/chast'），以及 1801 年从小玉兹迁至乌拉尔河西部的布凯汗帐。每个部由大苏丹（1844 年之后改称"执政苏丹"）领导下的特别委员会管理。

---

① Масевич М.Г. Материалы по истории политического строя Казахстана. Т. 1. Алматы，1960. С. 205–210.

各部下分部落和阿吾勒，分别由部执政（частный правитель/chastnyi pravitel'）和阿吾勒长管辖。1824年条例规定，草原管理机构的所有成员均从哈萨克人中选任。

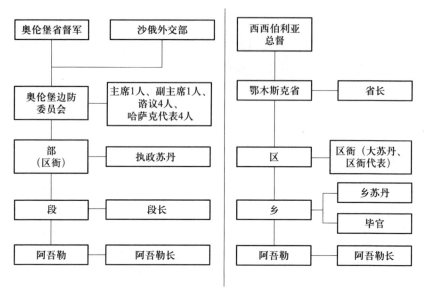

图2-2 19世纪40年代草原东西两路统治机构对比

1844年6月14日，俄国政府又颁布了《奥伦堡哈萨克人管理条例》（Положение об управлении оренбургскими киргизами/Polozhenie ob upravlenii orenburgskimi kirgizami，下文简称"1844年条例"），改进草原西路的管理体制。这个条例的内容与1824年条例相近，旨在强化奥伦堡管理机构和各部首领的权力。1844年条例开宗明义，声明"奥伦堡哈萨克人占据的土地是构成全俄罗斯帝国（Всероссийская империя/Vserossiiskaia imperiia）一部分的特殊省份，处于外交部管理之下"，其主管机构为奥伦堡边防委员会，受外交部和奥伦堡省督军双重管辖。奥伦堡边防委员会由主席1人、副主席1人、谘议4人、哈萨克代表4人组成，下设办公厅。奥伦堡边防委员会内设执行局、民事司法局、刑事司法局和统计局，各由一名谘议担任局长[1]。此外，1844 年条例为边防委员会配备 1 名医务总监、1 名医助（фельдшер/fel'dsher）、10 名由奥伦堡军医院培养的哈萨克医学生、1 名兽医和 1 名兽医助理，旨在借助近代欧洲医疗和公共卫生技术拓展政治影响力。边防委员会下设学校，专设校长 1 人、教师 2 人和伊斯兰法教师 1 人，专门招收哈萨克学童，培养草原管理机构所需要的书吏。与此相关，条例要求边防委员会收集哈萨克人的习惯、风俗和法律，为将习惯编纂为成文法作准备（第 64 条）。

在草原管理机构方面，原先三部的大苏丹更名为"执政苏丹"（султан-правитель/sultan-pravitel'）。奥伦堡省督军为其配备 100—200 人的哥萨克卫队，设立 3 名文员和 5 名差役协助其处理公务，并为其配备 1 名从奥伦堡军医院培养的哈萨克人医助。1844 年条例的一大革新是将 1824 年条例中以要塞线为基础的"段"转变为"部"和"阿吾勒"之间的行政级别，段长（дистаночный начальник/distantochnyi nachal'nik）由哈萨克人而非要塞线俄罗斯军官担任。1844 年条例设立 75 名哈萨克人段长（实际数量约为 50 个），由奥伦堡省督军按照重要性将其分级，安排其薪资和人事任命。因此，"段"的行政层级相当于草原东路的乡，但段长均由上级任命而非推举产生，段内也没有设立专事司法的毕官。与 1822 年条例一样，1844 年条例也没有将阿吾勒长纳入发放薪资的官员序列。

值得注意的是，1824 年和 1844 年条例均规定向西路小玉兹牧民征收三类现金税：每年每牧户 1.5 卢布的帐篷税、向在要塞线务工哈萨克人征收的票照费（плакатный сбор/plakatnyi sbor，每月 15 戈比），以及对过期票照征收的罚金（每月 30 戈比）[2]。而东路 1822 年条例则采取相对符合游牧社会惯例的实物税。

---

① Масевич М.Г. Материалы по истории политического строя Казахстана. Т. 1. Алматы, 1960. С. 216–217.

② Масевич М.Г. Материалы по истории политического строя Казахстана. Т. 1. Алматы, 1960. С. 217, 223.

1824 年和 1844 年条例并未设置独立于行政机构的司法部门。以 1844 年条例为例，边防委员会同时承担审理民事、刑事和行政案件职能，但诸如叛国、谋杀、抢劫和牲畜扣押等案件仍由军事法庭审判。对于轻微违法、案值低于 20 银卢布的盗窃以及案值低于 50 银卢布的诉讼，边防委员会仅接受口头审理，无论双方都是哈萨克人，还是一方为要塞线居民。边防委员会下设 6 名俄罗斯军官担任的监督官（попечитель/popechitel'），协助处理要塞线居民与靠近要塞线活动的哈萨克人之间的案件。其他各类轻微违法，以及案值 50 银卢布以下的诉讼均在土著官员监督下审理[①]。

1824 年条例的实施效果可从 1865 年草原委员会主要成员盖恩斯（A. K. Geins）的考察日记中窥见。盖恩斯记载，尽管小玉兹汗位已经废除，边防委员会下属三部的执政苏丹均从阿布勒海尔汗的后裔中挑选。相较于草原东部，奥伦堡当局对于草原游牧民内部事务的介入程度更低。首先，在行政机构的人事任命方面，仅有执政苏丹的人选在名义上需要经过奥伦堡省督军批准。而部内的行政、警务和司法均由执政苏丹处理。俄当局在草原西部的各支驻军均避免卷入哈萨克人内部事务。盖恩斯评价道，"执政苏丹在自己的部内有着完整的不受控制的权力，实际上可能比已经消失的汗更有权威，因为汗并没有得到俄罗斯的全力支持"[②]。而段长的任命则由执政苏丹上报，一般由各氏族首领充任。其次，在辖境管控方面，各部及下辖各段的地域范围和氏族人群规模均由执政苏丹上报，奥伦堡当局无意核查。再次，在司法方面，各部个人之间及氏族之间的纠纷主要由执政苏丹在夏季巡视期间审理。而氏族内部的纠纷往往由段长调解。草原西部地区毕在处理讼案方面的威望不如执政苏丹。因此，奥伦堡当局并无鄂木斯克当局对东路哈萨克氏族的控制力。

俄当局对草原西部游牧人内部事务介入不深，并不意味着其对西

<hr />

① Масевич М.Г. Материалы по истории политического строя Казахстана. Т. 1. Алматы, 1960. С. 222.

② Гейнс А.К. Собрание литературных трудов. СПб., 1897. С. 134.

路秩序缺乏掌控。例如，西路 19 世纪中期之前最知名的军事行动，即 1839 年佩罗夫斯基远征希瓦尽管以失败告终，但此次行动调集了 5000 人规模的军队，从各氏族征收了 1 万余头骆驼和 2.3 万匹马，且相对安全地在西路行军 6 个月（1839 年 11 月中旬至 1840 年 4 月），实际上反映了俄当局已基本掌握西路地区的政治秩序[①]。

奥伦堡当局 19 世纪上半叶的行政体制改革一定程度上延续了 18 世纪后期伊戈利斯特罗姆改革的政策思路，即以奥伦堡为中心，吸纳小玉兹各部落联盟首领进入当局设立的行政机构，将小玉兹各氏族正式纳入俄国主权管辖之下。对比这一时期俄国在草原东路和西路建立行政统治的实践可见，首先，尽管奥伦堡当局尝试建立部、段和阿吾勒三级哈萨克人行政机构，但并未设置"部"的固定驻地，也并未尝试在部和段之间划分边界，因此难以在纸面的官僚层级之上匹配相应的社会经济政策，发展定居农耕和商业。其次，鄂木斯克当局在草原东路实践了 1822 年条例中设想的基层选举制度。尽管基层选举带来的家族争斗和腐败遭到部分俄国官员诟病，但制度施行本身即反映俄国在东路的政治影响力。最后，基层选举往往意味着俄当局能掌握草原基层社会中的政治派别关系和矛盾，便于以仲裁者的身份分而治之。而草原西路条例中的"任命"实际上是对既有部落和氏族权力格局的认可。上述差异很大程度上与东西两路自然环境的差异有关。草原西路未竟的尝试从反面衬托了 1822 年条例在中亚草原历史上的划时代意义。

结语

随着 1838 年《西伯利亚吉尔吉斯人单独管理的条例》颁布，鄂木斯克省被撤销，改设"西伯利亚吉尔吉斯边防管理局"。19 世纪 40 年代

[①] 此次远征细节为大部分相关主题的著作记载，参见王治来：《中亚通史（近代卷）》，乌鲁木齐：新疆人民出版社，2007 年，第 208—210 页；Morrison, Alexander. *The Russian Conquest of Central Asia: A Study in Imperial Expansion, 1814-1914*. Cambridge University Press, 2020, pp. 83-113。

以后，俄国积极在草原东路向南扩张：1844 年设立科克佩克特区；1846
年，俄军在准噶尔阿拉套西麓构筑科帕尔（Kopal）要塞。在镇压肯尼
萨尔起义之后，俄军于 1854 年南下至外伊犁阿拉套，于阿拉木图河岸
修建维尔内要塞（即今哈萨克斯坦阿拉木图市前身）。同年俄当局颁布
《塞米巴拉金斯克省管理条例》，将草原东路改为西西伯利亚总督区下
辖西伯利亚吉尔吉斯省（Область сибирских киргизов/Oblast' sibirskikh
kirgizov）和塞米巴拉金斯克省。克里米亚战争（1853—1856 年）之后，
俄国向中亚南部大举扩张，至 19 世纪 70 年代末控制锡尔河和阿姆河之
间的大部分农耕地区。1865 年，俄军攻克塔什干城。草原西路和东路的
要塞线至此完成合围，俄当局开始重构中亚地区的统治体制。

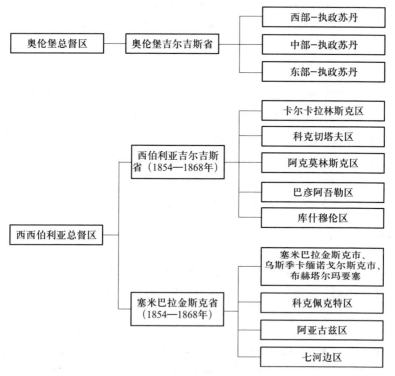

图 2-3　1854 年俄国在草原地区所设行政机构示意

"马上得天下，安能马上治之。"相比外交史和军事史，俄国在中亚地区的制度建设鲜为前人学者关注。在俄国草原统治体制的发展过程中，1822年条例具有奠基性作用。18世纪至19世纪初，俄当局依托要塞线对哈萨克各部因俗而治，即通过封赏首领、索要质子和收取贡赋等形式维持臣属关系。1822年条例将冠以"苏丹"名号的氏族首领转为边疆当局领导下的基层官僚；以区乡和要塞线力量划分疆界，限制越界游牧；通过土地利用、税收、文教和社会保障等政策优待定居人口，削弱游牧传统。上述政策均为防范草原地区形成跨地域游牧政权的手段。而要从根本上消除欧亚大陆历史上大型游牧民政权出现的可能性，彻底在草原上建立以农业和工商业为基础的政治秩序，则须等待新的技术条件和政策措施的引入。

1822年条例所包含的一系列基本原则同样蕴含在1868年《乌拉尔斯克省、图尔盖省、阿克莫林斯克省、塞米巴拉金斯克省临时条例》和1891年《阿克莫林斯克省、塞米巴拉金斯克省、七河省、乌拉尔斯克省和图尔盖省管理条例》之中。19世纪60年代和80年代的新条例将土著政府的层级压缩到乡和阿吾勒两级，以更为细致的条款规定基层政府和毕官的选举流程，以更大力度介入本土习惯规制的民事诉讼领域。配合19世纪欧洲的火器制造、要塞修筑、土地勘测、后勤管理等技术，俄国在短短数十年间将作为"外边疆"的中亚转为"内边疆"。后续章节将进一步探讨19世纪中后期草原统治制度改革，以及草原游牧社会出现的诸多层次变迁。中亚草原的现代性由此随草原统治体制在东路的建立而徐徐展开。

第三章　1868年《草原地区临时管理条例》与相关政策争论考释

　　1865年，以俄军夺取塔什干为标志，草原东西两路的要塞线至此合围。俄当局于同年成立以"草原委员会"为名的跨部门工作组，调研中亚草原和锡尔河流域地区，设计符合这一广袤地域特征的新管理体制。该委员会将中亚地区分为北部草原区和南部农耕区，根据地域特点和民众习惯分别起草条例。1868年颁布的《乌拉尔斯克省、图尔盖省、阿克莫林斯克省、塞米巴拉金斯克省临时条例》[①]（下文中简称"1868年临时条例"或"草原地区临时管理条例"）即由该委员会的草案发展而来。

　　1868年临时条例在以往的中亚近代史叙述中较少受到关注。这是因为传统叙述方式以英俄大博弈为主线，中亚草原在19世纪60年代成为后方，而同一时期俄军在中亚南部的军事行动和与英国在阿富汗问

---

① 条例的俄文名称、来源及全文译文参见"附录二"。

题上的博弈更引人注目①。但研究俄国统治中亚政策的学术著作均会将1868 年临时条例的颁布作为重要的历史节点。例如，在哈萨克斯坦官修五卷本《哈萨克斯坦历史：从远古到当代》中，第三卷专辟一节详细归纳条例内容。该章作者将 1868 年临时条例视为 19 世纪后半期俄国强化对中亚草原统治的重要改革，并将条例的政策意图归纳为重组统治机构、强化税收能力、牧场强制国有化和推广俄国法律等七个方面②。当代哈萨克斯坦史学界以上述观点为圭臬，将 1868 年临时条例视为继1822 年条例之后俄当局对草原地区统治体制的第二次改革③。在英文学界，皮尔斯（Richard Pierce）和奥尔科特（Martha Olcott）等作者均注意到了该条例的重要性。在 21 世纪初，以马丁（Virginia Martin）为代表的欧美学者借助哈俄两国档案文献，对该条例的落实情况进行较为深入的考察，强调该条例对 19 世纪后半期草原地区土地利用观念和法律实践产生了深刻影响④。我国学者同样对这一条例有所关注。孟楠在《俄国统治中亚政策研究》一书中概述了这一条例的文本内容，但并未详述条例起草的历史背景及对草原游牧社会的影响⑤。蓝琪在《论沙俄在中亚

---

① 例如，作为沙俄时期最重要的官修战史，捷连季耶夫的《征服中亚史》完全没有描述 19 世纪 60 年代之后中亚草原的统治制度改革。这可能是因为捷连季耶夫主要关注前线的军事行动和沙俄与英帝国的地缘政治博弈。受俄文和英文文献问题意识的影响，王治来先生所著《中亚通史（近代卷）》同样以俄英双方的军事和外交活动为重点，仅全书最后一节关注 19 世纪末沙俄在中亚的统治政策，参见 Терентьев М. А. История завоевания средней Азии. Т. 1-3, СПб., 1903-1906；王治来：《中亚通史（近代卷）》，北京：人民出版社，2010 年，第 391—412 页。

② Абылхожин Ж. Б. ред. История Казахстана：с древнейших времен до наших дней. Т. 3, Алматы，2010. С. 447-450.

③ 例如 Кан Г. Б. История Казахстана：учебник. Алматы，2011. С. 126-130。

④ Pierce, Richard A. *Russian Central Asia, 1867-1917: a Study in Colonial Rule*. Berkeley：University of California Press，1960，pp. 46-48；Olcott，Martha B. *The Kazakhs*. Stanford：Hoover Institute Press，1995，pp. 77-78；Martin，Virginia. *Law and Custom in the Steppe: the Kazakhs of the Middle Horde and Russian Colonialism in the Nineteenth Century*. Richmond：Curzon，2001，pp. 47-54.

⑤ 孟楠：《俄国统治中亚政策研究》，乌鲁木齐：新疆大学出版社，2000 年，第 74—78 页。

的统治》一文中提及该条例对于 1822 年以来俄国统治体制的改革，强调新统治体制对地方贵族政治权力的剥夺 [1]。

1868 年临时条例首次将此前长期分别由鄂木斯克和奥伦堡控制的草原东西两路纳入同一行政和法律框架内。尽管此后数十年间整个草原地区仍划分为四个省份，在军事和行政上由西西伯利亚总督区和奥伦堡总督区分别管辖，但各省自此被纳入同一管理条例之下。本章将分析该条例出台的背景、制定的过程和条文内容，解读条例所试图建立的秩序以及俄军政官员围绕"文明秩序"展开的政策辩论。

一、19 世纪上半叶俄国在草原地区的扩张与部落精英的分化

1824 年卡尔卡拉林斯克和科克切塔夫外区相继开设后，草原东路的各氏族首领面临是否要支持草原统治体制的抉择。而在以卡瑟姆苏丹为代表的汗裔家族选择武装起义后，草原东路的各部落在战争的压力下迅速分化。俄军也在镇压起义的过程中逐步深入草原腹地。1822 年条例颁布后，鄂木斯克当局选派熟谙草原事务的要塞线军官率队赴邻近草场，劝诱哈萨克氏族加入草原统治体制。部分首领希冀从俄当局获得权力和财富，部分氏族则期望解决与邻近氏族之间的牲畜扣押积案，获得稳定牧场，故而相继接受鄂木斯克当局的安排。

与此相反，在最初两个区衙设立后（1824 年 4 月），哈萨克社会内部很快出现反对俄当局强行废除汗位和干预游牧社会内部事务的声音。1825 年 6 月 24 日，卡瑟姆苏丹（Касым Аблайханов/Kasym Ablaikhanov）致信奥伦堡省督军 [2]，要求俄方关闭科克切塔夫区衙。卡瑟姆苏丹在信中痛斥西西伯利亚总督卡普采维奇（1822—1828 年在任）

---

[1] 蓝琪：《论沙俄在中亚的统治》，《贵州师范大学学报》2016 年第 1 期，第 78 页。

[2] 原文如此，可能是卡瑟姆苏丹获得联络奥伦堡省督军的渠道。实际上科克切塔夫外区由西西伯利亚总督和鄂木斯克省管辖。卡瑟姆苏丹的信也由奥伦堡省督军转送至鄂木斯克省。参见 Масевич М.Г. Материалы по истории политического строя Казахстана. Т. 1. Алматы, 1960. C. 137。

强迫苏丹和阿吾勒长在科克切塔夫集会。他声称："那些效忠于阿布赉汗的人断然不会要求设立这样的司法机构。"[1] 可能是出于对现实力量对比的认识,卡瑟姆一方面要求俄方远离"阿布赉汗的部众",允许他们按照自己的习俗生活;另一方面则声明他并不反对沙皇,甚至"准备以自己的力量为其服务,这对于双方而言都是有益的",只是反对俄方在草原上设立统治机构。然而,鄂木斯克省公署认为卡瑟姆苏丹的政治影响力有限,并没有邀请其参加区衙开设仪式,也没有理会他的请求[2]。

从事后视角来看,鄂木斯克当局低估了卡瑟姆家族的影响力及其反抗俄国的决心。卡瑟姆是 18 世纪中后期中玉兹实权首领阿布赉汗的子嗣。其子萨尔江(Саржан/Sarzhan)和肯尼萨尔(Кенесары/Kenesary)先后成为草原东路的抗俄运动领袖。1826 年 8 月,萨尔江率领部分不满于草原统治体制的部众进攻卡尔卡拉林斯克区衙,并袭击了支持俄当局的阿吾勒。但在俄军的守备下,军力有限的萨尔江始终未能攻克区衙。为躲避俄军的锋芒,萨尔江被迫南下,向当时扩张至外伊犁阿拉套北麓的浩罕汗国求援。然而,因忌惮萨尔江对大玉兹哈萨克人潜在的影响力,臣属于浩罕的塔什干伯克在 1836 年暗害萨尔江及其子嗣。肯尼萨尔于此役中生还,在 1837 年以后替代其兄萨尔江成为起义军首领[3]。

在肯尼萨尔领导期间,哈萨克三玉兹均有部分氏族参与到起义军中。1838 年 5 月,肯尼萨尔选择进攻阿克莫林斯克区衙,但未能攻陷其要塞。后转战至图尔盖河流域,与同时期草原西路的伊萨泰·泰马诺夫和勇士卓拉曼两支起义军取得联系。1841 年,因受到奥伦堡和鄂木斯克两侧俄军挤压,肯尼萨尔南迁至锡尔河流域,驱逐统治该地区的浩罕势力,试图争取该地区的各氏族支持。1843 年,俄当局派遣由

① Масевич М.Г. Материалы по истории политического строя Казахстана. Т. 1. Алматы, 1960. С. 137.

② Масевич М.Г. Материалы по истории политического строя Казахстана. Т. 1. Алматы, 1960. С. 140-141.

③ Бекмаханов Е.В. Казахстан в 20-40 годы XIX века. Алма-Ата, 1992. С.206-207.

俄军和亲俄氏族首领率领的联合军队进攻肯尼萨尔起义军，最终未果。1846年，鄂木斯克当局派军深入巴尔喀什湖地区修筑要塞，迫使肯尼萨尔继续南下。在联络楚河流域吉尔吉斯人时，肯尼萨尔在行军途中遭到吉尔吉斯氏族首领（马纳普）伏击而死亡。以奥尔曼（Orman）和江泰（Dzhantai）为代表的马纳普将其首级送至鄂木斯克，并获得俄当局封赏。

在19世纪20—40年代卡瑟姆家族率众与俄军对抗期间，草原西路同样爆发了规模较大的起义。不同于东路，西路的起义主要由黑骨（平民阶层）首领领导。俄军沿乌拉尔河左岸支流伊列克河（Ilek）修建新伊列克要塞线，侵占小玉兹塔本（Tabyn）氏族牧地。19世纪20年代初，塔本氏族首领卓拉曼·特列奇耶夫（Zholaman Tlechiev）曾致信奥伦堡省督军埃森抗议。然而，奥伦堡当局和末代小玉兹汗希尔加齐均认为不必理会。1823年秋，卓拉曼率领塔本和塔玛（Tama）氏族进攻要塞线，袭击俄国商旅。起义延续至19世纪30年代初，后逐渐衰落。

1836年初，伊萨泰·泰马诺夫（Isatai Taimanov）和马哈姆别特·乌捷米索夫（Makhambet Utemisov）在乌拉尔河以西的内帐领地发动起义，反对布凯汗家族及各部落贵族对牧场的控制和对民众畜产的剥削。1836年10月，伊萨泰起义军围困内帐汗杨吉尔的汗帐，但被俄军解围。伊萨泰被迫率众转移至乌拉尔河以东，最终于1838年夏牺牲。

上述三场抗俄运动较多受到20世纪哈萨克斯坦历史学者的关注。值得注意的是，在这场关于草原游牧社会前途的斗争中，俄当局同样投入大量资源，以官阶、财货、荣誉和世袭地位等条件扶持了一批来自不同阶层的哈萨克精英。这一人群中首屈一指的便是东路各区衙大苏丹和西路的执政苏丹。卡尔卡拉林斯克区的首任大苏丹图尔逊·钦吉索夫（1824—1845年、1861—1862年在任）、科克切塔夫区的次任大苏丹吉勒加尔·拜托金（1824—1826年、1838—1841年在任）、阿克莫林斯克区的首任大苏丹胡代缅金（1832—1842年、1845—1849年在任）、巴彦阿吾勒区的首任大苏丹绍尔曼毕（1833—1837年在任）以及阿曼卡拉盖区的首任大苏丹钦吉斯·瓦里汉诺夫（1834—1853 年在任）均为各自外区创立的核心人物，也是俄当局维系这些机构运作的主要支持力量。其家族成员均在本区担任区衙哈萨克代表、乡苏丹或毕等官职。值得注意的是，上述五位中有两位为黑骨出身，在俄当局的支持下获得了与传统哈萨克社会中白骨阶层相当的政治经济地位。

表 3-1   19 世纪 20—60 年代草原东路各区衙主要大苏丹信息

人物名称	俄文文献所见名称	拉丁转写	历任草原统治体制职务	家族背景
图尔逊·钦吉索夫	Турсун Чингисов	Tursun Chingisov	卡尔卡拉林斯克区大苏丹（1824—1845 年、1861—1862 年在任）	托热，中玉兹布凯汗子嗣
吉勒加尔·拜托金	Джилгар Байтокин	Dzhilgar Baitokin	科克切塔夫区的大苏丹（1824—1826 年、1838—1841 年在任）	黑骨，阿特盖氏族首领
科努尔库尔扎·胡代缅金	Конур Кульджа Худаймендин	Konur Kul'dzha Khudaimendin	阿克莫林斯克区的大苏丹（1832—1842 年、1845—1849 年在任）	托热，中玉兹伊希姆汗后裔
绍尔曼毕	Шорман Би	Shorman Bi	巴彦阿吾勒区的大苏丹（1833—1837 年在任）	黑骨，卡尔扎斯氏族首领
钦吉斯·瓦里汉诺夫	Чингис Валиханов	Chingis Valikhanov	阿曼卡拉盖区（1844 年更名为库什木伦区）大苏丹（1834—1853 年在任）；科克切塔夫区大苏丹（1857—1868 年在任）	托热，中玉兹瓦里汗子嗣

上述五人中，钦吉斯·瓦里汉诺夫和胡代缅金的政治道路抉择与卡瑟姆家族形成鲜明对比。钦吉斯·瓦里汉诺夫（Chingis Valikhanov，生卒1811—1895年）为中玉兹瓦里汗之子，阿布赉汗之孙，与萨尔江和肯尼萨尔为同族同辈（参见图3-1）。钦吉斯在母亲艾加内姆的努力下被送入鄂木斯克武备中学学习，成为当时极少数接受俄式军事教育的哈萨克贵族。毕业后，他获得俄陆军少校军衔，在俄当局支持下被选举为新开设的阿曼卡拉盖区大苏丹，任职近20年（1834—1853年）。1857年，他受派遣当选科克切塔夫区大苏丹。1868年临时管理条例颁布后，各区改为由俄军官出任长官的"县"，故钦吉斯以上校军衔退役。钦吉斯熟练掌握俄语，与当时在鄂木斯克的俄罗斯军官和流放至此的知识分子交好，并为帝俄地理学会西西伯利亚分会在草原地区的考察提供支持[1]。

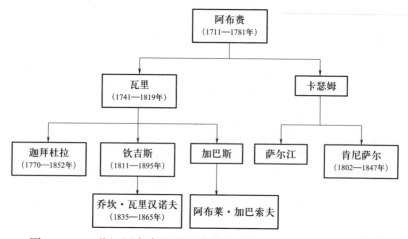

图3-1　19世纪阿布赉汗后裔中部分有影响力成员的家族系谱

科努尔库尔扎·胡代缅金（Konur Kul'dzha Khudaimendin）是另一位积极支持草原统治体制的哈萨克贵族。胡代缅金出生于1794年，为18世纪初中玉兹汗王塞梅克汗后裔。1830年俄当局准备开设阿克莫林

---

①　Валиханов Ч.Ч. Собрание сочинений Т. 5. Алматы，1985. С. 41-43.

斯克区衙^①时，胡代缅金曾在劝说该地区氏族加入方面起到重要作用。阿克莫林斯克区衙位于科克切塔夫区衙以南约275公里，位于彼得罗巴甫洛夫斯克要塞以南约440公里。该地南临伊希姆河，为自彼得罗巴甫洛夫斯克要塞出发前往河中农耕区商旅的必经渡口。此地对于俄军控制伊希姆河和努拉河流域、进一步深入草原腹地有着重要的战略价值。因此，胡代缅金在俄方全力支持下当选为阿克莫林斯克区衙首任大苏丹。该区衙开设后不到一年，俄当局于1833年4月2日擢升其为陆军中校。1834年，他被推选为觐见沙皇的哈萨克人代表，获沙皇所颁金质奖章、荣誉长袍和相当于大苏丹四年薪俸的5000银卢布赏金。根据1822年条例规定，哈萨克人在出任大苏丹三个任期之后才有权向俄当局申请贵族身份。但在1836年，胡代缅金在出任大苏丹仅一个任期后，就被俄当局破例授予永久世袭贵族地位。1840年，连续出任大苏丹八年的胡代缅金被擢升为陆军上校。这是19世纪中期俄当局向哈萨克人所授予的最高级别军衔。1842年，他短暂卸任大苏丹一职，后于1845年再度出任，直至1849年退役。胡代缅金的8个儿子和4个兄弟均出任区内各级哈萨克官吏，先后受到俄当局嘉奖。由此可见，胡代缅金堪称19世纪30—40年代俄国树立的哈萨克官员样板。

俄当局对胡代缅金的待遇有其特殊的历史语境。阿克莫林斯克区衙开设之际正逢卡瑟姆家族抗俄运动的高潮。该地区以南以西皆为人烟稀少且水草条件较为恶劣的荒漠地区，以东以北则已经为俄当局所控制。故俄军如能坚守阿克莫林斯克，则意味着俄当局的势力能从要塞线向草原腹地延伸400公里以上，进而基本掌控巴尔喀什湖以北草原东路的主要氏族。萨尔江和肯尼萨尔同样理解阿克莫林斯克的战略价值。1836年，肯尼萨尔率军袭击该区辖境内支持俄国的阿吾勒。同年冬季，该区遭受严重的风雪灾，氏族生计面临困难。在胡代缅金的组织和协调下，肯尼萨尔未能对阿克莫林斯克区造成实质性打击。1837年，俄当

---

① 阿克莫林斯克区衙位于今哈萨克斯坦首都阿斯塔纳市。

局斥资修筑从科克切塔夫区衙至阿克莫林斯克区衙的简易要塞线，每25—30俄里修建一个容纳9名哥萨克的防御工事，维系阿克莫林斯克与鄂木斯克之间的联系。1839年，俄当局再斥资为区衙修筑要塞，并于次年派遣西伯利亚要塞线步兵第二营进驻守备。1841年末，肯尼萨尔率军围攻阿克莫林斯克区衙和周边牧场，整个外区陷入战乱。但在俄当局的支持下，胡代缅金艰难维持局面。肯尼萨尔在久攻未果之后，被迫转向图尔盖河流域寻找生存空间；此后南下至锡尔河和七河流域，再难动摇俄国在草原东路的统治。可见，胡代缅金对于将抗俄运动边缘化、稳固俄国的草原统治体制而言至关重要。1865年，作为草原委员会成员造访阿克莫林斯克区衙的盖恩斯（A. K. Geins）称胡代缅金为草原上最有影响力的人之一[①]。

从中玉兹托热阶层内部视角来看，瓦里汉诺夫家族与卡瑟莫夫家族的分歧是其父辈作为阿布赉汗子嗣内部竞争的延续，而胡代缅金与卡瑟莫夫兄弟的竞争一定程度上映照了其先祖塞梅克与阿布赉的关系。在没有外部势力介入的情况下，此类竞争主要表现为托热阶层成员拉拢氏族争夺汗位和牧地。到19世纪中期，在俄国已然借助欧洲近代军事技术、法权观念和长期培养的人力资源深入草原腹地时，哈萨克贵族之间的竞争出现了新的形式，也被后世历史编纂者赋予了帝国主义、殖民主义和民族主义等现代政治语境下的诸多政治意涵。

二、1865年草原委员会与"文明秩序"观念下的统治体制改革

1865年切尔尼亚耶夫（M. G. Cherniaev，生卒1828—1898年）攻占奇姆肯特之后，俄外交大臣哥尔查科夫（A. M. Gorchakov，1856—1882年在任）一度以新增"文明秩序"为论点，向欧洲列强阐述俄国在中亚的政策目标[②]。"哥尔查科夫通告"以同时期欧洲列强熟谙的"文

---

① Гейнс А.К. Собрание литературных трудов. СПб., 1897. С. 115.

② 王治来：《中亚通史（近代卷）》，乌鲁木齐：新疆人民出版社，2007年，第246—251页。

明等级论"来诠释俄国扩张的正当性①。俄国在中亚的扩张与欧俄地区的大改革在时段上大致重合。这意味着俄当局在研究建立边区统治体制时不可避免会受到大改革时代政治思潮的影响,而文明秩序正是其中最为重要的话语之一。

(一)亚历山大二世改革背景下的草原委员会

19世纪60年代亚历山大二世改革是俄罗斯史研究中最受关注的议题之一。克里米亚战争(1853—1856年)失败后,俄军政高层在不触动君主制的前提下开启涵盖农奴制、军制、司法和城市管理等领域的全方位改革。农奴制改革旨在将地主与农奴之间的封建生产关系以赎买方式改造,推动农奴转变为自耕农、手工业者和工人;军事改革旨在将军队的招募方式、服役期限、训练、军官培养等领域理性化,组织更为专业的常备军;国家财政制度改革试图将财权集中,加强对部门和地方的审计,并将以工商业作为国家财政优先支持的对象;地方自治局改革、城市自治改革和司法改革均旨在嫁接欧洲的地方自治和司法制度②。

这些具体措施均以建立所谓"文明秩序"为理念。文明秩序(гражданственность/ grazhdanstvennost')、或译为"公民性",在18—19世纪俄语语境下有多重含义。19世纪80年代出版的达利词典将该词释为"公民(或市民)社会的条件;构建公民社会所必需的理解能力和受教育水平"③。这一概念与18世纪中期法国知识界兴起的"文明"概念直接相关。在建构以古典城邦为理想的共同体层面,文明秩序强调公民个体对于共同财产(拉丁文:res publica)的关切,由此衍生互惠互利的公民精神。叶卡捷琳娜二世执政时期(1762—1796年),

---

① 关于"文明等级论",参见刘禾主编:《世界秩序与文明等级》,北京:生活·读书·新知三联书店,2016年。

② 参见孙成木、刘祖熙、李建:《俄国通史简编(下册)》,北京:人民出版社,1986年,第115—126,第146—153页。

③ Даль И. Толковый словарь живого великорусского языка. СПб., 1880. С. 390.

"文明"观念及其内在的对世界秩序的理解逐渐传入俄国。法国大革命后，一部分俄国知识分子利用文明话语批判君主专制，强调建立以公民精神为基础、公民广泛参与治理的政治共同体。沙皇亚历山大二世上台后，上层官僚普遍接受这一观念，强调以基层自治培育个体公民精神、以工商业为主要生产方式、以司法行政分立和司法专业化保障个人权利、以统一产权制度促进全国市场形成。19世纪60年代开启的农奴制改革、地方自治改革和司法改革均在不同程度上反映上述观念[1]。

上述观念同样影响着改革者们对新征服边区统治体制的构想。前人以欧俄地区为中心的研究视角往往忽视大改革时代发生在中亚地区的制度改革。但不同于共同体内部语境下的"文明秩序"，当涉及"欧洲"以外人群时，这一概念则逐渐衍生出传播甚至强迫其他人群接受秩序的意涵。在同时期的自然史、地理学和人类学等近代知识门类的影响下，文明秩序与工商业生产方式及定居、城市生活方式相结合，被视为社会发展的先进形态；与之相对，以渔猎和游牧等生产方式为基础的家族、氏族和部落则被视为"野蛮"和"落后"[2]。在大改革时代背景下，是否应该以文明秩序为圭臬重新组织南部边疆人群生活方式，成为1868年临时条例起草者们思考的关键问题。

1865年俄军征服塔什干后，军事改革的发起者、时任陆军大臣米留金（D. A. Miliutin）推动成立跨部门机构"草原委员会"（1865—1868年间存在），调研草原东西两路的自然地理、居民生产方式、生活习惯、风俗信仰和现行统治制度，并负责起草新的管理条例。该委员会最初由陆军部、内务部、奥伦堡总督区、西西伯利亚总督区各派出一名代表组成。其主席为内务部代表吉尔斯。此外，代表陆军部的参谋总部上校盖

---

① Dov Yaroshevski, "Empire and Citizenship," in Daniel Brower and Edward J. Lazzerini ed., *Russia's Orient: Imperial Borderlands and People, 1800-1917*, Bloomington: Indiana University Press, 1997, pp. 69-70.

② 梁展：《文明、理性与种族改良：一个大同世界的构想》，载刘禾主编：《世界秩序与文明等级》，北京：生活·读书·新知三联书店，2016年，第104—118页。

恩斯、代表奥伦堡总督区的古特科夫斯基少将、代表西西伯利亚总督区的参谋总部上尉普罗岑科作为委员会成员。值得注意的是，草原委员会的成员中并无外交部的代表，而19世纪中期以前，草原西路长期由外交部和奥伦堡省督军双重管理。由此可见，自草原委员会组建开始，中亚草原已不再被视为"域外"，而是被作为内部边疆地区进行制度设计。

表 3-2　草原委员会的主要成员信息

姓氏	俄文名称	拉丁转写	生卒年份	代表机构
吉尔斯	Ф. К. Гирс	F. K. Girs	1824—1891 年	内务部
盖恩斯	А. К. Гейнс	A. K. Geins	1834—1892 年	陆军部
古特科夫斯基	К. К. Гутковский	K. K. Gutkovskii	1815—1867 年	西西伯利亚总督区
普罗岑科	А. П. Проценко	A. P. Protsenko	1836—？	西西伯利亚总督区
丹杰维利	В. Д. Дандевиль	V. D. Dandevil'	1826—1907 年	奥伦堡总督区
梅尔	Л. Л. Мейер	L. L. Meier	—	奥伦堡总督区
巴留泽克	Л. Ф. Балюзек	L. F. Baliuzek	1822—1879 年	陆军部

上述成员中，出身贵族的吉尔斯尽管并非最为年长（生卒1824—1891年），但代表内务部主持管理条例改革事务。古特科夫斯基（生卒1815—1867年）年岁较长，与陆军大臣米留金（生卒1816—1912年）为同辈人。他自1838年起在西西伯利亚军团参谋部服役，长期处理与草原东路哈萨克人相关事务，曾担任西伯利亚吉尔吉斯省公署主席、塞米巴拉金斯克省督军助理等职。盖恩斯和普罗岑科为年轻一代军官。盖恩斯（生卒1834—1892年）同样出身贵族，在军校毕业后不久即参加克里米亚战争，曾在塞瓦斯托波尔围城战中负伤，后进入总参学院进修，成为俄军参谋总部培养的学者型官员。普罗岑科（生于1836年）在委员会中资历最浅，1864年才赴西西伯利亚军参谋部任职。四名委员中，除吉

尔斯为高级文官外，其余三人均为军官，且三人在不同时期均就学于总参学院，与当时米留金领导下的参谋总部有着密切的联系。

组织跨部门委员会对某一地区或具体问题进行集中考察、后制定相关条例是俄国在 19 世纪常见的制定改革方案的方式。在中亚地区，除了 1865—1867 年的草原委员会以外，俄当局还组织过两次类似的专员考察：1882 年的吉尔斯考察团和 1906—1908 年的帕伦伯爵（K. K. Palen，生卒 1861—1923 年）考察团。19 世纪俄国幅员辽阔，官僚层级较多，交通通信水平相较西欧国家落后。因此改革措施往往寄希望于当局信任的专员在进行深度调查之后、短时间内完成文件起草和部门审批工作。

草原委员会成员首先聚集于彼得堡，制定考察计划和行程。该委员会成立首年的经费预算达到 1.7 万卢布。1865 年 6 月下旬，委员会从彼得堡出发前往鄂木斯克。首年的行程从对鄂木斯克军政官员的访谈开始。之后，委员会成员们溯额尔齐斯河而上考察草原东路，入冬后返回鄂木斯克，部分成员则远赴彼得堡过冬。首年考察行程长达 6000 余俄里。1866 年春，委员会赴奥伦堡，以该处为起点，沿草原西路南下至锡尔河流域中游。1867 年春，委员会的考察工作基本完成。

草原委员会考察期间，锡尔河以南前线的俄军进一步侵吞布哈拉埃米尔国领土，扩大了南部的疆域。此外，委员会成员的构成在同年经历变更：古特科夫斯基少将于 1867 年去世；承担大量文书和条例编纂工作的盖恩斯受邀赴塔什干辅佐前线司令考夫曼（K. P. fon-Kaufman），负责组建新征服地区的行政机关。因此，奥伦堡总督任命当时在锡尔河地区调研建设关税系统的丹杰维利少将和草原问题专家梅尔上校接替古特科夫斯基。陆军部则任命时任奥伦堡吉尔吉斯省督军的巴留泽克少将替换盖恩斯[①]。概言之，1867 年春之后，草原委员会的人员构成由原先的四人变为五人，人员的任职经历和知识结构从原先的侧重于草原东路改为

---

① 巴留泽克（Л.Ф. Баллюзек，生卒 1822—1879 年）曾于 1861—1863 年出任俄国驻华公使，1865 年起担任奥伦堡吉尔吉斯省督军。

西路。

在结束工作后,草原委员会的部分成员成为草原地区新设立省份的主政官员:巴留泽克出任新设立的图尔盖省督军,负责依照新条例建设该地区的军政统治体系。盖恩斯于 1878 年接替巴留泽克担任第二任图尔盖省督军。普罗岑科于 1878—1883 年担任塞米巴拉金斯克省督军,后调至图尔盖省任该省第四任省督军。由此可见,草原委员会对于 19世纪 60—80 年代草原统治体制和政策有着深刻的影响。

(二)草原委员会对 19 世纪中期以前草原统治体制的评价

从调研报告来看,草原委员会有着与 1822 年条例设计者截然不同的问题意识和评价标准。草原委员会的基本观点是,整个中亚草原,除咸海西岸的乌斯特尤尔特高原以外,均已成为俄国的"内地",因此应以全国统一的行政和司法制度改造草原地区制度,使草原地区居民与俄罗斯人"接近"(сближение/sblizhenie),促进游牧社会"公民性"的增长,推动哈萨克人适应"文明秩序"。

草原委员会成员们并不尝试理解半个世纪前俄当局在草原地区面临的挑战以及东西两路统治体制的政治经济基础,而片面强调此前的统治政策未能推动草原地区融入俄罗斯。19 世纪初,俄当局将中亚草原视为"外边疆",将对草原地区的政策与对希瓦汗国等周边政权的外交等量齐观。而在 19 世纪 60 年代,草原委员会则已然将中亚草原视为"内边疆",以当时欧洲的政治观念批判该地区的政治状况。如果说 19世纪 20 年代俄当局的政策目标是通过拉拢部落精英,将军政力量拓展到草原腹地、解决长期以来难以深入草原的困难,那么草原委员会的目标则是将哈萨克各部纳入整齐划一的行政司法体制。而这种整齐划一的文明秩序正是 19 世纪 60 年代俄国资产阶级改革所营造的想象。

具体而言,草原委员会指出了以下体制弊病:首先,在行政区划方面,旧体制以鄂木斯克和奥伦堡统治东西两路的格局在 19 世纪 60 年代已然不合时宜。第一,两城下辖地域南北长度超过 1000 公里,难以建立有效的行政管理体系。例如，草原西路南部与奥伦堡距离遥远，从奥伦堡发出的政令须通过乌拉尔哥萨克军团才能传递到里海北岸和东岸。奥伦堡省的军政高层也很少深入草原考察。第二，西路南部与希瓦汗国接壤，难以从奥伦堡有效管控。该地区哈萨克人经常逃入乌斯特尤尔特高原以逃避奥伦堡当局征税。第三，东西两路地方化的统治实践被认为不利于制度的统一和"文明秩序"的形成。草原东西两路哈萨克游牧民的生产方式和生活习惯基本相同，而将两路以不同的统治体制来管理，不利于草原地区与"内地"制度接轨①。

其次，草原委员会批评旧制度存在的权力条块分割格局不利于当局赢取民心，促进俄哈两族亲近。这一问题的具体表现有四方面。

第一，东西两路废汗的措施旨在削弱哈萨克传统贵族权威，但西路的执政苏丹在哥萨克卫队支持下大多专横跋扈、滥用职权，实际权力更胜于此前的小玉兹汗，故而不利于当局与民众的沟通。

第二，草原委员会尽管肯定了草原东路所实行选举制度在削弱传统氏族首领地位方面的作用，也认可毕官在调解基层争讼方面的意义，但认为区衙和大苏丹的存在不利于行政效率的提高，也不利于未来俄罗斯移民进驻。因为俄罗斯人的司法案件不应该由不识字、不掌握俄罗斯法律的大苏丹领导的区衙管辖。

第三，1822年条例之下东路乡苏丹和阿吾勒长的选举规定不利于选举出受民众欢迎的人选。乡苏丹的候选人实际上非富即贵：或是苏丹血统出身，或具备俄国军政官衔，或拥有大量牲畜财产。而在区衙建立后，乡长逐渐具备诸多影响阿吾勒长选举的手段，使阿吾勒长往往成为乡长的附庸，而无须得到民众的支持。

第四，旧体制的东西两路各自将哈萨克人与哥萨克人置于不同的司法管辖机构下，仅在奥伦堡和鄂木斯克省层面协调。这不利于两

---

① Масевич М. Г. Материалы по истории политического строя Казахстана. Т. 1, Алматы, 1960. C. 264–265.

类人群之间的交流和纠纷的及时解决，导致人群之间的疏离和俄当局的不信任。在这一问题上，草原委员会认识到俄罗斯法庭的司法程序过于烦琐，不易得到哈萨克民众信任，故建议在保留哈萨克民间法庭的基础上引入俄罗斯普通法庭，并引导哈萨克人向普通法庭寻求司法支持。

再次，至 19 世纪中期，草原东西两路已然形成由国家税收和地方劳役构成的税制。东路征收实物税（yasak），西路征收现金形式的帐篷税和票照费（плакатный сбор/plakatnyi sbor），两路地方均存在用于本地的摊派和劳役。受限于俄当局的监管能力，东西两路均无法确知下辖帐篷和牲畜数目，因此一般默认哈萨克官员呈交税收数目为准确。而区和段以下的哈萨克官员往往与氏族中的富裕牧户勾结，瞒报牲畜数量，且将税赋转移到贫穷牧户身上。俄当局仅为乡长提供数百卢布年薪，阿吾勒长则完全没有薪资。这为两级主官中饱私囊和滥用职权提供了可乘之机。

最后，草原委员会认为，旧体制在向哈萨克人传播俄罗斯教育上鲜有作为。草原委员会认为，教育对于提升哈萨克人的"文明观念"至关重要，是具有政治意义的事业。而哈萨克人的教育需求是显而易见的，但在当时，东西两路的学校集中在鄂木斯克和奥伦堡。因此草原委员会提议，在改革草原地区的税制后，须加大对该地区的教育投入。

在调研报告的基础上，草原委员会起草了 1867 年《锡尔河省和七河省管理条例》（下文中简称"1867 年条例"）和 1868 年临时条例。两者分别规定了中亚南部农耕区和北部草原区的统治体制。1868 年临时条例的标题之所以被加上"临时"二字，是因为草原委员会的草案在中央机构审议环节引发较大争议。出于谨慎，大臣会议在最终审议时设定两年的试验期，并允许地方行政长官根据实际情况适用条例。为何条例起草的过程会引发中央各部门和地方机关之间的争议？争议围绕哪些议题展开？条例的制定反映了哪些俄国在中亚草原地区的治理难题？细读1868 年临时条例文本将有助于解答这些问题。

三、1868 年临时条例所见草原地区新统治体制

1868 年临时条例分为七章，总计 286 条（参见表 3-3）。从条款的篇幅来看，第一部分"行政制度"占全文条款数量的三分之一，前四章篇幅则占全文九成。可见，条例的核心意图是以行政和司法体制改革以及社会经济政策促进所谓"文明秩序"在草原地区的扩展，并进一步吸引游牧民逐渐转入定居生活方式和农业、手工业和商业生产方式。

表 3-3　1868 年临时条例各章节标题汉俄对照 [①]

各章节标题		各章节标题（俄文原文）		条目
第一章 行政制度	第一节 省份划分	I. Административное устройство	（1）Деление на области	1–30
	第二节 省级机关		（2）Областные правления	31–43
	第三节 县级机关		（3）Уездные управления	44–51
	第四节 医疗卫生制度		（4）Устройство медицинской части	52–57
	第五节 地方机关		（5）Местное управление	58–91
第二章 司法制度	第一节 管辖范围	II. Устройство суда	（1）Подсудность	92–100
	第二节 司法机关		（2）Органы судебной власти	101–111

---

① Масевич М.Г. Материалы по истории политического строя Казахстана. Т. 1, Алматы, 1960. Док. 120.

各章节标题		各章节标题（俄文原文）		条目
第二章 司法制度	第三节 俄罗斯法诉讼 程序	II. Устройство суда	（3）Судопроизводство по русским законам	112–134
	第四节 吉尔吉斯人的民 间法庭		（4）Народный суд у киргизов	135–167
第三章 税收和 劳役	第一节 国家税收	III. Подати, сборы и земские повинности	（1）Государственные подати	168–195
	第二节 护照费		（2）Паспортный сбор	196–203
	第三节 地方赋役		（3）Земские повинности	204–209
第四章 土地利用和产权		IV. О пользовании и владении		210–242
第五章 吉尔吉斯人的权利		V. О правах киргизов		243–250
第六章 吉尔吉斯人的宗教事务管理		VI. Об управлении духовными делами киргизов		251–261
第七章 草原上的学校		VII. О школах в степи		262–268

（一）废区置县之后的"军政府—民众管理体制"

1868 年临时条例须解决的首要问题是如何在整个草原地区设计更为合理的行政区划，兼顾强化控制和节省军政支出的目的。根据草原委员会的估算，1865 年奥伦堡辖区面积约为 70 万平方俄里（约 79.7 万平方公里），而鄂木斯克辖区加上 1854 年新设的塞米巴拉金斯克省面积共计约 70 万平方俄里①。因此，根据该条例，草原西路划分为乌拉尔斯克和图尔盖两省，仍由奥伦堡总督管辖；草原东路划分为阿克莫林斯克和塞米巴拉金斯克两省，由西西伯利亚总督管辖。四省各分为四县（各县名称参见图 3-3），四省各分为四县，县下设乡和阿吾勒。图尔盖省和阿克莫林斯克省的省府分别位于奥伦堡和鄂木斯克，而乌拉尔斯克和塞米巴拉金斯克两省则以同名要塞为省府。换言之，四省的首府依然位于东西两路传统的要塞线上，但部分县的治所已经推进到草原腹地。

除行政区划调整外，1868 年临时条例在行政体制方面主要的改革是充实省级机构和废区置县。1868 年临时条例依照俄国内地省份编制，显著扩大了省级机构的人员规模，强化其司法和社会经济管理职能。省级机关由军官担任的省督军（военный губернатор/voennyi gubernator）领导，统领辖境驻军，管理省内军政事务。省督军兼任本省哥萨克阿塔曼，掌管省内哥萨克军团事务。副督军（вице-губернатор/vitse-gubernator）为省督军助理，在省督军无法履职期间代理其职务。副督军主持省公署（областное правление/oblastnoe pravlenie）日常工作。省公署下设执行局、经济局和司法局，各由一名局长（советник/sovetnik）领导。省公署管辖省内民事、财税和司法事务。省公署下设立医务官、建筑师、矿务工程师和林务官等职位，强化省公署的社会经济管理能力②。

废区置县是 1865 年草原委员会最重要的改革之一。这一政策意味着将东路的"区"和西路的"部"均改为省的派出机构"县"（уезд/uezd）。区和部均为 19 世纪 20 年代俄当局废除中玉兹和小玉兹汗位后，以各部首领为基础组织的地方统治机构。1868 年临时条例则强化俄当局的直接统治，选任俄军官充任的县长（уездный начальник/uezdnyi nachal'nik）和县公署成员。1868 年临时条例规定，县长受省督军和省公署领导，掌

---

① Масевич М.Г. Материалы по истории политического строя Казахстана. Т. 1, Алматы, 1960. С. 259.

② Масевич М.Г. Материалы по истории политического строя Казахстана. Т. 1, Алматы, 1960. С. 325–326.

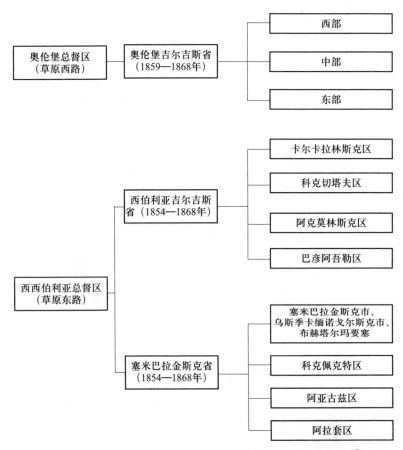

图 3-2　1865 年俄国在草原东西两路设立的行政机构 [1]

---

[1] 1822 年条例颁布之后，鄂木斯克当局相继在草原东路开设卡尔卡拉林斯克（1824 年）、
科克切塔夫（1824 年）、阿亚古兹（1831 年）、阿克莫林斯克（1832 年）、巴彦阿吾勒
（1833 年）、乌奇布拉克（1833 年）、阿曼卡拉盖（1834 年）七个区衙。其中，阿亚古兹
区于 1854 年并入新设立的塞米巴拉金斯克省。乌奇布拉克区于 1838 年撤并。阿曼卡拉
盖区因最初选址条件恶劣而于 1843 年易址，更名为库什穆伦区，1859 年撤销。因此，至
1868 年临时条例颁布之前，西伯利亚吉尔吉斯省下辖仅四个区。

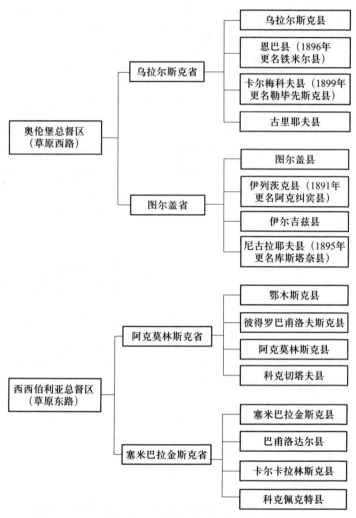

图 3-3　1868 年临时条例规定的草原地区行政机构

握一县之军队、要塞和警力，并配有县长助理和办公室，辅助统辖下属各乡、阿吾勒和哥萨克镇[1]。在社会经济领域，县长有权向辖境内的商人和市民（мещанин/meshchanin）阶层签发经商执照。每个县安排一位县医和一位助产士。县医除了为县级机关人员提供保障外，有义务在辖境内各乡巡诊，为哈萨克人提供无偿医疗和药品服务，并在哈萨克人中推广疫苗接种。上述活动的经费均由县级机关在省公署批准后酌情支持[2]。

废区置县之后，由哈萨克人担任主官的管理机关被压缩至乡和阿吾勒两级。1868年临时条例在1822年条例的基础上细化了乡和阿吾勒两级主官的选举和履职程序。乡长和阿吾勒长以选举的方式产生：乡内每50户牧民推举一名选举人，在县长出席监督的乡大会（волостной съезд/volostnoi s″ezd）上以简单多数原则投票选举乡长。乡长任期三年，可连选连任。阿吾勒长则由每10户推举一名选举人以相同方式选出。得票位列第二的候选人为乡长候补和阿吾勒长候补，在前者无法履职时任代理职务。当选后的乡长接受县长颁授委任状、铜徽和印章。乡长履职须佩戴铜徽，签署文件须加盖印章，且离任或死亡后须将铜徽和印章归还县长。乡长负责落实政令、执行各级司法判决、维持辖区秩序和分配劳役。在监察方面，县长负责监督乡长的履职情况，特殊情况下可先行免职乡长后上报省督军。值得注意的是，1868年临时条例规定，乡大会和阿吾勒大会在选举乡长和阿吾勒长的会议上决定其薪俸数额，由县长批准。其薪俸由每年收集上缴县库的税款中发放并记账管理[3]。

由此，1868年临时条例首次完整规定了各级行政官员的任免权限：总督区、省、县三级行政机构主官均由沙皇委任，而省督军和县长则

---

① Масевич М.Г. Материалы по истории политического строя Казахстана. Т. 1, Алматы, 1960. С. 326.

② Масевич М.Г. Материалы по истории политического строя Казахстана. Т. 1, Алматы, 1960. С. 326–327.

③ Масевич М.Г. Материалы по истории политического строя Казахстана. Т. 1, Алматы, 1960. С. 327–329.

分别负责审核乡长和阿吾勒长的委任。1868 年临时条例规定的行政管理体制在文献中被称为"军政府—民众管理体制"（военно-народное управление/ voenno-narodnoe upravlenie），即自地方总督到县级政权的主官均由俄军官充任，实行军政合一管理；基层实行当局监督下的土著居民"自治"。受到同时期欧洲启蒙思潮的影响，以选举产生乡和阿吾勒两级主官被认为有助于推动哈萨克游牧民适应"文明秩序"，与俄罗斯进一步融合。"军政府—民众管理体制"在 19 世纪中期广泛适用于当时俄国的亚洲边疆地区。在这一体系下，地方军政机构权力相对集中，便于对外征战和对内弹压。而当局监督下的基层选举一方面有利于使各股基层势力相互牵制，另一方面也契合大改革时代强调的地方自治原则，容易获得俄国上层官僚和知识精英的支持。

表 3-4　1868 年临时条例所涉地方官员级别 [1]

职官	提名权	委任权	职官表等级
总督（генерал-губернатор）	—	沙皇	三等
省督军（военный губернатор）	陆军大臣	沙皇	四等
副督军（помощник губернатора）	陆军大臣与所在地总督协商	沙皇	五等
省公署各局长（советник）	—	总督	六等
县长（уездный начальник）[2]	总督	沙皇	六等
副县长（помощник уездного начальника）	省督军	总督	七等
乡长（волостной управитель）	乡大会选举，县长呈报	省督军	—
阿吾勒长（аульный старшина）	阿吾勒大会选举，乡长呈报	县长	—

---

[1]　Масевич М.Г. Материалы по истории политического строя Казахстана. Т. 1, Алматы, 1960. С. 325–329.

[2]　1868 年临时条例文本中并未提及县长的任免流程。但同为 1865 年草原委员会考察报告成果的 1867 年《七河省和锡尔河省管理条例》规定，县长人选由总督提名，沙皇任命；而县长的副手资深助理和副官均由省督军提名，总督任免。县公署其余官员由省督军任免。由此推断，出自同一报告的 1868 年临时条例可能以相同行政层级处理县长的任免流程。

（二）俄国司法体系与"民间法庭"

司法制度关乎草原统治体制对哈萨克民众日常生活的影响力。1868 年临时条例大幅扩充了司法制度相关条文，完整描述了从基层到省各级司法机关的管辖范围和诉讼程序：从基层至中央，该条例设计了由民间法庭（народный суд/narodnyi sud）[①]、县法官（уездный судья/uezdnyi sud'ia）、省公署、军事司法委员会以及参政院构成的五级法院体系，且尤其强调民间法庭制度化和司法与行政分立两大原则。

首先，该条例将草原地区哈萨克人司法案件根据管辖权区分为三类：（1）由军事法庭管辖的案件，包括叛国、煽动反对政府、公然抗法、袭击邮政和官方运输、破坏电报、谋杀表露皈依基督教意图的人以及谋杀公职人员；（2）依照帝国刑法审判的案件，包括谋杀、抢劫、牲畜扣押[②]、袭击商旅、入侵他人宅地、纵火、伪造和运输假币、抢劫官方财产、违反国家机关法令和哈萨克官员职务违法；（3）上述两类之外所有哈萨克人之间的刑事案件均由民间法庭审理。如当事双方同意，哈萨克人之间案件可由俄罗斯法庭依据哈萨克习惯法审理；如案件发生在哈萨克人与其他民族（народность/narodnost'）之间，则依据帝国法律审理。

其次，在基层司法方面，1868 年临时条例延续了 1822 年条例将"毕"制度化为"毕官"的思路，并将其更名为"民间法庭"。同时，受到 1864 年俄国司法改革和地方自治改革的影响[③]，草原委员会在实

[①] 孟楠先生将 народный суд 译为"民间法庭"。如从机构属性理解，该术语似译为"民族法庭"更佳。但考虑到中文语境下"民族"一词含义众多，本书遵从孟楠一书先例，译为"民间法庭"。参见孟楠：《俄国统治中亚政策研究》，乌鲁木齐：新疆大学出版社，2000年，第 83 页。

[②] 关于牲畜扣押，1868 年临时条例第 94 条注释一中明确指出："吉尔吉斯人的牲畜扣押指的是由某种原因引发的不满导致盗窃牲畜或抢劫财物。在阿吾勒或乡中，该行为往往伴随着暴力，时常发生谋杀。"（参见 Масевич М.Г. Материалы по истории политического строя Казахстана. Т. 1, Алматы, 1960. С. 329）

[③] 关于俄国 1864 年地方自治改革和司法改革，参见孙成木、刘祖熙、李建：《俄国通史简编（下册）》，北京：人民出版社，1986 年，第 147—148 页、第 149 页。

地调研时尤其重视收集对毕官制度的评价，将毕官视为促进"文明秩序"、培育公民精神的基层自治机制。此外，该条例以毕官为基础，结合俄当局的县乡两级行政区划，创设"乡会谳"和"特别会谳"机制，处理案值较大、牵涉较广的案件。

与乡长的选举流程类似，乡大会选举人们在同一会议上进行毕官的选举。每个乡根据游牧民帐篷数量确定毕官的人数，一般在4—8人之间。毕官从25岁以上、受民众尊敬和信任且未受法庭控诉的本乡人中选出。值得注意的是，条例明确规定，毕官的选举和任免程序均独立于乡长：其选举过程由县长监督，而胜选后须得到省督军批准方可上任。毕官在上任时将由县长授予铜徽和印章；履职须佩戴铜徽，签署文件须加盖印章，且离任或死亡须将铜徽和印章归还县长。不同于乡长的是，俄当局并不向毕官发放薪俸。毕官有权从案件被告处获得不高于案件争议金额10%的报酬（бийлык/biilyk）。

毕官依据哈萨克习惯法（adat）以口头方式审理案件，但判决可在当事人要求下形成书面文件，加盖毕官公章。所能审理的案件涉及争议价值不得超过300银卢布（或15匹马，或150只羊），而案值低于30卢布的案件即为终审。哈萨克人之间的婚姻和家庭纠纷一般由毕官审理，但也可在双方同意的情况下由俄罗斯法庭审理。俄罗斯人与哈萨克人发生纠纷，如双方同意，亦可由毕官审理。

争议价值超过300银卢布的案件须由乡会谳（волостный съезд биев/volostnyi s″ezd biev）审理。乡会谳由乡内所有选出的毕官定期召开，其会期和地点由县长决定。乡长须出席乡会谳但不得干预审案。乡会谳审理案件的争议价值不设上限。案值500卢布以下（或25匹马，或250只羊）案件视为终审。乡会谳结束之后，所有终审案件的判决须登记在册，两周内呈报县长，由后者呈递省公署。省公署或批准终审结果，或将尚有疑义的案件转交"特别会谳"（чрезвычайный съезд/chrezvychainyi s″ezd）。

除司法职能之外，1868年临时条例所设计的民间法庭体系还包含向民众灌输行政区划边界观念的意图：毕官和乡会谳只可审理本乡案件。跨乡或跨县当事人之间的案件须交由特别会谳审理。此外，特别会谳也有权审理省公署下达的案件①。特别会谳须由当事人双方所在的乡至少各选派两位毕官出席，按照习惯法审理。特别会谳的判决为终审判决。与乡会谳一致，特别会谳的判决须登记在册，呈递县长。上述所有判决均由乡长负责执行。

在民间法庭之上，1868 年临时条例规定了下列四级俄罗斯法庭可供哈萨克人上诉：县法官、军事司法委员会、省公署和中央的参政院。草原各省每个县均设立一名县法官。其候选人必须在接受过中高级教育，或在同类职位上服务不少于三年的司法专业人士中挑选，由总督提名、司法大臣批准。为贯彻行政与司法机构分立原则，县法官不受县长管辖，而接受省公署监督。其停职或免职须经省公署与总督及司法大臣协商，以保证独立于各级地方政府权力。案件审理遵照 1864 年司法章程，但在当事双方均为哈萨克人的情况下，可经双方同意，由县法官结合习惯法和帝国普通法律审理②。此外，作为法庭的省公署则主要处理对县法官受理案件的上诉。军事司法委员会审理军事法庭管辖案件。

（三）引导游牧民定居的政策体系

在规定乡和阿吾勒两级机构的产生方式后，1868 年临时条例设计了赋役、土地利用、社会身份和文教四方面政策，试图引导哈萨克人转入定居的生活方式，适应农业、手工业和商业等生产方式。其中，宣布牧场土地国有和税收货币化的政策影响深远。

1. 赋役

俄国 19 世纪下半叶立法中的"赋役"分为税收和劳役两部分。

---

① 这一基层机制可能是 19 世纪末清俄边境司牙孜会谳的制度来源，参见厉声：《中俄"司牙孜"会谳制度研究》，《新疆社会科学》1988 年第 4 期，第 68—79 页。

② Масевич М.Г. Материалы по истории политического строя Казахстана. Т. 1，Алматы，1960. С. 331–332.

1868 年临时条例在税收领域最大的变革是以货币税取代草原东路的实物税。1868 年之前，草原西路征收货币形式的帐篷税和票照费；草原东路则对哈萨克人征收实物税，即对除骆驼以外的畜养牲畜值百抽一。根据每三年一次各乡编制的帐篷和牲口数目报表，当局每年夏季以乡为单位开展征收。各省根据要塞线和哥萨克各团的预算分配征收的牲畜，多余的牲畜变卖后存入国库[1]。

    1868 年临时条例对征税的形式和对象进行了大幅改革。首先，条例对征税所需的游牧帐（кибитка/kibitka）清查工作进行了更加细致的规定：在每三年一度的乡大会上，与会的选举人须上报所代表 50 户牧民的实际具体户数，且要求将每户对应的冬牧场地块登记在册。新规定的货币税额度为每帐每年 3 银卢布[2]。乡大会在县长监督下计算全乡接下来三年的税额，且确定总税额在各阿吾勒之间的分配方式。上述帐篷数量和税额均在大会上形成报表，由乡长和参会的选举人签字或盖印，上交县长[3]。1868 年临时条例甚至对瞒报帐篷数量的惩罚措施进行了一系列细致规定。为鼓励乡大会选举人准确上报帐篷数量，各乡可将每三年周期中第一年税收的 10% 作为奖金，由省督军审核后在选举人中平均分配。相比实物税，货币税既有利于当局进行更加精确的财税管理，也将促进牧民经济生活的货币化，加深游牧民对俄国商品的依赖，客观上推动俄罗斯商贸网络在欧亚大陆腹地的扩张。

    其次，1868 年临时条例明确了免征帐篷税的范围。1822 年条例并未提到豁免实物税的人群。而 1868 年临时条例规定，瓦里汗家族、布凯汗家族、艾楚瓦克汗家族、江托热苏丹家族的直系子嗣以及肯尼萨尔起义中负有死伤的家族均免除赋役。上述家族均为 19 世纪初俄当局在

---

[1] Масевич М.Г. Материалы по истории политического строя Казахстана. Т. 1, Алматы, 1960. С. 99–100.

[2] 此税种被称为"帐篷税"（кибиточная подать），因游牧民以毡帐（кибитка）数量计算户数。

[3] Масевич М.Г. Материалы по истории политического строя Казахстана. Т. 1, Алматы, 1960. С. 334.

草原东西两路笼络的部落精英。其成员大多支持俄国推行的草原统治体制。因此，1868 年临时条例在制度化货币税的同时，以差异化征收的方式减少改革阻力。

除帐篷税以外，1868 年临时条例另设计"护照费"（паспортный сбор/pasportnyi sbor），意在维持要塞线内外的身份区分。条例管辖的草原地区哈萨克人如希望进入要塞线内的城市乡村务工，则须向乡长申请"护照"，缴纳相应费用。乡长将申请人名单上报县长，获得登记表格，收得护照费上缴县库。哈萨克人须持护照通过要塞线关卡进入"内地"，而内地省份地方警察则有义务监督哈萨克人持照定居。护照费的金额由省督军与财政部协商确定[1]。

在劳役方面，1822 年条例仅明文规定各阿吾勒轮流安排人员和马匹，维持区、乡、阿吾勒之间的官方通信，且要求阿吾勒与乡之间维持每日往返一次邮递，乡与区之间每周一次邮递[2]。为促进经济开发和引导游牧民定居，1868 年临时条例将劳役的范围扩大到"修筑桥梁、道路、水利设施，维护驿站，为官员备马，为乡长和阿吾勒长提供雇佣劳力"。乡和阿吾勒有义务以现金或实物补偿的方式组织哈萨克人维护驿站，且特殊情况下省督军和县长有权征调实物或资金，事后由总督决定补偿方式[3]。

2. 土地利用

1822 年条例着眼于向区级哈萨克官员灌输私有土地产权观念，引导游牧社会上层定居，并带动各阶层从事农耕和手工业[4]。1868 年临时

---

[1] Масевич М.Г. Материалы по истории политического строя Казахстана. Т. 1，Алматы，1960. С. 336.

[2] Масевич М.Г. Материалы по истории политического строя Казахстана. Т. 1，Алматы，1960. С. 100.

[3] Масевич М.Г. Материалы по истории политического строя Казахстана. Т. 1，Алматы，1960. С. 336.

[4] Масевич М.Г. Материалы по истории политического строя Казахстана. Т. 1，Алматы，1960. С. 101–102.

条例在废区置县的同时，试图以更大力度向游牧民传播私有产权的观念。首先，条例第 210 条宣布哈萨克人所占据的土地被视为国有，哈萨克人仅有权集体使用。在此基础上，条例为哈萨克人将公地转为私人占有的财产开辟了两条法律途径：第一，哈萨克人所获得沙皇御赐或当局以地契形式授予的土地具备完全的所有权，但在 1868 年临时条例颁布后，相关人士须在限定时间内向俄当局提交上述证明文件，确认地块所有权；第二，条例对在冬牧场上的住宅或建筑提供特别保护，强调此类建筑连带其占据的土地均为可继承、可交易的私人财产，其社群不得要求拆除；同时，条例鼓励哈萨克人在冬牧场和夏牧场上从事农耕，且有权将建筑或农耕地块在县公署允准的情况下转让给俄罗斯人 [1]。

其次，哈萨克人驻留时间较长的冬牧场（зимовка/zimovka）是条例推动私有产权形成的关注焦点。条例规定冬牧场为哈萨克牧民集体使用，要求各乡夏季转场路线及夏牧场尽可能处于县域之内，且各乡以阿吾勒为基础分配冬牧场 [2]。各氏族分配冬牧场如出现争议，省督军和县长则可介入，由相关乡各出 3 名乡大会选举人（выборный/vybornyi）组成特别会议，依据帐篷和牲畜规模分配冬牧场；阿吾勒内部也以类似的方式分配冬牧场地块，且将分配结果登记上报。条例要求各级俄罗斯官员深入草原，推动土地使用权的空间划分。

再次，1868 年临时条例根据新形势修订了 1822 年条例涉及土地产权的条文，并补充了对森林和矿产地块的使用权的规定。1822 年条例规定区衙官吏有权分得规模不等的地块，以便开发定居设施和农业（参见第二章）。但随着有区衙职务履历的人员规模逐渐增长，此类土地使用权和所有权有必要重新界定。1868 年临时条例规定，草原东路的俄罗斯和哈萨克官吏在职位调整后须相应变更其土地使用权。因草原诸省

---

① Масевич М.Г. Материалы по истории политического строя Казахстана. Т. 1, Алматы, 1960. С. 337.

② Масевич М.Г. Материалы по истории политического строя Казахстана. Т. 1, Алматы, 1960. С. 327.

的森林资源相对稀缺，条例规定，除位于哥萨克军团土地上的森林以外，草原诸省的林木均归国家所有；草原诸省的定居者可在省督军确认和总督批准下从当局获得免费的林木建材以建设住房。早在 19 世纪 50 年代，一些欧俄商人已着手开发草原地区的矿藏。1868 年临时条例规定，如果矿藏在哈萨克人私人占有地块上被发现，则采矿权由开发商与土地所有者协商让渡；如矿藏在冬牧场或开垦土地上被发现，则采矿权由开发商与使用该地块的哈萨克社群协商①。

1868 年临时条例涉及土地利用的条文在 19 世纪后半期影响深远。一方面，哈萨克社会内部由此出现更多围绕冬牧场地块所有权和使用权的争斗。部分平民阶层的哈萨克人利用上述政策和特定形势，挤占汗王和贵族后裔的冬牧场土地。另一方面，在 19 世纪末到 20 世纪初，俄当局通过上述"牧场土地国有"的法律条款公然将牧地划拨给来自欧俄地区的新移民，以缓解欧俄地区的人地矛盾②。

3. 社会身份和文教政策

1868 年临时条例还设计了一系列社会身份和文教政策，以吸引草原游牧民融入俄罗斯社会。在社会阶层方面，尽管条例并未改变哈萨克人的异族地位（主要享有豁免兵役的权利），但明确规定哈萨克人如加入其他社会阶层，可继续免服兵役，且免除加入后五年的纳税义务。此外，如哈萨克人皈依东正教，则有权在任何俄罗斯城市或村落登记定居，而无须定居地同意。在教育方面，条例规定草原地区的初等学校必须面向所有族群招生，且由省公署拨款支持建设。哥萨克镇和俄罗斯村学校在集体同意的前提下，可招收哈萨克学童。在宗教领域，为拒斥鞑靼人对草原地区的文化影响，条例首先规定哈萨克人不隶属于奥伦堡穆斯林宗教会议。其次，以乡为单位，条例规定每个乡最多只能供养一

---

① Масевич М.Г. Материалы по истории политического строя Казахстана. Т. 1, Алматы, 1960. С. 338.

② Масанов Ж.Б. ред. История Казахстана: народы и культуры. Алматы, 2001. С. 207-217, 269-280.

位毛拉,且毛拉须与普通牧民一样承担赋役。毛拉必须从无违法犯罪记录、未被法庭作为被告的俄属哈萨克人中选出。与乡长一样,毛拉同样由乡大会选举,由县长呈报省公署审核,省督军批准。对宗教机构的管辖则更为严格:新建清真寺须得到所在地总督的批准;毛拉须得到县长允准才可在清真寺进行教育活动;草原诸省禁止设立宗教地产(waqf)[1]。

如果说 19 世纪 20 年代的改革是俄当局在草原地区设立行政机构的尝试,那么 60 年代的改革则将省的派出机构稳固建立在草原各处,替代原先的哈萨克部落精英维持地方秩序、监督基层土著治理机构并执行社会经济政策。1868 年条例规定的赋役制度、土地利用、社会身份和文教政策均以推进所谓"文明秩序"为目的,即在草原诸省划分疆域、引导牧人定居和促进工商业发展。首先,所有政策均依赖由县、乡和阿吾勒构成的基层政府执行。各级政府相应的行政区划观念会随着政策而传播,逐渐渗入哈萨克人的观念中。其次,以货币税取代实物税、对跨要塞线务工行为征收货币性的护照费、以货币部分支付劳役和基建支出等政策均有利于在潜移默化之中促进草原经济的商业化和货币化。而商贸活动的活跃也将吸引更多游牧社会中的富裕人群和破产者进入商业中心定居。最后,当局希冀通过文教政策传播俄罗斯文化,吸纳部分哈萨克社会人群成为维系统治的纽带。

四、"积极前进"抑或"精明无为"[2]:围绕中亚草原的政策争论

直到 1868 年临时条例颁布之际,俄当局关于是否应该在草原地区推行统治体制仍有争议。其争论核心是上述新统治体制是否适应 19 世

---

[1] Масевич М. Г. Материалы по истории политического строя Казахстана. Т. 1, Алматы, 1960. С. 339–340.

[2] 这两个术语借用自目前人学者关于 19 世纪英国对中亚外交两种政策的概括,参见朱新光:《英帝国对中亚外交史研究》,南京:江苏人民出版社,2002 年。

纪中期中亚草原的自然环境和社会条件。1868 年临时条例呈现的新统治体制一方面是对 19 世纪上半叶草原政策的调整，另一方面反映了大改革时代俄国军政高层对于"正确"国家制度演进的想象。对 1868 年临时条例出台前后舆论的分析有助于深入理解俄国草原政策的变迁。

19 世纪初以降，就俄当局能否在中亚草原推行俄罗斯军政司法体制，俄国军政官员所持观点大致可分为"积极前进"和"精明无为"两条路线：前者要求以更大力度向草原地区移民，引导哈萨克人从事农业和工商业，且开发草原地区的各类资源；后者基于对哈萨克游牧民的本质主义想象，即强调其习性野蛮而信仰狂热，认为强行将他们纳入行政管理体制将付出巨大代价，且最终未必有效。同时，草原东西两路差异较大的自然环境和政策实践，也强化了两条路线的差异：草原东路水土条件相对较好，鄂木斯克当局在废除中玉兹汗位后积极扩张，建立了相对稳定的行政管理体制；而西路因自然条件较为恶劣，适宜农垦筑堡的区域较少，故奥伦堡当局长期避免过度介入小玉兹内部事务，将军政力量维持在要塞线附近[1]。因此，两地军政官员争论从"是否应该积极介入游牧民社会内部事务"引出"游牧民是否可能适应文明秩序"的论题。

"精明无为"路线的主要支持者佩罗夫斯基（V. A. Perovskii）对此有较为详细的论述。佩氏为亚历山大二世近臣，崛起于拿破仑战争时期，曾两度主政奥伦堡（1833—1842 年任奥伦堡督军，1851—1857 年任奥伦堡总督）。1839 年俄军对希瓦汗国的失败远征便是由他组织发起[2]。他反对在草原地区建立科层统治体制，反对向草原地区移民垦殖，也反对引导游牧民从事农耕。佩氏认为，正确的策略是支持若干哈萨克氏族首领，较少干预其内部事务，而向其倾销俄国的农产品和工业

---

[1] 需要指出的是，这一论断并不意味着所有草原西路的军政官员都支持"精明无为"路线，反之亦然。例如，佩罗夫斯基的继任者奥勃鲁切夫和卡捷宁均支持在草原地区扩张"文明秩序"。

[2] 关于 1839 年佩罗夫斯基希瓦远征的详情，参见王治来：《中亚通史（现代卷）》，北京：人民出版社，2010 年，第 208—209 页。

品，逐渐使其放弃对要塞线定居点的劫掠，实现稳定和秩序化[1]。按照这一逻辑，当局不应尝试在草原地区建立行政机构，也没有必要触动原先的行政区划安排。与此相似，奥伦堡总督克雷扎诺夫斯基（N. A. Kryzhanovskii，1864—1881 年在任）提议维持东西两路分治状态，由奥伦堡管辖新征服的锡尔河中下游地区[2]。

草原委员会整体倾向于积极推进"文明秩序"。条例草案主要起草者盖恩斯激烈地批评了草原西路的统治体制。他曾记述如下案例：1855 年，中部执政苏丹阿尔斯兰·江丘林（Arslan Dzhantiurin）[3]赴舍克特氏族（шекті/şektı）要求审判被俄当局认为是劫匪的库捷巴罗夫（Исет Кутебаров/Iset Kutebarov）。但舍克特氏族反而包围执政苏丹及其人马，将执政苏丹及随行数十名毕官和首领击杀[4]。奥伦堡当局被迫出兵调停。但事后，库捷巴罗夫不仅得到俄当局无条件谅解，还被册封为舍克特氏族的首领[5]。江丘林家族是小玉兹阿布勒海尔汗后裔，是俄国在小玉兹中的重要代理人，曾支持俄当局镇压肯尼萨尔起义。盖恩斯以此事为例，强调奥伦堡当局的"精明无为"政策导致两类后果：第一，部分擅长利用俄当局支持的部落首领获得不受控制的权威。这并不符合 19 世纪中期改革者削弱土著首领权力的期望[6]。第二，以江丘林被戕事件为例，即使强势氏族戕杀俄国支持的首领，奥伦堡当局也不会轻易发兵，以免引发更大规模的混乱。因此，盖恩斯认为奥伦堡当局的政

---

[1] Campbell，Ian. *Knowledge and the Ends of Empire: Kazak Intermediaries and Russian Rule on the Steppe, 1731–1917*，Cornell University Press，2017，p. 40.

[2] Campbell，Ian. *Knowledge and the Ends of Empire: Kazak Intermediaries and Russian Rule on the Steppe, 1731–1917*，Cornell University Press，2017，p. 54.

[3] 阿尔斯兰·江丘林（Arslan Dzhantiurin，生卒 1810—1855 年）是小玉兹阿布勒海尔汗之孙江托热汗（Zhantore Khan，1805—1809 年任小玉兹汗）之子。其姓氏"江丘林"是哈萨克语姓氏"江托热"的俄化形式（参见 Ерофеева И.В. Хан Абулхаир: полководец, правитель, политик. Алматы，2007. С. 224–225）

[4] Мейер Л.Л. Киргизская Степь Оренбургского ведомства. СПб.，1865. С.76–77.

[5] Гейнс А.К. Собрание литературных трудов. СПб.，1897. С. 136–137.

[6] Гейнс А.К. Собрание литературных трудов. СПб.，1897. С. 134.

策尚不足以维持秩序稳定，遑论向草原地区传播俄罗斯的影响力。

值得注意的是，1865 年前后俄当局对草原东路的控制力与 19 世纪初已有较大差异。19 世纪初，俄当局的要务是以行政边界约束游牧民的移动，防范游牧部落的跨区域联合。而至 19 世纪 60 年代，草原委员会的讨论中鲜见关于哈萨克人跨界游牧或侵扰要塞线的记载，可见当时草原东路俄国主导的政治秩序已然相对稳固。草原东路经过 40 年"积极前进"而建立较为稳固的统治，而草原西路的制度建设则裹足不前。因此，"积极前进"论者往往以草原东路的扩张成果为论据，而"精明无为"论者则片面解读草原西路的实践。

两条路线的具体分歧主要体现在司法体制和土地利用制度上。在司法体制领域，争议的焦点在于民间法庭的管辖范围以及其背后的政治意涵。受到经费的限制，奥伦堡当局长期在草原西路奉行"精明无为"路线。绝大多数基层案件，无论其争议价值或涉案金额大小，大多交由毕官审理。仅有案情特别重大，且涉及俄罗斯人的时候，奥伦堡当局的官员才会介入[1]。但一些俄国高层官员对于将基层司法权力交给毕官的政策实践感到不满。例如，内务大臣瓦卢耶夫（P. A. Valuev，1861—1868 年在任）认为毕官的管辖范围太广，以致地方官员无力维护帝国法律的尊严，且无力引导哈萨克人的司法观念与俄罗斯人接近。草原委员会在这一问题上持折中立场。盖恩斯认为，毕官是草原地区司法独立和基层自治的萌芽，与同时期俄国司法改革设立的农民法庭同样具有培育公民精神的作用。最终，1868 年临时条例将 1822 年条例中的毕官制度化为民间法庭，详细规定其司法权限和审理形式。

具体而言，引发较大争议的问题是对牲畜扣押案件的管辖权。如第二章所述，鉴于牲畜扣押容易诱发氏族乃至部落间的冲突，1822 年条例将其定性为刑事案件，与叛国、谋杀、抢劫等案件列为同类，且明

---

[1] Campbell, Ian. *Knowledge and the Ends of Empire: Kazak Intermediaries and Russian Rule on the Steppe, 1731-1917*, Cornell University Press, 2017, p. 45.

文规定禁止区、乡两级哈萨克官员卷入牲畜扣押案件①。草原委员会则对此持不同意见，认为牲畜扣押案件与哈萨克人的游牧生产方式密切相关，短期内难以消除；而以帝国刑法审判牲畜扣押案件难以让哈萨克人信服，应以习惯法判决②。这一观点并未得到俄各部官员的支持。以时任外交大臣哥尔查科夫（A. M. Gorchakov，1856—1882 年在任）为代表，部分官员认为草原委员会这一提议是在纵容游牧民的刑事犯罪，将损害帝国权威，且不可能引导哈萨克人"文明开化"。最终，1868 年临时条例维持 1822 年条例的立场，将牲畜扣押列为须依据帝国刑法审理的刑事案件。

在土地和财产制度方面，上述两派的分歧主要在于对哈萨克人经济观念的评价：草原委员会认为私有产权制度是发展工商业、培育基层自治和奠定文明秩序的基础，而促进私有产权观念的传播则有助于拉近哈萨克人与俄罗斯人的距离。因此，草原委员会试图在哈萨克人的经济活动中寻找符合私有财产观念的行为，并通过制度设计鼓励其进一步发展。在调研草原东路时，鄂木斯克的官员认为冬牧场的存在证明哈萨克人有初步的私有财产观念，因为一年中哈萨克人在此驻留时间较长，且往往搭建简易建筑，以便人员和牲畜躲避风雪。由此，冬牧场的土地和建筑可成为引导哈萨克人定居、融入"文明秩序"的政策抓手。反对者则认为，哈萨克游牧民当时还没有形成明确的私有产权观念，冬牧场即便存在建筑，在哈萨克人眼中也属于公共产权③。

从 1868 年临时条例文本来看，草原委员会的确以冬牧场为传播私有产权观念的突破口。条例将哈萨克人在冬牧场搭建的建筑视为可出

---

① Масевич М.Г. Материалы по истории политического строя Казахстана. Т. 1, Алматы, 1960. C. 103–105.

② Campbell, Ian. *Knowledge and the Ends of Empire: Kazak Intermediaries and Russian Rule on the Steppe, 1731–1917*, Cornell University Press，2017，p. 56.

③ Campbell, Ian. *Knowledge and the Ends of Empire: Kazak Intermediaries and Russian Rule on the Steppe, 1731–1917*, Cornell University Press，2017，p. 56.

售、可转让的私有财产，且建筑物所占据的土地为可继承财产。直到建筑物拆除，其占据的土地才可重新由所在社群使用（第217条）。条例第219条规定，在社群一致同意的前提下，冬牧场和夏牧场可以划出特别地块，供有意愿者从事农耕。而第220条则明确哈萨克人有权利放弃自己的地块，在县政府出具证明的前提下自愿让渡给俄罗斯族[①]。这些条文所包含的私有产权观念在当时未必能为大多数牧民理解，也未必能促进财产在哈萨克人之间流转。其主要意义在于为19世纪末20世纪初欧俄农民大规模迁入草原地区并攫取牧地奠定法律基础。

从上述争论中可以看出，"积极前进"和"精明无为"与其说是两条针锋相对的政策路线，毋宁说是一段连续渐变政治光谱的两端：一端以哈萨克人在生产方式、生活习俗和宗教信仰的特殊性为论述起点，强调强行改变现状的代价；另一端则以"文明秩序"为旗号，支持强势改造新征服地区，与欧俄本土的大改革一道形成整齐划一的新秩序。在理念之外，此类争论同样包含中央与地方利益和行政机构间博弈的因素：东西两路地方当局希望将由各自军区征服的领土纳入自身辖境；陆军部希望整合草原东西两路的军政力量，在新征服地区设立由陆军部管辖的统治制度；司法部门则希望在新征服地区建立独立于行政系统的司法体系。条例的最终文本也大致反映了各部门立场之间的妥协。

结语

1868年临时条例是俄当局在征服中亚草原之后根据新政治经济形势做出的制度调整。这一条例至少产生了强化军政统治、刺激商业发展和促进阶层流动三方面影响。而长期来看，这一条例为19世纪末俄国向草原地区大规模移民奠定了制度基础。

首先，在废区置县之后，俄国强化了对草原游牧社会的控制。

---

① Масевич М.Г. Материалы по истории политического строя Казахстана. Т. 1, Алматы, 1960. С. 337.

1868年临时条例废除了原先主要由哈萨克白骨贵族担任的大苏丹和执政苏丹职位，将"乡苏丹"改为"乡长"，客观上削夺了传统贵族在游牧社会中的特权。在司法方面，1868年临时条例将民间法庭纳入俄国司法体系，由俄罗斯法庭掌握重大刑事案件的审判权，而哈萨克人之间的日常民事案件则交由民间法庭依照习惯审理。从中亚历史的宏观角度来观察，18世纪俄军政官员所关切的"游牧民难题"至此已基本解决：自肯尼萨尔起义失败之后至一战之前，草原地区未出现大规模、全局性的抗俄运动。尤其是19世纪70年代以后，草原地区没有再出现由白骨贵族领导的大规模起义。可见，新的军政统治体系统治之下，以贵族血统为纽带的跨地区游牧部落联盟已不再可能出现。

其次，1868年临时条例的落实与19世纪后半期俄国资本对中亚草原的开发同步，共同推动了草原经济的市场化。条例中关于土地和矿产资源的相关条款便于欧俄资本以较低成本获得开采权。因此，草原腹地的铜矿和煤矿得到初步开发。1876年，欧俄铁路网修通至奥伦堡。草原地区的种植业和畜牧业由此与欧俄地区的市场和资本产生更为密切的联系。交通条件较好的鄂木斯克、彼得罗巴甫洛夫斯克等地出现手工业作坊和工厂。草原上的塔因奇库利（Таинчикуль/Tainchikul'）、恰尔（Чар/Char）、卡尔卡拉勒（Каркаралы/Karkaraly）等地均出现贸易额在一百万卢布以上的大型集市。由此可见，1868年临时条例颁布后，相对稳定的政治秩序和对欧俄资本而言相对便利的法律环境为草原经济的市场化提供了条件。

再次，1868年临时条例和同时期草原商业的发展对哈萨克游牧社会的传统结构造成了冲击。在传统哈萨克社会中，仅成吉思汗男性后裔才被称为"苏丹"，并享有苏丹附带的政治和法律特权[①]。1868年临时条例一方面大规模扩张各级行政机关的人员规模，另一方面废除了官员

---

① А. И. Лёвшин, Описание Киргиз-Казачьих или Киргиз-Кайсацких орды степей, т. 3, СПб., 1832, с. 171–172.

选任的血统出身标准。19 世纪 70 年代后，随着越来越多各阶层哈萨克族子弟在俄国开办的学校接受教育，他们在完成学业后充任草原行政司法机构职位，获得了新的社会上升渠道。此外，一部分哈萨克商人抓住了俄当局的军事行动和商贸活动带来的经济机遇，并利用基层选举制度的漏洞，通过贿选等方式将财富转化为基层的行政和司法权力。而传统贵族在失去了血统带来的身份特权之后，往往在新的社会竞争形态中处于下风（参见第五章）。

尽管条例本身并未明确其"文明秩序"包含的理想图景，但具体条文描绘了从移动到定居、从畜牧到农作、从氏族部落到现代国家政权、从集体产权到私有产权、从游牧文化到俄罗斯文化等一系列二元对立的转化过程。而在这一图景中，建立"文明秩序"成为俄国叙述这一时期与中亚草原关系的正当性话语，也成为吸引中亚本地贵族和新兴知识分子支持俄国统治的理由。

最后，从当代哈萨克斯坦角度回溯 19 世纪历史，1868 年临时条例是一个观察草原地区历史延续性的窗口。该条例不仅首次统一了草原东西两路的行政和司法制度，也在一定程度上强化了作为统一制度空间的"哈萨克草原"概念，为 20 世纪初将这一空间被改造为单一政治单元奠定了制度和观念基础。在决定统一草原东西两路的统治体制之后，草原委员会一度讨论是否将草原四省纳入单一行政单元，且以位于草原东南部外伊犁阿拉套的维尔内市为首府 [1]。维尔内市的前身是 1854 年建立的维尔内要塞，是当时西西伯利亚军区强占外伊犁地区的核心军镇节点。1921 年，该城更名为阿拉木图。1927 年，当时的哈萨克苏维埃社会主义自治共和国 [2] 迁都至阿拉木图，此后直至 1997 年均为政治中心。

---

[1] Ian Campbell, *Knowledge and the Ends of Empire: Kazak Intermediaries and Russian Rule on the Steppe, 1731–1917*, Cornell University Press, 2017, p. 54.

[2] 哈萨克苏维埃社会主义自治共和国最初成立于 1920 年，隶属于俄罗斯联邦；其首府在 1920—1925 年间为奥伦堡，1925—1927 年间为克孜勒奥尔达，1927 年以后为阿拉木图。1936 年该行政单元升格为加盟共和国，更名为哈萨克苏维埃社会主义共和国。

因此，草原委员会这一提议触及草原地区历史中的关键问题：如果将中亚草原作为单一行政单元，那么何处最宜定都？草原委员会在19世纪60年代便发现了维尔内作为草原首府的潜力：首先，外伊犁阿拉套的山前地带水土条件相对草原大部分地区更为优越，有望成为定居人口的中心。其次，草原东路南北连接西伯利亚和锡尔河地区，在1906年奥伦堡—塔什干铁路修通之前为欧俄通向中亚南部的交通要道。以维尔内作为首府，有利于戍守交通干线，且为介入周边地区政局提供便利。但这一提议最终未能进入草案。其原因可能是这一行政区划调整将极大冲击1865年以奥伦堡、鄂木斯克和塔什干为军政中心的格局。尽管如此，半个多世纪后的决策者在面对类似的地缘政治处境时，最终确定以阿拉木图为首府。由此可见，对1868年临时条例的研究不仅能呈现俄国对草原地区政策的关键变革，也能更好地帮助我们理解19世纪60年代大改革时期的俄国和当代的哈萨克斯坦。

第四章 微观视角下的草原统治体制：以财政与教育为中心的考察

一、问题的提出

1868年临时条例的颁布标志着中亚草原被纳入俄国的统治之下。在19世纪60—80年代，俄国的草原统治体制处于从传统向现代的转型阶段。这一时期，以西伯利亚大铁路为代表的现代交通和通信技术尚未完全覆盖草原诸省，各省境内的居民仍以游牧民为主，部分省份的县乡行政机构正在逐步建立。因此，19世纪60—90年代地方当局仍继续面临18世纪以降俄国在草原地区所长期面临的挑战。

这一时期，第二次工业革命带来的技术正逐渐扩散到俄国的边缘地区：1862年，鄂木斯克铺设第一条电报线。同年，鄂木斯克至塞米巴拉金斯克段的额尔齐斯河已经开通了常规性的蒸汽轮船航线，而此时欧洲与北美之间的远洋蒸汽船航线已将跨越大西洋的旅程缩短到两周以内。1877年，从伏尔加河流域的萨马拉（Samara）到奥伦堡的铁路开通，乌拉尔河流域的谷物种植业与畜牧业由此进一步融入欧俄市场。以1896年西伯利亚大铁路延伸至鄂木斯克为标志，草原诸省成为欧俄移民政策的目的地。传统上草原统治体制长期难以解决的人力和财力短缺等问题随着交通、通信技术的飞跃及移民的大规模迁入而得到改善。

本章选取的考察视角受近年来政治学和社会学领域对国家内涵的讨论启发。以亨廷顿（Samuel Huntington）和迈克尔·曼（Michael Mann）为代表的学者较早指出以国家能力作为治理水平的评价标准。王绍光将国家能力进一步区分为近代国家基本能力（强制、汲取和濡化）、现代国家基础能力（认证、规管、统领和再分配）以及吸纳与整合能力。其中，汲取能力指的是国家机器从社会汲取经济产出的能力，是国家机器稳定运行的基础；濡化能力指的是国家塑造民众的认同感和价值观以维持社会内部秩序的能力[1]。前人学者已将这一理论视角应用到对当代非洲国家和苏东地区国家转型的研究中[2]。本章则尝试将之引入对19世纪后半期俄国在草原地区统治状况的分析。

从这一理论视角出发，19世纪60—90年代草原统治体制的财政状况对于理解其运行具有重要参考价值。在1868年临时条例颁布后，俄国初步建立了以强制能力为基础的草原统治体制。但在19世纪90年代末现代技术条件引入之前，草原诸省一定程度上仍游离于俄国内地省份之外。从本地居民征收的各类税款构成草原统治体制运行的基础。此外，本章将通过研究草原统治体制下各省学校教育体系的发展，来考察作为与汲取能力同属"基础能力"之一的濡化能力，由此管窥这一时期俄国与草原地区的关系。

---

[1] 王绍光：《国家治理与基础性国家能力》，《华中科技大学学报（社会科学版）》2014年第3期，第8—10页。

[2] 卢凌宇：《西方学者对非洲国家能力（1970—2012）的分析与解读》，《国际政治研究》2016年第4期；彭柳：《国家能力与苏东地区的国家建构：理论和机制》，《比较政治学研究》2021年第1期。

表 4-1　1897 年俄国人口普查所见中亚各省份人口数量和人口密度比较 [①]

省份	人口数量（人）	面积（平方俄里）	人口密度（人 / 平方俄里）
乌拉尔斯克省	645121	284411.8	2.27
图尔盖省	453416	399780	1.14
阿克莫林斯克省	682608	497860	1.37
塞米巴拉金斯克省	684590	445310	1.54
七河省	987863	347910	2.84
锡尔河省	1478398	452840	3.26
撒马尔罕省	860021	60597.6	14.19
费尔干纳省	1572214	121141	12.98
外里海省	382487	531738	0.72
中亚省份总计	7746718	3141588.4	2.47
全俄总计	125640021	18861474.4	6.66

表 4-2　1897 年草原诸省下辖各县名称、面积和人口统计

省份名称	省府	下辖各县名称	俄文名称及拉丁转写	备注	面积（平方俄里）	1897年人口（人）
乌拉尔斯克省	乌拉尔斯克	乌拉尔斯克县	Уральский уезд/ Ural'skii uezd		46315.1	293619
		古里耶夫县	Гурьевский уезд/ Gur'evskii uezd		58243.1	86758
		勒毕先斯克县	Лбищенский уезд/ Lbishchenskii uezd	1899 年更名之前称卡尔梅科夫县	62017.6	169673

---

① Центральный статистический комитет. Первая всеобщая перепись населения Российской империи 1897 г. Вып. 1. СПб., 1897. С. 25-26.

省份名称	省府	下辖各县名称	俄文名称及拉丁转写	备注	面积（平方俄里）	1897年人口（人）
乌拉尔斯克省	乌拉尔斯克	铁米尔县	Темирский уезд/Temirskii uezd	1896年更名之前称恩巴县	117836	95071
图尔盖省	图尔盖	图尔盖县	Тургайский уезд/Turgaiskii uezd		148020	86948
		阿克纠宾县	Ак-тюбинский уезд/Ak-tiubinskii uezd	1891年更名之前称伊列茨克县	50360	115215
		伊尔吉兹县	Иргизский уезд/Irgizskii uezd		128660	98697
		库斯塔奈县	Кустанайский уезд/Kustanaiskii uezd	1895年更名之前称尼古拉耶夫斯克县	72740	152556
阿克莫林斯克省	鄂木斯克	鄂木斯克县	Омский уезд/Omskii uezd		37170	100539
		彼得罗巴甫洛夫斯克县	Петропавловский уезд/Petropavlovskii uezd		63590	155137
		阿克莫林斯克县	Акмолинский уезд/Akmolinskii uezd		108390	185058
		科克切塔夫县	Кокчетавский уезд/Kokchetavskii uezd		69290	155461

省份名称	省府	下辖各县名称	俄文名称及拉丁转写	备注	面积（平方俄里）	1897年人口（人）
阿克莫林斯克省	鄂木斯克	阿特巴萨尔县	Атбасарский уезд/ Atbasarskii uezd	1869年设萨雷苏区，1878年改成阿特巴萨尔区，1898年撤区改县	219420	86413
塞米巴拉金斯克省	塞米巴拉金斯克	塞米巴拉金斯克县	Семипалатинский уезд/ Semipalatinskii uezd		69880	156801
		巴甫洛达尔县	Павлодарский уезд/ Pavlodarskii uezd		98130	157487
		卡尔卡拉林斯克县	Каркаралинский уезд/ Karkaralinskii uezd		186370	171655
		乌斯季—卡缅诺戈尔斯克县	Усть-Каменогорский уезд/ Ust′-Kamenogorskii uezd		55970	103575
		斋桑县	Зайсанский уезд/ Zaisanskii uezd		34960	95072
七河省	维尔内	维尔内县	Верненский уезд/ Vernenskii uezd		58330	223883
		科帕尔县	Копальский уезд/ Kopal′skii uezd		69100	136421

省份名称	省府	下辖各县名称	俄文名称及拉丁转写	备注	面积（平方俄里）	1897年人口（人）
七河省	维尔内	列普辛斯克县	Лепсинский уезд/ Lepsinskii uezd	1893年更名之前称谢尔吉奥波利县	87080	180829
		普热瓦利斯克县	Пржевальский уезд/ Przheval'skii uezd	1891年更名之前称伊塞克湖县	47760	147517
		皮什佩克县	Пишпекский уезд/ Pishpekskii uezd	1891年更名之前称托克马克县	80480	176577
		扎尔肯特县	Джаркентский уезд/ Dzharkentskii uezd	1882年设县	5160	122636

表 4-3　1900 年草原诸省定居和游牧人口数量统计 [1]

省份	定居人口（人）	游牧人口（人）	全省人口（人）
乌拉尔斯克省	238713	452974	691687
图尔盖省	41224	420292	461516
阿克莫林斯克省	361770	442224	803994
塞米巴拉金斯克省	94352	591701	686053
七河省	—	—	987863
各省总计	736059（不含七河省）	1907191（不含七河省）	3631113

---

[1]　Семёнов В.П. ред. Россия. Полное географическое описание нашего отечества. Т. XVIII. Киргизский край. СПб., 1903；同一年份的七河省年度报告并未提供依照"游牧"和"定居"口径统计的人口数据，而是改以"城市"和"乡村"为标准统计人口，故并未列入表格中，参见 Обзор Семиреченской области за 1900. Верный, 1901。

19 世纪 60—80 年代，中亚草原地区的行政区划经历了几番调整。在 1867 年条例和 1868 年临时条例颁布后，整个草原地区被划入乌拉尔斯克省、图尔盖省、阿克莫林斯克省、塞米巴拉金斯克省、七河省和锡尔河省。其中，1868—1882 年间，西部的乌拉尔斯克省和图尔盖省隶属于奥伦堡总督区，东部的阿克莫林斯克省、塞米巴拉金斯克省隶属于西西伯利亚总督区，而 1867—1882 年间南部的锡尔河省和七河省隶属于土尔克斯坦总督区。1882 年，俄当局改革草原地区行政区划，乌拉尔斯克省和图尔盖省改为直接隶属于内务部，阿克莫林斯克省、塞米巴拉金斯克省和七河省由新组建的草原总督区管辖，锡尔河省仍归南部的土尔克斯坦总督区管辖[①]。1891 年，俄当局颁布《阿克莫林斯克省、塞米巴拉金斯克省、七河省、乌拉尔斯克省和图尔盖省管理条例》（下文中简称"1891 年条例"，详见第五章），1868 年以来此五省的行政司法体制由此再度改革。1899 年，七河省从草原总督区析出，并入南部的土尔克斯坦总督区，但其管理条例依然沿用 1891 年条例，故仍被视为草原诸省之一。

　　草原统治体制建立后，草原诸省公署的财政预算制度逐渐完善。结合各省的年度报告分析，首先，草原诸省的财政收入在 19 世纪 60—90 年代主要依赖从游牧居民汲取的帐篷税。19 世纪末至 20 世纪初，随着欧俄移民大规模涌入和交通技术条件的改善，土地税和各类商税的占比逐渐提高，但帐篷税依然占据重要地位。其次，对比各省帐篷税的预算和实际征收金额可知，19 世纪 60—90 年代草原诸省能有效地向各省游牧人群中的绝大多数民众征收税款。再次，尽管部分省份长期存在财政赤字，但分析财政支出的具体门类可知，中亚地区部分省份财政赤字的根源是军事和移民事务支出，而这两部分实际上服务于俄全国性事务，本不应被简单视为中亚本地的财政支出。以七河省为例，其本地税收完

[①]　对此次行政区划改革的讨论，参见施越：《19 世纪后期沙俄政府在中亚的内外政策考虑：以七河省的隶属变更为中心》，《中亚研究》2017 年第 2 期，第 1—20 页。

全可以覆盖行政司法机构支出。上述论点均显示，考察时段内草原统治体制对游牧社会有着较强的汲取能力。最后，通过考察 19 世纪后半期至 20 世纪初草原诸省学校教育的发展可知，尽管 19 世纪末技术条件进步极大扩张了俄当局在草原诸省的学校教育体系，引入了新的传媒手段，但技术演进至多为濡化能力的提升提供了基础设施，而并不必然等于濡化能力的提升。

二、19 世纪 60—80 年代草原诸省的财政状况与汲取能力

（一）财政收入的类别与结构

1868 年临时条例颁布后，草原诸省形成了相对统一的税制。各省的财政分为国家财政和地方财政两个层级。依照财政收入的种类来划分，各省的主要收入来源为向游牧民征收的帐篷税、向农民征收的土地税、向城市居民征收的不动产税 ① 及各类商业税费。国家财政支出的主要领域包括军政人员薪资和经费、税收、土地开发和学校教育。地方财政支出主要用于维护房舍、修缮道路桥梁、补贴行政开销等。

就具体税种而言，帐篷税源自草原游牧民传统中的牲畜实物税。1822 年条例规定向草原东路中玉兹各氏族征收的牲畜实物税额度为值百抽一 ②。1867 年条例和 1868 年临时条例改征货币税，前者规定每帐每年须缴纳 2.75 卢布 ③，后者的税额定为每帐每年 3 卢布。1882 年行政区划改革后，各省帐篷税额度根据本地情况陆续提高到每年每帐 4 卢布。以 1884 年七河省的帐篷税收入情况为例，其总税额以 1882 年清

---

① 这三类税种的俄文名称分别为帐篷税（кибиточная подать）、土地税（оброчная подать）、城市不动产税（налог с недвижимых имуществ）。

② Масевич М.Г. Материалы по истории политического строя Казахстана. Т. 1. Алматы，1960. С. 100.

③ Масевич М.Г. Материалы по истории политического строя Казахстана. Т. 1. Алматы，1960. С. 303.

点的各乡帐篷数目（每三年清点一次）为基础，统计全省游牧居民有134937帐。以每户4卢布计算，共应纳帐篷税539748卢布，当年实际征收431903.38卢布[1]。各县按照各乡统计上报的帐篷数目分配征税额度，而由乡选举人大会于俄当局官员监督下在各阿吾勒之间分配税收份额，按期缴纳。

土地税在草原地区的税收体制中出现较晚。1867年条例和1868年临时条例的赋税相关条文并没有提到土地税，可能是因为条例制定时期各省内农耕居民寥寥无几。至1881年，图尔盖省的定居人口仅为2270人，塞米巴拉金斯克省54920人，阿克莫林斯克省120635人[2]。七河省至1884年定居人口才达到136706人[3]。因此，自19世纪80年代中期开始，草原东路的阿克莫林斯克省、塞米巴拉金斯克省和七河省才逐渐具备征收土地税的稳定税基。而图尔盖省的土地税自1893年才开始征收，其征收对象是在省内国家土地（казенные участки）耕种的农民[4]。土地税的税额依照每户耕作的良田面积规模征收，具体税额各省略有差异，范围在每俄亩0.3—0.5卢布之间。每户的田亩面积须在官方机构登记。

城市不动产税为第三项主要税源。阿克莫林斯克省和塞米巴拉金斯克省早在1883年已经开始征收。依据1884年11月13日沙皇谕准国务会议意见，七河省于1885年引入城市不动产税。图尔盖省因城市发展水平相对滞后，这一时期一直未征收这一税种。在征收省份，省公署和县长对各城不动产估价，制定税收预算并呈报总督批准。城市不动产税的税率为各城内不动产估算金额的10%[5]。

除上述三类主要税种之外，各省依据本地情形征收各类商业税费，

---

[1] ЦГА РК（哈萨克斯坦共和国中央国家档案馆）. Ф. 64. Оп. 1. Д. 175. Л. 5об。

[2] Обзор Акмолинской области за 1894. Омск, 1895.

[3] Обзор Семиреченской области за 1884. Верный, 1885.

[4] Обзор Тургайской области за 1893. Оренбург, 1894.

[5] Обзор Семиреченской области за 1892. Верный, 1893. С. 36-37.

如图尔盖省以印花税（包含 1868 年临时条例规定的"护照费"）和林业收入为帐篷税之外的主要税种。七河省征收的税种较为多样，包括酒税、烟草税、林业收入等。其酒税收入在 19 世纪 80 年代占省国家财政收入的 20%—30%。

表 4-4　1884 年、1892 年、1902 年和 1911 年七河省
国家财政收入来源对比 [①]

七河省国家财政收入来源（卢布）	1884 年	1892 年	1902 年	1911 年
帐篷税	431903.38	558744	650476.25	719738.91
土地税	65252.51	69848.17	70606.23	69249.35
城市不动产税	—	2959.29	8607.06	2630.55
林业收入	20464.8	—	66699.07	—
酒税	287461.89	323249.55	397139.51	—
印花税	25144.08		36063.08	
商贸执照费	54874			
邮政电报收入	94894.12	—	58958.46	
当年国家财政收入总额	1209303.67	1446193.54	1639875.54	2148619.43

　　地方财政主要用于兴建和维护本地基础设施，维持教育和公共卫生机构的运转。1868 年临时条例并未明确规定地方财政的收支额度。1891 年条例颁布之前，草原诸省的地方财政来源相对多元。例如，阿

---

① 1884 年数据来自 ЦГА РК. Ф. 64. Оп. 1. Д. 175. Л. 19 об., 20；1892 年、1902 年和 1911 年数据来自 Обзор Семиреченской области за 1892. Верный, 1893. С. 36-37；Обзор Семиреченской области за 1902. Верный, 1903. С. 27-29；Обзор Семиреченской области за 1911. Верный, 1912. С. 60-62.

克莫林斯克省 1881 年的地方财政收入主要来自商业票照收入，之后逐渐改以帐篷税为主。1867 年条例规定，七河省的地方财政为向牧户征收每年每帐 0.25 卢布帐篷税。1880 年，该省地方财政收入的帐篷税金额提高到每年每帐 1.25 卢布[①]。1891 年条例第 160 条规定，地方财政每年以帐篷税形式向游牧民征收税款。1891 年 3 月 25 日沙皇谕准国务会议意见，规定 1891 年条例生效的前 6 年，即 1893—1899 年，作为地方财政收入的帐篷税额固定为每年每帐 1.5 卢布。此后各省地方财政收入相对整齐划一[②]。

除了向游牧民征收的帐篷税以外，1891 条例将土地税也作为地方财政收入来源之一，税率为同年国家财政收入中土地税额度的 30%。依据 1896 年 4 月 8 日沙皇谕准国务会议意见，地方土地税的税率提高到国家财政土地税的 33%。对应国家税的第三种主要来源，城市不动产税也被纳入地方税项目中，税率为国家不动产税的 30%。最后，地方财政还包含雇佣劳役的支出。随着居民数量增长和公共事业的发展，七河省在 1900 年之后增开若干种地方税并征发劳役，用于修建和维护道路桥梁、建设驿道附属的露营地、维持本地教育和社会福利的支出等。

在国家财政和地方财政之外，县级之下的基层政府（乡、阿吾勒、村和哥萨克的村镇）以及城市管理机构均有各自的预算管理机制。其集体资金征集和支出预算均须上报省公署备案，归入年度报告。基层收支每年的规模由三年召开一次的乡选举人大会协商确定，呈报省公署批准[③]。

（二）财政支出的类别与结构

与财政收入的层级类似，财政支出同样分为国家和地方两级。国家财政支出一般以国家行政机构来划分支出项目。主要的支出部门包括陆军部、内务部、财政部、国家财产部以及国民教育部。1882 年西路两省

---

① Обзор Семиреченской области за 1892. Верный，1893. С. 40-41.

② ЦГА РК. Ф. 64. Оп. 1. Д. 596. Л. 33.

③ Обзор Семиреченской области за 1904. Верный，1905. С. 43-44.

转隶内务部、东路两省和七河省并入草原总督区之后，各省的省县两级行政人员工资和行政支出均列入内务部支出名下。此外，内务部的邮政电报总局负责兴建和维护省内驿站和电报线。因此，内务部支出规模在1882年之后迅速上升。财政部支出则主要用于维持各类税种的征收和转运。国家财产部支出在20世纪初急剧上升，涵盖与移民政策相关的各类支出。

表4-5　1884年、1892年、1902年和1911年七河省
国家财政支出主要项目对比（单位：卢布）[①]

主要部门名称	1884年	1892年	1902年	1911年
陆军部支出	1198220.30	1024083.18	1932721.2	3990608.49
内务部支出	623360.44	571142.57	254941.78	420863.36
财政部支出	73399.33	132363.87	287519.48	362304.77
国家财产部支出	17223.76	27347.14	61591.29	1308165.43
国民教育部支出	59971.88	82838.55	118520.16	242339.18
当年七河省国家财政总支出	2244895.40	1873858.66	2871216.42	6703446.64

　　以七河省为例，因该省集中了俄军在草原东路的主要军力，陆军部支出在19世纪80年代至20世纪初始终位列第一，占到该省国家财政支出50%以上，一些年份甚至达到67%左右[②]。内务部支出，即七河省各级政府行政支出，在19世纪80—90年代占到七河省国家财政支

---

①　1884年数据来自ЦГА РК. Ф. 64. Оп. 1. Д. 175. Л. 19 об., 20；1892年、1902年和1911年数据来自Обзор Семиреченской области за 1892. Верный, 1893. С. 37-40；Обзор Семиреченской области за 1902. Верный, 1903. С. 27-29；Обзор Семиреченской области за 1911. Верный, 1912. С. 70-71。

②　Обзор Семиреченской области за 1892. Верный, 1893. С. 37-39.

出的 20%—30%。但在 1900 年之后，随着其他部门支出的增长，内务部支出占七河省国家财政支出的比重下降到 10% 以下。此外，1906 年后，由国家财产部重组而来的土地规划和农业总署支出迅速上升，从此前占省国家财政支出的 2% 飙升至 20% 左右。

地方财政支出名义上服务于草原诸省的地方公共事务，但实际上有相当一部分用于覆盖省内各级行政机构的日常维护成本。以 1884—1886 年七河省数据为例，地方财政支出项目中，超过 5000 卢布的项目包括省公署土地测量局支出、省公署建设局支出、扎尔肯特县行政经费补贴、维尔内男子中学经费、桥梁修筑经费、监狱修缮经费。此外，省地方财政补贴一部分行政办公楼所的租金、照明和供暖费用，甚至省督军的住房和郊区别墅修建费用也计入地方财政支出中。地方财政支出中与普通居民相关的主要是道路桥梁修建和公共卫生支出项目。地方财政中的教育支出每年至少在 1 万卢布，但主要用于补贴省督学的行政经费以及支持省城维尔内男子和女子中学的运营。值得注意的是，除了补贴基层政府行政支出、修建学校和医院以外，19 世纪 80—90 年代草原诸省地方财政支出的重要项目是人畜的疫苗接种[①]。

表 4-6 1885 年七河省地方财政支出主要项目[②]

地方财政支出项目	金额 （卢布）	地方财政支出项目	金额 （卢布）
1. 行政支出			
省公署土地勘察处	19746.73	县长雇佣书吏和差役编外补助	6050
省公署建设处	11804.45	维尔内市警察编外支出	3777.97

---

① Обзор Тургайской области за 1889. Оренбург，1890. С. 10.

② ЦГА РК. Ф. 64. Оп. 1. Д. 243.

地方财政支出项目	金额（卢布）	地方财政支出项目	金额（卢布）
译员津贴	1085	扎尔肯特县署补贴；维尔内县和谢尔吉奥波利县一名法官和两名助理津贴	17560.20
省统计委员会	1000	县医译员津贴	900
维尔内市和维尔内县各一名法院调查员津贴	5644.26		
2. 办公场所补助			
县署和县法官办公场所租金	1500	监狱供暖和照明费用	3603.51
省督军住所和别墅供暖	1922.48	省督军住所和别墅家居装饰补贴	4870
县长住所和县署供暖	2395.57		
3. 教育			
省学督津贴	2650	维尔内女子中学补贴	4000
维尔内男子中学七年级和八年级补贴	9442.50		
4. 园艺发展			
维尔内园艺学校补贴	2250	皮什佩克市花园编外补助	300
维尔内园艺学校花园补贴	879.13	在维尔内公立花园修建水坝和水池	84.53
维尔内公立花园补贴	2497.8		
5. 医疗卫生			
诊所租金	1100	维尔内市防止传染病补贴	350
科帕尔诊所雇佣医助	500	军医院医治土著病患补贴	415.67
列普辛斯克诊所病患补助	50		

地方财政支出项目	金额 （卢布）	地方财政支出项目	金额 （卢布）
6. 邮政			
乌尔扎尔至巴克图（Бахты）驿马补贴	9500	奥霍特尼奇至扎尔肯特和卡拉库尔往返驿道邮递人员补贴	1287.87
7. 桥梁建设和修缮			10715.68
驿站建设和修缮			
驿站房舍建设	3543.20	修缮房舍	5271.29
驿站打井	1059.70		
8. 其他建设			
修缮省督军房舍和别墅	3192.97	在奥霍特尼奇村建造教堂	916.75
修缮省公署和县署房舍	2044.79	为过境军队修建兵营	121.19
为托克马克县长采购办公场所	1795.01	维尔内女子中学修缮房舍	790.40
在阿拉桑温泉建造和修缮房舍	11431.30	重建山间道路	682.82
修缮监狱	1823.31		
9. 其他支出			
过境军队燃料补贴	1187.89	气象站补贴	400
为县法院羁押嫌犯提供伙食	914.14	托克马克县地震受害者补助	904.64
煤炭出口支出	5894.67	其余小额支出	145.84
每三年一度清点哈萨克和吉尔吉斯帐篷数目支出	1500		
地方财政支出总计			168533.26

（三）草原统治体制的汲取能力考察

如上所述，自 1868 年至一战之前，帐篷税始终为草原诸省最重要而稳定的税源。以阿克莫林斯克省为例，就其重要性而言，帐篷税长期占国家财政收入比例超过 70%；在 19 世纪 60—80 年代，这一比例甚至高达 90%（以上参见表 4-7）。20 世纪末欧俄移民大规模涌入之后，该省土地税收入占比逐渐提高，故而逐渐降低了帐篷税的占比。在塞米巴拉金斯克省和七河省，因两省存在较大规模的官方酒水贩售体系，酒税占据国家财政收入较高比例，而帐篷税始终占据国家财政收入的 30%—60%。如不计算酒税，则帐篷税在塞米巴拉金斯克省和七河省国家财政收入中的占比可达到 80%—90%（参见表 4-10）。在农耕定居人口更少的图尔盖省，帐篷税在国家财政收入中的占比长期在 90% 以上（参见表 4-9）。

表 4-7　1881 年、1891 年、1898 年和 1910 年阿克莫林斯克省
国家财政收入来源对比（单位：卢布）[①]

阿克莫林斯克省国家财政收入来源	1881 年	1891 年	1898 年	1910 年
帐篷税	192396	227710.93	274619.01	272622
土地税	318.31	—	—	81389
城市不动产税	3310.43	17847.29	21188.29	17452
当年国家财政收入总额	192714.31	245558.22	310399.04	375602.36
帐篷税占当年国家财政收入总额的比例	99.8%	92.7%	88.5%	72.6%

---

① 1884 年数据来自 ЦГА РК. Ф. 64. Оп. 1. Д. 175. Л. 19 об., 20；1892 年、1902 年和 1911 年数据来自 Обзор Семиреченской области за 1892. Верный, 1893. С. 36-37；Обзор Семиреченской области за 1902. Верный, 1903. С. 27-29；Обзор Семиреченской области за 1911. Верный, 1912. С. 60-62。

19世纪末大规模移民浪潮开始之前，各省定居的农耕人口规模较小，草原诸省从农耕人口汲取的资源较少。各省征收的土地税规模可印证这一点。即便在20世纪初移民规模激增，土地税总额的增长也往往存在滞后现象。这是因为迁入草原诸省的欧俄农民往往享受3—6年的土地税减免，且各省屡屡遭受旱灾、蝗灾和地震等自然灾害。在阿克莫林斯克省，20世纪初以前土地税在国家财政收入的占比几乎可忽略不计。但在移民政策的刺激下，1910年土地税占当年国家财政收入总额的比例激增至21.7%。在七河省，19世纪80年代初土地税占比达到10%左右；而19世纪90年代之后，受连年自然灾害影响，其占比逐渐降至5%以下。此外，商税是各省向定居人群汲取税源的主要形式。如七河省以酒税为第二大财政收入来源，1884—1902年间占省内国家财政收入的20%—30%[①]。

俄当局的财政预算制度为考察草原诸省的汲取能力提供了便利的观察窗口。各省公署根据各县呈报的游牧帐数计算国家财政和地方财政的帐篷税金额，并依据历年实际征收或豁免的金额计算欠缴税金。以阿克莫林斯克省为例，1881年该省总人口为460363人，其中登记在册的游牧人口为339728人。当年阿克莫林斯克省公署计算应征国家财政层面的帐篷税金额为195786卢布，实际征收192396卢布，占比高达98.3%。而地方财政层面的帐篷税实收占当年应征比例达到100%。根据对应的税率计算，当年缴纳帐篷税的游牧居民约为56435帐，以平均每帐5人计算，超过80%的游牧人口被纳入了征收帐篷税的行列。而纵观历年数据，阿克莫林斯克省绝大多数年份帐篷税的实收税额占应征税额比例在70%以上，19世纪80年代以前长期居于90%以上（参见表4-7、表4-8）。

[①] 此项统计数据在1902年之后的七河省年度报告中缺失。

表 4-8　阿克莫林斯克省帐篷税实收与当年应征占比（单位：卢布）[1]

年份	国家财政帐篷税当年应征	国家财政帐篷税当年实收	占比	地方财政帐篷税当年应征	地方财政帐篷税当年实收	占比	总计实收占当年应征比例
1881 年	195786	192396	98.3%	84652.865	84652.865	100%	98.8%
1883 年	201045	198231	98.6%	80816.5525	81252.7525	100%	99.2%
1891 年	281600	227710.93	80.9%	95698.77	92083.9	96.2%	84.8%
1894 年	286188.62	272306.67	95.1%	106795.5	88178.56	82.6%	91.7%
1898 年	292120	274619.01	94.0%	109546	81048.54	74.0%	88.5%
1902 年	329244	253174.6	76.9%	139928.7	127499.93	91.1%	81.1%
1907 年	336848	172634.93	51.3%	153550.8	94450.88	61.5%	54.5%
1910 年	365296	272622	74.6%	163933.2	119249.95	72.7%	74.0%

表 4-9　1881—1902 年图尔盖省国家财政帐篷税实收
与当年应征占比（单位：卢布）[2]

年份	当年应征	当年实收	占比
1881 年	174590	170999	97.9%
1882 年	197535	192751	97.6%
1883 年	198731	165347	83.2%
1884 年	193173	167264	86.6%
1885 年	199983	163713	81.9%
1886 年	229643.1	220524.9	96.0%
1887 年	272350.2	270094.2	99.2%
1888 年	265636	262343.56	98.8%

---

① 笔者根据相应年份阿克莫林斯克省年度报告自制。
② 笔者根据相应年份图尔盖省年度报告自制。

年份	当年应征	当年实收	占比
1890 年	408033.05	276071	67.7%
1892 年	405318.05	394587.05	97.4%
1893 年	291763	270041.25	92.6%
1894 年	291662.75	291471	99.9%
1895 年	280812	280812	100%
1896 年	293336	293336	100%
1897 年	293409.2	293390.02	99.9%
1899 年	309422.5	309422.5	100%
1900 年	306888	306888	100%
1901 年	306096	304060	99.3%
1902 年	317524.37	317441.2	99.9%

表 4-10　1894—1904 年塞米巴拉金斯克省国家财政帐篷税实收
与当年应征占比（单位：卢布）①

年份	当年应征	当年实收	占比
1894 年	489693.5	472911.5	96.6%
1895 年	473067.5	438718.93	92.7%
1897 年	491991	474277.94	96.4%
1899 年	516734.63	498463.17	96.5%
1901 年	504306.67	475336.47	94.3%
1903 年	507134.18	481644.46	95.0%
1904 年	520680.72	473690.63	91.0%

① 笔者根据相应年份塞米巴拉金斯克省年度报告自制。

根据对图尔盖省、塞米巴拉金斯克省和七河省的财政数据统计，这一情形普遍存在于草原诸省：除了偶然出现的冬季少雪、夏季干旱或导致牲畜倒毙的疫病年份以外，绝大多数年份中草原诸省帐篷税的实收税额占应征税额比例均在 90% 以上（参见表 4-9、表 4-10）。上述现象实则具有深刻的历史意涵。在 1868 年临时条例颁布后，因交通和通信技术尚不发达，俄当局的草原统治体制与中央的财政体系和内地的行政制度尚未完全接轨。但即便在这一条件下，草原诸省已然能稳定地向绝大多数游牧民征收对于维系军政体系运作而言至关重要的帐篷税。当年实收税额占应征比例之高，一定程度上反映了草原统治体制较强的汲取能力。

三、劳师糜饷？中亚地区财政赤字问题再考

19 世纪下半叶，在俄军前线推进的过程中，俄国上层始终存在关于统治中亚是否有利可图的争论。1899 年，在中亚军政官员授意下，斯捷特克维奇（A. Stetkevich）在圣彼得堡出版小册子，宣传征服和统治中亚的经济收益。当时，一些报刊文章强调中亚南部新征服地区财政赤字严重：总督区在 1869—1896 年间累计财政收入为 1.58 亿卢布，财政支出为 2.9 亿卢布，财政赤字达到 1.32 亿卢布，即平均每年赤字为 470 万卢布。斯捷特克维奇认为这种观点片面强调边疆地区财政赤字，影响了俄国上层社会舆论风向，使得边疆当局难以从中央各部门争取到更多拨款，反而被要求缩减支出[①]。

斯氏的核心论点是，征服中亚带来的是防线前移的战略收益和植棉产业的经济收益。第一，斯氏指出，上述 28 年间总额达到 1.32 亿卢

---

① Стеткевич А. Убыточен ли Туркестан для России. СПб., 1899. С. 5. 值得注意的是，这篇短文为时任土尔克斯坦总督的杜霍夫斯科伊（S. M. Dukhovskoi）授意斯捷特克维奇所作，目的是澄清土尔克斯坦总督区的支出绝大多数用于军事行动和边防驻军，以反驳首都上层贵族和官僚中关于中亚军政建制为空费国帑的舆论。参见 Правилова Е.А. Финансы империи: деньги и власть в политике России на национальных окраинах, 1801-1917, М., 2006. С. 276。

布的赤字主要包含两部分支出：军事行动支出和修筑中亚铁路的支出。而且从历年数据来看，军事行动支出在 1881 年达到峰值，之后逐渐下滑，其份额为修筑中亚铁路的支出所取代。

第二，军事征服和维持驻军有益于全国，只是其支出计算在边区的账目上，而不应理解为统治边区带来的成本。首先，斯氏对比了 1868 年、1883 年和 1896 年奥伦堡军区、西西伯利亚军区和土尔克斯坦军区驻军编制。结论是，如果将整个中亚地区的防务通盘考虑，1896 年的驻军日常支出相比 1863 年降低了 10% 左右。只是此前由草原东西两路驻军承担的军费支出，尤其是奥伦堡军区的支出大幅转移到了土尔克斯坦军区。其次，如果扣除 28 年间共计 1.74 亿卢布的军费，土尔克斯坦总督区的财政支出为 1.16 亿卢布，财政收入为 1.58 亿卢布，相当于累计财政盈余 4200 万卢布，即平均每年获财政盈余 150 万卢布。

第三，修筑铁路的开销应被视为整合中亚南部棉花生产和棉纺织业的长远投资，因此同样不应简单地理解为浪费。19 世纪 90 年代中亚南部的棉花种植业已然兴起[1]。斯氏认为，以中亚棉花取代进口美国棉花可为俄国棉纺织业资本家节省一大笔成本，而中亚棉花出口又能让各界获得额外的收益。棉花贸易必然以中亚铁路的修筑为基础。最后，斯氏指出，中亚南部农耕区人口密集，相对远东和西伯利亚等边区更为富庶。因此，随着铁路的修筑和土地的开发，中亚地区绝非俄国的财政负担。

尽管斯氏一文可能存在统计数据和论证逻辑方面的瑕疵，但他提出的问题对于理解 19 世纪俄罗斯历史有着重要价值：从 19 世纪后半期俄国自身的视角来看，如何理解其在中亚地区的财政赤字？下文结合档案史料，以统计数据相对完整的七河省为例（1884—1913 年），说明俄当局能稳定地向本地区人口汲取税收，且本地的财政收入可覆盖除军

---

[1] Penati, Beatrice. "The Cotton Boom and the Land Tax in Russian Turkestan（1880s-1915）." *Kritika: Explorations in Russian and Eurasian History*，Vol. 14，No. 4（2013），pp. 741-774.

事和移民支出以外的行政成本。

首先，比较 1884—1913 年间的七河省国家财政收支可知，从表面上看，七河省国家财政收入始终远低于国家财政支出，且赤字的波动范围相当大。19 世纪 80—90 年代，该省的国家财政收入仅为 100 万—140 万卢布，而该时段历年国家财政赤字则在 50 万—120 万卢布之间浮动。1900 年以后，该省国家财政赤字的浮动更加剧烈。其平均数值约为 160 万卢布。极端情况下，如 1911 年，国家财政赤字飙升至 450 万卢布以上。这意味着该省的财政的确长期依赖中央政府支持。

表 4-11　1883—1911 年七河省国家财政收支和赤字比较（单位：卢布）[①]

年份	七河省国家财政收入	七河省国家财政支出	七河省国家财政赤字	财政赤字占财政收入比重
1883 年	1481400.28	2245020.26	763619.98	51.55%
1884 年	1209303.67	2244895.40	1035591.73	85.64%
1885 年	1145437.74	2191111.55	1045673.81	91.29%
1886 年	1264205.45	1873858.66	609653.21	48.22%
1892 年	1446193.54	1873858.66	427665.12	29.57%
1893 年	1502107.45	1805738.45	303631	20.21%
1897 年	1008724.49	1610165.78	601441.29	59.62%
1900 年	1457239.69	3255463.72	1798224.03	123.40%
1901 年	1752361.89	2991173.62	1238811.73	70.69%
1902 年	1639875.54	2871216.42	1231340.88	75.09%
1903 年	1749206.97	2776204.93	1026997.96	58.71%

---

① 笔者根据历年七河省年度报告自制。因部分年份的报告未能在相关档案馆和图书馆寻得，故数据并不连续。

年份	七河省国家 财政收入	七河省国家 财政支出	七河省国家 财政赤字	财政赤字占财政 收入比重
1904 年	2561268.54	2634686.79	73418.25	2.87%
1905 年	1865269.36	2701071.16	835801.80	44.81%
1907 年	1979957.52	3098587.55	1118630.00	56.50%
1908 年	1862478.8	4899297.39	3019275.18	162.11%
1909 年	1825517.04	3725252.06	1881275.40	103.05%
1911 年	2148619.43	6703446.64	4554827.21	211.99%

但结合国家财政支出的具体项目分析，19 世纪 80—90 年代，该省本地的财政收入尚足以覆盖除军事支出以外的行政和公共事业开销。在1906 年俄当局加大欧俄移民向草原地区迁徙的政策力度之后，该省国家财政赤字迅速上升到 200 万卢布以上。值得注意的是，1884—1913年间，尽管七河省财政赤字波动范围较大，帐篷税、土地税和不动产税这三项基本税收项目的税率并无变动，并未出现因本省财政赤字飙升而增开本地税源或提升税率的现象。

对七河省各类机构建制的分析将表明，该省本地财政收入足以支撑行政和司法机构支出。在上述研究时段内，大规模财政赤字出现的原因主要可归结为军事行动和移民安置。七河省的行政机构建制主要由 1867 年条例以及 1891 年条例规定。该省的军政首脑为省督军，其军衔一般为少将或中将。省督军身兼行政机构首脑、省军区司令和七河哥萨克阿塔曼三职。省公署由督军助理主持，督军助理可在省督军无法履职时代理其职务。省公署下设管理局、经济局和司法局，各由一名局长带领两名高级文员管理。省公署设有农业、工程、建筑、林务、水利、教育等专业官员，负责省内经济开发。省府维尔内市设市长一名，兼任警长。各县由军官出任的县长领导，配备书吏、差役和县医。省督军、省公署、县长和省府市长均配备通晓本土语言文字的译员。与草原各省相似，县以下分为乡和村两级。村级行政单位分为牧区的阿吾勒和定居居民的村。乡村两级也是以俄当局监督下民众推举的乡长和阿吾勒长为首领，而由毕官处理刑事和行政诉讼以外的次要诉讼案件。

　　1891 年条例对其行政建制进行了大幅度的调整。首先，为贯彻 1864 年司法改革的原则，新条例将原属省公署和县长的司法职能剥离，组建形式上独立于行政机关的省县两级法院。其次，1867 年条例中省督军下属的官员均转隶于省公署。这使得七河省的行政建制在形式上与内地省份更为相似，军政府特征大大减弱。再次，为应对建省二十余年来人口的增长和基层事务的增加，省府维尔内市和基层医务人员的编制得到大幅扩充。

表 4-12　1867 年条例和 1891 年条例七河省行政机构编制以及
1879 年七河省行政机构编制对比 [①]

职官名称	1867 年条例编制		1879 年实际编制		1891 年条例编制	
	人数	薪俸或支出金额（卢布）	人数	薪俸或支出金额（卢布）	人数	薪俸或支出金额（卢布）
省督军						
省督军	1	7000	1	7000	1	7000
省督军编外支出		5000		5000		2000

[①] 1867 年条例规定的七河省行政机构编制参见 ГАРФ. Ф. 730. Оп. 1. Д. 1758；1879 年七河省行政机构实际编制状况参见 Пьянков В. Туркестанский Календарь на 1880 год. Ташкент, 1879；1891 年条例规定的七河省行政机构编制参见 ГАРФ. Ф. 730. Оп. 1. Д. 1781。

职官名称	1867 年条例编制		1879 年实际编制		1891 年条例编制	
	人数	薪俸或支出金额（卢布）	人数	薪俸或支出金额（卢布）	人数	薪俸或支出金额（卢布）
省督军直属资深官员	1	2000	1	2000	1（隶属于省公署）	1500
省督军直属初级官员	1	1200	1	1200	1（隶属于省公署）	1200
省督军译员	1	1000	1	1000		
省级医疗补贴		800		800		1500（改由省公署管理）
省公署						
督军助理（副督军）	1	4500	1	4500	1	4000
局长	3	6000	3	6000	2	4400
高级文员	6	6000	6	6000	4	4800
财务会计	1	1000	1	1000	1	1200
高级文员助理					4	2800
编辑（报刊主管和出版社社长）		未设立			1	1200
记录员					1	700
档案管理员					1	700
高级译员					2	1600

职官名称	1867 年条例编制		1879 年实际编制		1891 年条例编制	
	人数	薪俸或支出金额（卢布）	人数	薪俸或支出金额（卢布）	人数	薪俸或支出金额（卢布）
农业事务文书			1	1000		
农业事务文书助理			2	1600		
初级译员	1	1000	1	1000		
省公署办公经费		3500		5000		5000
省工程师			1	2500（由地方财政支发）	1	2200
省建筑师			1	2000	1	2000
初级工程师			1	1500		
初级建筑师		未设立	1	1500	1	1500
书记员			1	1200	1	1200
制图员			2	1200	2	1200
设备和制图用品经费				1000		1000
省林务员			1	1500		
省林务员差旅和办公经费				500		未设立
县级机关						
县长	1	2000	1	2000	1	2200
县长差旅经费和编外支出		2500		2500		800
县长助理	1	1500	1	1500	1	1500

职官名称	1867 年条例编制		1879 年实际编制		1891 年条例编制	
	人数	薪俸或支出金额（卢布）	人数	薪俸或支出金额（卢布）	人数	薪俸或支出金额（卢布）
雇佣差役经费				750（由地方财政支发）		
土著初级助理	1	750				
书吏	2	1600	2	1600	2	1600
军务总管	1	468	1	468		
译员	2	1200	2	1200	1	800
口译员	未设立				1	400
县办公经费		500		500		1000（雇佣书吏、差役和办公经费）
地方财政支出				300		
县医	1	1200	1	1200	1	1500
县医差旅经费		300		300		480
医药用品采购经费		200		200		
助产士	1	500	1	500	1	500
医助					1	360
兽医	未设立				1	800
兽医差旅经费						300
一县合计	10	12718	9	13018（地方财政支出为750）	10	12240

职官名称	1867 年条例编制		1879 年实际编制		1891 年条例编制	
	人数	薪俸或支出金额（卢布）	人数	薪俸或支出金额（卢布）	人数	薪俸或支出金额（卢布）
各县总计（1867—1882 年设 5 县；1882 年之后设 6 县）	50	63590	45	65090（地方财政支出为3750）	60	73440
通关口岸主管	未设立				3	1800
维尔内市机关						
市长，兼警长	1	1000	1	1000	1	2000
雇佣译员和办公经费	200		1000		2500	
市长助理	未设立		1	1000（由地方财政支发）	未设立	
市长助理差旅经费			200			
书吏			1	800	1	800
译员			1	600		
文书	未设立				2	1200
警察署长					2	1800
市医生					1	1000
助产士					1	360
医助					1	240
司法机关						

职官名称	1867 年条例编制		1879 年实际编制		1891 年条例编制	
	人数	薪俸或支出金额（卢布）	人数	薪俸或支出金额（卢布）	人数	薪俸或支出金额（卢布）
七河省法院主席					1	4000
七河省法院法官					3	6600
高级文员					1	1200
高级文员助理					3	2400
译员					1	800
检察官		未设立			1	3500
检察官助理					2	4000
检察官办公经费					2500	
县法官					7	14000
县法官雇佣译员和办公经费					5600	
县法官助理					6	9000
县法官助理雇佣译员和办公经费					6000	
总计	67	103790	76	124690（地方财政支出为7250）	123	191440

　　根据上述条例编制和 1879 年实际编制情况可知，地方当局在往往将一部分地方财政用于增设吏员或补贴行政支出。因此，省县两级行

政编制和日常支出规模约在每年 20 余万卢布之数。对照 1882 年之后七河省国家财政支出，内务部支出约为 20 万—60 万卢布，约占对应年份国家财政支出的 10%—30%。而对比 1884 年、1892 年和 1902 年的七河省国家财政收入，当年七河省内务部支出约占 51.5%、39.5% 和 15.5%（参见表 4-5）。由此可见，在俄当局相对有效地汲取本地税收的前提下，仅行政和司法机构支出并不会造成本省财政赤字。

在军事机构方面，19 世纪 60 年代米留金军事改革之后，俄国正规军被整编为步兵、骑兵和炮兵三种。七河省仅驻扎步兵和炮兵，骑兵由七河哥萨克组建骑兵单位充实。19 世纪 80 年代初以降，七河省驻军规模基本稳定在 4 个步兵营（16 个步兵连）、2 个炮兵连，1 个哥萨克骑兵旅（12 个哥萨克骑兵连）和 8 个地方卫戍连，估算规模为 5000—7000 人。

表 4-13　七河省驻军单位历年比较 [①]

年份	步兵（连）	炮兵（连）	哥萨克骑兵（连）	地方卫戍连（连）
1872 年	20	2	11	3
1900 年	16	2	16	8
1904 年	16	2	16	8
1905 年	16	2	12	8

鉴于七河省所处的地缘政治态势，自建省之始，部署重点为保障接鄂木斯克南下至塔什干的交通要道。故除谢尔吉奥波利、科帕尔、维尔

[①] 1872 年数据参见 Статистические сведения о войсках Туркестанского военного округа // Троцкий В.Н. ред. Русский Туркестан. Т. 3. СПб., 1872. C. 85-99；1900 年数据参见 Памятная книжка и адрес-Календарь Семиреченской области на 1900 год. Верный, 1900. C. 77-81；1904 年和 1905 年数据综合整理自 Федоров Д.Я. Джунгарско-Семиреченский приграничный район. Т. 2. Ташкент, 1910. C. 127-129；Стратонов В.В. Туркестанский календарь на 1904 год. Ташкент, 1904. C. 1-7。

内等县城为主要驻扎点之外，哥萨克镇均分布在贯通南北的驿道上（参见表 4-14 ）。

表 4-14　1871 年七河哥萨克各村镇人口 [①]

县域与地点	男性（人）	女性（人）	合计（人）
维尔内县			
大阿拉木图镇	1076	918	1994
阿拉木图村	842	713	1555
柳波夫村	379	406	785
伊利斯克村	95	55	150
索菲亚镇	1222	1017	2239
娜杰日达村	883	703	1586
科帕尔县			
科帕尔镇	1110	—	1110
萨尔坎村	256	—	256
阿巴库莫夫村	23	—	23
阿拉桑村	145	—	145
萨热布拉克村	4	—	4
卡拉布拉克村	163	—	163
科克苏村	151	—	151
谢尔吉奥波利县（1893 年更名为列普辛斯克县）			
谢尔吉奥波利镇	324	255	579
列普辛斯克镇	1379	1231	2610
乌尔扎尔镇	444	—	444

---

① Статистические сведения о войсках Туркестанского военного округа // Троцкий В.Н. ред. Русский Туркестан. Т. 3. СПб., 1872. С. 85-99.

这一时期，草原东路俄军三分之一步兵，四分之三炮兵和七分之一哥萨克骑兵驻扎于七河省。而西西伯利亚总督区及其后继者草原总督区首府的鄂木斯克在 19 世纪 80 年代后则已成为后方。尽管七河省国家财政中的陆军部支出始终占各类国家财政支出中的首位，但这一支出显然并非只关乎一省。19 世纪 80 年代之后，托博尔斯克、托木斯克、乌拉尔斯克和图尔盖等省份转为由内务部管辖的普通省份，而驻军集中到中亚南部诸省，军事支出随之转移到新设边疆省份账目上。而如不计算每年占比超过 50% 的陆军部支出（以及 1907 年之后迅速上涨的土地规划与农业总署支出），则大多数年份七河省国家财政收入足够覆盖其余各部支出。

表 4-15 七河省国家财政陆军部支出、内务部支出
和国家财政收支历年比较 [①]

收支项目	1884 年	1892 年	1902 年	1906 年	1907 年	1911 年
陆军部支出	1198220.30	1024083.18	1932721.2	1632208.65	1691845.76	3990608.49
内务部支出	623360.44	571142.57	254941.78	271224.42	306858.98	420863.36
国家财产部开支	—	27347.14	61591.29	110826.71	351740.97	1308165.43
当年七河省国家财政支出	2244895.40	1873858.66	2871216.42	2701071.16	1118630.00	6703446.64

---

① 笔者根据历年七河省年度报告自制。

收支项目	1884 年	1892 年	1902 年	1906 年	1907 年	1911 年
当年七河省国家财政收入	1209303.67	1446193.54	1639875.54	1864269.36	1979957.52	2148619.43
当年七河省帐篷税收入	573540	555221	650476.25	680888	693207.16	719738.91

如不考虑军事支出和移民事务支出，七河省内务部支出（即省内各级行政机构维护成本）远低于对应年份七河省国家财政收入。在多数年份甚至可由帐篷税一项税源覆盖。这意味着七河省的行政机构运营支出可由本地财源支持。正如斯捷特克维奇所论，七河省国家财政赤字的根源是军事支出和 1907 年之后飙升的移民事务支出。从斯捷特克维奇的角度来看，因两项支出涉及全局战略，与其将之视为消费或"浪费"，不如看作是俄当局对战略安全和边区开发的投资。

四、19 世纪后半期至 20 世纪初草原诸省的学校教育与濡化能力

在 19 世纪 60 年代征服草原地区之前，俄当局培养哈萨克学童的目的主要在于为外交和军事活动培养本土中介。在此种意义上，只要本土中介人群能服务于边疆当局的军政目标，俄军政官员并不会过多注重中介人群在语言、风俗和认同上与俄国上层的差异。19 世纪 60 年代以降，在草原地区成为俄国"内边疆"、欧俄地区推行"大改革"的时代背景下，国家濡化能力的建设逐渐成为草原诸省当局的任务。具体而言，缩小草原地区居民在生产方式、语言和宗教等方面与欧俄人群的差

异、使哈萨克人与俄罗斯人"接近"成为此一时期的新目标。而其重要手段就是各省建立学校教育体系。

以 19 世纪 60 年代为界，俄国在草原地区开设学校的历史大致分为两个阶段。18 世纪中期至 19 世纪中期，俄当局支持各哥萨克军团在要塞线城镇和哥萨克村落开办学校，为驻防的俄军官和哥萨克子弟提供基本教育。此类学校向游牧民开放，但仅有极少数部落精英子弟有入学意愿。18 世纪 80 年代，叶卡捷琳娜二世下令在要塞线上修建房舍、礼拜寺和学校，旨在引导小玉兹贵族接受定居生活 ①。但上述措施与伊戈利斯特罗姆改革一样昙花一现。相比之下，奥伦堡和鄂木斯克一些为边区培养军官、文员和翻译的学校对草原社会产生更为深远的影响。在草原东路，早在 1789 年，鄂木斯克当局创办鄂木斯克亚洲学校，旨在培养亚洲语言的翻译人员。1813 年，鄂木斯克当局创办鄂木斯克哥萨克军团学堂，并于 1828 年将鄂木斯克亚洲学校合并为鄂木斯克哥萨克军团学堂的语言教学部门。在草原西路，1825 年，奥伦堡当局创办与前者职能类似的奥伦堡武备学堂 ②。此类军校最初旨在为哥萨克军团培养军官和技术人才，后逐渐面向边疆要塞线上服役的俄罗斯军官子弟和游牧部落精英子弟。军校分为欧洲部和亚洲部。前者主要面向学生中的贵族子弟，教授德语、法语、算术、炮兵学和要塞修筑学等科目；后者主要面向哥萨克学童，教授东正教和伊斯兰教教义、鞑靼语、波斯语、阿拉伯语等与边区军政实践关系密切的科目。

1850 年，奥伦堡边防委员会建立一所直属的哈萨克学校。1857 年，鄂木斯克建立由副督军领导、省公署管辖的鄂木斯克哈萨克学校，由当局出资招收 20 名哈萨克贵族子弟入学。与前述士官武备学校不

---

① Масевич М.Г. Материалы по истории политического строя Казахстана. Т. 1, Алма-Ата, 1960. С. 235–236.

② 该学校于 1844 年更名为奥伦堡士官武备学校（Оренбургский Неплюевский кадетский корпус），1866 年改组为奥伦堡武备中学（Оренбургская Неплюевская военная гимназия），1882 年恢复奥伦堡士官武备学校（Оренбургский Неплюевский кадетский корпус）名称。

同，这两所学校主要面向哈萨克贵族子弟，教授俄语、东方语言、算术、地理和公文撰写等科目。这两所学校招生规模较小，但耗资不菲。例如，鄂木斯克哈萨克学校每年的支出达到 3500 卢布 [1]。而部落首领派遣子嗣赴俄国要塞线学校的实践一定程度上延续了 18 世纪 30 年来以来阿布勒海尔汗向俄国质子的传统。

除上述较为精英的学校以外，要塞线附近大多数俄罗斯学校是哥萨克村镇在军团支持下筹资建设的初级识字学校。这些学校的教师多由识字的哥萨克下级军官或退休军官担任，由镇和村公社给予一定报酬 [2]。即便到 19 世纪 80 年代，哥萨克军团力量较强的省份学校数量统计中，村镇的学校往往占到各类学校总数的一半以上。因此，19 世纪中期之前，俄式学校教育与草原游牧社会关系并不密切。

但这一时期，草原游牧社会并非完全没有教育活动。1865 年草原委员会的考察报告提到："不用在草原上长时间旅行，就可以发现，不仅是哈萨克人有受教育的需求，而且民间以鞑靼语为媒介的教学已经普遍存在。在每个乡，甚至在每个阿吾勒，都有教师、毛拉与和卓，他们由富裕的哈萨克人供养，既作为神职人员，也教授哈萨克孩童鞑靼语文，并同时传播宗教信仰。而我们的鞑靼人教授学童俄罗斯语文的现象则极为罕见……需要补充的是，哈萨克孩童也有在彼得罗巴甫洛夫斯克和塞米巴拉金斯克随本地毛拉学习的。一些富人送孩子到塔什干甚至布哈拉学习。学习的科目包括阅读、写作、祷告、经文选段以及算术。俄语教学在极少数情况下存在于这些阿吾勒中。"[3]1865 年俄军征服塔什干后，以草原委员会为代表的俄军政精英将草原地区视为新的边疆，因

---

① Масевич М.Г. Материалы по истории политического строя Казахстана. Т. 1，Алма-Ата，1960. С. 276—277.

② Тажибаев Т.Т. Развитие просвещения и педагогической мысли в Казахстане во второй половине 19 века. Алма-Ата，1958. С. 333.

③ Масевич М.Г. Материалы по истории политического строя Казахстана. Т. 1，Алма-Ата，1960. С. 275.

此要塞线上的俄式教育体系被赋予了新的目标。草原委员会明确指出：
"在哈萨克人中传播俄语和俄罗斯教育的重要性是不言自明的，目的不
仅仅是教育性的，而且是政治性的，这个问题，很显然，还没有在地方
当局的观念中树立起来。"①

19世纪后半期交通、通信和出版印刷等技术的发展使得面向平民
的国民教育逐渐成为可能。而大规模的学校教育体系是提升边区当局
濡化能力的前提条件。1868年临时条例颁布后，草原诸省的行政机构
开始仿照欧俄地区的教育体系发展学校教育。仿照欧俄普通省份，一
省的教育机构主要由国民教育部管辖，按照教学科目和教育阶段分为
中级学校和初级学校。中级学校包括男子和女子文理中学（гимназия/
gimnaziia）和不完全中学（прогимназия/progimnaziia）。初级学校包括
县城学校、乡村学校以及草原地区的俄哈合校等类型。除国民教育部以
外，俄国其他中央机构根据各省自然禀赋开办各类技术学校。例如，草
原诸省均开办由国家财产部管辖的农业学校，20世纪初阿克莫林斯克
省开办铁路技术学院，而草原各省由哥萨克村镇兴办的学校则由陆军部
和各哥萨克军团管辖。

各省一般设有一到两所文理中学或不完全中学，供省内的贵族、军
政要员和富商子弟就学。此类学校的生均经费往往显著高于初级学校，
旨在培养贵族和军政官员的后备力量。例如，七河省首府的维尔内男
子中学②创办于1876年。以1895年数据为例，该学校官方拨款达到
45752卢布，即226名学生的生均拨款额达到200卢布。根据可查考的
数据，1892年和1902年七河省国民教育部支出分别为82838.55卢布
和118520.16卢布。上述拨款额度相当于当年七河省国民教育部支出的

---

① Масевич М.Г. Материалы по истории политического строя Казахстана. Т. 1, Алма-
Ата, 1960. С. 275.

② 苏联初期著名将领伏龙芝（М.В. Фрунзэ，生卒1885—1925年）曾就读于维尔内男子中
学。该学校的校址曾毁于1887年地震，重建的校舍目前为阿拜国立师范大学使用。伏龙芝
出生于七河省皮什佩克（Pishpek）市，故苏联初期将该城改名为伏龙芝。

一半左右。而 1895 年其他 41 所市立和教区学校学生人数为 2462 人，其官方拨款总额仅为 42222 卢布。市立学校平均每人的拨款为 11 卢布，而教区学校仅为 4.8 卢布[①]。与高额的拨款相对应，该学校的管理水平远超其他各类学校：各级管理者执行常规性的教学评估和家访制度，每周给学生课业状况打分，呈报家长并由家长签字。每两个月，学校会开具学生学习和行为表现的文件，并邀请家长访校会谈。如学生学习表现糟糕，则可能会被开除出校。而家长如不鼓励学生上学，也会面临各类惩罚。该校还设有主要面向省内异族居民的寄宿学校，开设以俄文读写为主要内容的预科课程。寄宿学校预科课程的师资标准相对较高，一般从圣彼得堡大学或拉扎列夫东方语言学院的毕业生中挑选。参加预科课程的异族学生往往来自较为富裕的家庭，因他们大多在进入预科之前就有俄语读写的学习基础。

此外，各省的县城一般由当局重点筹办一所县城学校。相比其他初级学校，县城学校经费相对充裕，一般能维持二级制，即 5 个年级（低级 3 年和中级 2 年）的教学规模。此类学校一般开设俄语、算术和东正教神学三个科目的课程。普通的城市学校、乡村学校、教区学校和俄哈合校一般难以获得足够的经费，其教学一般仅限于俄文读写和初级的算术。城市学校、乡村学校和教区学校一般由本地居民自筹经费兴办，省公署根据教区学校的经费申请和运作情况拨款支持其办学活动。

俄哈合校（русско-киргизская школа/russko-kirgizskaia shkola）在草原诸省均有开设，是俄当局在教育领域整合草原游牧社会的主要途径。而在草原诸省中，最重视开设俄哈合校的是图尔盖省。1868 年建省之前，俄当局在该省所在地区的军事和人力基础薄弱，该省的定居人口占比为草原诸省最低。即便到行政和民事机构设置初具规模的 1881 年，全省的定居人口仅有 3596 人，而游牧人口则多达 64622 帐[②]。因此，该省

---

① Тажибаев Т.Т. Развитие просвещения и педагогической мысли в Казахстане во второй половине 19 века. Алма-Ата，1958. С. 357—358.

② 当年的图尔盖省年度报告仍以"帐"统计游牧人口。

的学校教育自建省之初便明确以吸纳哈萨克人进入俄式教育体系为目的。

19 世纪中后期，该省学校教育工作的主要推动者之一正是近代哈萨克教育家阿勒腾萨林（Ibrai Altynsarin，生卒 1841—1889 年）。阿勒腾萨林出身于中玉兹平民家庭，幼年丧父，为祖父抚养长大。其祖父曾被推举为氏族毕官，且曾在奥伦堡总督区以哥萨克军官身份任职，1850 年官至哥萨克少校。在祖父的荫庇下，阿勒腾萨林成为奥伦堡边防委员会下属哈萨克学校的第一届学生。1857 年毕业后，阿勒腾萨林回到祖父处担任书吏，后在奥伦堡边防委员会任职。1860 年，他被指派赴建城不久的图尔盖市创办学校，担任俄语教师，并主持修建了寄宿校舍。1879 年，阿勒腾萨林升任图尔盖省督学，后于 1881—1882 年间在图尔盖省下辖四县各设立一所二级制俄哈合校。1883 年，他在特罗伊茨克（Troitsk）建立师范学校，鼓励上述四所二级制学校的毕业生在此深造，但毕业后必须到基层的哈萨克初级学校服务六年。此外，图尔盖省争取到圣彼得堡大学、喀山大学和奥伦堡文理中学的奖学金名额，供本省成绩优异的学生深造。1888—1896 年间，他还陆续在伊尔吉兹、图尔盖、库斯塔奈等地县城创办面向哈萨克女童的女子寄宿学校。值得注意的是，根据 19 世纪 80 年代的图尔盖省年度报告记载，该省俄哈合校和阿吾勒学校的经费主要来自向游牧民征收的帐篷税，每年征收的额度达到每帐 0.2—1 卢布 [1]。例如，1889 年图尔盖省内的 15 所学校中，有 14 所为俄哈合校。这 14 所学校的支出共计 33293.51 卢布，其中 21753.51 卢布（约占 65.3%）来自游牧民的帐篷税，而国家财政的投入仅 8936 卢布（约占 26.8%）。这一细节可反映汲取能力与濡化能力的交互。图尔盖省的俄哈合校规模在 19 世纪末至 20 世纪初迅速扩大。1902 年，全省学校数量已增长至 170 所，学生总数达到 6283 人。其中，哈萨克族学童的数量达到 1947 人，且包括 128 名女童 [2]。

---

[1] Обзор Тургайской области за 1884 год. Оренбург，1885.

[2] Обзор Тургайской области за 1902 год. Оренбург，1904.

阿吾勒学校与俄哈合校在概念上略有区别，特指在作为行政级别的阿吾勒一级创立的流动学校，即随同牧团进行季节性转场的流动学校。1889 年阿勒腾萨林去世后，时任图尔盖省督军的巴拉巴什在省内牧区推行阿吾勒学校，主要设置于牧团较为集中的冬牧场。此类学校往往只有一位教师，教授俄语读写和算术科目。1901 年，俄国民教育部专门出台规制阿吾勒学校的管理条例。由此，草原诸省均投资设立阿吾勒学校。根据 1905 年各省统计，图尔盖省的阿吾勒学校数量高达 94 所，在读学童人数达到 1672 人；而阿克莫林斯克省、塞米巴拉金斯克省和七河省共计存在 54 所阿吾勒学校。至 1913 年，阿克莫林斯克的阿吾勒学校上升至 66 所，在读的哈萨克学童超过 3000 人[1]。

表 4-16　阿克莫林斯克省、图尔盖省和塞米巴拉金斯克省
学校和学生数量比较[2]

年份	阿克莫林斯克省		图尔盖省		塞米巴拉金斯克省	
	学校总数	学生总数（人）	学校总数	学生总数（人）	学校总数	学生总数（人）
1881 年	129	5556	4	160	—	—
1891 年	160	6803	25	1287	—	—
1894 年	151	7977	59	1924	100	3946
1902 年[④]	275	16723	170	6283	141	6518

19 世纪末，草原诸省的濡化能力和学校教育体系的发展得到俄国自身资本主义发展的极大推动。具体而言，1896 年西伯利亚大铁路延伸至鄂木斯克后，该地区的学校教育在移民和资本的涌入之下迅速发

---

[1]　Обзор Акмолинской области за 1913 год. Омск，1914.

[2]　笔者根据历年七河省年度报告自制。

[3]　因笔者未能获得 1902 年塞米巴拉金斯克省年度报告，此排该省数据以 1903 年替换。塞米巴拉金斯克省 1901 年的学校总数为 123 所，学生总数为 5921 人。

展。1913 年，阿克莫林斯克省内教育机构数量飙升至 743 所，在读学生数量达到 49309 人 [①]。与此相应，草原诸省当局也借助报刊媒体进行官方宣传。阿克莫林斯克省公署的机关报是其中影响力较大的一份。《阿克莫林斯克省报》自 1871 年开始于鄂木斯克发行，每月刊印两期。1888—1902 年间，该报每周一次发行俄文和哈萨克文双语副刊《吉尔吉斯草原报》[②]。该刊物在首任草原总督科尔帕科夫斯基（1882—1889 年在任）提议下创立，旨在拉近俄当局与哈萨克知识分子的距离，促进俄罗斯文化在哈萨克民众中的传播。《吉尔吉斯草原报》每期俄文版本在前，以阿拉伯字母拼写的哈萨克文版本在后，两种文本之间存在对译关系。与同时期俄国省报相似，该刊物主要用于发布官方政令和公告，部分版面刊登关于商贸、公共卫生和实用生产生活技能的信息，以及本地历史和民族志的文章。该刊物成为当时俄罗斯与哈萨克文化交流的重要平台 [③]。

1905 年俄国革命后，俄当局一度放宽对出版业的控制。更多面向哈萨克知识分子的报纸杂志陆续涌现。1905 年末，仅奥伦堡一地便出现超过 30 种报刊，大多讨论政治和社会议题。但受限于当时草原地区民众的识字率和刊物的发行成本，此类报刊大多难以依靠读者订阅收入维系生存。在日俄战争和一战期间，官方刊物和民间杂志大量报道当时的国际新闻事件，刊登关于世界主要国家的政治经济状况。这些报刊媒体成为当时哈萨克知识分子"开眼看世界"的重要途径 [④]。

综上所述，至一战前夕，草原诸省已建立相对完整的学校教育体系。上述各类学校每年已能向约 10 万名学童提供初级、中级和技术教育。尽管在每年数千名就读于各级俄式学校的哈萨克学童中，能顺利完

---

① Обзор Акмолинской области за 1913 год. Омск，1914.

② 该报的俄文名称为 Киргизская степная газета；哈萨克文名称为 Дала уалаятыныӊ газеті。

③ Субханбердина Y. Киргизская степная газета：литературные образцы. Алма-Ата，1990.

④ Sabol，Steven. Russian Colonization and the Genesis of Kazak National Consciousness. Palgrave MacMillan，2003，p. 65.

成初级学业的人数极少，但这一体系为俄语和欧俄近代知识的传播提供了重要的基础设施。在电报、铁路、印刷等技术以及图书馆、阅览室、期刊报纸等媒介的支持下，俄当局的濡化能力建设有了长足的发展。但具备基础设施并不等于达到濡化效果。在新的技术条件下，欧俄地区的自由主义、社会主义、保守主义以及宗教革新主义等思潮通过俄式教育体系和媒体传入草原社会。新兴的哈萨克知识分子并不必然成为当局濡化能力的支柱。有别于汲取能力，20 世纪末技术条件的进步并不必然意味着濡化能力的增强。技术条件的改变往往呼唤新的思想来开创新的政治。

结语

草原诸省的帐篷税支撑了 1868 年临时条例颁布后草原统治体制的存续，也反映了 19 世纪上半叶俄当局在与草原地区各部落氏族长期博弈之后形成的相对稳定的政治经济秩序。19 世纪 90 年代至 20 世纪初，中亚地区交通和通信技术的变革将逐渐打破草原诸省单纯依赖畜牧业和帐篷税的局面。中亚铁路和奥伦堡—塔什干铁路开通后，河中三省（撒马尔罕省、费尔干纳省和锡尔河省）的棉花种植产业与欧俄乃至欧洲市场联系更为紧密："从撒马尔罕运棉花到莫斯科，最慢的速度也只需要18—20 个昼夜，运费仅为 1.5 卢布每普特。"[①] 与此相应，草原诸省则逐渐形成与中亚南部省份互补的经济专业化区域。在 19 世纪 90 年代初，中亚南部的军政官员已经注意到七河省发展粮食种植对于河中三省棉花种植业的支持作用。这一趋势在 20 世纪初更加明显："1900—1915 年七河省粮食产量增长了 2 倍，而锡尔河省粮食产量仅增长 0.3 倍，在费尔干纳省，粮食产量还大幅度下降了。"[②]1909 年，时任土尔克斯坦总

---

① 张保国：《苏联对中亚及哈萨克斯坦的开发》，乌鲁木齐：新疆人民出版社，1989 年，第 23 页。该章节对两条铁路的经济和军事价值进行了详细的介绍，本章不再赘述。

② 张保国：《苏联对中亚及哈萨克斯坦的开发》，乌鲁木齐：新疆人民出版社，1989 年，第 39 页。

督提议修通塔什干至维尔内的铁路，以进一步整合中亚南部的商贸网络[①]。但这一提议因一战爆发而搁置。上述区域联通的设想最终于 1931 年随着土西铁路通车而实现[②]。

19 世纪 90 年代之后，新的政治经济条件促使草原诸省成为欧俄移民寻找生计的目的地之一。而俄当局对草原诸省管理体制的改革则加速了这一进程。随着 19 世纪末俄国自身逐渐融入全球的生产、贸易和金融体系，此前困扰俄国的边疆地区统治成本问题逐渐以大规模的移民和经济开发得到解决。在 19 世纪末至一战之前的不到二十年时间内，草原诸省社会经济面貌在资本和劳动力大规模涌入后经历了急剧的变化。下一章将尝试以移民政策为重点，分析这一时期俄国与中亚草原的关系。

---

① 俄罗斯国家历史档案馆（РГИА）Ф. 1396. Оп. 1. Д. 8. Л. 56–56об。

② 关于土西铁路历史的研究，参见 Payne, Matthew. *Stalin's Railroad-Turksib and the Building of Socialism*. University of Pittsburgh Press，2001。

第五章 19世纪末至20世纪初草原地区的改革与移民问题

> 我终于当上了卜勒斯[①] / 为了打通关系我花光了所有家产 / 连那骆驼驼峰和马脖子上的肥膘 / 也不剩分毫 / 虽说如此 / 我却并不懂得管理人民 / 有权势的人一发话 / 我便连连点头 / 要是开口的人无权无势 / 我则敷衍了事 / 歪着身子, 半听不听 / 一听乡大会就要临近 / 顿时魂飞魄散, 六神无主
>
> ——阿拜·库南巴耶夫《致库列木拜》[②]

近代哈萨克著名诗人阿拜·库南巴耶夫 (Abai Kunanbaev) 发表于 1889 年的诗作《致库列木拜》生动形象地刻画了一名依靠贿赂当选乡长的人物。库列木拜 (Kulembai) 出身平民, 家族三代均未担任重要职位。诗作重点描述库列木拜筹备乡大会的场景, 突出其欺上瞒下的行为。阿拜的这一系列诗文一方面揭露了草原统治体制下, 由俄罗斯军官

---

① 俄文 "乡长"(волостной управитель) 在哈萨克语中缩略为 "卜勒斯"(болыс)。

② 这首诗作最初发表于 1889 年第 12 期《草原区报》的俄哈双语副刊。俄文版标题为《致库列木拜》(Кулембаю), 哈萨克文版标题为《我当上了乡长》(Болыс болдым)。原文参见 Құнанбаев Абай. Шығармаларының толық жинағы. М. 1945. С. 66; 译文参考 [哈] 阿拜·库南巴耶夫著, 艾克拜尔·米吉提译《阿拜》, 杭州: 浙江文艺出版社, 2020 年, 第 105—111 页。

出任的县长有权废立乡长的现象；另一方面，乡长执政不公，贪污腐化，往往无力协调乡内的矛盾，听任强者欺凌弱者。而结合 18—20 世纪初俄国与中亚草原关系的历史背景，阿拜的诗文反映了草原游牧社会内部权力来源的历史性变迁：依凭血统出身的传统权威逐渐为依托财富和俄当局认可的权威所替代。

要追溯这一转变的出现，首先须回顾 1868 年临时条例颁布后草原统治制度的沿革。1868 年临时条例于当年 10 月颁布，但各省份落实的程度大相径庭。草原西路里海沿岸阿代（Adai）氏族武装起义，几个月未能平息。此外，受到自然环境条件的约束，西路要塞线以南俄国武装移民据点较少。条例中规定建立的乌拉尔省、图尔盖省甚至阿克莫林斯克省各县之中，有多个预定的县府驻地尚无任何建筑物。1868 年临时条例最初规定了两年的试行期（1868—1870 年）。1871 年，俄当局组织特别委员会筹备起草新版条例。但此后的一系列政治变动迟滞了新条例的起草工作。1881 年，亚历山大二世遇刺身亡。亚历山大三世继位后颁布了一系列"反改革"的措施，中亚地区新管理条例的起草工作也因此被搁置。1885 年，新成立的特别委员会恢复此前的起草工作，重新审议1868 年临时条例。1888 年，该委员会完成审议流程，并在此基础上形成新的条例草案。1890 年 5 月，俄国务会议开始审议新草案。最终，1891年 3 月 25 日，新草案得到沙皇谕准，即 1891 年条例[1]。该条例于 1893年 10 月之后在草原各省陆续执行，一直沿用至 1917 年。1891 年条例大力推动草原诸省行政、财税和司法制度与欧俄省份接轨，并设计了一系列促进草原公地私有化的政策，为后续欧俄移民大举拓殖草原诸省奠定了制度基础。

19 世纪末至 1916 年，超过 100 万欧俄移民涌入草原诸省，使其人口规模从 1897 年的 345 万余人飙升至 1916 年的 550 万以上。"它（资产阶级）按照自己的面貌为自己创造出一个世界。"[2] 这一移民浪潮由欧

---

[1] 条例的俄文名称、来源及全文译文参见附录二。

[2] 《共产党宣言》，《马克思恩格斯全集》第 1 卷，北京：人民出版社，2019 年，第 404 页。

洲和俄罗斯资本所驱动，是俄国资产阶级改革的结果。在俄当局取消农民迁徙限制、激励农民开垦边疆以及草原诸省制度的内地化、交通通信技术革新等多方面因素共同作用下，这一浪潮从 19 世纪 90 年代出现，受一战影响而结束。大规模的人口和资本的涌入重塑了草原地区的族裔结构、生产方式和产业格局，并显著推动了游牧民的定居化，从根本上改变了中亚草原千百年来游牧社会的形态。至一战前夕，广义上的俄罗斯族人口占草原诸省总人口的三分之一以上；草原诸省从"蛮荒"的内边疆一跃成为俄国重要的谷物和畜产品基地，经西伯利亚大铁路接入欧俄市场；大多数游牧民转入定居和半定居生活方式，兼营农耕与畜牧；哈萨克社会内部阶层出现显著变动，以血缘为基础的传统权威逐渐瓦解，依附于草原统治体制的群体成为新的权力中心。

一、19 世纪 80—90 年代的统治体制改革：以 1891 年条例为中心

1891 年条例包括序言和"行政制度""司法制度""土地制度""赋税和劳役"四部分，共计 168 条。对比其前身 1868 年临时条例，1891 年条例进一步推动草原地区统治体制与俄国内地省份的行政和司法制度接轨，强化地方政府对户籍、税收和游牧活动的控制，并初步建立了对 20 世纪初草原地区移民问题影响深远的土地利用制度。

（一）行政区划调整

在 1868 年临时条例颁布之后，随着俄军在中亚南部迅速征服布哈拉、希瓦和浩罕汗国，俄当局相应调整草原地区的行政区划。1868 年临时条例设立的乌拉尔斯克省和图尔盖省从奥伦堡总督区剥离，改由内务部直辖，成为俄国的普通内地省份[1]。1882 年，俄当局以阿克莫林斯克省、塞米巴拉金斯克省和此前隶属于土尔克斯坦总督区的七河省

---

[1] 孟楠：《俄国统治中亚政策研究》，乌鲁木齐：新疆大学出版社，2000 年，第 81 页。

组建草原总督区（Степное генерал-губернаторство/Stepnoe general-gubernatorstvo，参见图5-2），统筹边务①。七河省于1882—1899年受草

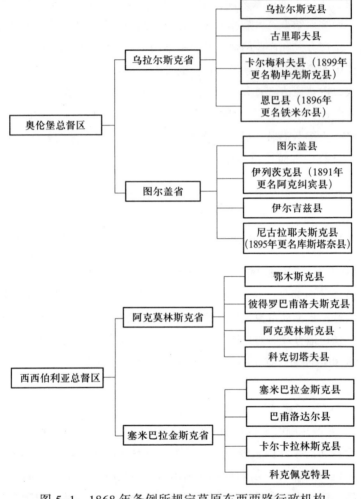

图 5-1　1868 年条例所规定草原东西两路行政机构

① Мацузато К. Генерал-губернаторство в Российской империи: от этнического к пространственному подходу // Новая имперская история постсоветского пространства. Сборник статей. Под ред. И. Герасимова, Казань, 2004.

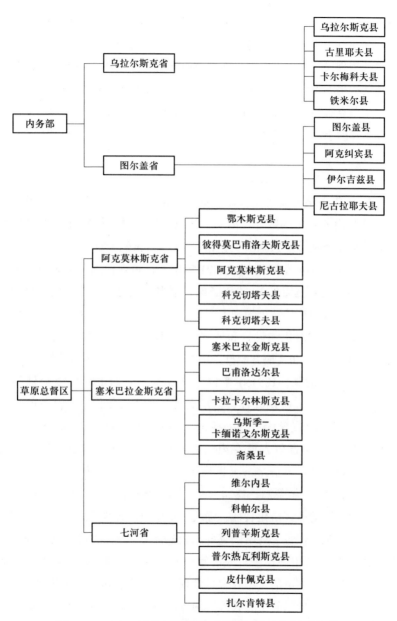

图 5-2　1891 年条例所规定草原东西两路行政机构

原总督区管辖。1882 年之后，草原东西两路延续了此前行政管辖上的分治和法律制度上的融合趋势，即两路分属草原总督区和内务部管辖，但各省的管理条例统一由跨部门委员会协调制定。1891 年条例的名称明确体现其适用的省份范围：阿克莫林斯克省、塞米巴拉金斯克省、七河省、乌拉尔斯克省和图尔盖省。此后，尽管 1899 年七河省在行政隶属上转归中亚南部的土尔克斯坦总督区，但该省仍沿用 1891 年条例至 1917 年。

（二）行政和司法制度改革

1891 年条例的要旨是推动草原省份的内地化，即行政、财税和司法制度与内地省份的融合。第一，从条文结构看，1891 年条例呈现的显著特征是条文数量大幅减少：相比 1822 年条例十章 319 条、1868 年临时条例七章 268 条的篇幅，1891 年条例仅包含四部分 168 条。条文数目的精简主要是因为 1891 年条例在诸多领域与大改革时代出台的一系列全国性部门法接轨，细则上可直接援引对应部门法条文，而避免赘述。例如，在省级机构设置和地方赋役制度方面，1891 年条例分别以《普通行省章程》和《地方赋役条例》为基础，因此无须复述细则。

值得注意的是，1891 年条例全文在术语方面也尽可能与俄国法律体系接轨。整部条例以社会阶层名称"异族"指代草原诸省的土著居民，而以"游牧异族"（кочевые инородцы/kochevye inorodtsy）指代包括哈萨克和吉尔吉斯在内的游牧民，以"定居异族"（оседлые инородцы/osedlye inorodtsy）指代包括塔兰奇、东干和萨尔特在内的人群。相比 1822 年条例、1824 年条例和 1868 年临时条例，1891 年条例呈现更强烈的非人格化特征，强化了草原地区游牧民的统一的行政法律身份，客观上促进了将哈萨克各氏族整合为单一人群的历史进程。同时，1891 年条例中涉及游牧人群管理的条文大大简化，压缩到第三部分"土地制度"之下的"游牧人口管理"一章。与其并列的有"定居人口管理"和"异族宗教事务管理"两章。而"定居人口管理"一章下分"俄罗斯村落管理"和"东干和塔兰奇人管理"两节。可见，1891 年条例的设计者已经预见了未来草原诸省的定居化趋势。

1891 年条例在行政、司法和地方赋役等制度全面与帝国普通法律接轨。因草原西路的乌拉尔斯克省和图尔盖省改由内务部管辖，故条例主要规定的是东路"草原总督"这一新设职位的权限：除《普通行省章程》相关规定外，总督有权批准金额不超过 3 万卢布的工程计划、预算和合同，并选择施工方案；且有权在内务部同意的前提下放逐"政治上不可靠的"异族，期限不超过五年（第 16—17 条）。在省督军层面，除了维持乌拉尔斯克省和七河省督军兼任本地哥萨克军团阿塔曼之外，省督军、副督军和省公署的职权同样依照《普通行省章程》相关条款规定。县级机构和城市管理也基本与《普通行省章程》接轨 [①]。

表 5-1　1891 年条例各章节标题汉俄对照

各章节标题		各章节标题（俄文原文）		条目
序言		Введение		1-12
第一部分 行政制度		Раздел Первый Административное устройство		
第一章 阿克莫林斯克省、塞米 巴拉金斯克省和七河省 统辖机关		Гл. 1 Главное управление областей: Акмолинской, Семипалатинской и Семиреченской		13-18
第二章 地方行政 制度	第一节 省级机关	Гл. II Местные административные установления	Отд. 1 Установления областные	19-28
	第二节 县级和城市 机关 一、县级管 理 二、城市管 理		Отд. 2 Установления уездные и городские: （1）Уездное управление （2）Управление в городах	29-54

---

① Масевич М.Г. Материалы по истории политического строя Казахстана. Т. 1, Алматы, 1960. С. 387-388.

続表

各章节标题	各章节标题（俄文原文）	条目
第三节 乡村机关 一、游牧人群管理 二、定居人群管理 （一）俄罗斯居民点管理 （二）东干和塔兰奇人管理 三、异族宗教事务管理	Отд. 3 Установления сельские （1）Управление кочевого населения （2）Управление оседлого населения: 　a. Управление русских поселений 　б. Управление дунган и таранчей （3）Управление духовными делами инородцев	55–100
第二部分 司法制度	Раздел второй Судебное устройство	101–118
第三部分 土地制度	Раздел третий Поземельное устройство	
第一章 游牧人群土地制度	Гл. 1 Поземельное устройство кочевого населения	119–130
第二章 定居人群土地制度	Гл. 2 Поземельное устройство оседлого населения	131–136
第四部分 赋税和劳役	Раздел четвертый Подати и повинности	
第一章 游牧人群赋税	Гл. 1 Подати с кочевого населения	137–148
第二章 定居人群赋税	Гл. 2 Подати с оседлого населения	149–152
第三章 地方赋役	Гл. 3 Земские повинности	153–168

第二，与行政制度上的整合相对应，1891 年条例在草原诸省引入普通行省财税体制，大幅删减了 1868 年临时条例中基于地方特殊性而设置的条款。该条例删除了 1868 年临时条例中关于"护照费"和部分哈萨克家族免除赋税和劳役的条文。条例的第四部分"赋税和劳役"规定国家和地方两个层面的赋役，向游牧人口和定居人口以不同形式征收。在国家税收层面，草原诸省基层的乡大会和阿吾勒大会在每三年清点帐户、编制税收预算的基础上，向每帐户每年征收 4 卢布的帐篷税（1868 年临时条例的帐篷税额度为 3 银卢布）。值得注意的是，1891 年条例第 137 条提到"帐篷"的概念不仅仅指称居住在毡房中的游牧民，也同样包括居住在石制或木制固定房屋或地穴中的定居或半定居牧民[1]。定居居民（包括俄罗斯、东干和塔兰奇农民）按照各户官方注册耕种的土地面积计算各村需要缴纳的土地税金额，由村社（сельское общество/sel'skoe obshchestvo）负责征缴（第 149—152 条）[2]。

在地方层面，相比 1822 年条例和 1868 年临时条例，1891 年条例明确参照《地方赋役条例》细化了地方赋役的征收和使用程序。地方赋役的征收方案由省公署召集省法院的主席、负责邮传工作的主任、哥萨克军团代表和省府城市代表集体审议。地方赋役在征收形式上分为实物和货币两种形式，在管理层级上分为省和县两级，其来源主要为游牧民帐篷税、俄罗斯村社和异族村社的土地税、城市不动产税、作坊和工场房舍税、工商业票照和专利费五种。实物劳役主要用于兴修水利、治理蝗虫和其他虫灾、维护驿道和牲畜通道、卫戍隘口和边境哨所，以及紧急情况下征调帐篷、燃料和运输物资。货币劳役主要用于支付异族乡、阿吾勒和村社管理人员的薪资，完善基层社会福利，发展地方工商业、畜牧业和种植业，维护以疫苗接种为主要内容的公共卫生，预防牲畜疫

---

[1] 这也从侧面印证，在俄当局半个多世纪鼓励定居的政策下，草原地区已出现一部分转入半定居或定居生活方式的牧民。

[2] Масевич М.Г. Материалы по истории политического строя Казахстана. Т. 1, Алматы, 1960. C. 396–398.

病和农作物病虫害，以及教育土著居民等用途。地方赋役与国家税收以相同流程由乡大会、阿吾勒大会和村社讨论分配，形成预算上报省公署并与国家税同时征收。该条例还明文规定，除上述法定赋役以外不得进行任何税收行为①。

第三，1891年条例改进了1868年临时条例设立的"军政府—民众管理体制"，强化基层政府对边界和游牧活动的管控职能。在基层行政方面，1891年条例保留了此前运行半个多世纪的乡和阿吾勒两级治理：乡长和阿吾勒长由对应层级的选举人召开乡大会和阿吾勒大会以简单多数原则投票选举产生。其选举资格和选举流程基本延续1868年临时条例体制。乡和阿吾勒两级主官和大会的选举人一道负责三年一度的户口清查和税收分配、缴纳工作。在此基础之上，1891年条例试图强化户籍管理和内部行政边界的管控：牧户或阿吾勒必须注册在具体的县和乡中，且其异动须征得所属县域县长的同意，重新注册户籍后上报省公署（第59条）；冬夏两季游牧如跨越县界或省界，则其主体须向所属阿吾勒或乡的主官领取注明牧群户数和游牧路线的票照，以备目的地所属行政单元的主官查验（第61条）。与职权的强化相对应，条例将乡长的年薪水平从1868年临时条例中规定的"加上雇佣书吏开支不低于300卢布"明确为300—500卢布之间，以及规定300—400卢布为乡长雇佣书吏和随从的开支，具体金额由乡大会确定，呈报省公署批准（第71条）②。

同时，1891年条例强调总督、省和县三级俄罗斯政府对于基层政府的控制。该条例首次规定，特殊情况下，内务大臣在乌拉尔斯克省和图尔盖省、草原总督在下辖三省有权直接更换乡长人选，无须经过选举（第63条注1）；在乡大会选举乡长期间，省督军有权否决选举

---

① Масевич М.Г. Материалы по истории политического строя Казахстана. Т. 1, Алматы, 1960. С. 398-399.

② Масевич М.Г. Материалы по истории политического строя Казахстана. Т. 1, Алматы, 1960. С. 391-393.

结果，以另一位候选人替换之，或另行召开选举（第70条）。至于县长，1868年临时条例则规定，县长自上承接总督和省两级指令，对下监管众多乡和阿吾勒，是维持统治体制有效运转、应对内外时局的关键层级，因此一度规定其任免由总督提名、沙皇谕准[1]。时过境迁，可能是因征服中亚南部的战役接近尾声、清俄边境基本稳定，1891年条例将任命县长的权限下放：乌拉尔斯克省和图尔盖省的县长由省督军直接任免；草原三省的县长由省督军提名，草原总督批准（第30条）[2]。县长负责对乡长和阿吾勒长的日常监督，接受民众对其申诉。该条例首次明确，县长有权对轻微违法的乡长或阿吾勒长进行口头警告、处以不超过15卢布罚款或不超过七天拘役的处罚（第85条）；而乡长或乡书吏涉嫌重罪时，则移交省法院（第84条）。阿吾勒长涉嫌贪渎可由县长撤职，而乡长涉嫌贪渎则需要省督军批准撤职；特殊情况下县长有权临时将乡长撤职，并及时上报省督军（第83条）。与更加明晰的惩戒措施相对应，1891年条例同样首次明确对乡长和阿吾勒的奖励：乡长和阿吾勒长如履职勤勉，可授予荣誉长袍（почётные халаты/pochëtnye khalaty）或奖金，分别由内务大臣和草原总督酌情发放（第86条）[3]。

第四，1891年条例进一步将草原地区的司法制度与内地接轨，强化了俄罗斯法庭的职能和案件管辖权，为后续在草原诸省推行内地化和大规模的移民政策拉开序幕。首先，该条例全面引入内地的司法机构，将1868年条例中的县法官、军事司法委员会、省公署三级地方司法体系改造为与内地省份相同的治安法官（мировой судья/mirovoi sud'ia）

---

[1] 1868年条例文本中并未提及县长的任免流程。但同为1865年草原委员会考察报告成果的1867年条例规定，县长人选由总督提名，沙皇任命；而县长的副手资深助理和副官均由省督军提名，总督任命。县公署其余官员由省督军任命。由此推断，出自同一报告的1868年条例可能以相同行政层级处理县长的任免流程。

[2] Масевич М.Г. Материалы по истории политического строя Казахстана. Т. 1, Алматы, 1960. С. 389.

[3] Масевич М.Г. Материалы по истории политического строя Казахстана. Т. 1, Алматы, 1960. С. 391-393.

表 5-2　1868 年临时条例与 1891 年条例所涉地方官员任免程序对比

职官	1868 年临时条例		1891 年条例	
	提名权	任免权	提名权	任免权
总督	—	沙皇	—	沙皇
省督军	陆军大臣	沙皇	内务大臣与陆军大臣协商	参政院
副督军	陆军大臣与所在地总督协商	沙皇	—	—
省公署各局长	省督军	总督	省督军	草原总督
县长	总督	沙皇	省督军	省督军（乌拉尔斯克省和图尔盖省）总督（草原总督区）
副县长（1891年条例改设县长助理）	省督军	总督	—	—
乡长	乡大会选举，县长呈报	省督军	乡大会选举，县长呈报	省督军
阿吾勒长	阿吾勒大会选举，乡长呈报	县长	阿吾勒大会选举，乡长呈报	县长

和省法院（областной суд/oblastnoi sud）两级。草原诸省每个县以及鄂木斯克、塞米巴拉金斯克、维尔内及乌拉尔斯克四座城市均设立一名治安法官，且配有助理和司法调查员支持工作。治安法官和省法院主席的任免和调动均由司法部与总督协商，因此相对独立于地方行政体系。草原诸省的治安法官权力相比 1868 年临时条例中设立的县法官大

大扩张。其管辖权涵盖辖境内涉及欧俄人群案件、异族的刑事和普通违法犯罪案件以及非军事勤务状态下哥萨克的刑事或民事案件 [①]。而在基层司法方面，1891 年条例将"游牧异族"的毕官和"定居异族"中的哈孜（qāḍī）等一并更名为"民族法官"（народный судья/narodnyi sud'ia），其权责和司法程序与 1868 年临时条例基本一致。

司法领域的进一步改革以 1898 年 6 月 2 日颁布的《在土尔克斯坦边区和草原诸省的司法机构》国务会议意见为标志 [②]。在 1891 年条例的基础上，该临时条例大幅增加各省治安法官的数量，加强当局对基层司法案件的管辖能力，希冀更有效地处理因欧俄移民涌入而增多的族际司法案件。因此，19 世纪末，治安法官的扩权引发是否应该继续维持民间法庭制度的争论。呼吁废除民间法庭的一方认为，首先，在欧俄移民逐渐增多的背景下，废除民间法庭有助于推动基层异族政府与内地省份接轨，进而促进哈萨克牧民俄罗斯化。其次，民间法庭同样存在滥用职权和腐败的问题，并非完美无瑕。但为维持地方秩序的稳定，争论最后以达成维持现状的共识告终 [③]。

（三）1891 年条例对土地制度的改革

最后，1891 年条例对草原诸省土地制度的改革成为此后欧俄农民向草原地区移民的先声。该条例延续 1868 年临时条例推动草场公地化、公地私有化的思路，旨在吸引移民和资本开发草原地区，同时引导游牧民定居，强化草原上的定居秩序。1868 年临时条例首次明确草原地区游牧民的牧场为国家占有的土地，除非由沙皇赏赐或当局颁发地

[①] Масевич М.Г. Материалы по истории политического строя Казахстана. Т. 1, Алматы, 1960. С. 394–395.

[②] Крафт И.И. Судебная часть в Туркестанском крае и степных областях, Оренбург, 1898. С. 118–178.

[③] Крафт И.И. Судебная часть в Туркестанском крае и степных областях, Оренбург, 1898. С. 96.

契，否则无法享有特定地块的所有权①。1891年条例则规定草原地区作为牧场的土地和森林为国家财产，游牧民有权无限期"公共使用"土地，但并不占有（第119—120条）。后世学者关注最多的是1891年条例第120条的注释一："对于牧民而言多余的土地将由国家财产部②管理。"③ 这些条文为后续俄当局强征牧场供欧俄移民开发奠定了法律框架。

此外，条例设计了一套鼓励游牧民将公地私有化的制度。条例将牧民使用的土地区分为冬牧场、夏牧场和已开垦土地三类。第125条规定：每位牧民有权在自己使用的冬牧场地块上开垦土地，开辟花园、果园和林地，建立住房和商业建筑；已开垦、种植作物和修建建筑物的土地可被继承，只要作物或建筑物存在。建筑物构成土地占有者的私人财产，且只有在被拆除后方可将土地转让给不属于游牧社群的人员。第126条规定：牧民集体可将冬牧场区域内的土地租让给俄罗斯族用于农耕或修筑作坊、工场、磨坊或其他建筑物，租期不超过30年；此类租让协议须由乡大会起草，明确土地租让金额和收益用途，呈省公署批准。第128条规定，在游牧社群相互同意的情况下，选取冬夏牧场上的便利地点划拨地块耕种粮食和牧草；耕地上所修筑的建筑物为私人财产。第136条规定，非俄罗斯帝国臣民以及非草原诸省的异族、非基督徒均不得在草原诸省购买土地。在上述条文的规制下，草原地区的游牧民将不得不通过开垦土地和建筑房舍等手段争夺稳定的冬牧场使用权，争取俄当局的庇护。而将土地租让给俄罗斯移民开发同样是将对地

---

① Масевич М.Г. Материалы по истории политического строя Казахстана. Т. 1, Алматы, 1960. С. 337.

② 俄国家财产部（Министерство государственных имуществ）创建于1837年，管理属于国家的土地、森林、矿山等资源，1894年改组为农业和国家财产部（Министерство земледелия и государственных имуществ），1905年改组为土地规划与农业总署（Главное управление землеустройства и земледелия），1915年再度更名为农业部（Министерство земледелия）。

③ Масевич М.Г. Материалы по истории политического строя Казахстана. Т. 1, Алматы, 1960. С. 395-396.

块的私人占有权合法化的途径 [①]。

二、19 世纪末至 20 世纪初草原地区的移民问题

（一）俄国向草原地区迁入人口的历史分期

1891 年条例的颁布标志着草原地区进一步融入俄国行省管理体制，也为 19 世纪末欧俄农民向草原诸省移民垦殖的进程拉开序幕。前人学者往往将俄国向草原地区迁入人口的进程分为三个阶段论述：第一阶段（17 世纪至 19 世纪 60 年代），以军事移民为主的时期；第二阶段（19 世纪 60 年代至 19 世纪 80 年代），政策争论时期；第三阶段（19 世纪 90 年代至 1917 年），鼓励移民时期 [②]。这一历史分期以效忠沙皇的欧俄人群进入中亚草原为标准，按照时间顺序划分三阶段。这一分期方式指明了早期以哥萨克军团为主体的移民与 19 世纪征服中亚进程之间的连续性，但在一定程度上混淆了传统跨地域政权扩张带来的军事移民与近代以资本增殖为目标的殖民活动。本节将简述第一、第二阶段，重点讨论第三阶段，阐述其对中亚草原游牧社会产生的深远影响。

在 19 世纪 20 年代之前，受制于俄国自身的生产力水平，欧俄地区的农耕人口大多被束缚于村社，并未随要塞线的推进而大举迁入乌拉尔山南部和西西伯利亚。18 世纪中期至 19 世纪初，草原东西两路的要塞线上，除俄当局部署的正规军和哥萨克官兵以外，还居住着军属、伤残和退役军人、农民、商人和部分破产哈萨克牧民。受限于人口规模，这一时期以哥萨克为主的军事移民并未对哈萨克社会内部产生显著影响，其主要作用在于限制了乌拉尔河和额尔齐斯河沿岸牧民的草场选择范围。

1822 年条例颁布后，草原东路西伯利亚要塞线哥萨克军团的部分

---

① Масевич М.Г. Материалы по истории политического строя Казахстана. Т. 1, Алматы, 1960. С. 395-397.

② 例如 Абдыкалыков М. и Панкратова А.М. ред. История Казахской ССР（с древнейших времен до наших дней）. Алма-Ата, 1943. С. 424-433.

兵力随着各外区的开设而进驻草原腹地；而西路当局也将要塞线向南扩张，由此开启俄当局向草原腹地移民的进程。1870 年，西路的乌拉尔哥萨克军团人口数量为 8.12 万人，西伯利亚哥萨克军团约为 8.6 万人，七河哥萨克军团约为 1.7 万人[①]。根据别克马汉诺娃的估算，这一时期斯拉夫裔人口占草原五省及锡尔河省人口总数的 8.25%，其中大多数集中在阿克莫林斯克省和乌拉尔斯克省[②]。自 19 世纪 20 年代至 80 年代，俄当局向草原地区的移民主要出于战略目的，整体规模较小而大多配置于交通要道。即便如此，临近要塞线和草原腹地哥萨克村镇的哈萨克牧民与农耕聚落逐渐发展出雇佣劳动关系，例如定居人群雇佣牧民收割干草或从事简单的农耕活动[③]。

自 19 世纪 60 年代起，在农奴制改革启动后 30 余年间，俄国的资本主义生产关系蓬勃发展，对农民在地域和社会阶层领域流动的限制逐渐被废除。自 1865 年草原委员推动改革开始，俄国在 19 世纪后半期逐步削夺部落精英特权，改造土地制度，将资本主义生产关系引入草原地区。这一时期，支持向草原地区移民的意见认为俄罗斯农民的迁入将使哈萨克人与之接近，有利于整合边疆，并将草原地区作为向亚洲其他地区扩张的跳板；反对者认为草原地区适宜农耕的土地太少，移民将挤占牧民牧场，引发争斗，故而不利于统治秩序的稳定。

本节探讨的重点是 19 世纪 90 年代至 1916 年前后俄当局向草原地区移民的政策及其影响。在俄国完成对草原地区制度整合、欧俄地区人地矛盾尖锐、交通通信技术革新、当局政策激励等因素结合下，19 世纪末至 1916 年，草原诸省的人口规模从 345 万余激增至 550 万余（参

---

① ［哈］马萨诺夫等著，杨恕、焦一强译：《哈萨克斯坦民族与文化史》，北京：民族出版社，2018 年，第 141 页。

② Бекмаханова Н.Е. Многонациональное население Казахстана и Киргизии в эпоху капитализма. 60 е годы XIX в. 1917 г. М.，1980. С. 124，135.

③ Martin, Virginia. *Law and Custom in the Steppe: the Kazakhs of the Middle Horde and Russian Colonialism in the Nineteenth Century*. Curzon，2000，p. 65.

见表 5-3），其中阿克莫林斯克省的人口从 68.2 万飙升至 156.7 万。尽管这 20 年间哈萨克和哥萨克人群的规模均有一定增长，但上述人口变动的主要因素毫无疑问是欧俄移民的迁入。

表 5-3　1870 年、1897 年、1905 年、1916 年草原诸省人口估算对比 [1]

省份	1870 年 （万人）	1897 年 （万人）	1905 年 （万人）	1916 年 （万人）	1905 年各省哥萨克人口 （万人）	1916 年各省哥萨克人口 （万人）
乌拉尔斯克省	34.7	64.5	76.9	83.8	13.1	14.1
图尔盖省	30.0	45.3	56.7	84.2	—	—
阿克莫林斯克省	38.2	68.3	88	158.3	8.1	13.8
塞米巴拉金斯克省	51.0	68.5	76.2	90.4	3.4	4.8
七河省	55.2	98.8	—	136.0	3.23	3.86
合计	209.1	345.4	297.8（不含七河省）	552.7	—	—

（二）19 世纪末 20 世纪初欧俄移民运动的形成

　　19 世纪末 20 世纪初欧俄移民迁入草原诸省的进程始于 19 世纪 80 年代的一系列政策调整。从 19 世纪 80 年代开始，俄当局逐步放宽对

---

[1]　1870 年和 1916 年数据参考 Бекмаханова Н.Е. Многонациональное население Казахстана и Киргизии в эпоху капитализма. Алма-Ата，1986. C. 63-64；1897 年 数 据 参 考 Азиатская Россия：люди и порядки за Уралом. T. 1. C. 87；1905 年和 1916 年草原诸省哥萨克人口数据参考 Demko, George. *The Russian Colonization of Kazakhstan: 1896-1916.* Bloomington: Indiana University, 1964, p. 44。因图尔盖省辖境内并没有哥萨克驻屯，故图尔盖省不在统计省份之列。

边疆地区的移民限制。1881 年 7 月 10 日，俄当局出台首部涉及移民的法令《农民迁往国家空闲土地的临时条例》，规定欧俄省份的农民向其他地区移民不再需要接收村社的同意；并规划在边疆省份设立移民站，为合法移民提供资助。1889 年 7 月 13 日，俄当局颁布《关于农民和市民自愿迁徙到国有土地以及此前已迁徙人群的安置条例》，规定农民可向当局申请赴七河、阿克莫林斯克和塞米巴拉金斯克三省开垦尚未被私人占有的国家土地。该条例许诺移民可在定居地注册为合法居民，获得每户 15—30 俄亩土地和额度为 30—100 卢布的无息贷款等一系列优惠条件，以及三年免税和免服兵役的特权。1891 年，该条例的适用范围扩大到图尔盖和乌拉尔斯克省，由此涵盖整个草原地区。

1889 年颁布的这一法令标志着俄中央政府直接介入草原地区的移民事务。该条例颁布后，时任阿克莫林斯克省督军的利文佐夫（M. A. Liventsov，1883—1890 年在任）抱怨道，当年省内有约 8000 名移民没有注册，也没有地方供他们定居。一些准备前往阿尔泰地区的移民因路费耗尽而滞留阿克莫林斯克省北部。因此，1891 年底，阿克莫林斯克省临时中止注册合法移民，因为当年迁入该省的移民已经让省公署应接不暇[①]。1892 年，当时担任参政院议员且兼任俄罗斯帝国地理学会副主席的谢苗诺夫（P. P. Semënov-Tianshanskii）感叹道，"在多年抑制自发移民无效之后，当局终于决定组织殖民运动"[②]。

推动向草原地区移民的另一重要动力是西伯利亚大铁路的延伸。1892 年，铁路西段从车里雅宾斯克开始向东修筑，于 1896 年修至鄂木斯克。1892 年，俄当局成立西伯利亚铁路委员会，并设立移民基金，派遣考察团开发铁路沿线土地。1893 年，考察团勘察阿克莫林斯克省

---

① Martin, Virginia. *Law and Custom in the Steppe: the Kazakhs of the Middle Horde and Russian Colonialism in the Nineteenth Century*. Curzon, 2000, p. 65.

② Семенов П.П. Значение России в колонизационном движении европейских народов // Известия РГО. 1892. Т. 28. Вып. 4. 1892. С. 366.

下属科克切塔夫、彼得罗巴甫洛夫斯克和鄂木斯克三个县铁路线两侧各100俄里范围内的土地，规划其开发方案。该委员会推动将"农民代表"（ходок/khodok）制度化。移民可筹资雇佣农民代表前往目的省份了解地块状况。从1894年开始，西伯利亚大铁路为移民家庭提供优惠票价，降低移民的交通成本。1898年，移民票的价位相当于三等车厢的儿童票价格。据估算，一个五口之家通过西伯利亚大铁路旅行1100俄里的票价仅为15卢布，而原价为57卢布[①]。

与此相应，草原诸省消极执行移民政策的一批地方大员相继被撤换：1890年，长期服役于草原东路的草原总督科尔帕科夫斯基（G. A. Kolpakovskii）卸任，由此前在欧俄地区任职的陶别（M. A. Taube）替代；同年，阿克莫林斯克省督军利文佐夫为桑尼科夫（N. I. Sannikov）替代。1892年，塞米巴拉金斯克省督军谢京宁（O. V. Shchetinin）为卡尔波夫（A. F. Karpov）替代。以科尔帕科夫斯基为代表的草原总督区军政要员亲历俄国在中亚从扩张到建制的漫长过程。他们支持有序地向草原诸省引入移民，担忧大规模无序的移民潮将激化农民与牧民、新移民与老移民之间的矛盾。这一轮人事调整适逢1891—1892年冬季的欧俄饥荒。1892年，大批移民沿着奥伦堡至伊希姆河的驿道来到科克切塔夫县、阿特巴萨尔县和彼得罗巴甫洛夫斯克县。

1896年，俄当局迈出推动移民政策的关键一步，其标志是内务部设立统筹移民事务的移民局（Переселенческое управление/Pereselencheskoe upravlenie）。1902年，时任内务大臣的维特（Sergei Witte）考察西伯利亚和远东。1904年6月6日，俄当局颁布新移民条例，允许农民在没有移民局许可的情况下移民到边疆地区，免税期限延长到5年[②]。至此，俄当局实际上取消了所有对欧俄农民向乌拉尔山以东迁徙的法律限

---

① Demko, George. *The Russian Colonization of Kazakhstan: 1896–1916*. Bloomington: Indiana University, 1964, p. 60.

② Высочайше утвержденная временная правила о добровольном переселении сельских обывателей и мещан-земледельцев. ПСЗРИ, Соб. 3. Т. 24. No. 24701. С. 603.

制。俄罗斯的亚洲部分被划分为 12 个移民区，草原诸省均为移民目标省份。

1905 年革命后，为缓和欧俄地区的人地矛盾，俄当局加大了激励农民向边疆地区迁徙的政策力度。在第一届杜马被解散后，内政大臣斯托雷平被任命为内阁总理。斯托雷平政府在 1906 年 11 月 9 日颁布《向国家土地迁移法》，规定农民有权脱离村社，出售自己的份地，且村社不能再限制农民迁出，农民也不再需要偿还尚未还清的赎地欠款 [①]。1908 年，斯托雷平改革的支持者克里沃舍因（A. V. Krivoshein）开始领导土地规划与农业总署（即原国家财产部）。在他的领导下，土地规划与农业总署出台一系列措施激励贫弱农民向边疆移居。1910 年，斯托雷平在克里沃舍因的陪同下考察西西伯利亚，计划以西伯利亚与中亚草原为主要的移民目的地。由此，1906—1915 年间，俄当局持续投入巨额资金规划土地、兴修水利、道路和电报线，并为移民提供贷款，降低其迁徙的交通、信息和制度成本（参见表 5-4）。

表 5-4　1906—1915 年俄国向亚洲省份移民的财政开支变化 [②]

年份	支出金额 （百万卢布）	年份	支出金额 （百万卢布）
1906 年	4.9	1911 年	27.0
1907 年	12.1	1912 年	27.1
1908 年	19.1	1913 年	27.5
1909 年	23.0	1914 年	29.3
1910 年	24.9	1915 年	27.3

---

① ［哈］马萨诺夫等著，杨恕、焦一强译：《哈萨克斯坦民族与文化史》，北京：民族出版社，2018 年，第 163 页。

② Demko, George. *The Russian Colonization of Kazakhstan: 1896-1916.* Bloomington: Indiana University, 1964, p. 62.

在上述政策组合的影响下，1896—1916 年间，数以百万计的欧俄农民迁徙至乌拉尔山以东的亚洲省份。据统计，1896 年，官方登记迁赴西伯利亚的移民规模为 20 万人，而 1907 年，当年迁往乌拉尔山以东的移民数量达到 75 万以上，尽管其中有 12 万人后来返回欧俄地区。1896—1909 年，官方统计越过乌拉尔山向东迁徙的移民总数达到约 363 万人，其中逾 87 万人返回欧俄地区。此外，未登记移民的数量估算为登记移民数量的 20%。

综合别克马汉诺娃等学者的估算数据，1896—1916 年间，草原地区五省总计迁入欧俄移民约 126 万人，相当于同时期迁徙至俄国各边疆地区总人口的约四分之一。就迁入人口的变化趋势而言，1896—1914 年间，迁入人口整体呈上升趋势。1906 年斯托雷平改革极大刺激了移民数量的增长。而 1910—1911 年冬草原诸省的歉收和饥荒则使得后续两年移民数量从 1909 年的 21 万余人锐减到 1912 年的 5 万余人。1914 年夏，俄国参加一战后，迁入人口规模显著缩减。移民政策的执行并非如移民局宣传的那般顺利。从统计数据中可见（表 5-5），几乎每一年都有规模不等的人群在迁入草原诸省后再次迁出。

表 5-5　1896—1916 年迁入草原诸省欧俄移民数量估算[①]

年份	迁入草原诸省人口数量（人）	当年居留草原诸省人口数量（人）	当年居留人口占迁入草原诸省人口比例（%）
1896 年	48240	41967	87.0
1897 年	18816	13566	72.1
1898 年	27742	21400	77.1
1899 年	42107	31135	73.9
1900 年	45484	24651	54.2

[①]　Demko, George. *The Russian Colonization of Kazakhstan: 1896–1916.* Bloomington: Indiana University, 1964, p. 79.

年份	迁入草原诸省人口数量（人）	当年居留草原诸省人口数量（人）	当年居留人口占迁入草原诸省人口比例（%）
1901 年	19378	8587	44.3
1902 年	20369	12246	60.1
1903 年	22607	14921	66.0
1904 年	25514	19501	76.4
1905 年	24019	18240	75.9
1906 年	93314	74022	79.3
1907 年	107102	84871	79.2
1908 年	229601	191293	83.3
1909 年	216512	169082	78.1
1910 年	121378	73206	60.3
1911 年	60743	780	1.3
1912 年	53758	24669	45.9
1913 年	127987	88790	69.4
1914 年	151618	115826	76.4
1915 年	12498	9575	76.6
1916 年	5532	3425	61.9
合计	1474319	—	—

　　在草原诸省中，最受欧俄移民青睐的省份并非距离最近的乌拉尔斯克省，也非气候较为温暖的七河省，而是草原东路北侧的阿克莫林斯克省。阿克莫林斯克省北部三县（鄂木斯克县、彼得罗巴甫洛夫斯克县、科克切塔夫县）均处于铁路沿线，地势平坦且水土条件相比草原西路较

好，故成为移民的理想目的地。1897 年俄全国人口普查记载，该省人口约为 68.26 万人。但在 1897—1916 年间，迁入阿克莫林斯克省的移民达到 73.15 万人，占迁入草原五省总移民人口的 58%。欧俄移民成为 1915 年该省人口上升至约 156 万人的主要因素。1909 年，官方登记草原诸省共计迁入 640480 名移民，其中六成以上移居到阿克莫林斯克省[①]。

这一时期国家与资本共同推动的移民运动引发了各类人群之间的资源竞争。草原诸省并非无人活动的旷野。水土条件较好的地块往往是哈萨克游牧民的冬夏牧场。为安置移民，19 世纪末，乌拉尔斯克省、图尔盖省、阿克莫林斯克省和塞米巴拉金斯克省共没收约 1400 万俄亩牧地。而斯托雷平土地改革大大加快了强征土地的进程。到一战之前，总共没收牧地 4000 多万俄亩[②]。正如列宁在讨论移民政策时所指出的："移民用的土地是靠疯狂地侵犯土著居民的土地权而得来的，从俄罗斯向外移民则完全是为了贯彻'边疆地区俄罗斯化'这一民族主义原则。"[③]

这一时期的移民运动必然存在组织不力的问题。首先，西伯利亚和草原诸省的移民目的地未必经当局官员精细考察。一些地块存在缺乏水源、土壤肥力不足或缺少建材等问题；移民不熟悉本地气候、水土和病虫害状况。其次，受限于人力和协调能力，移民局的地方机构时常未能及时拨发土地或贷款，导致移民无法如预期垦殖。这些现象加剧了新老移民之间以及移民与本土居民之间的资源竞争。据布凯汗诺夫（A. N. Bukeikhanov）记载，在 1905 年，阿克莫林斯克省北部三县的农民人口相当于牧民人口的 69%。而在 1907 年，阿克莫林斯克省新接收 1.2 万户移民家庭。为此，阿克莫林斯克省当年征收 51 万俄亩原本为牧场的

---

① Morrison, Alexander. "Russian Settler Colonialism" in Edward Cavanagh and Lorenzo Veracini eds, *The Routledge Handbook of the History of Settler Colonialism*. London: Routledge, 2017, p. 319.

② ［哈］马萨诺夫等著，杨恕、焦一强译：《哈萨克斯坦民族与文化史》，北京：民族出版社，2018 年，第 163 页。

③ Ленин В.И. Полное собрание сочинений. Т. 21. Переселенческий вопрос. С. 330.

"国有土地"①。在移民最多的县之一科克切塔夫县，哈萨克人一度不允许移民局的勘察员进行土地丈量。而在彼得罗巴甫洛夫斯克县，1906年6月甚至发生了牧民与农民之间的流血冲突，波及数百人②。

三、移民政策对中亚草原游牧社会的影响

1896—1916年欧俄移民的大规模迁入对中亚草原产生了四方面深刻影响。第一，草原地区人口规模和族裔结构的变化。这一时期俄国人口统计分类中的"俄罗斯族"（包括各省的哥萨克和这一时期迁入的欧俄各族）占同期"哈萨克族"的比例从1897年的22.4%上升至1916年的56.2%。这一变迁成为后续各方面变化的基础。第二，草原地区的产业格局的改变。谷物种植与畜牧业成为同等重要的产业，草原诸省一跃成为俄国主要粮食产区之一。借助西伯利亚大铁路，谷物与畜产品一道将草原地区与欧俄乃至欧洲市场连接在一起，使之成为国际产业分工体系中的一环。第三，游牧社会生产方式和生活方式的改变。草原统治体制下农耕移民的大规模迁入使得大多数游牧民转入定居和半定居生活方式，一部分兼营农耕与畜牧。在新生产技术和生产关系的支撑下，哈萨克社会所生产的农牧产品规模同样呈现显著增长。第四，游牧社会内部的社会关系的改变。传统哈萨克社会以血缘为基础的政治权威显著下降，草原统治体制的职官、财富和从俄罗斯教育机构获得的学历成为新权威的来源。

19世纪末至20世纪初俄国的土地改革和移民政策是草原近代历史研究最重要议题之一。对于俄苏学界而言，土地和移民问题是解读俄国作为"资本主义链条上薄弱环节"的关键议题之一，而移民问题所引发的边疆地区族际冲突是论证沙皇俄国作为"各民族的监狱"的重要论据。即便在20世纪后半期，在"绝对美德论"成为苏联史学界主流史

---

① Букейхан А. Тандамалы: Избранное Собрание сочинений. Алматы, 2002. С. 106.

② Букейхан А. Тандамалы: Избранное Собрание сочинений. Алматы, 2002. С. 108.

观之后，移民问题同样可以作为论述苏联国家和疆域形成的重要议题。对于独立后的哈萨克斯坦而言，移民问题是论述近代殖民政策的重要内容，是将 19 世纪哈萨克斯坦历史纳入"帝国与民族国家"二元叙事框架的关键议题。因此，苏联和独立后的哈萨克斯坦史学界均围绕这一议题出产了一系列学术作品[1]。

但从史料角度来看，后世学者并不易于对这一进程的影响进行全面而深入的研究。前人学者对于这一议题的研究往往集中于 1896—1916 年这一时段。其原因是 1896 年内务部移民局成立后，俄国才有协调全国移民事务的中央机构，故自此开始统计相关人口和社会经济数据。该机构在各移民目的地省份设有地方分支机构，负责审核移民身份，发放援助和贷款，提供食宿、农具和信息服务。除了在资金、基础设施和土地征收方面提供支持外，中央和地方的移民管理机构还出版大量介绍各移民目的地省份的手册，包含各省的地理概况、物产信息、交通路线、政府机构设置等，为农民代表和移民提供信息服务。1907—1914年，该机构连续出版半年刊《殖民化问题》（Вопросы колонизации/Voprosy kolonizatsii），主要刊登移民政策相关的数据、地方土地状况调查和农耕技术等信息，旨在宣传该部门的工作成果，宣扬边疆地区俄罗斯化的优越性。该刊物发行至 1914 年，共刊发 145 篇文章，其中关于中亚南部地区有 28 篇，草原地区 20 篇，西伯利亚地区 32 篇。1914 年，内务部移民局出版三卷本《亚洲俄罗斯》（Азиатская Россия/Aziatskaia Rossiia），宣传乌拉尔山以东地区的发展以及承接移民的潜力。这两份史料是后世研究 19 世纪末至 20 世纪初俄国对草原地区移

---

① 例如 Оболенский（Осинский）В.В. Международные и межконтинентальные миграции в довоенной России и СССР. М., 1928；Скляров Л.Ф. Переселение и землеустройство в Сибири в годы столыпинской аграрной реформы. Ленинград, 1962；Бекмаханова Н.Е. Формирование многонационального населения Казахстана и Северной Киргизии. Алма-Ата, 1980；Масанов, Н.Э. ред. История Казахстана: народы и культуры. Алматы, 2001.

民最重要的一手文献。此外，1897 年全国人口普查和 1926 年苏联首次
全国人口普查均为研究移民问题提供了参考①。

上述官方史料的优点在于能提供相对精确而连续的数据记录，便
于学者从宏观层面把握移民进程，从数据推测移民潮对于草原地区影
响的深度和广度。受限于统计机构自身可能存在的自利倾向，后人难以
确证内务部移民局所呈现数据的准确程度。相关官方文献也较少讨论移
民事务所引发的负面后果。在上述官方统计数据之外，各相关地方省份
档案，包括哈萨克知识分子在内的官员文人著作，以及同时期的哈萨克
民间文学均能从不同视角、在不同程度上呈现移民问题对于中亚草原和
游牧社会的影响。但后世史家并不易于从这些史料中得出宏观层面的判
断。因此，本节将依然从官方史料出发，结合前人学者多方观点，尝试
讨论这一时期移民政策对于游牧草原的影响。

（一）草原诸省人口规模和族裔结构的变化

移民政策对于草原诸省最显著的影响是人口规模和族裔结构的
变化。据估算，19 世纪 70 年代初草原五省总人口仅逾 200 万（参见
表 5-3）。1897 年人口普查数据显示，草原五省人口约为 345 万，其中
哈萨克族约为 257 万。而 1871—1896 年间迁入上述省份的欧俄移民约
为 28.26 万人。在本地人口自然增长和超过一百万欧俄移民迁入的合力
之下，1916 年草原诸省的人口规模飙升至 550 万左右。

在人口的空间分布方面，乌拉尔斯克省因耕地主要分布于乌拉尔
河流域，而该地区大多属于乌拉尔哥萨克和奥伦堡哥萨克军团辖地，故
迁入该省的移民相对较少。图尔盖省仅北部水土条件相对适宜农耕，故
1896 年之后该省的阿克纠宾斯克和库斯塔奈两县人口激增。与此相似，
阿克莫林斯克省的人口增长同样集中于北部的彼得罗巴甫洛夫斯克、鄂

① Центральный статистический комитет. Первая всеобщая перепись населения
Российской империи 1897 года, 89 т. 1899-1905.

木斯克、科克切塔夫三县。塞米巴拉金斯克和七河省距离铁路线相对较远，且主要耕地为西伯利亚哥萨克和七河哥萨克军团占据，故1896年以前相对较少吸引移民前往。1896年之后，在当局政策的激励下，两省的山麓和河谷土地得到开发，移民规模达到10万之数。

表5-6　1871—1916年迁入草原各省的欧俄移民人数 [①]

省份	1871—1896年（万人）	1897—1916年（万人）
乌拉尔斯克省	5.13	8.2
图尔盖省	2.61	19.9
阿克莫林斯克省	11.91	73.15
塞米巴拉金斯克省	0.34	13.01
七河省	8.87	11.85
总计	28.86	126.11
同期赴各边疆地区移民总数	381.54	522.76

　　草原诸省族裔结构的变化是移民政策的另一显著影响。整体而言，1897年草原五省的俄罗斯族人口（包括各哥萨克军团人口和自欧俄省份迁入的各族）仅占哈萨克族人口约五分之一（参见表5-7）。而到1916年，这一比例已经上升到56%：俄罗斯族总人口规模上升到164.3万。值得注意的是，哈萨克族人口从1897年的257万上升到1916年的292.2万。此外，阿克莫林斯克省的俄罗斯族人口在1916年时已经远高于省内哈萨克族。图尔盖省的俄罗斯族人口则呈现最大幅度的增长，从1897年的3.5万人上升到1916年的30.5万人。这两省的俄罗斯族人口比例在20世纪中期进一步升高，由此奠定20世纪末至今哈萨克斯坦北部地区人口的族裔格局。

[①] Бекмаханова Н.Е. Многонациональное население Казахстана и Киргизии в эпоху капитализма. Алма-Ата，1986. С. 103.

表 5-7　1897 年、1905 年和 1916 年草原诸省族裔人口比较 [①]

省份	1897 年（万人）		1905 年（万人）		1916 年（万人）	
	俄罗斯族	哈萨克族	俄罗斯族	哈萨克族	俄罗斯族	哈萨克族
乌拉尔斯克省	16.4	46	26.8	47.7	27.8	48
图尔盖省	3.5	41.1	12	44	30.5	50.7
阿克莫林斯克省	22.6	42.7	37.4	48.8	76.5	52.7
塞米巴拉金斯克省	6.8	60.5	8.2	66.9	20	66.5
七河省	8.2	66.7	—	—	29.5	74.3
草原诸省合计	57.5	257	—	—	164.3	292.2

（二）新技术的引入、生产方式的转变和草原地区经济的全球化

　　如上文所述，西伯利亚大铁路的延展是 19 世纪末移民政策的重要基础设施。结合同时期遍及草原诸省各城的电报线，草原地区与欧俄地区更为紧密地联系在了一起。阿克莫林斯克省府鄂木斯克直接受益于这两种技术的应用。1896 年，西伯利亚大铁路通至鄂木斯克。该城濒临额尔齐斯河，向西以铁路接入欧俄市场和工业制成品产地，向东通达阿尔泰山北麓矿区，向南借助额尔齐斯河航运和陆上商旅通达草原东路的农耕和畜牧产区。因此，该城成为草原东路移民、农具、农机、农产品和矿产品的集散地，也是资金的中转站。1911 年，鄂木斯克城的贸易额达到 2100 万卢布。鄂木斯克城的城区人口从 1897 年的 3.7 万余人至

---

① 这一系列统计中所列"俄罗斯族"泛指从欧俄地区迁入草原诸省的各族裔，包括 19 世纪末的移民和此前征服过程中定居的哥萨克和各阶层人群。1897 年数据参考 Переселенское управление. Азиатская Россия：люди и порядки за Уралом. Т. 1. 1914. С. 82；1905 年和 1916 年数据参考 Demko, George. *The Russian Colonization of Kazakhstan: 1896–1916*. Bloomington：Indiana University，1964，p. 139。

1911 年增长至 12.7 万人，是这一时期草原诸省最大城市，一度被称为
"西伯利亚的莫斯科"[1]。

　　借助便利的交通和通信条件，俄当局还为草原诸省的欧俄移民提
供了相对较多的金属农具。据库兹涅佐夫（V. K. Kuznetsov）1911—
1912 年在西伯利亚和草原多个县的调查，草原诸省受访农民中有
81.7% 拥有金属农具，而欧俄地区仅为 29.6%[2]。在上述条件的结合
下，草原诸省的土地播种面积在 19 世纪末至 20 世纪初呈现显著增
长。对比 1897 年、1906 年与 1916 年数据可见，草原诸省播种土地面
积呈现持续上升趋势（表 5-8），其中阿克莫林斯克省和图尔盖省增
长 5 倍，塞米巴拉金斯克省增长 4 倍。就种植作物而言，谷物占草原
诸省作物产量的 80% 左右，且其产量从 1906 年的 3600 万普特上涨至
1916 年的 1.23 亿普特。但需要指出的是，草原地区的谷物产量不可
避免地受到气候条件制约，如 1911 年的旱灾导致当年谷物产量下降到
2269 万普特。

　　从 1906 年和 1916 年族裔统计数据看，值得注意的是，哈萨克族
所占播种土地面积的绝对数值呈现显著增长（表 5-8），且哈萨克族播
种土地面积占草原诸省总播种土地面积的比重相当可观：1906 年哈萨
克族的播种土地面积（不含七河省）占到草原诸省总播种土地面积的
27.9%，而 1916 年依然维持在 22.7%。这一数字对于下文分析欧俄移
民迁入背景下草原地区游牧民定居化的趋势有重要参考价值。

---

[1]　Переселенское управление. Азиатская Россия：люди и порядки за Уралом. Т. 1. 1914. С.
　　299.

[2]　Кузнецов В.К. ред. Сборник статистических сведений об экономическом положении
　　переселенцев в Сибири：Материалы по обследованию типических переселенческих
　　поселков. СПб.，1913.

表5-8 1897年、1906年和1916年草原诸省播种土地面积比较 [1]

省份	1897年（俄亩）	1906年（俄亩）			1916年（俄亩）		
		俄罗斯族	哈萨克族	总计	俄罗斯族	哈萨克族	总计
乌拉尔斯克省	208891	210000	107000	317200	444000	143000	587128
图尔盖省	140710	132300	233000	365300	569000	286000	854342
阿克莫林斯克省	224084	342000	33000	375100	1287000	80000	1366396
塞米巴拉金斯克省	97228	39000	59000	98000	316000	102000	454001
七河省	—	50000	—	360291	216000	208000	608259
草原诸省合计	670913（不含七河省）	773300	432000（不含七河省）	1515891	2832000	819000	3870126

　　草原诸省的畜牧业规模并未随农垦移民的大规模迁入而萎缩。从统计数据来看，乌拉尔斯克、图尔盖、阿克莫林斯克和塞米巴拉金斯克四省的1916年的牲畜存栏头数相比1906年上升约300万头，达到2670万头有余。除存栏头数上升以外，草原诸省的畜牧业出现至少三方面变化：第一，牧区逐渐被农耕区挤压到水草条件相对较差的草原腹地；第二，生产方式逐渐由此前的草原游牧转向半游牧甚至是定居畜牧；第三，牧区的生产活动受欧俄市场需求的影响逐渐增大，畜牧生产日趋市场化。牲畜种类结构的变化能从侧面反映草原畜牧经济市场化的特征：1906年，草原诸省牲畜存栏头数中，牛和羊（包括绵羊和山羊）的数目各占40%，而马的占比为17%；至1915年，牛的占比进一步上升到

① Министерство Земледелия. Материалы по земельному вопросу в Азиатской России. Т. 6. Петроград，1917. С. 127-128；Demko，George. *The Russian Colonization of Kazakhstan: 1896-1916*. Bloomington：Indiana University，1964，p. 160-161.

67%[①]。这一数字变动背后的现象是，草原地区畜牧经济由此前主要为维持哈萨克游牧民生计而逐渐转向满足欧俄地区对奶制品和其他畜产品的需求。据统计，1900年，阿克莫林斯克省生产超过900吨奶酪；而1913年该省产量奶酪产量上升至3万吨。全省开办81座奶酪加工厂，省府鄂木斯克还开设了从事奶酪产品研发的实验室[②]。

从族裔统计数据来看，对比1906年和1916年数据，俄哈两族所占有牲畜存栏头数均有显著增长。俄罗斯族在乌拉尔斯克、图尔盖、阿克莫林斯克和塞米巴拉金斯克四省占有的牲畜存栏头数占比在1906年为15%，在1916年上升至26%。同样在该四省，哈萨克人占有的牲畜存栏头数在1906—1916年间上升了500万头（参见表5-9）。在图尔盖省和塞米巴拉金斯克省，部分欧俄移民在未能得到划拨农耕份地的情况下完全从事畜牧业[③]。俄当局认识到这种现象存在的自然地理条件。因此，1913年，俄土地规划与农业总署下令，允许地方当局在较为干旱的草原腹地为移民划拨从事畜牧业的地块。1915年，草原诸省中成立了190个畜牧业地块，面积达到68.7万俄亩，主要分布在七河省（76块）和塞米巴拉金斯克省（46块）。区别于俄罗斯族，部分哈萨克牧民依然保持游牧习惯，不过逐渐习惯以储备草料的方式过冬，避免风雪灾导致冬季牲畜倒毙。就畜群结构而言，可能是受草场条件限制，哈萨克人的畜群结构中以羊只的增长规模最为显著，马和牛的增长幅度相近[④]。

---

① Карнаухова Е.С. Размещение сельского хозяйства России в период капитализма, 1860–1914. М., 1951. С. 143–144.

② Карнаухова Е.С. Размещение сельского хозяйства России в период капитализма, 1860–1914. М., 1951. С. 131–132.

③ Министерство Земледелия. Материалы по земельному вопросу в Азиатской России. Т. 6. Петроград, 1917. С. 56–57.

④ Министерство Земледелия. Материалы по земельному вопросу в Азиатской России. Т. 6. Петроград, 1917. С. 129–135.

表5-9　1906年和1916年草原诸省牲畜存栏头数及
俄哈两族占有牲畜数量估算[①]

省份	1906年（千头）			1916年（千头）		
	俄罗斯族	哈萨克族	省总计	俄罗斯族	哈萨克族	省总计
乌拉尔斯克省	—	—	3906	2063	3179	5242
图尔盖省	154	1874	2028	991	2844	3835
阿克莫林斯克省	750	1959	2790	2250	4150	6400
塞米巴拉金斯克省	203	2587	2790	737	4256	4993
七河省	—	—	—	739	5191	6232
草原诸省合计				6780	19620	26702

综上所述，在移民、交通、通信、农业技术和资本的共同作用下，草原诸省的种植业和畜牧业均呈现显著的市场化趋势。一份1913年对阿克莫林斯克省的调查显示，当年该省收获的3660万余普特谷物中，本地消费的规模为2296万普特，而可供外销的规模约为1354余万普特，即外销谷物规模占总产量的37%。1908年，草原诸省外销40万头牲畜和600万张皮毛[②]。受欧俄乃至欧洲市场需求的影响，草原诸省的农业生产出现区域专业化的趋势，分化为谷物—奶制品区（草原北部大铁路沿线和额尔齐斯河沿线）、谷物—畜牧区、畜牧区（草原腹地半干旱地带）和灌溉农作区（东部和南部山麓河谷地带）。1906年奥伦堡—塔什干铁路开通后，锡尔河和阿姆河流域的棉花种植区域专业化趋势进一步加强，而草原地区南部的锡尔河和七河省由此成为棉区的粮食供应地。

---

① Министерство Земледелия. Материалы по земельному вопросу в Азиатской России. Т. 6. Петроград，1917. С. 127-128.
② Demko，George. *The Russian Colonization of Kazakhstan: 1896–1916*. Bloomington：Indiana University，1964，pp. 184–188.

草原地区谷物产量的激增和市场化趋势的增强甚至一度对欧俄的市场化粮食生产构成竞争。1900年，为限制来自草原地区谷物产品的竞争力，车里雅宾斯克地方机关对来自东方的谷物征收关税，其税额相当于原产地至车里雅宾斯克的运费[①]。1913年，这一税目被废除后，西伯利亚和中亚草原的谷物产量进一步上升。中亚草原的人均谷物产量位居全俄第五，排在西西伯利亚和东西伯利亚之后。借助移民政策与新技术、资本和土地等要素的互动，俄当局在20余年间将中亚草原塑造为具有全国性意义的重要农业区。

（三）游牧社会的定居化

据统计，1906年，草原诸省的哈萨克人至少开垦40万俄亩土地；而1916年开垦土地的规模已经超过80万俄亩（见表5-8）。如果说19世纪中期之前，农耕是部分游牧民的一种"辅助性生业"[②]，那么到19世纪末和20世纪初，定居农耕和城市各类行业已经是草原地区数十万哈萨克人的主要生计。在19世纪末的移民政策推动之前，俄当局通过一系列相互作用的机制有力地促进了临近要塞线地区哈萨克游牧民的定居化。

第一，俄当局推行的草原统治体制和行政区划逐渐将不同氏族的牧场和游牧路线固定下来，行政乡以相对固定的冬夏牧场为基础形成边界。尽管俄当局所划定的行政边界未必能有效限制牧民个体的移动，但对于规模较大的牧团而言，跨越行政边界游牧往往意味着挤占其他氏族已经得到当局承认的草场和水源使用权。因此，随着俄当局对草原地区控制力的加强，区域间的行政边界和人群间的资源使用权边界逐渐清晰，游牧群体的活动范围也由此逐渐被约束在俄当局划设的范围以内。

---

① Карнаухова Е.С. Размещение сельского хозяйства России в период капитализма, 1860-1914. М., 1951. С. 90.

② 王明珂:《游牧者的抉择》, 桂林: 广西师范大学出版社, 2008年, 第33—39页。

第二，俄当局推行的土地制度鼓励牧民以各类手段将牧地私有化，冲击了此前以部落习惯或暴力分配牧场的传统。自 1868 年临时条例颁布之后，俄当局尝试在草原地区推动土地使用权与所有权的分离。这导致部分哈萨克人开始以俄当局认可的方式（如开垦土地或修筑建筑物）声索土地，进而引发牧民之间围绕土地所有权，尤其是冬牧场地块所有权的竞争。即便牧民在主观上并不愿意放弃游牧生活方式，为确保在新规则下能稳定控制冬牧场地块，他们也不得不参与到这一场首先发生在牧民之间、其次发生在牧民与欧俄移民之间的土地资源竞争之中。

第三，俄国扩张带来的商贸网络促进了游牧社会定居化的趋势。牲畜皮毛制品贸易的发展使得靠近要塞线的牧民逐渐减少对羊毛和羊皮制品（服装、生活用品和毡房等）生产的需求，进而使其主动缩减牧放羊群的规模，压缩游牧范围和时间。一些牧民甚至放弃夏季转场，全年在临近要塞线或定居村落附近的冬牧场生活[1]。在俄国主导的商贸网络影响较大的区域，控制和占有稳定的冬牧场逐渐意味着风险更小、成本更低的生产和生活方式：游牧生活所必需的物资大多可通过贸易获得。相比之下，季节性游牧需要面对俄当局的规制、牧团间的草场竞争、气候和草场质量的不确定性以及路途中的安全风险[2]。

19 世纪末至 20 世纪初，在移民政策和草原经济市场化的背景下，哈萨克游牧社会的定居化趋势在以下因素的作用下进一步加强：移民地块对牧场和牧道的挤占、城市和市场化农庄对游牧社会劳动力的吸纳、干草的商业化生产对游牧的抑制作用等。移民政策最直接的影响是对牧场和牧道的挤占。在这一方面，俄当局往往借助"文明秩序"和近代科学话语剥夺游牧人对牧场的使用权，将政治问题转换为统计技

① Востров В.В. и Муканов М.С. Родоплеменной состав и расселение казахов. Алма-Ата，1968. С. 191-195.

② Martin, Virginia. *Law and Custom in the Steppe: the Kazakhs of the Middle Horde and Russian Colonialism in the Nineteenth Century.* Curzon，2000，pp. 74-79.

术问题。例如，1896 年，在西伯利亚铁路委员会的提议下，农业与国家财产部（即前国家财产部）组织谢尔宾纳考察团，于 1896—1901 年间考察阿克莫林斯克省、塞米巴拉金斯克省和图尔盖省的 12 个县。该考察团以所谓"科学方法"估算游牧人的"剩余土地"规模：考察团根据牧民养活 18—24 单位牲畜所需最低的牧地需求，计算得每一牧户需要 90—192 俄亩土地。但这一标准并未考虑土壤肥力、草场质量或水源地距离等因素。1898 年，该考察团得出结论：草原诸省仍有 200 万俄亩剩余土地，可划分出 134 个定居点，计划安置 113249 户农民[①]。谢尔宾纳考察团的报告为部分中央官员援引，作为支持移民政策的论据。

同一时期，城市和市场化农庄对游牧社会劳动力的吸纳效果显著。这一现象可以通过草原诸省各城哈萨克族人口的规模的变化来观察。1897 年，俄当局统计草原诸省各城市哈萨克族人口约 3 万人；而到 1911 年，这一数字扩大到 14 万，相当于当年草原诸省城市人口的 30%（表 5-10）。值得注意的是，塞米巴拉金斯克省和七河省的城市地区哈萨克族比例极高。1916 年两省的哈萨克族城市人口占比竟均超过 50%。因夏季旱灾或冬季风雪灾失去牲畜的牧民除了依附于富裕牧户外，尚可进入城市、村落甚至矿区谋生，成为所谓"定居哈萨克人"（жатак/jataq）[②]。草原城市规模的扩大为难以继续从事传统游牧生产的哈萨克人开辟了生存空间。

---

① Campbell, I.W. "Settlement Promoted, Settlement Contested: the Shcherbina Expedition of 1896-1903", *Central Asian Survey*, 2011, Vol. 30, No. 3-4, pp. 423-436. 该考察团的研究成果为 1898—1909 年陆续出版的 12 卷本《吉尔吉斯人土地利用资料》，参见 Щербина Ф.А. ред. Материалы по киргизскому землепользованию. Т. 1-12. Воронеж, 1898-1909。

② Martin, Virginia. *Law and Custom in the Steppe: the Kazakhs of the Middle Horde and Russian Colonialism in the Nineteenth Century*. Curzon, 2000, pp. 78-79.

表 5-10　1897 年和 1911 年草原诸省城市人口占比和
城市人口族裔结构比较 [1]

省份	1897 年			1911 年		
	城市人口（人）	城市人口俄罗斯族占比（％）	城市人口哈萨克族占比（％）	城市人口（人）	城市人口俄罗斯族占比（％）	城市人口哈萨克族占比（％）
乌拉尔斯克省	55482	84	6	71742	86	14
图尔盖省	19530	79	5	40673	82	18
阿克莫林斯克省	74752	72	11	192702	80	20
塞米巴拉金斯克省	54488	54	30	83190	48	52
七河省	54866	46	33	86596	50	50
总计	259118	—	—	474903	—	—

　　干草使用对哈萨克人定居化的影响是上述因素综合作用的典型案例。哈萨克游牧民在冬季为避免风雪灾，往往会在冬季之前准备干草，作为牲畜的临时口粮。靠近俄国要塞线和哥萨克村镇的牧区草料供应相对充足，因此牧场位于要塞线附近的哈萨克人逐渐习惯于向哥萨克采购干草或模仿其制备干草，以提升冬季牲畜的存活率。但是，收割和存放干草必然占据游牧生活的时间和空间。一方面，这意味着牧民需要在秋季制备干草，并在此后活动于干草存放的牧场附近，以避免干草为其他牧团占有；另一方面，收割和看护干草的工作会压缩夏季往返夏牧场的时间，因此对干草依赖的加深意味着夏季游牧时间和转场距离的缩

① Переселенское управление. Азиатская Россия：люди и порядки за Уралом. Т. 1. 1914. С. 87；Министерство Земледелия. Материалы по земельному вопросу в Азиатской России. Т. 6, Петроград，1917. С. 123–126.

减。例如，1893年阿克莫林斯克省彼得罗巴甫洛夫斯克县某乡的部分牧民常年在伊希姆河两岸放牧，其夏季转场仅仅是从河的一岸转移到另一岸。甚至有一些哈萨克人不再寻找专门的夏牧场，而是在同一片牧场放牧一年。在俄当局稳固控制且其商贸网络有效渗透的区域，牧民群体逐渐习惯于缩小游牧范围，并加入声索冬牧场使用权和特定地块所有权的竞争之中。随着活动范围日趋减少，灌溉引水和旱地农业在一些牧地出现，作为当地牧民的辅助性生计。此外，随着季节性转场距离逐渐缩减，牧民对服装和毡房更替的需求降低，作为原料的羊毛和羊皮的需求量逐渐减少，因为以木料和砖石搭建的临时棚户满足了度过漫长冬季的基本需求。与此相应，为维持生计而畜养的牲畜规模逐渐缩减，畜牧活动的性质日趋市场化[1]。

在上述宏观和微观因素的共同作用下，20世纪初草原诸省游牧社会定居化和贫富分化的趋势已经相当显著。曾参与谢尔宾纳考察团（1896—1901年）工作的布凯汗诺夫记述了这一时期的社会变迁。他注意到，草原诸省中63%的哈萨克家庭在不同程度上从事农耕，平均每户耕种2.25俄亩耕地。整体而言，以产业划分，畜牧业收入占哈萨克人总收入的73.76%，种植业占13.96%。以收入形式划分，现金收入仅占哈萨克人总收入的38.64%。据他描述，多数牧民会在冬牧场搭建临时住房，居住8—10个月；仅春夏季节转场，秋季返回冬牧场。自19世纪90年代以来，在移民迁入较多的省份，哈萨克人的牧场逐年缩减，转场距离逐渐缩短。草原地区北部多数牧户每年仅在冬夏牧场之间往返，两者相距仅2—5俄里。在一些面积较大的县，尚能观察到每年100—500俄里转场活动。每年转场500—1000俄里的游牧方式仅存在于民间传说之中。在阿克莫林斯克省和塞米巴拉金斯克省的10个县17万哈萨克牧户中，有10789户（占比约6.3%）完全转入定居。他们主

---

[1] Martin, Virginia. *Law and Custom in the Steppe: the Kazakhs of the Middle Horde and Russian Colonialism in the Nineteenth Century.* Curzon, 2000, pp. 76-78.

要分布在阿尔泰山西侧山麓地区 [1]。

布凯汗诺夫也关注到哈萨克人内部的阶级分化：无马人群平均每户仅拥有 3.77 "单位马" [2] 牲畜；而拥有超过 100 匹马的人群，其平均每户占有的牲畜规模高达 287.85 "单位马"。换言之，哈萨克人中的富裕人群所占有的牲畜数量相当于贫困家庭的 75 倍以上。而从人口规模来看，占有 5 匹马以下的哈萨克牧户群体达到草原诸省哈萨克牧户总数的 60.52%，其平均每户仅占有 3.77—9.94 "单位马" 牲畜 [3]。

综上所述，在俄国统治之下，定居、农耕和商品经济因素已经显著渗入草原游牧社会。但遗憾的是，20 世纪初并无官方统计数据能从宏观层面呈现草原诸省游牧社会定居化的程度。所幸，1926 年人口普查数据能提供一些线索。此次普查显示，当时草原诸省已经有 30% 的哈萨克家庭（约 109 万）完全定居，60% 家庭处于半定居状态，而仅有 6% 的家庭被认为仍坚持全年游牧 [4]。相较于 20 世纪初的相关数据，此次统计所估算的定居人口数额相当高。上文估算 20 世纪初草原诸省城市定居哈萨克人和农耕哈萨克人共计数十万。1916—1920 年的一系列政治经济变革可能是促成定居哈萨克人口数量上升的因素。

（四）游牧社会内部的阶层变动

从 19 世纪 20 年代俄当局废除汗位、建立行政管理机构开始，俄国中亚扩张的过程客观上将资本主义的生产力与生产关系带入欧亚大陆腹地。除草原地区人口规模的增长、族裔结构的变化、草原经济的商业化以及游牧民的定居化之外，游牧社会内部的阶层关系同样出现了历史

---

[1] Букейхан А. Тандамалы: Избранное Собрание сочинений. Алматы, 2002. С. 97–101.

[2] 布凯汗诺夫以 "单位马"（единиц-лошадей）来折算统计数据中的牲畜数量，即将牛、羊、骆驼等牲畜以不同比例折算为马之后加总，便于统计牧户的财产规模。

[3] Букейхан А. Тандамалы: Избранное Собрание сочинений. Алматы, 2002. С. 93–96.

[4] Demko, George. *The Russian Colonization of Kazakhstan: 1896–1916.* Bloomington: Indiana University, 1964, p. 189.

性的变迁。本节将通过呈现中玉兹瓦里汗家族一支围绕某一冬牧场地块的争斗，展现19世纪游牧社会内部的权力关系的变化。

传统哈萨克游牧社会存在"白骨"与"黑骨"的阶层区隔。白骨包括所谓成吉思汗后裔的"托热"以及所谓伊斯兰教先知后裔的"和卓"。其他哈萨克各玉兹人群均属"黑骨"阶层。依照传统习惯，仅有托热出身者有资格当选为汗，或得到苏丹头衔。与政治上的特殊地位相对应，至19世纪，哈萨克习惯法中仍保留白骨阶层的特权地位。例如，黑骨出身的哈萨克人如杀害苏丹或和卓，则其亲属须以七人之命抵偿；殴打苏丹或和卓，将处以27头牲畜的罚金；言语侮辱苏丹或和卓，则以9头牲畜作为罚金[①]。

19世纪草原统治体制的建立和商业网络的扩张对白骨和黑骨阶层均造成显著影响。对于白骨阶层而言，19世纪20年代初俄当局废除中玉兹和小玉兹汗位后，白骨阶层凭借血统出身能获得政治地位的上限为区衙大苏丹（1822年条例）甚至仅为乡长（1868年临时条例）；而黑骨阶层中的部分精英借助草原统治体制获得当局认可的权力和财富，并伺机攫取白骨阶层的社会经济权力。白骨阶层在政治经济形势变动之下分化为斗争和融合两派。前者在长期的军事斗争之后为俄军所镇压，后者中的一部分在草原统治体制的庇护下继续生存。

在中玉兹，阿布赉汗的后裔中既有以卡瑟莫夫家族为代表的与俄当局斗争的一派，也有以艾加内姆家族为代表的积极融入俄国秩序的一派。这一家族在19世纪的经历，则可以生动地反映白骨阶层在草原统治体制下面临的各种挑战。1819年瓦里汗去世后，俄当局于1822年宣布废除中玉兹汗位。1824年，俄当局以瓦里汗家族的牧地科克舍套为中心，设立科克切塔夫区，安排瓦里汗长房所生子嗣迦拜杜拉出任该区大苏丹。

---

① Лёвшин А.И. Описание Киргиз-Казачьих или Киргиз-Кайсацких орды степей. Т. 3, СПб., 1832. С. 171—172.

在瓦里汗去世后，其二夫人艾加内姆（Айганым/Aiganym）成为她所生六个男性子嗣的家长[1]。作为瓦里汗的侧室，艾加内姆及其子嗣有权在瓦里汗的冬牧场——位于科克切塔夫区的瑟热姆别特（Syrymbet）草场放牧[2]。这片草场依山傍水，西距伊希姆河仅50公里，东距科克切塔夫区衙（今哈萨克斯坦科克舍套市）约100公里，北距彼得罗巴甫洛夫斯克要塞180公里，而距离草原东路的军政中心鄂木斯克约400公里。该地区不仅水草相对丰茂，而且因距离要塞线较近，18世纪后半期的中玉兹汗王可借助此地控制对俄商贸易，提升自身对各部众的影响力[3]。瑟热姆别特曾为中玉兹各氏族大会的召集地点之一。因此，该地区在草原东路的游牧传统中具有特殊地位。瓦里汗去世后，艾加内姆所抚养的支系积极融入俄国秩序，尽可能保护包括瑟热姆别特草场在内的瓦里汗遗留财富。

艾加内姆抚养的瓦里汗后裔中，最为知名的人物是钦吉斯和乔坎父子。钦吉斯·瓦里汉诺夫（Chingis Valikhanov，生卒 1811—1895 年）在艾加内姆的引导下接受俄式教育，进入鄂木斯克武备中学学习，成为该学校最早招收的哈萨克学童之一。毕业后，钦吉斯获得俄军少校军衔，历任阿曼卡拉盖区大苏丹（1834—1853 年）、鄂木斯克省哈萨克人事务顾问（1853—1857 年）和科克切塔夫区大苏丹（1857—1868年）。1868 年临时条例颁布后，各外区撤销，改设由俄军官出任长官的县。钦吉斯因此以陆军上校军衔退役（参见本书第三章第一节）。钦吉斯之子即同为俄国军官的著名近代哈萨克知识分子乔坎·瓦里汉诺夫（Chokan Valikhanov，生卒 1835—1865 年）。

1822 年，为积极配合 1822 年条例中鼓励牧民定居开垦的新政，艾加内姆正式向俄当局申请将瑟热姆别特认定为其家族的"永久牧场"。

---

① Валиханов Ч.Ч. Собрание сочинений Т. 5. Алматы，1985. С. 13-14.

② 该地今位于以北哈萨克斯坦州瑟勒姆别特村周边地区。

③ Martin, Virginia. "Kazakh Chinggisids, land and political power in the nineteenth century: a case study of Syrymbet." *Central Asian Survey*, 2010, Vol. 29, No. 1, p. 82.

因此，1823 年夏，鄂木斯克当局派遣哥萨克军官前往该地勘测，大致划定艾加内姆声索的地块。为激励其他部落精英以类似方式将冬牧场私有化，1824 年俄参政院也认可艾加内姆的诉求，并承诺支持其修筑房舍和宗教活动场所，以吸引更多人长期驻留①。1825—1833 年间，鄂木斯克当局派员为其陆续修筑木质寓所、浴室、客房、谷仓和学校校舍等建筑，并在其请求下提供种子，支持其发展农作。

在争取俄当局支持之外，艾加内姆也通过各种方式巩固其家族对于瑟热姆别特周边地区的控制。1824 年，她改嫁于同为白骨出身的托尔泰·钦吉索夫（Tortai Chingisov），而托尔泰所领诺盖－卡拉吾勒氏族的冬牧场正位于瑟热姆别特的东侧接邻地区。艾加内姆的儿子阿布勒马麦特（Abul'mamet）与契根（Chigen）均在 1824 年之后担任过邻近乡的乡苏丹，形成对该地块的拱卫之势。艾加内姆家族还供养了一批曾效忠于瓦里汗的托连古特（汗和苏丹的扈从）。

尽管艾加内姆养育了几名得到俄当局任用的子嗣，但这并不意味着这一家族在俄国统治之下能够长期享受 19 世纪 20 年代之前白骨阶层的特权。瑟热姆别特草场的经济条件和历史文化价值引发各方势力觊觎。艾加内姆家族在科克切塔夫区内的重要竞争对手是吉勒加尔·拜托金。出身黑骨阶层的吉勒加尔是中玉兹阿尔根部落库代别尔德－阿特盖氏族（Кудайберды-Атыгай/Kudaiberdy-Atygai）的首领。1822 年条例颁布后，他便被俄当局批准担任安达库勒－厄尔塞乡（Андагуль-Ырсайская/Andagul'-Yrsaiskaia）的乡长②。在 1824 年科克切塔夫区成立时，此人为俄当局相中，成为区衙哈萨克代表，被委任掌管区衙财务。最初被选为科克切塔夫区衙大苏丹的迦拜杜拉因寻求为汗而遭俄当局逮捕囚禁。黑骨出身的吉勒加尔由此一度接替迦拜杜拉出任该区大苏

---

① Martin, Virginia. "Kazakh Chinggisids, land and political power in the nineteenth century: a case study of Syrymbet." *Central Asian Survey*, 2010, Vol. 29, No. 1, pp. 83–86.

② Зилгара Байтокаулы // Казахстанская национальная энциклопедия. Т. 2. Алматы, 2005. С. 408–409.

丹（1824—1826 年），并于 1838—1841 年间再度出任大苏丹。科克切塔夫区的平稳运行对于俄国稳定政治形势而言至关重要。因此，在鄂木斯克当局眼中，吉勒加尔家族是俄国在草原东路可靠的代理人。1852年，俄当局授予吉勒加尔金质奖章，并擢升其为中校，其后裔甚至获得俄国贵族身份 ①。根据俄当局的统计，吉勒加尔所率领的部众拥有多达1.1 万头羊、8000 匹马和 2700 头牛。相比之下，艾加内姆的改嫁丈夫托尔泰仅管辖 5 个阿吾勒；艾加内姆之子契根所辖由 9 个阿吾勒组成的乡仅有 6800 头羊、3400 匹马和 2200 头牛 ②。

自 1824 年吉勒加尔代理大苏丹以来，艾加内姆与吉勒加尔两家族素来不睦。她曾向俄当局提请否决黑骨出身的人担任区乡两级苏丹职位。吉勒加尔不仅自己两度出任科克切塔夫区大苏丹，其子楚凯（Chukai）长期担任区内的乡苏丹，且在 19 世纪 30 年代利用俄当局的法律制度多次挑战艾加内姆家族，争夺其部众和土地。早在 1832—1833 年，吉勒加尔父子鼓动一些阿吾勒长控诉契根贪腐。1835 年，托尔泰担任乡苏丹的乡因所辖牧户太少而被解散，其部众被并入其他乡，且托尔泰本人由此失去世袭乡苏丹职位的权利。1839 年，与托尔泰交恶的兄弟萨尔泰（Sartai）在吉勒加尔的支持下与艾加内姆争夺牧场所有权。在艾加内姆遭到萨尔泰与吉勒加尔打击的同时，肯尼萨尔起义（1837—1847 年）的首领之一、肯尼萨尔的姊妹博派（Bopai）率军袭击瑟热姆别特，焚毁此前俄当局所修房舍 ③。在多重打击之下，1841 年，艾加内姆不得不向吉勒加尔家族妥协，将瑟热姆别特西部地块让渡给吉勒加尔所辖的库代别尔德氏族 ④。

① Sultangalieva G. "Kazahskie činovniki Rossijskoj Imperii XIX v.: osobennosti vosprijatija vlasti." *Cahiers du monde russe*. Vol. 56, No. 4（2015）: 651-679.

② Martin, Virginia. "Kazakh Chinggisids, land and political power in the nineteenth century: a case study of Syrymbet." *Central Asian Survey*, 2010, Vol. 29, No. 1, p. 99.

③ Бекмаханов Е.В. Казахстан в 20-40 годы XIX века. Алма-Ата, 1992. C. 233.

④ Martin, Virginia. "Kazakh Chinggisids, land and political power in the nineteenth century: a case study of Syrymbet." *Central Asian Survey*, 2010, Vol. 29, No. 1, pp. 86-88.

为避免进一步遭到其他势力的倾轧，1846 年 9 月，艾加内姆及其子契根请求俄当局授予其一块 100 平方俄里的冬牧场土地，并保证其排他性的占有权。西伯利亚边防委员会主席同意其诉求，并在 1846 年 11 月之前派员勘界。但吉勒加尔之子楚凯怂恿其乡的两名毕官向俄当局控诉，声称当局向艾加内姆划拨的地块侵占了其乡部分阿吾勒的牧地。时任西伯利亚边防委员会哈萨克谘议的科乔诺夫（Turdybek Kochenov）介入此事，认为应该调查上述毕官的诉求，故下令时任科克切塔夫区大苏丹的托克塔梅舍夫（Mandai Toktamyshev）负责调查。

　　科乔诺夫自 1824 年开始便在鄂木斯克任职，而托克塔梅舍夫为科克切塔夫区的实权精英，两人均为黑骨阶层出身，在上述土地纠纷中偏袒同为黑骨出身的吉勒加尔。托克塔梅舍夫与楚凯合谋，更改俄罗斯勘界员最初划定的地块范围，刻意将其他阿吾勒牧地纳入其中，而将艾加内姆子嗣的牧地排除在外，以便引发更多争讼。但艾加内姆直接联络西伯利亚边防委员会主席，最终于 1847 年获得其同情，分得面积为 3 万俄亩的地块。相比 1824 年俄参政院认可的冬牧场，艾加内姆这一次分得的地块仅为 1824 年认可牧地面积的十分之一①。俄当局文件显示，1853 年艾加内姆去世后，以契根为首的子嗣陷入困顿，夏季被迫随楚凯转场至夏牧场。这意味着尽管艾加内姆为子嗣争取到一块面积并不大的冬牧场，但其家族地位衰落的趋势仍难以改变。

　　艾加内姆去世后，子嗣中官阶最高的钦吉斯·瓦里汉诺夫成为家长，继续为家族守护瑟热姆别特的牧场。此前艾加内姆曾在俄当局赞助下曾修筑房舍，但大多毁于肯尼萨尔起义军的袭击。可能是因熟谙俄国法律制度，钦吉斯于 1855 年筹备在瑟热姆别特建筑房舍，加强对该地块的声索依据。尽管瑟热姆别特本地有适于建筑的林木，但在 19 世纪中期俄当局加强要塞线建设的背景下，草原上的稀缺林木成为俄当局限

---

① Martin, Virginia. "Kazakh Chinggisids, land and political power in the nineteenth century: a case study of Syrymbet." *Central Asian Survey*, 2010, Vol. 29, No. 1, p. 90.

制使用的资源。这一时期，彼得罗巴甫洛夫斯克等邻近要塞以及科克切塔夫区衙都在与钦吉斯争夺瑟热姆别特的林木。尽管钦吉斯当时供职于鄂木斯克省公署，但他两度申请伐木均遭到拒绝。

1868 年临时条例颁布后，俄当局宣布哈萨克人游牧的土地均为国有土地，草原地区的森林资源也均为国有。但第 211 条规定，获沙皇御赐土地的人，或持有合法地契的人被视为合法的土地所有者，享有完全土地所有权。钦吉斯由此尝试以 1824 年艾加内姆与俄参政院和鄂木斯克当局的通信为凭据，向当局声索瑟热姆别特冬牧场的所有权。同一时期，草原的东路有数百名哈萨克人向当局进行类似的土地声索。然而，在整个科克切塔夫区，俄当局仅承认两份地契的有效性，而这两份地契的持有者均为获得俄国贵族身份的哈萨克官员。钦吉斯的诉求遭到驳回，理由是 1824 年当局向艾加内姆承诺的只有冬牧场的使用权而非所有权。此后，钦吉斯又向当局发起两次土地声索的请求，但均遭拒绝。当局给出的理由是，瑟热姆别特冬牧场处于重要商道之上，私人占有可能导致占有者盘剥过路商旅，影响商贸发展。最终，钦吉斯被迫放弃诉求。而瑟热姆别特的瓦里汗牧地在 19 世纪末的移民浪潮中很快成为欧俄移民开发的定居点[①]。

尽管艾加内姆家族自 19 世纪 20 年代便积极融入草原统治体制，支持俄当局建立官僚制、划分边界和鼓励定居等一系列政策，但在新的时代背景下，白骨阶层政治经济地位的衰落难以避免。俄国入主草原后，1822 年条例废除汗位，1868 年临时条例将"苏丹"称号从官号体系中去除，白骨阶层的传统权利由此不再得到俄当局的承认。草原统治体制为黑骨精英提供了大量凭借能力和财富而非血统出身的基层职位，俄当局引入的新土地制度、法律体系和财产观念则变相鼓励黑骨阶层瓜分白骨阶层的传统特权。而草原市镇的兴起、工矿中心的出现和商贸网

---

① Martin, Virginia. "Kazakh Chinggisids, Land and Political Power in the Nineteenth Century: a Case Study of Syrymbet." *Central Asian Survey*, Vol. 29, No. 1, (2010), pp. 91-94.

络的渗透使得普通牧民有了更多游牧之外的生计选项。即便是钦吉斯这样的白骨出身、官至俄陆军上校的哈萨克精英，俄当局也未必单纯因其出身而给予过多特权。因此，在 19 世纪末 20 世纪初内地省份移民大规模迁入草原地区之前，哈萨克游牧社会内部已然出现显著的社会阶层变动。

结语

19 世纪 80 年代的条例改革在 1868 年临时条例的基础上进一步推动草原诸省统治体制的内地化，强化基层政府对户籍、税收和游牧活动的控制，削减向游牧贵族提供的特权，减少此前条例基于本地特殊性而做出的制度妥协。草原诸省制度的内地化与俄国自身资本主义的发展同步展开。在第二次工业革命成果扩散到西伯利亚和草原地区之后，向草原地区大规模移民成为可能。草原地区在 18 世纪初对俄国而言仍是"危险的边疆"[1]，而在 20 世纪初已变为欧俄乃至欧洲的粮仓。这一转变既反映了一个多世纪以来草原地区各政治体的权力消长，也折射出"现代"的技术、制度和观念对俄国和草原地区的深刻改造。

从游牧社会精英的视角来看，18 世纪初以降的进程是草原各地游牧部落从接受与俄国合作，到加入其统治体制，再到接受其法权，最后在国家和市场的双重压力之下不得不逐步放弃游牧传统的过程。从俄军政精英的视角来看，至此，18 世纪初俄军政官员所关切的草原游牧民的军事威胁已不复存在：自 1847 年肯尼萨尔起义失败之后至一战之前，草原地区未出现全局性的反抗运动。至 19 世纪末，军事技术的演进、草原统治体制的强化、游牧社会的定居化和部落精英子弟对现代观念的吸纳都使得曾经征战四方的游牧部落联盟彻底退出历史舞台。俄国著名诗人勃洛克（A. A. Blok，生卒 1880—1921 年）于 1918 年创作诗

---

① Barfield, Thomas. The Perilous Frontier: Nomadic Empires and China. Cambridge, Mass.: Basil Blackwell, 1989. 汉译本参见［美］巴菲尔德著，袁剑译：《危险的边疆：游牧帝国与中国》，南京：江苏人民出版社，2014 年。

歌《西徐亚人》：

> 你们——成千上万，我们——浩荡无边，
> 试一试，同我们拼杀对阵吧！
> 是的，我们是西徐亚人，是的，我们是亚洲人，
> 有一双斜视和贪婪的眼睛！ [①]

　　尽管勃洛克此作意在抒发对欧洲文明和一战的反思、将融合东西方文明的使命寄托于俄国，但也从侧面反映了 20 世纪初，部分俄国知识分子已经能自如地将草原地区的空间和时间作为批判欧洲中心主义和构建自我认同的思想资源。此种观念的物质基础正是本章所呈现 19 世纪后半期至 20 世纪初草原地区经历的深刻变革。

---

① 因史学界对俄文 "Скиф" 即英文 "Schythian" 一词存在多种译法。当代学界更常见的译法是 "斯基泰人"。译文参见［俄］勃洛克、叶赛宁著，郑体武、郑铮译：《勃洛克叶赛宁诗选》，北京：人民文学出版社，1998 年，第 250 页。

结　论

自 18 世纪 30 年代借小玉兹阿布勒海尔汗臣属而介入草原西路开始，俄国历经一个多世纪时间深入草原腹地，于 19 世纪 60 年代完成对草原地区的征服。在此后半个世纪的统治期间，俄国挟近代欧洲的器物、制度和思想，在建立草原统治体制的基础上以大规模的资本和劳动力投入，极大地改变了草原地区的人口构成、生产方式和游牧社会的面貌。下文将借助"帝国史"和"国别史"两组概念总结本书所探讨的论题及背后的理论关切。

一、帝国史视野下的俄罗斯草原征服史

18—20 世纪初俄国与中亚草原的关系往往被纳入俄罗斯史的研究范畴。而因草原地区的居民在生产方式、语言文化和宗教信仰等方面与欧俄核心区人群差异较大，近三十年来的国际学界大多将其纳入帝国史的研究框架。此种"俄帝国史"范式不再以 1917 年为历史分期的关键节点，而更多探讨"帝国"如何统治广土众民、整合多元族群[①]。这一范式部分源自 20 世纪中后期国际学界对民族国家（Nation-State）治理

[①] 关于欧美学界"俄帝国史"研究的综述，参见 Michael David-Fox, Peter Holquist, Alexander M. Martin. "The Imperial Turn." *Kritika: Explorations in Russian and Eurasian History*，Vol. 7，No. 4，（Fall 2006），pp. 705–712。

困境的反思，期待发掘超越民族国家的历史经验①。不可否认的是，这一研究路径在一定程度上遮蔽了全球化时代"世界帝国"对民族国家体系的支配作用②。尽管同样以"帝国"为关键词，这一范式实际上偏离了19世纪英国政治经济学传统对"帝国主义"的批判，不再以资本驱动下的近代欧洲殖民扩张为关注焦点③。

在"俄帝国史"的影响下，以"俄罗斯帝国"或"帝俄"指代1917年之前的俄罗斯在当前的汉语学界并不鲜见④。但在不同作者的笔下，"俄罗斯帝国"一词的内涵则大相径庭。如果以多法域、多族群特性来界定"帝国"，那么莫斯科公国自15世纪后半期吞并诺夫哥罗德公国之后，就已经至少在政体层面纳入了异质元素。甚至再向前追溯，14世纪初莫斯科大公尤里·丹尼洛维奇（Yurii Danilovich）迎娶金帐汗国宗室女这一事件亦可被解读为"帝国性"的源头之一⑤。由此可见，

---

① Jane Burbank and Frederick Cooper, *Empires in World History: Power and the Politics of Difference*, Princeton University Press, 2010, pp. 8-11.

② 强世功：《文明的终结与世界帝国：美国建构的全球法秩序》，香港：香港三联书店，2021年，第27—34页。

③ 19世纪欧洲学界批判帝国主义的经典著作参见［英］霍布森著，卢刚译：《帝国主义》，北京：商务印书馆，2017年；列宁：《帝国主义是资本主义的最高阶段》，北京：人民出版社，2014年。

④ 例如［美］拉伊夫著，蒋学祯、王端译：《独裁下的嬗变与危机：俄罗斯帝国二百年剖析》，上海：学林出版社，1996年；［美］汤普逊著，杨德友译：《帝国意识：俄国文学与殖民主义》，北京：北京大学出版社，2009年；［俄］米罗诺夫著，张广翔、许金秋、钟建平译：《帝俄时代生活史》，北京：商务印书馆，2013年；［美］祖博克著，李晓江译：《失败的帝国》，北京：社会科学文献出版社，2014年；白建才：《世界帝国史话：俄罗斯帝国》，北京：中国国际广播出版社，2015年；［俄］特列宁著，韩凝译：《帝国之后：21世纪俄罗斯的国家发展与转型》，北京：新华出版社，2015年，［英］霍普柯克著，张望、岸青译：《大博弈：英俄帝国中亚争霸战》，北京：中国青年出版社，2016年；［俄］鲍维金、彼得罗夫著，张广翔、王昱睿译：《俄罗斯帝国商业银行》，北京：社会科学文献出版社，2018年；［英］利芬著，苏然、王橙译：《走向火焰：帝国、战争与沙皇俄国的终结》，北京：社会科学文献出版社，2020年；［英］格里夫顿编著，胡欣、慕翼蔚译：《俄罗斯帝国的兴衰，1613—1917：罗曼诺夫王朝三百年》，北京：中国画报出版社，2021年。

⑤ ［美］梁赞诺夫斯基、斯坦伯格著，杨烨、卿文辉主译：《俄罗斯史》，上海：上海人民出版社，2007年，第87页。

以多族群特征为核心的"帝国史"范式存在将"帝国性"本质化的倾向，即认为存在超越时空限制的帝国统治技艺，并反过来以广土众民、中心—边缘关系和多法域治理等模糊特征将古往今来的各类政权纳入"帝国"分析范式，进而视 19 世纪民族主义思潮的兴起为帝国终结的重要因素 [1]。这一范式可被称为"多元帝国论"。

如果回归 19 世纪政治经济学传统对于帝国主义的批判，"帝国"的核心内涵是以资本增殖为目标的领土扩张和殖民，而"殖民"则意味着资本驱动的海外移民和经济开发。以此为基础的论点可称为"资本帝国论"。从这一视角来看，19 世纪 60 年代大改革之后，俄国的民族资本和西欧国家的国际资本才逐渐开始影响俄国的内政外交；此前的扩张更接近欧亚大陆古代跨地域政权的行为模式，即以控制贸易商道、拓展战略纵深和扩大农垦区域为目标，而非资本驱动下以扩张消费市场、攫取原料来源和吸纳劳动力为目标。与此相应，自 19 世纪末开始，俄国向中亚草原的移民活动才逐渐呈现资本驱动的特征。

值得注意的是，18—20 世纪俄国与中亚草原的关系是观察两类帝国范式差异和转换过程的重要案例。自 18 世纪 30 年代介入草原西路政局至 19 世纪 60 年代完全征服草原地区，俄国主要依赖近代火器和要塞线体系取得草原地区的军事优势，借助部分游牧贵族的合作将统治体制扩展到整个草原。这一时期俄国在中亚草原的扩张往往是一系列因素互动的结果：前线的自然环境、前线各行为体的主观能动性、俄方对帝国威望的焦虑、大国力量的对比等。资本增殖在 19 世纪 60 年代以

---

[1] Jane Burbank and Frederick Cooper, *Empires in World History: Power and the Politics of Difference*, Princeton University Press, 2010; Kotkin, Stephen. "Mongol Commonwealth？：Exchange and Governance across the post-Mongol space." *Kritika: Explorations in Russian and Eurasian History*, Vol. 8, No. 3,（2007）, pp. 487-531; Barkey, Karen. *Empire of Difference: The Ottomans in Comparative Perspective*. Cambridge University Press, 2008; Hamalainen, Pekka. *The Comanche Empire*. New Haven: Yale University Press, 2008.

前并不构成俄国在中亚地区扩张的因素[1]。这一时期俄国零星地向乌拉尔河和额尔齐斯河流域迁徙军事人员、农民和流放人犯，并以哥萨克军团整合边地各类人群，强化对要塞线的控制。至19世纪中期之前，俄国倾向于在保留异质人群习俗基础上将其吸纳入以沙皇为中心的帝国政治体，俄境内同时存在诸如王国、大公国、哥萨克军团、汗帐属地等多种法律制度各异的从属政权，贵族和高级军政官员中存在大量德意志、波兰、鞑靼等各族裔。因此，这一时期一定程度上符合"多元帝国论"范式。

19世纪初，主权国家、现代工业和资本等要素的结合催生了西欧列强的"国家—帝国模式"[2]以及作为其文化表达的"文明等级论"。19世纪中后期，大改革之后的俄国也逐渐以这一模式重塑内部的政治经济关系。在同时期波兰起义（1863年）和普鲁士统一德国（1871年）等政治事件的冲击下，东正教、俄语和俄罗斯族逐渐取代此前的沙皇—贵族联盟，成为维系广土众民的基础。与此相应，边疆地区此前笼络的传统社会精英也在19世纪后半期的政治改革、经济发展和文化变迁之下逐渐被边缘化[3]。19世纪末，在铁路、电报、现代统计技术、现代农学知识和后膛枪等第二次工业革命成果推动下，俄国逐渐具备了以大规模资本和劳动力投入来开发中亚草原边疆的能力。由此，19世纪末至20世纪初中亚草原地区出现了资本驱动的大规模移民和市场导向的农业、畜牧业和矿业开发，草原诸省的人口结构和空间分布也趋近于欧俄本土。草原地区的传统精英和普通牧民在不同程度上受到移民政策的冲击。俄哈

---

[1] Morrison, Alexander. *The Russian Conquest of Central Asia: A Study in Imperial Expansion, 1814–1915*. Cambridge, U.K.: Cambridge University Press, 2021, pp. 49–51.

[2] 这一概念指代的是约翰·达尔文所谓18世纪下半叶"欧亚革命"之后，欧洲列强追求的本土单一均质、海外殖民地多元统治的格局。参见［英］约翰·达尔文著，黄中宪译：《帖木儿之后：1405年以来的全球帝国史》，北京：中信出版集团，2021年，第12—15页。

[3] Morrison, Alexander. "Metropole, Colony, and Imperial Citizenship in the Russian Empire," *Kritika: Explorations in Russian and Eurasian History* 13, 2（Spring 2012）：340–345, 中译本收录于庄宇、施越主编：《俄罗斯国家建构的历史进程》，北京：商务印书馆，2021年。

两族的知识精英均认识到这一政策带来的阶级、族群和宗教矛盾[①]。

换言之，特定的时空条件使得 19 世纪后半期至 20 世纪初俄国对中亚草原的统治同时适用"多元帝国论"和"资本帝国论"。不同于西欧列强，俄国扩张所控制的地区与"母国"（Metropole）具有空间上的连续性，且大多位于亚洲腹地。这一特征尽管不利于技术和资本向俄国边缘地区扩散，但有利于俄国建构政治共同体的统一历史文化叙述。19 世纪末之前，俄国在草原地区采取了与其他欧亚大陆跨地域政权相似的策略：修筑防御工事、笼络游牧贵族、借用游牧部落提供的轻骑兵进攻其他外敌、以通商权限分化游牧部落以及吸纳游牧贵族组建正式的统治机构等。在 19 世纪末的帝国主义时代到来后，俄国以新的技术、制度和资本开发此前征服和统治的草原地区，使其呈现更接近于同时期西欧列强殖民地开发的特征。而在这两种范式更替的过程中，俄国自身也经历了从"古典帝国"到"帝国—国家"的急剧转变。"多元帝国论"将"帝国"概念本质化的倾向以及将帝国与国族并举的理论预设使得这一范式忽略了 19 世纪晚期俄国自身及其边疆统治性质的巨大转变，过度强调了 16 世纪以降俄国历史的延续性，进而低估了 20 世纪 20—30 年代俄国"帝国转型"的理论意义。

二、国别史视野下的俄罗斯草原征服史

经历 20 世纪的一系列变迁，"俄罗斯帝国"已成为过往云烟。俄罗斯的当代主流通史著作对本书涉及议题仅一笔带过[②]。俄罗斯草原征服史成为哈萨克斯坦国别史的一部分，目前主要由哈萨克斯坦学界研究。"国别史"这一现象的出现与 20 世纪欧洲殖民帝国崩解、亚非拉民族国家解放密切相关。在这一时代背景下，新兴国家参照其前宗主国近代的国族建构模式，通过教育、语言、兵役等政策促进边界内的同质

---

① Букейхан А. Тандамалы: Избранное Собрание сочинений. Алматы，2002. С. 106-111.

② Милов Л.В. ред. История России 18-19 веков. М.，2006. С. 699.

性，而国别史书写正是其中的关键一环。

当代哈萨克斯坦的国别史将 15 世纪中期作为其现代国家政权的历史起点，其标志性事件为克烈和贾尼别克汗率部独立于东察合台汗国 ①。以马克斯·韦伯将"国家"定义为"（成功地）宣布了对正当使用暴力的垄断权"② 的"团体"。正是在 18—20 世纪的进程中，覆盖整个中亚草原的国家权力逐渐形成。俄当局最初以颁布 1822 年条例的形式废除草原东路中玉兹的汗位，通过笼络亲俄汗族后裔和氏族首领在草原上建立区—乡—阿吾勒三级管理体制。区设有固定的行政中心，乡和阿吾勒由俄当局根据各氏族传统游牧路线划设边界，使其互不统属。区的行政机构区衙对辖境内拥有警察权。同时，根据该条例，俄当局以土地利用、税收、文教和社会保障等政策手段鼓励哈萨克人转入定居生活方式，试图从根本上消解游牧生产方式对农耕秩序的潜在冲击力。1822—1868 年间，俄当局建立的统治体制在地域上基本覆盖巴尔喀什湖以北的草原东路地区。相比之下，草原西路因自然地理条件相对恶劣，俄当局长期未能扎根草原腹地，故类似的条例难以落实。

19 世纪上半叶，尝试在中亚草原"垄断暴力"的并非只有俄国一方。19 世纪 20—40 年代中玉兹汗王后裔肯尼萨尔领导的运动同样尝试借助现代军事和组织技术将游牧部落整合为国家政权。但受限于物质资源和集团立场，这一运动最终偃旗息鼓。此外，同一时期，中亚南部的浩罕汗国在来自南亚和西亚的人员、物资和技术输入下同样尝试向草原地区扩张。

1865 年俄军攻占塔什干之后，1868 年临时条例根据新的政治形势，在草原东西两路设立省、县、乡和阿吾勒四级行政机构；并废除原

① Абылхожин. ред. История Казахстана（с древнейших времен до наших дней）. Т. 2. Алматы，1997. С. 327-333.

② ［德］马克斯·韦伯著，冯克利译：《学术与政治》，北京：生活·读书·新知三联书店，1998 年，第 55 页。

先由部落精英参与执政的"区"级机关，改设由俄军官执掌的"县"，但保留部落精英在乡和阿吾勒两级的权位。条例在草原地区各县设立俄国司法机关，且将此前游牧社会的仲裁者"毕"制度化为俄国司法体制下的"毕官"，审理民事诉讼和轻微犯罪案件。由此，在 1873 年征服希瓦汗国、1875 年镇压浩罕大起义之后，俄当局基本垄断了草原地区的暴力，在草原地区设立统治体制和行政区划，区分对内的警察和对外的军队，建立了现代意义上的"国家"。

但从塑造国族历史的角度出发，上述叙事并不利于树立当代哈萨克斯坦的历史主体性。与一般亚非拉国家不同的是，当代哈萨克斯坦的国别史编纂最初产生于 20 世纪 40 年代，是 20 世纪 20 年代苏联"本土化"政策的遗产。在二战的历史背景下，由潘克拉托娃（A. M. Pankratova，生卒 1897—1957 年）等史学家组织编写的《哈萨克苏维埃社会主义共和国历史（从远古到当下）》（1943 年版）以突出哈共和国主体民族历史地位为宗旨，首次将其国家起源定位于 15 世纪中叶，且强调 18—20 世纪初俄国与中亚草原关系中的一系列负面因素[1]。该作品与 20 世纪 30 年代主导苏联史学界的"绝对灾祸论"相符，但为 40—50 年代的"较小灾祸论"所修正[2]。而 20 世纪 50 年代之后，随着当局政策的调整，史学界的主流观点从"较小灾祸论"向"绝对美德论"转变，对这一时期的评价也转为侧重强调其进步意义，将其表述为"自愿归并于俄国"[3]。1991 年哈萨克斯坦独立后，新的国家史观践行折中路线，强调其主体民族与塞人、乌孙和匈奴等古代人群的联系，突出自 15 世纪中期以降"哈萨克汗国"的独立性及与当下政权的延续性，

---

[1] Абдыкалыков М. и Панкратова А.М. ред. История Казахской ССР（с древнейших времен до наших дней）. Алма-Ата, 1943.

[2] 关于 20 世纪 40 年代的"较小灾祸论"、20 世纪 20—30 年代的"绝对灾祸论"和 20 世纪中后期的"绝对美德论"，参见孟楠：《俄国统治中亚政策研究》，乌鲁木齐：新疆大学出版社，2000 年，第 19—27 页；吴筑星著：《沙俄征服中亚史考叙》，贵阳：贵州教育出版社，1996 年，第 10—14 页。

[3] 例如，参见 Бекмаханов Е.Б. Присоединение Казахстана к России. М., 1957.

同时也承认 18—19 世纪各部在内外困境下并入俄国的历史事实，并继续颂扬俄国统治时期的民族解放和改革运动[1]。

18—20 世纪初俄国与中亚草原的关系既包括俄国修筑要塞线、笼络贵族、建立行政机构和发动战争，也包括各部落精英寻求庇护、邀请调停氏族冲突或领导起义；既包括建立统治体制之后的商贸网络扩散、移民垦殖和城市化，也包括游牧民主动定居或在草场被侵夺之后被迫转向农耕或商贸；既包括俄国军政官员、科考学者和流放文人在此传播欧俄科学技术和各类政治思想，也包括这一时期兴起的草原知识分子在"开眼看世界"之后著书立说，动员民众。后世的史家大多执其一端而论之，以贴合 20 世纪的各类宏大政治叙事。

作为草原政治空间的继承者，当代哈国官修历史倾向于调和此前各时期史观之间的矛盾，在塑造国族历史主体性的基础上扬弃传统。正如马克思在评价英国在印度实现的"双重使命"时所言，即"消灭旧的亚洲式的社会"和"在亚洲为西方式的社会奠定物质基础"[2]，中亚草原社会在这一时期经历的变革主要分两阶段。其一是 19 世纪中后期，俄国以"选举制度"将原有权力格局洗牌，此前享有特权的部分白骨贵族不仅逐渐失去权位，甚至连传统牧场都为黑骨平民借助俄国法律制度侵吞；而抓住征服带来商业机会的平民则利用基层选举掌握政治权力。其二是19 世纪末至 20 世纪初，俄当局为缓解欧俄省份人地矛盾而鼓励向草原诸省移民。这一时期的移民政策极大改变了草原北部人口的族群结构和生产方式，将草原地区的经济与欧俄乃至欧洲市场连接在一起，塑造了整个中亚地区的农业区域专业化格局。伴随俄国统治而来的是铁路、电报、蒸汽船和现代印刷等第二次工业革命之后的交通和通信技术，以及各类近代政治社会思潮。因此，在批判殖民主义的基础上，2010 年出版

---

[1] Абылхожин Ж.Б. ред. История Казахстана(с древнейших времен до наших дней). Т. 3, Алматы，2010. С. 7-8.

[2] 马克思：《不列颠在印度统治的未来结果》，《马克思恩格斯全集》第 9 卷，北京：人民出版社，2019 年，第 246—252 页。

的哈萨克斯坦官修史书《哈萨克斯坦历史（从远古到当下）》近代历史卷（第三卷）仍强调"特别关注哈萨克斯坦被逐步引入全俄罗斯市场、边区经济开发和民众熟悉俄罗斯文化先进成就的过程"①。

三、区域史、国别史与当代中亚问题研究

对于多数亚非拉国家而言，其近代历史往往在列强与本土各政治体的互动中形成。因此帝国史与国别史是理解当代国别和区域问题的基础。"历史"既指代过去的人物、事件和进程，也指代相关各方对过往人物、事件和进程的记载和解读。历史能为理解当下情境提供概念工具和认知框架，为行动者提供论证目标正当性的质料和观念。对于现代民族国家而言，国家历史编纂一方面需要追溯主体民族的族源和国家政权的起源，以强化当下政权和疆域的正当性，构建边界内民众的集体记忆，强化其对国族的认同感；另一方面，又需要平衡对殖民主义的批判和对前现代传统的扬弃，兼顾保守与革新。

从当下看历史，18—20世纪初俄国与中亚草原的关系对当代中亚至少产生以下四方面影响。第一，中亚地区现代边界的形成。这也是其最为直观的后果。18世纪中期，俄国在草原地区北部构筑的要塞线成为当代俄罗斯与哈萨克斯坦之间陆上边界的雏形。除了外部边界，俄国建立的统治制度逐渐划定了内部各级行政和司法边界。1868年临时条例颁布之后，草原地区被整合为单一法权空间，为20世纪进一步塑造加盟共和国边界奠定了基础。第二，现代行政管理体系的建立。以1822年条例为标志，俄当局依托要塞线军力，吸纳游牧社会精英建立草原统治体制。1868年临时条例将草原统治体制扩展到整个草原地区；而1891年条例则显著减少了这一体制所包含的地区特殊性，将之进一步整合入俄国的地方管理体制之中。在第二次工业革命新技术的支持

① Абылхожин Ж.Б. ред. История Казахстана(с древнейших времен до наших дней). Т. 3, Алматы, 2010. С. 8.

下，俄当局在草原诸省逐渐设立粮食供应、医疗、兽医、社会保障和国民教育等公共机构，为这一地区的现代化提供了初步的基础设施。第三，游牧社会的定居化。草原统治体制的演化、19 世纪后半期的交通和通信技术革新以及 19 世纪末至 20 世纪初的移民政策共同将中亚草原纳入全球分工体系，推动了其生产形态从自然经济到商品经济、其社会组织形态从血缘到地缘的转变。第四，现代政治社会观念的传播。以定居秩序为基础的现代国家观念、启蒙思潮之下的自由主义、社会主义以及宗教革新思潮均逐渐进入草原地区，在接触欧俄知识体系的本土知识分子中找到拥护者。

　　从历史看当下，本书对于理解当代哈萨克斯坦至少具有以下两方面意义。一方面，伴随俄国扩张而来的草原地区游牧民抗争运动成为当代哈萨克斯坦塑造国族主体性的重要历史依据。得益于 19 世纪末至 20 世纪初草原地区文教机构的增多、识字率的提高以及信息记载、传播效率的提升，这一时期军政官员和知识分子开始收集上述游牧民起义的史料，为后世学人考证事件经过、重构民族解放运动历史奠定了基础。对这一时期民族解放运动的重述则是建构哈萨克斯坦历史连续性的必要环节。另一方面，欧俄人群向草原地区移民的进程奠定了俄罗斯因素在当代哈萨克斯坦政治经济和社会文化中的不可忽视的地位。对于当代哈萨克斯坦而言，哈俄关系对哈萨克斯坦而言兼具内政和外交属性：哈俄两国共享 7598.8 公里边界，是仅次于美国和加拿大之间的世界第二长的国家边界；哈萨克斯坦国内俄罗斯族人口至今仍占全国总人口约五分之一；哈国近 90% 人口掌握俄语读写，而国语读写的普及率长期不及俄语；哈俄两国同为独联体、集安组织和欧亚经济联盟成员国，在国际政治舞台上合作密切，经贸和投资关系紧密[1]。总之，当代哈萨克斯坦的历史观建构与近代历史密不可分，而 19 世纪以来的历史进程又塑造了

---

[1]　赵华胜：《中俄美在中亚的存在：上升和下降》，《国际观察》2015 年第 6 期，第 87—103 页。

当下该国内外政策中不可忽略的"俄罗斯因素"。

最后，作为一部21世纪中国国别和区域研究领域的作品，本书希望通过实践来尝试回应国别区域史写作中的"诸神之争"问题。韦伯笔下的"诸神之争"指的是传统信仰为科学所祛魅之后，现代社会生活和学术研究中难以完全调和的价值观冲突[①]。与此相似，当代国别区域史不可避免地存在各类相互抵牾的立场和观点。以本书涉及议题为例，20世纪30年代、40年代、60年代和90年代哈萨克斯坦学界对俄国征服和统治的评价大相径庭。而欧美学界则往往将围绕国族建构展开的历史叙事界定为保守主义或民族主义，尝试在国别历史中寻找自由主义元素。与此相似，作为中国的近邻，尽管当代哈萨克斯坦所叙述的本国古代历史与历史中国存在密切的联系，但为了彰显独立主权，其国家历史叙事倾向于淡化这一联系。随着中国的国别和区域研究逐步深入，如何处理知识生产领域的"诸神之争"是亟待深入思考的问题。本书坚持历史唯物主义立场，尝试从史料出发勾勒历史脉络，也关注不同时期、不同立场叙述者之间的观点差异，思考其背后呈现的史观变迁。本书的写作是21世纪世界各国文明交流与互鉴的一次实践，它既探究过去，也面向未来。

---

① ［德］马克斯·韦伯著，冯克利译：《学术与政治》，北京：生活·读书·新知三联书店，1998年，第43—49页。

附录一　重要术语和专有名词列表
（按照俄文字母表顺序排列）

俄文、哈萨克文术语	拉丁转写	本书采用的译名
адат	adat	（哈萨克）习惯法
адрес-календарь	adres-kalendar'	地方名录
аймақ	aimaq	爱衣马克（哈萨克语中指代社会圈层的概念）
ақ сүйек	aq süiek	白骨（哈萨克族的贵族阶层）
асессор	asessor	陪审员
аул	aul	阿吾勒
аульное общество	aul'noe obshchestvo	阿吾勒社区
аульный старшина	aul'nyi starshina	阿吾勒长
аульный сход выборных	aul'nyi skhod vybornykh	村大会
Барабинская степь	Barabinskaia step'	巴拉宾草原
баранта/барымта	baranta/barymta	牲畜扣押
бәйбіше	bäibışe	正妻

俄文、哈萨克文术语	拉丁转写	本书采用的译名
бий	bii	毕（俄国建立行政统治之前）、毕官（俄国建立行政统治之后）
бийлык	biilyk	诉讼费
близ-линейный округ	bliz-lineinyi okrug	近线区
Верненская мужская гимназия	Vernenskaia muzhskaia gimnaziia	维尔内男子中学
вице-губернатор	vitse-gubernator	副督军
военно-народное управление	voenno-narodnoe upravlenie	军政府—民众管理体制
военный губернатор	voennyi gubernator	省督军
волость	volost'	乡
волостное общество	volostnoe obshchestvo	乡社
волостной султан	volostnoi sultan	乡苏丹
волостной съезд	volostnoi s"ezd	向大会
волостный съезд биев	volostnyi s"ezd biev	乡会谳
волостной управитель	volostnoi upravitel'	乡长
выборный	vybornyi	选举人
городский пристав	gorodskii pristav	城市警长
гражданственность	grazhdanstvennost'	文明秩序
губернатор	gubernator	省长
губерния	guberniia	州
дворянство	dvorianstvo	贵族

俄文、哈萨克文术语	拉丁转写	本书采用的译名
дикокаменный Киргиз	Dikokamennyi Kirgiz	野石吉尔吉斯
дистанция	distantsiia	段
жайлау	jailau	夏牧场
Жеті ата	Jetı ata	七代父系祖先
жұз	jūz	玉兹
заседатель	zasedatel′	代表
земские повинности	zemskie povinnosti	地方劳役
земский суд	zemskii sud	地方法院
иноземец	inozemets	外国人
казённая хлебная продажа	kazënnaia khlebnaia prodazha	官粮铺
кандидат аульного старшины	kandidat aul′nogo starshiny	阿吾勒长候补
казачье войско	kazach′e voisko	哥萨克军团
караван-сарай	karavan-sarai	商贸驿站
Каракиргиз	Karakirgiz	喀喇吉尔吉斯
Касимовское ханство	Kasimovskoe khanstvo	卡西莫夫汗国
кибитка	kibitka	帐篷
кибитковладелец	kibitkovladelets	游牧帐户主
Киргиз	Kirgiz	哈萨克（正文）、"吉尔吉斯"（文献术语译文）
Киргиз большой орды	Kirgiz bol′shoi ordy	大帐吉尔吉斯
Киргиз внутренней орды	Kirgiz vnutrennei ordy	内帐吉尔吉斯

俄文、哈萨克文术语	拉丁转写	本书采用的译名
Киргиз-кайсак	Kirgiz-kaisak	吉尔吉斯—凯萨克人
Киргиз младшей орды	Kirgiz mladshei ordy	小帐吉尔吉斯
Киргиз средней орды	Kirgiz srednei ordy	中帐吉尔吉斯
киргизская степь	Kirgizskaia step′	哈萨克草原
Коллегия иностранных дел	Kollegiia inostrannykh del	外交衙门
Комитет азиатских дел	Komitet aziatskikh del	亚洲事务委员会
кочевый инородец	kochevyi inorodets	游牧异族
көктеу	kökteu	春牧场
крепость	krepost′	要塞
құн	qūn	命价
күзеу	küzeu	秋牧场
қара сүйек	qara süiek	黑骨（哈萨克族的平民阶层）
қожа	qoja	和卓
қыстау	qystau	冬牧场
меновой двор	menovoi dvor	交易场
мировой судья	mirovoi sud′ia	治安法官
народное собрание	narodnoe sobranie	民众大会
народный суд	narodnyi sud	民间法庭
область	oblast′	省
областное правление	oblastnoe pravlenie	省公署
областной врачебный инспектор	oblastnoi vrachebnyi inspektor	省医务官

俄文、哈萨克文术语	拉丁转写	本书采用的译名
областной суд	oblastnoi sud	省法院
оброчная подать	obrochnaia podat'	土地税
Общее губернское учреждение	Obshchee gubernskoe uchrezhdenie	普通行省章程
округ	okrug	区
Омская азиатская школа	Omskaia aziatskaia shkola	鄂木斯克亚洲学校
Оренбургская палата уголовного и гражданского суда	Orenburgskaia palata ugolovnogo i grazhdanskogo suda	奥伦堡刑事和民事法庭
плакатный сбор	plakatnyi sbor	票照费
племя	plemia	部落
Пограничная экспедиция	Pogranichnaia ekspeditsiia	边境远征军
поколение	pokolenie	支系
приходское училище	prikhodskoe uchilishche	教区学校
расправа	rasprava	乡法院
род	rod	氏族
султан	sultan	苏丹
старший султан	starshii sultan	大苏丹
областное правление	oblastnoe pravlenie	省公署
окружный приказ	okruzhnyi prikaz	区衙
Оренбургское магометанское духовное собрание	Orenburgskoe magometanskoe dukhovnoe sobraniie	奥伦堡穆斯林宗教会议

俄文、哈萨克文术语	拉丁转写	本书采用的译名
отделение	otdelenie	氏族分支
отрасль	otrasl′	氏族分组
отряд	otriad	卫队
паспортный сбор	pasportnyi sbor	护照费
писарь	pisar′	书吏
письмоводитель	pis′movoditel′	文员
переселенческий район	pereselencheskii raion	移民区
Переселенческое управление	Pereselencheskoe upravlenie	移民局
пограничный округ	pogranichnyi okrug	边境区
Положение о земских учреждениях	Polozhenie o zemskikh uchrezhdeniakh	地方机构章程
почётные халаты	pochëtnye khalaty	荣誉长袍
приставство	pristavstvo	区段
рассыльный	rassyl′nyi	差役
редут	redut	多面堡垒
ру	ru	露乌
русско-туземная школа	russko-tuzemnaia shkola	俄罗斯—土著合校
сельское общество	sel′skoe obshchestvo	村社
сословие	soslovie	阶层
станица	stanitsa	（哥萨克）镇
Степное генерал-губернаторство	Stepnoe general-gubernatorstvo	草原总督区
степные области	stepnye oblasti	草原诸省

俄文、哈萨克文术语	拉丁转写	本书采用的译名
тамға	tamǧa	氏族徽记
толмачь	tolmach′	口译员
төлеңгіт	töleñgıt	托连古特（汗和苏丹的扈从）
төре	töre	托热（成吉思汗男性后裔）
туземный	tuzemnyi	土著
уезд	uezd	县
уездное по крестьянским делам присутствие	uezdnoe po krest′ianskim delam prisutstvie	县农村事务会议
уездный начальник	uezdnyi nachal′nik	县长
уездный судья	uezdnyi sud′ia	县法官
указной мулла	ukaznoi mulla	官方毛拉
укрепленная линия	ukreplennaia liniia	要塞线
Устав о земских повинностях	Ustav o zemskikh povinnostiakh	地方赋役条例
ұран	ū ran	（哈萨克族的）战斗口号
форпост	forpost	武装岗哨
ходок	khodok	农民代表
часть	chast′	部
частный правитель	chastnyi pravitel′	部执政
чиновник особых поручений	chinovnik osobykh poruchenii	专员
чрезвычайный съезд	chrezvychainyi s″ezd	特别会谳
шежіре	ʒejıre	（哈萨克族的）世系
ясак	yasak	实物税（皮毛税）

附录二　重要条例文本译文

西伯利亚吉尔吉斯人 [①] 条例 [②]

总　则

第一条　西伯利亚吉尔吉斯属于游牧异族（кочевые инородцы）阶层，有自己的平等权利。因此，以下《异族条例》的以下条款也适用于他们：

（一）关于游牧异族的权利（第一部分第五章），不包括：参与维护草原行政机关的劳役。

（二）关于荣誉异族（第一部分第七章）。

（三）关于法律和习惯（第一部分第八章）。

（四）异族管理机构的通用基本条款（第三部分第一章）。

第二条　西伯利亚吉尔吉斯人活动地域由鄂木斯克省外区构成。因此，建立其管理体制的主要基本条文参见《西伯利亚诸省机构建制章程》第二部分。

[①]　附录二所使用术语的俄文形式和对应拉丁转写及译文参见附录一。关于沙俄时期称哈萨克人为"吉尔吉斯人"的问题，参见本书"凡例"。

[②]　该条例俄文标题为 Устав о сибирских киргизах，颁布于俄历 1822 年 7 月 22 日，参见 Полное собрание законов（1649–1825），т. XXXVIII，No. 29127。

第三条　这部关于吉尔吉斯人的特殊条例包括以下三部分：首先是其管理机构的义务；其次是关于吉尔吉斯人的、不同于其他异族的特殊法令；再次是这部条例落实的办法。

第一章　划界

第四条　根据目前要塞线外吉尔吉斯人的现状，将其牧地划分为乡，将乡进一步划分为阿吾勒，而保留其现行名称。

第五条　一个阿吾勒由50—70帐组成，一个乡由10—12个阿吾勒组成。

第六条　以最便于管理的原则将邻近的乡组成区。

第七条　区由15—20个乡组成。

第八条　区由血缘关系较近或地缘上相邻的乡组成，这些乡构成同一个氏族或支系。

第九条　每个区有规定的地域边界，每个区的居民未得到地方长官允准不得越界。

第十条　边界划分由要塞线军需官负责。

第十一条　由此根据地理位置分为两种类型的区，即边境区和近线区。

第十二条　边境区指的是与不属于俄罗斯的领土接壤的区。须尽可能少设置。

第十三条　近线区指的是与现行西伯利亚要塞线接壤的区，须尽可能多设置。

第十四条　每个区要依本区内最知名自然景观的名字命名。

第二章　管理机构

第一节　机构组织

第十五条　阿吾勒由阿吾勒长管理。

第十六条　乡由苏丹管理。

第十七条　阿吾勒和乡内部的司法事务交由受尊敬的吉尔吉斯人，即毕官来处理，保留自己的称号和地位。

第十八条　为管理整个区，由各乡选举大苏丹。

第十九条　每个区设立区衙。

第二十条　区衙由大苏丹担任主席，另由两名省长指定的俄罗斯官员和两名选举产生的受尊敬的吉尔吉斯人组成。

第二十一条　区衙按照条例编制配备行政团队，即办公厅、笔译和口译员。

第二十二条　区衙有警察权和司法权。

第二十三条　区的内卫部队由要塞线上的哥萨克组成，尽可能常驻于区衙所在地。

第二十四条　如有必要，此内卫部队可分遣至各乡。

第二节　选举规则

第二十五条　管理阿吾勒的阿吾勒长从本阿吾勒的吉尔吉斯人中推选出，经区衙批准授予职位。

第二十六条　阿吾勒长的选举每三年举行一次，可以连选连任。

第二十七条　苏丹不得参与阿吾勒选举，但在向区衙呈报选举结果时，可附上自己的意见。

第二十八条　区衙不可更改选举结果，但如对选举结果有异议，可呈报省长。

第二十九条　阿吾勒长的选举以口头方式开展，以简单多数票决。

第三十条　苏丹头衔可以世袭。

第三十一条　其管理乡的权力应该依照嫡长关系传承。但在一些情况下，依照习惯，在乡社同意的情况下可以另选苏丹，但不得在未经省公署同意的情况下向此人授予权力。

第三十二条　如果苏丹没有继承人，则从其兄弟或近亲中推举候选人，但也需要经过乡选举和省公署批准。

第三十三条　如果整个苏丹的支系绝嗣，也要经过同样的流程。

第三十四条　不再主管乡事务的苏丹尽管不会被剥夺苏丹称号，但也不应该介入管理事务。

第三十五条　在从某一乡析出新乡时，如果乡同意的话，管理新乡的权力可交由原乡苏丹的子嗣或兄弟；否则，要通过选举产生新的苏丹。

第三十六条　区衙的大苏丹仅从苏丹中选出，区衙的吉尔吉斯代表从毕官或者阿吾勒长中选出，均须得到省长批准。

第三十七条　大苏丹任期三年，区衙代表任期两年。

第三十八条　大苏丹和区衙代表均可连选连任。

第三十九条　选举时间一般在八月。

第四十条　特殊情况下临时补选的官员只能任职到下一次选举。

第四十一条　所有选举均在区衙驻地举行，以得票的简单多数选出；因疾病或其他原因无法参加选举，可以在规定期限内以书面方式递送选票。书面投票与普通口头投票同等效力。

第四十二条　仅上述两种形式为有效投票。

第四十三条　得票情况将向全区公众公布。

第四十四条　根据选区内民众习惯指定选举日期和地点，时间一般为吉尔吉斯人的节日，地点一般在区衙，开支依照条例编制。

第四十五条　届时将以适当的仪式向有特殊贡献的苏丹、阿吾勒长和其他吉尔吉斯人颁授奖章。

第四十六条　吉尔吉斯人应该举行特殊庆典，以祝贺每位当选大苏丹，尽管大苏丹可能连任。

第四十七条　每年例行举办庆典。

第四十八条　在得到省公署批准之前，大苏丹不得擅自继位。

第四十九条　如不举行任何庆典而由新的大苏丹取代前任，也须广而告之。

第五十条　所有被选任的吉尔吉斯首领，在未经上级政府同意的情况下，均不得自行确定权责。他们仅仅是上级政府授权统治人民的地方官员。

第三节　级别和职衔

第五十一条　大苏丹在任职之际获封沙俄少校军衔。

第五十二条　大苏丹被认为是最受尊敬的苏丹；在服务三个任期后，大苏丹有权申请获得相当于俄罗斯帝国贵族的地位的证书，授予相应官衔。

第五十三条　无论是俄罗斯（российские）还是吉尔吉斯区衙代表，均不得获得高于九等文官的官位。

第五十四条　管理乡的苏丹相当于十二级文官。

第五十五条　阿吾勒长和毕官，如果没有官衔的话，视同于村长。

第三章　政治事务
第一节　区级机关

第五十六条　大苏丹为俄政府地方官员，由俄罗斯政府授权承担地方治理。可以支配所有为维持地方安宁和秩序、为提升下辖民众的福祉的经费。

第五十七条　大苏丹通过区衙处理所有公务。

第五十八条　区衙应该有固定办公场所，由此地签发政令，管理各乡。

第五十九条　所有苏丹及其管理的乡隶属于区衙。

第六十条　区衙的权力不得超越其行政边界。在特殊情况下，由区衙与案件涉及的辖区区衙联系办理。

第六十一条　区衙在司法方面的职责是维护内部秩序安定和民众人身财产安全。在这方面区衙相当于内地的地方法庭，具有与之同等的权利和义务，部分根据吉尔吉斯人的特殊法律调整。

第六十二条　因此，区衙有以下义务：

（一）保护民众，抵御灾害，提供必要的帮助。

（二）关心每个人的教育、劳作和经济状况。

（三）竭力抑制所有可能引起骚乱的因素，如抢劫、牲畜扣押（баранты）和反政府活动。

（四）不允许任何人任意专断；但在所有案件中提供侦讯和审判。

（五）明显违反秩序的可以逮捕并移送法院，但不得惊扰民众；在人数众多乃至整个乡出现反政府行动时候，则必须首先报告省长，依照指令行事。

（六）在危急情况下派遣差役和内卫报信。

第六十三条　在没有经过侦讯、庭审并形成判决的情况下，区衙不得惩罚任何人。

第六十四条　案件调查需要由区衙俄罗斯代表执行，由乡毕官协助。

第六十五条　区衙并不能开展军事行动，其内卫部队仅作为日常警察队伍。

第六十六条　各区禁止进入其他区自行追捕罪犯和逃亡者，而必须立即通知逃人进入区的区衙。

第六十七条　在草原区抓到俄罗斯属民的逃亡者，应该由区衙遣送至最近的内地省份长官审判。

第六十八条　区衙有义务了解所有进入区内人员的信息，包括：

（一）区衙应掌握区内所有苏丹和阿吾勒长的真实名单和所在地点，以及登记所有出现的变动。

（二）掌握所有乡和阿吾勒的信息，以及发生的各类变化。

（三）根据帐数开展人口调查，每三年调查一次。

（四）应掌握辖境内土地信息，如果出现某些类型的建筑或不动产。

第六十九条　区衙收集关于过境商人和商队的信息，并提供保护，包括：

（一）所有穿过吉尔吉斯草原进入西伯利亚要塞线的外国人（иноземец），在到达第一个区时，所在区衙须将其遣送至最近的海关，并提供书面文件。

汻：无论任何人，通过要塞线必须持有书面文件。

（二）如果途中经过另一个区，则需要向区衙交验一个由区衙获得的书面文件。

（三）如果整个商队或外国商人不愿到某一区衙驻地，可以从边境某乡苏丹处获得书面文件，到要塞线出示。

（四）为避免出现骚乱，所有过境人员，包括随商队者和单独旅行的商人，都需要经过查验，并呈报省长。

第七十条　区衙设有永久的驻地，如可能，定于辖区的地理中心。

第七十一条　区衙按照如下规定处理案件：

（一）以簿册登记案件，区衙成员签字。

（二）案件以俄语和鞑靼语登记。

（三）在区衙成员出现分歧时，案件按照大苏丹的意见来处理；反对意见提交省公署审议。

第七十二条　区衙管理辖区内吉尔吉斯人的宗教事务。

第七十三条　区衙掌握所有内卫部队和所有区内机构。

第七十四条　没有区衙的具体命令，内卫部队不得进行任何行动。

第七十五条　内卫部队在驻地构筑防御工事，卫戍所有区衙下属机构。

第七十六条　上述条例依据各区特殊情况来落实。

一、关于边境区

第七十七条　根据省长政令，边境区竖立边界永久标识，明确下辖的吉尔吉斯人区域。

第七十八条　禁止吉尔吉斯人穿越上述边界游牧。

第七十九条　区衙应下令由内卫部队和阿吾勒长监督下的吉尔吉斯人巡查上述边界。

第八十条　在适当的地点应设置常驻哨卡和信标。

第八十一条　如果发生由境外吉尔吉斯人造成的骚乱，应该立即将他们移送法庭。

第八十二条　过境的外国商人应该到最近的苏丹处获得书面文件，向目的地所在区衙呈递。

第八十三条　苏丹应将所有签发的书面文件呈报所在区衙。

第八十四条　如有希望定居在吉尔吉斯草原的外国人，在没有获得其所属政府同意之前不予接纳；同时需要得到省长同意。

第八十五条　在途经吉尔吉斯草原的对华贸易建立更好的秩序之前，目前的办法是可以允许的。大苏丹或处于边境上的乡苏丹亲自给俄罗斯商人开具介绍信。区衙开具的介绍信必须为书面形式。

第八十六条　未经政府允许穿越吉尔吉斯草原的中国臣民将被遣送至省长处，省长将其遣送回恰克图。

第八十七条　边境区的内卫部队应该在数量上高于一般的区。

二、关于近线区

第八十八条　近线区禁止吉尔吉斯人在没有得到允许的情况下越界进入内地省份。

第八十九条　在要塞线附近游牧的吉尔吉斯人在需要的情况下，可以进入要塞、多面堡垒、武装岗哨和村庄进行贸易。

第九十条　越界游牧行为只有在区衙与内地省份地方法院沟通后方可允准。

第九十一条　因此，越界的吉尔吉斯人仅有权在鄂木斯克省境内放牧，且迁入内地之后直接隶属于对应内区的地方法院。

第九十二条　如果吉尔吉斯人希望进一步游牧到内地的西伯利亚各州，必须事先由（鄂木斯克）省长通报对应地区的州长。

第九十三条　在鄂木斯克省之外活动的吉尔吉斯人受所在州的州长和地方长官的管辖。

第九十四条　当吉尔吉斯人遭要塞线内居民的起诉时，其所在区衙始终有义务为其辖境人民辩护。

第九十五条　须监督要塞线外哥萨克的福利水平是否超标；哥萨克受区衙管辖。

第二节　乡级机关

一、关于苏丹

第九十六条　苏丹管理授权其管辖的乡，担任一乡的首领。

第九十七条　苏丹不得干预司法。

第九十八条　每名苏丹都配有一名助手；人选由苏丹指定，可以是其子或近亲。

第九十九条　为处理案件，苏丹配有通俄语和鞑靼语的文员。

第一百条　区衙需要的所有信息应直接由苏丹们提供，他们应该自行搜集信息，整理报表。

第一百零一条　区衙通过苏丹们落实政令，后者必须接受其指令。

第一百零二条　苏丹并不下发书面指令，除了对上级区衙的行政诉讼以外。

第一百零三条　苏丹对阿吾勒长以口头方式下达指令，并不下发书面文件；面向所有民众的公告除外，后者从区衙下发。

第一百零四条　苏丹须执行司法判决。

第一百零五条　苏丹有义务执行各类法律，保境安民。

第一百零六条　获悉发生密谋案件时，苏丹应该立即通知区衙，要求区衙提供支援；但禁止调用下属吉尔吉斯人报复私仇。

第一百零七条　苏丹不得在辖境以外行使权力，即便其他乡的吉尔吉斯人与某一苏丹有血亲关系，向该苏丹寻求支持。双方都应该去区衙解决纠纷。

第一百零八条　违反上述条例的行为视同越权。

二、关于阿吾勒长

第一百零九条　阿吾勒长管辖授权的阿吾勒，权限等同于村长。

第一百一十条　阿吾勒长严格隶属于所在乡的苏丹。

第一百一十一条　苏丹的所有指令都要严格执行。

第一百一十二条　须向苏丹提供所有需要的信息。

第一百一十三条　在没有禀报苏丹的前提下不得游牧转场。

第一百一十四条　须维护所辖阿吾勒的安宁与秩序。

第一百一十五条　除非通过上级苏丹，否则不得与任何公职人员产生联系。

第一百一十六条　在民众同意的情况下，阿吾勒长可以获得毕官的职位。

第四章　经济事务
第一节　政府收支

一、指定经费

第一百一十七条　大苏丹、区衙成员和乡苏丹根据编制获得薪资；医生、文员、翻译和口译员同样根据编制发放薪资。

第一百一十八条　区衙和乡事务均设有办公经费。

第一百一十九条　赈灾、医疗和教育事务均设立专款。

第一百二十条　草原上建房和维修房屋可根据需求发放一次性补贴。

二、经费开支和簿记制度

第一百二十一条　区衙所有经费开支均须造册登记。

第一百二十二条　苏丹和阿吾勒长的公费开支也须以简化形式记账。

第一百二十三条　须依法完成账目的造册、审计和报告工作。

三、房舍修建

第一百二十四条　每个区必须建设下列建筑：

（一）区衙办公房舍，以及区衙成员、行政人员和翻译的住房。

（二）神职人员的礼拜堂。

（三）供 150—200 人使用的病房。

（四）哥萨克的营房。

第一百二十五条　应该按照上级政府预先批准制定的图纸和预算执行建设方案。

第一百二十六条　房舍盖好之前，先住在特殊的帐篷里。

第一百二十七条　省长有责任尽快建设上述住房。

第二节　税收和赋役

一、实物税

第一百二十八条　引入新管理体制之前，每个区所有税种豁免五年征收。

第一百二十九条 在免税年份中，仅可通过吉尔吉斯人自愿捐赠的方式建设医院、学校和福利设施，捐赠形式可以是牲畜、物品或货币。

第一百三十条 与此类似，当前吉尔吉斯人可以依照习惯为苏丹提供供奉。

第一百三十一条 所有这些供奉都需要通知区衙，区衙监督保证钱款用于必要之处。

第一百三十二条 宗教人士的供奉由苏丹负责。

第一百三十三条 吉尔吉斯人对福利机构的捐赠须记账，在区衙造册登记。如果此类捐赠可以大部分以牲畜为形式，那根据需求使用，将多余的出售。所获现金用于支持工商业机构。

第一百三十四条 免税期结束后，每年向吉尔吉斯人征收实物税，税额为值百抽一；不对骆驼征税。

第一百三十五条 省公署每年必须提前制定预算，明确需要多少马匹来补充哥萨克团，需要多少头牛来维持要塞线医院及草原地区的诊所、工商业机构等。

第一百三十六条 根据主管机关批准的预算，向各指定地点分配指定的牲畜数量。

第一百三十七条 多余的牲口送到海关交易为现金，存入国库。

第一百三十八条 以乡为单位向吉尔吉斯人征收实物税。

第一百三十九条 在清点人口数量时，按照乡来统计牲畜数量，每三年统计一次。

第一百四十条 每年夏季征收实物税一次。

第一百四十一条 不可过度征收实物税，要求征收健康的牛和适于使用的马。

第一百四十二条 吉尔吉斯人之间的，以及吉尔吉斯人与俄罗斯人之间的合法交易均应该依法征收印花税。

二、劳役

第一百四十三条 吉尔吉斯人的劳役主要是维系内部通信。

第一百四十四条　每个阿吾勒到乡苏丹，每个乡苏丹到区衙都应该有通信线路，区衙与省长之间也应该有。

第一百四十五条　通信线路依靠吉尔吉斯人维系，每个阿吾勒轮流提供马匹和骑手。

第一百四十六条　这些吉尔吉斯人有义务保管和准确发送文件。

第一百四十七条　从阿吾勒到苏丹的邮包应该每天发送，从苏丹到区衙以及从区衙到省长的邮包在日常情况下应该每周发送一次。

第一百四十八条　紧急情况下须派遣信使。

第一百四十九条　无论是官员、吏员或差役，递送邮包时均须从阿吾勒获得书面文件。

第三节　内部经济

一、民众粮食供给

第一百五十条　尽管粮食当前不是吉尔吉斯—凯撒克人的主要食品，但为了预防他们因牲口倒毙或染病而陷入饥荒，以及鼓励他们务农，要在每个区设立官粮铺。

第一百五十一条　根据省长的命令准备粮食供应，根据西伯利亚各州情况监督各储粮店。

第一百五十二条　第一批粮食由公费贷款购置，每个区分配3万卢布公费贷款。此后，官粮铺资本应该自行增殖。当资本规模增加到最初的2.5倍后，应该将贷款归还国库。

第一百五十三条　此项资本专用于各区粮食采购。

第一百五十四条　此项资本为公款，须依据所有相关法律使用。

第一百五十五条　根据采购、运输、维护、保管成本计算售价，假定利润为10%。

第一百五十六条　粮食售价定为两等，价位由省长审核制定：面向富户和贫民。向富户出售时须加价；向贫民出售时须降价，甚至不盈利。

第一百五十七条　每季度应预先确定粮价。

第一百五十八条　不得向贫民一次出售超过三普特粮食。

第一百五十九条　可加价出售，但一次不得加价出售超过 100 普特的粮食。

第一百六十条　以现金货币出售粮食。

第一百六十一条　省公署确定粮店主管和门卫的人选。其薪资和粮饷由官粮铺资本支发。

第一百六十二条　粮店和粮铺建设的费用也从此资本中支发。制定粮价时，应该考虑这部分开支。

第一百六十三条　这些条例不应阻碍向吉尔吉斯草原自由出售粮食。

第一百六十四条　本部分条例的实践应持续到向草原地区自由贩售的粮食不再增加为止。此后运营官粮铺的目的仅为为贫民平抑物价。

第一百六十五条　吉尔吉斯人利用本地湖泊制盐，以及在吉尔吉斯人之间贩盐，除特殊情况外不予禁止。

第一百六十六条　不得在吉尔吉斯—凯撒克草原贩酒。在每年政府指定的节庆日期，允许他们在要塞线购买少量酒精饮品。

二、拓展产业

第一百六十七条　首先，从每个区指定的土地上首先划分出适于农耕、畜牧和其他产业的用地；大苏丹任职期间，可以使用区衙驻地为中心的 5—7 平方俄里土地，也可以继续参与使用其他公共牧地。

第一百六十八条　大苏丹离任时，所有不动产重新估价并以其名义出售。

第一百六十九条　向每名区衙吉尔吉斯代表划拨 2 平方俄里土地。

第一百七十条　向每名区衙俄罗斯代表划拨 1 平方俄里土地。

第一百七十一条　定居在草原区的哥萨克分得 15 俄亩分地。

第一百七十二条　愿意从事农耕或设立经济组织的吉尔吉斯人可分得每人 15 俄亩土地。

第一百七十三条　区衙应该关心和保护上述各类土地，即便尚未开垦耕种。

第一百七十四条　如果分配的土地在五年内没有用于耕种，则应该收还并分配给其他人。

第一百七十五条　分配土地时候，需要观察是否有其他愿意租地的人；土地所有权的确定需要三名毕官在场作为证人。

第一百七十六条　当不同牧团争夺一块牧地时，也应以上述方式解决。

第一百七十七条　同一区内未作为耕地向吉尔吉斯人分配的牧地被认为是自由的。

第一百七十八条　苏丹分得工商机构所需土地的三倍面积，阿吾勒长分得两倍。

第一百七十九条　农耕和工商业用途的土地与不动产一样可继承。

第一百八十条　翻译和口译人员与哥萨克军官拥有同等的土地分配权利。

第一百八十一条　区衙俄罗斯代表和担任内卫部队的哥萨克应该作为表率，开垦土地，发展工商业机构。

第一百八十二条　在分得的地块上，他们应该尽力耕种；以及如果有可能的话，应该发展园艺、养蜂和其他产业。

第一百八十三条　他们应该尽全力让苏丹、阿吾勒长和其他吉尔吉斯人相信这些设施的功用，为他们提供各类支持，以必要的建议提供帮助。

第一百八十四条　他们应该激励吉尔吉斯人保护自己的耕地。

第一百八十五条　省长应该关心农具是否容易在要塞线和草原地区购置。

第一百八十六条　每个赴草原地区的哥萨克分队应该携带铁匠工具。

第一百八十七条　区内首先在农垦、养蜂或其他事业方面取得明显成就的吉尔吉斯人有权得到特别的奖励，并且呈报沙皇审阅。

第四节　商业

一、通例

第一百八十八条　每个吉尔吉斯人都有权自由地在区内或区外出售自己的产品，或在要塞线的海关和哨卡贸易。

第一百八十九条　每个吉尔吉斯人可通过海关和哨卡赴内地城市贩售自己的牲畜。

第一百九十条　苏丹可向境外或要塞线派出商旅，但赴要塞线的商旅必须通过海关和哨卡。

第一百九十一条　所有获得在州外经商权利的俄罗斯商人，可以通过海关和哨卡赴吉尔吉斯草原贩售小商品。

第一百九十二条　亚洲的外国人以经商目的单独进入吉尔吉斯人地区，需要得到沿途每个乡苏丹的批准。苏丹有权根据本乡的情况向商人收取商税。商税征收的形式因地制宜，但其用途须符合整个乡社利益。

第一百九十三条　商旅在吉尔吉斯草原不应被征收任何商税。

第一百九十四条　与商旅产生的贸易行为不应被征收商税。

二、钱币流通

第一百九十五条　与所有内地省份一样，鄂木斯克省的所有外区通行俄罗斯硬币和官方纸币。

第一百九十六条　须保障不受阻碍地使用俄硬币和纸币购买吉尔吉斯人的物产。

第一百九十七条　以物易物行为同样以上述条款为基础。

三、海关

第一百九十八条　直到国界确定之前，目前西伯利亚要塞线即为海关机构设置的边界。

第一百九十九条　西伯利亚要塞线的海关依照其他地区的海关章程运行。

第二百条　海关有权征收关税。

第二百零一条　迁徙至要塞线内的吉尔吉斯人，依照1800年条例及免税期条款征收税款。

第二百零二条　吉尔吉斯草原并没有实际的边界，因此主要的贸易地点——彼得罗巴甫洛夫斯克和塞米巴拉金斯克也一并被认为是商埠口岸。因此，仅第一级和第二级商会的商人有权以派遣商队的方式进行贸易。

第二百零三条　所有通过西伯利亚要塞线的外国人应该从海关或哨卡经过，出示从草原地区基层官员处获得的、相当于护照的书面文件。

第二百零四条　所有准备进入草原地区的俄罗斯臣民，除了要塞线哥萨克以外，应该从海关和哨卡获得路票（пропуск），相当于内部护照。

第五章　司法事务

第二百零五条　所有吉尔吉斯人的司法案件分为三类：（一）刑事；（二）民事诉讼；（三）对行政机关的诉讼。

第二百零六条　涉及吉尔吉斯人的刑事案件包括如下各类：（一）叛国；（二）凶杀；（三）抢劫；（四）严重抗法案件。

第二百零七条　所有其他案件，甚至是盗窃，直到其道德风俗通过教育改变之前，都被认为是民事诉讼案件。

第一节　刑事案件

第二百零八条　刑事案件必须事先调查，再庭审。

第二百零九条　调查由区衙审核。

第二百一十条　在此情况下，区衙相当于内地省份的县法院。

第二百一十一条　参与调查的人员不能干涉判决。

第二百一十二条　刑事案件依照国家司法过程，以多数决方式判决。

第二百一十三条　大苏丹在司法案件判决中仅有相当于普通区衙会议成员的投票权。

第二百一十四条　刑事案件须接受省法院监察。

第二节　诉讼案件

第二百一十五条　所有民事诉讼案件通过阿吾勒和乡的毕官们来解决。

第二百一十六条　毕官以口头方式，依照吉尔吉斯人的法律和习惯审理案件。

第二百一十七条　此类判决即时执行。

第二百一十八条　如果有人对毕官的判决不服，在具有有效证明文件的前提下，可以向省长以书面方式提请再审。

第二百一十九条　省长通过区衙对这些案件进行调查，并根据吉尔吉斯草原的法律审判。

第二百二十条　当发现毕官审判不公，在调查清楚其滥用职权行为后，需要追究其责任并予以惩罚。

第三节　对基层机关的诉讼

第二百二十一条　对阿吾勒长的行政诉讼应该向乡苏丹和区衙提交。

第二百二十二条　对乡苏丹的行政诉讼向大苏丹提交，但大苏丹并没有太多审查和决断的权力，主要由区衙判决。

第二百二十三条　对大苏丹、区衙会议成员和内卫部队长官的行政诉讼向省长提出。

第二百二十四条　依法裁定这些人是否有罪。

第二百二十五条　对哥萨克的行政诉讼，如果这些案件重要性较低，由内卫部队长官审理。

第二百二十六条　如裁定为严重违法，则依照要塞线哥萨克的法律移交法庭审理。

第二百二十七条　对途经商旅和对俄罗斯人的诉讼向那些批准其进入的苏丹提起。

第六章　特殊规章

第二百二十八条　特殊规章涉及医疗、防疫、宗教、教育和福利等机构。

第一节 医务

第二百二十九条 每个区要有两个医生，为服役人员和居民提供医疗服务。

第二百三十条 每个区建设固定的医院。

第二百三十一条 如有空间，医院接纳的患者大多数应该是贫穷和重病的吉尔吉斯人。

第二百三十二条 医院内的勤杂人员由贫穷的吉尔吉斯人组成，其经费由乡社承担。

第二百三十三条 各区的医疗机构隶属于区衙和军区医务官。

第二百三十四条 医务官员应该尽可能在吉尔吉斯人中推广接种天花疫苗。如果获得成功，将给予特殊奖励。

第二百三十五条 医务官员应该应患者的需求在区内多走访。

第二节 防疫隔离

第二百三十六条 西伯利亚要塞线建立的防范牲畜倒毙的防疫设施依然留用。

第二百三十七条 如果要塞线内发生牲畜倒毙疫情，则隔离设施有着反方向的作用，即保护草原地区的吉尔吉斯—凯撒克人。省长承担照顾他们的职责。

第二百三十八条 如果牲畜倒毙发生在草原地区，则区衙须立即通报近线区的区长，以及时采取措施。

第二百三十九条 同一时间，区长应该立即设法切断疫情乡与非疫情乡之间的联系，通过各哨卡来传递信息。

第二百四十条 区衙要警告吉尔吉斯人转场，离开出现疫情的牧区。

第二百四十一条 提供医疗支持，为有潜在感染风险的畜群建立移动的隔离措施。

第二百四十二条 在此类情况下，苏丹和阿吾勒长必须调动所有资源，立即将爆发疫病的消息通告；因此再出现疏漏，将追究其责任。

第三节　宗教和教育规章

第二百四十三条　相较于伊斯兰教而言，目前吉尔吉斯—凯撒克人的信仰本质上更倾向于多神信仰；因此存在将他们中的大多数人吸引入基督教的可能性。省长可以向草原地区派遣传教团，传教团应该通过劝说而非任何强制手段来开展行动。

第二百四十四条　如果某个区改信基督教的人数达到1000人，则省长必须要求拨款建造教堂，分配牧师。

第二百四十五条　牧师应该尽自己力量建设学校，教授学童教规、读写和基础的算术，与本地教育部门的长官配合。

第二百四十六条　苏丹和阿吾勒长的子弟如果愿意的话，可以由公费出资建设的军队孤儿院收留。

第二百四十七条　这些学童在接受识字和算术训练后，如果他们的家长和亲戚允许，可以担任公职。

第二百四十八条　每个吉尔吉斯人都有权依法送儿子去帝国内地省份上学。

第二百四十九条　除了指定的教会学校外，其他学校均须以各种方式支持吉尔吉斯人上学。

第四节　福利机构

第二百五十条　各区衙必须关心所有开支，以免辖境内任何人民遭受贫穷，保证每个人都被照顾到。

第二百五十一条　为此，区衙应将闲散人员吸纳入医院、学校或作为富裕吉尔吉斯人的佣人，在最后一种情况下要保证公平、互惠和秩序。

第二百五十二条　区衙应该通过社会福利机构提供为残疾、年长、有精神疾病以及无法通过劳动养活自己的人士提供特殊帮助。

第二百五十三条　每个区衙应备5—10顶毡房为上述人群提供庇护，并为他们提供医疗服务。

第七章　各级机关责任

第二百五十四条　各级机关责任由西伯利亚管理条例的附录界定。

第二百五十五条　苏丹对吉尔吉斯人的骚乱负责。

第二百五十六条　苏丹如被指控放纵抢劫或牲畜扣押，甚至参与其中，则立即移送法庭。

第二百五十七条　苏丹如不服从区衙或与外国人发生未经允许的联系，则移送法庭。

第二百五十八条　区衙对所有发布的政令负责。

第二百五十九条　区衙的每位成员如果遭到欺压民众或其他贪腐行为的指控，则依法审判。

第二百六十条　区衙对下属内卫部队的行动负责。

第二百六十一条　区衙、苏丹和阿吾勒长对其管辖的国家和公共财产负责。

第八章　省长特殊事务

第二百六十二条　省长有义务尽全力保障内部秩序和外部安全，因此他有权缉捕涉嫌抢劫和叛乱的人员，以及击退武装进犯的外敌。

第二百六十三条　省长必须尽力维持与那些独立于俄罗斯的地区的和平和贸易关系。

第二百六十四条　省长须关心吉尔吉斯人的教育和住房建设。

第二百六十五条　省长须调查吉尔吉斯人耕种土地的状况，并派遣军需官在吉尔吉斯人之间划分土地。

第二百六十六条　省长须在需要的地方建设防御工事。

第二百六十七条　省长每年自己或派人到草原地区考察一次，调研内部状况。

第九章　吉尔吉斯人的特殊法律和习惯

第二百六十八条　成为俄罗斯臣民的每位吉尔吉斯人，在集体和地方长官的批准下，有完全的自由为自己的生计和工作赴各地旅行。

第二百六十九条　同样，所有其他俄罗斯臣民在获得合法护照的条件下，也有权赴吉尔吉斯草原以及邻近的州，但必须通过海关出入。

第二百七十条　每位吉尔吉斯人有权转换到其他阶层（сословие），有权登记注册为某一行会成员。

第二百七十一条　身处帝国内陆地区时，吉尔吉斯人受到地方长官管辖；转入其他阶层后，承担相应的权利义务。

第二百七十二条　转入其他阶层后，吉尔吉斯人承担纳税义务，但享有五年免税期限和免于征召的权利。

第二百七十三条　在根据本条形成的乡中，1808 年关于将吉尔吉斯人作为财产的法令废止。

第二百七十四条　苏丹对辖区内的吉尔吉斯人没有支配或作为地主的权力，仅仅是上级政府在民众同意下授权作为一乡主官的权力。

第二百七十五条　因此，每位吉尔吉斯人在遭到苏丹压迫时，都有权请求最近的地方长官保护。

第二百七十六条　所有吉尔吉斯人都有权拥有不动产。

第二百七十七条　吉尔吉斯人拥有的奴隶可以继续保留，且有转让、出售和继承的权利；但禁止将新的吉尔吉斯自然人蓄为奴隶。

第二百七十八条　区衙应该了解此类奴隶的数量和归属状况，登记所有转让的行为。

第二百七十九条　作为居于吉尔吉斯人中最高者阶层者，苏丹免受肉刑。

第二百八十条　因本条例为吉尔吉斯人提供了与俄罗斯当局联络的完全自由，因此没有必要从他们中挑选特别的代表。

第二百八十一条　但他们不会被剥夺派遣使团觐见沙皇的权利，每个区的苏丹们可集体推选代表到圣彼得堡，但不得违背民众意愿。

第二百八十二条　在此情况下，地方机关可以允许并护送这些代表团通过。

第二百八十三条　只有在最高当局需要的时候，才能以公费接待代表团。

第十章　本条例的落实办法

第一节　总则

第二百八十四条　本条例将逐步落实，首先从那些要求得到庇护、宣誓成为忠实臣民的乡开始，之后邀请其他在要塞线附近游牧的乡加入。

第二百八十五条　通过派遣到草原的官员来落实此秩序，以及通过省长的文书以特殊的形式，昭告整个中玉兹哈萨克草原已经接受了俄国政府的保护。

第二百八十六条　到那时，昭告要塞线外的臣民之间没有任何权利差别，可穿越要塞线进入内地，也可从要塞线返回。

第二百八十七条　昭告此后牲畜扣押被视为等同于抢劫和谋杀来审理和裁决。

第二百八十八条　需要灌输三方面思想：首先，吉尔吉斯人之间的内斗会导致极端贫穷；其次，由于缺乏内部层级组织，会整户整户地在疾病中死去，而针对这些疾病是可以采取预防措施的；再次，同样因为缺乏内部组织，遭到我们社会排斥的罪犯会伪装成商人欺压他们。

第二百八十九条　本条例所有有关吉尔吉斯人的权利、福利和义务的条款，以及所有公告，都应该翻译成他们的语言印刷出版并布告周知。

第二百九十条　最后，可以明确告知，吉尔吉斯人并不会被强迫接受这套制度；但是，一旦接受，则不允许退出。

第二百九十一条　省长根据具备的条件，逐个开设区衙。

第二百九十二条　省长派代表团到其他乡，但不得强迫之。

第二百九十三条　归根结底，为落实本条例，必须通过为加入区衙的各乡提供庇护，让吉尔吉斯—凯撒克人相信，并向他们证明本条例的实际效力。

第二百九十四条　省长的关切对于推动新体制的落实至关重要。

第二百九十五条　省长应该尽可能向吉尔吉斯人解释新体制的优点。

第二百九十六条　省长在落实中应在总体上依照上级部门指示，反馈工作成果，在需要的情况下申请资金支持。

第二百九十七条　在这种情况下，西西伯利亚总督为鄂木斯克省长提供经费支持。

第二百九十八条　在开设区衙两年之后，省领导应该严格执行上述法条。

第二百九十九条　在某一区衙开设的最初两年间，可以要求增派官员，或更频繁地进行巡查。

第三百条　省长出于公共利益目的，有权根据本地情况呈报取消或增补条例内容，但修订条例需要上级政府批准。

第二节　各乡采纳新统治体制流程

第三百零一条　每次纳入新体制的乡数目应该根据权力机关的能力估算，以便让他们更多体会到新体制的便利。

第三百零二条　向省长提出的申请形式类似之前的臣属。

第三百零三条　允许省长不向上级政府呈递此类请求，但在成功开设区衙时必须呈报上级。

第三百零四条　引入新体制时，须举办特殊的仪式，以及吉尔吉斯人须以自己的习惯宣誓效忠。

第三百零五条　开设新区时，举行选举，并举办节庆仪式。

第三百零六条　第一次选举应该在第二年的八月举行，自此开始计算两年到三年的期限。

第三百零七条　在引入新体制之前的最后一年，应将牲畜扣押积案解决。

第三节　与尚未采纳新统治体制各乡的关系

第三百零八条　没有加入新体制的乡仍被认作要塞线外的吉尔吉斯人。

第三百零九条　为预防这些人生活的地区发生骚乱，在尚未设区的地区安排巡防队和哨卡。

第三百一十条　拒绝没有加入新体制的乡赴内地贸易，仅允许他们在要塞线的海关贸易。

第三百一十一条　对于在依照本条例开设的乡内发生的牲畜扣押和谋杀案件，须侦查并移送军事法庭。

第三百一十二条　上述条款同样适用于那些侵犯通过该地区的行人或商旅的吉尔吉斯人。

第三百一十三条　在已设立各区中，与这些尚未加入新体制的吉尔吉斯人发生的案件适用本条例审理。

第三百一十四条　对尚未加入新体制的小帐吉尔吉斯人适用对尚未加入新体制的中帐吉尔吉斯人的办法。

第三百一十五条　如果阿吾勒或乡的数量不足以形成区，但他们希望加入新体制，则可以成立特别的分区，隶属于最近的区，为其区衙所辖，直到其规模发展到可单独成区。

第四节　要塞线的移动

第三百一十六条　作为边境防线的西伯利亚要塞线并非永久，作为在吉尔吉斯人占据土地上扩张秩序的手段，它将首先而且最终根据实际的国家边界而确定。

第三百一十七条　在草原内部的临时哨卡和巡防队根据需要由省长下令设立。

第三百一十八条　作为边境的要塞线实际变动需要得到最高当局的批准。

第三百一十九条　上述安排根据详细计划而定，根据要塞线和地方情况而定。

乌拉尔斯克省、图尔盖省、阿克莫林斯克省和塞米巴拉金斯克省临时管理条例 ①

第一章　行政制度
第一节　省份划分

一、省的划分

第一条　由原先的奥伦堡吉尔吉斯省、西伯利亚吉尔吉斯省和塞米巴拉金斯克省，加上乌拉尔和西伯利亚哥萨克军团辖地组建现在的四省：乌拉尔斯克省、图尔盖省、阿克莫林斯克省和塞米巴拉金斯克省。

第二条　在西伯利亚机构的基础上，乌拉尔斯克和图尔盖省隶属于奥伦堡总督，阿克莫林斯克和塞米巴拉金斯克省则隶属于西伯利亚总督。

第三条　乌拉尔斯克省由乌拉尔哥萨克军团辖地、原奥伦堡吉尔吉斯省的西部和中部的一部分组成。

第四条　图尔盖省由原奥伦堡吉尔吉斯省的东部以及中部的剩余地区组成。

第五条　乌拉尔斯克和图尔盖省之间的边界，大约是从奥伦堡州的边界沿着霍布多河，即此前西区和中区分界线，南部到穆戈扎尔山和从咸海南缘；由各省省长审议和协商决定。

第六条　阿克莫林斯克省由原西伯利亚吉尔吉斯省的以下各区组成：科克切塔夫、阿特巴萨尔、阿克莫林斯克、西伯利亚哥萨克第一至第五团和第六团一部分领地、鄂木斯克市和彼得罗巴甫洛夫斯克市。

注：托博尔斯克州下辖的鄂木斯克区公署应从鄂木斯克市迁到其他地点。

第七条　塞米巴拉金斯克省由以下各区构成：塞米巴拉金斯克区、科克佩克特区、谢尔吉奥波利镇的一部分、斋桑地区、巴彦阿吾勒区、

---

① 该条例俄文标题为 Временное положение об управлении в Уральской, Тургайской, Акмолинской и Семипалатинской областях，颁布于俄历 1868 年 10 月 21 日。

卡尔卡拉林斯克区、西伯利亚哥萨克第六至第八团辖地。

第八条　阿克莫林斯克和塞米巴拉金斯克省之间的边界大致被认为是从科鲁托雅尔村（Крутоярский выселок）笔直向南，将巴彦阿吾勒区和卡尔卡拉林斯克区与西伯利亚吉尔吉斯省其他各区划分开来的一条线；由各省省长审议和协商决定。

第九条　乌拉尔斯克省的首府设于乌拉尔斯克市。

第十条　图尔盖省首府在迁入草原腹地之前，暂时驻留奥伦堡市。

注：奥伦堡总督负责选定图尔盖省的省公署驻地，规划其支出预算。

第十一条　阿克莫林斯克省公署设于阿克莫林斯克市，但在那里建设足够的建筑设施之前，省公署暂驻于鄂木斯克市。

注：西西伯利亚总督有义务规划省公署迁往阿克莫林斯克市的支出预算。

第十二条　塞米巴拉金斯克省的省府设于塞米巴拉金斯克市。

第十三条　乌拉尔斯克省下分四县，县治分别位于乌拉尔斯克市、古里耶夫、卡尔梅科夫、恩巴。亚历山德罗夫要塞受乌拉尔斯克省管辖。为管理跨界的民众，设立曼吉什拉克区段（Мангышлакское приставство），按照特殊的条例管理。

注：区段警长管辖民众的权责由特殊的指令规定，而辖境内军队和要塞则依照《奥伦堡和西西伯利亚各省军务管理条例》管理。

第十四条　图尔盖省分为四县，县治分别位于伊列茨克—扎希捷村、尼古拉耶夫斯克镇、乌拉尔斯克要塞（更名为伊尔吉兹）、奥伦堡要塞（更名为图尔盖）。后两者获得城市地位。

注：前两者的县治暂时在草原深处，如果更换县驻地，县名将更改。

第十五条　阿克莫林斯克省分为四县，驻地分别在鄂木斯克市、彼得罗巴甫洛夫斯克市、阿克莫林斯克市、科克切塔夫镇。最后一个获得城市地位。

注：为有效管理阿克莫林斯克省南部，可能要新开设县，位于萨雷苏河畔。

第十六条　塞米巴拉金斯克省下分四县，县治为巴甫洛达尔市、塞米巴拉金斯克市、科克佩克特市、卡尔卡拉林斯克镇。后者获得城市地位。斋桑设立特殊区段，在变更之前作为县级行政单位管辖。

注：斋桑区段在民事方面有特殊条例，军事和要塞管理方面按照《奥伦堡和西西伯利亚各省军务管理条例》管理。

第十七条　省和县边界划分须尽可能考虑吉尔吉斯社会的土地使用情况。

第十八条　境内人口，包括哥萨克军团，在本条例基础上受警察和法院管辖。

注：哥萨克军团的内部经济生活和政治秩序都保持不变。

第十九条　哥萨克镇的管理在此前基础上保持不变。

第二节　省级机关

第二十条　每个省的管理机关直属于总督领导，总督区下分省和县。

第二十一条　省级机关由省督军和省公署组成。

第二十二条　省督军同时为辖境内驻军的司令。

第二十三条　乌拉尔斯克省督军同时为乌拉尔哥萨克阿塔曼；阿克莫林斯克省督军和塞米巴拉金斯克省督军为相应省份内西伯利亚哥萨克的首领，承担相应义务。

第二十四条　省督军的任免由沙皇批准，由内务大臣与总督和陆军大臣商议后提名。

第二十五条　如总督无特殊命令，在省督军因患病或离任无法履职时，由副督军代理其职务。

第二十六条　乌拉尔斯克省和图尔盖省督军与帝国其他地区州长职权相同。阿克莫林斯克省和塞米巴拉金斯克省督军的职权参照西伯利亚条例，以及本条例的部分条款。

第二十七条　省督军管理省内常备军、军事行政和哥萨克的经济部门；省督军下设特别军事管理机关。

第二十八条　省督军依照特殊条例管理哥萨克军团。

第二十九条　省督军下设事务官员，具体职位参见附表。

第三十条　不设立专属于省督军的办公厅。

第三十一条　省属各机关的人员构成参见附录列表。

第三十二条　省公署的主席为副督军。

第三十三条　副督军的任免由内务大臣与总督预先协商，沙皇批准。奥伦堡总督区下辖省份和县其他官员任免依照帝国普通条例；西伯利亚地区依照《西伯利亚诸省机构建制章程》。

第三十四条　省公署下设执行局、经济局和司法局，各局由局长领导。

第三十五条　副督军和其他省公署官员的职权由帝国普通行省条例规定。

第三十六条　省公署管辖以下事务：民政管理、国库管理、民事和刑事司法事务、国家财产管理等。上述各方面均专设部门。此外，省公署下设草原地区民事建设部门。

第三十七条　医疗卫生、建筑、矿物、林业等事业，安排省医生、省建筑师和主管矿务和林业的官员。

注：省公署可以邀请专业人士提供帮助。

第三十八条　省公署负责起草省督军签发的公文。

第三十九条　在省督军批准下，副督军负责在各局之间分配工作。

第四十条　省公署的内务文件流程依照内务部指示运作，由内务部和总督合作领导，适用1865年6月8日沙皇谕准《关于行省机构编制增加的临时条例》，只要与省公署管理吉尔吉斯人的需求相符。

第四十一条　省公署负责在草原诸省落实各类法令，以及在省城签发证明。县和县城法令的落实和证明签发由县法院负责。

第四十二条　草原诸省依法设立检察官。

第四十三条　财政、审计和邮政机关暂时保持之前状态。副督军与相应中央部门联络建立地方机构。

第三节　县级机关

第四十四条　各县的管理集中在县长手中。

第四十五条　县长有权领导县警长，在帝国法律的基础上管理警务。乌拉尔斯克省的县长，以及伊尔吉兹、图尔盖、科克佩克特三县的县长掌握军队和要塞，军事机关管理依照《乌拉尔斯克省、图尔盖省、阿克莫林斯克省、塞米巴拉金斯克省军事管理条例》。

注：对县长行动指示的条例由总督起草，须征得内务部同意。

第四十六条　县长下设县长助理和办公室。

第四十七条　县长无法履职，则由县长助理代理，县长助理领导县长办公室工作。

第四十八条　县长有权管辖县内所有常驻居民、临时居民和哥萨克军团军属。

第四十九条　现存于乌拉尔斯克市、鄂木斯克市、彼得罗巴甫洛夫斯克市、塞米巴拉金斯克市、乌斯季—卡缅诺戈尔斯克市的市警察局保留原先状态；为管理阿克莫林斯克市警务，设立警长职位。

第五十条　此前要塞线若干城市存在的城市经济管理部门保持原状。

第五十一条　在尚无城市管理机关的城市，县长有权向商人或市民签发经商执照。

第四节　医疗卫生制度

第五十二条　各省由省医生负责监督省内医疗事业，其权责相当于内地各州的州医务官。

注：哥萨军团的医疗事务由特殊法律规定，参见《哥萨克军团条例》。

第五十三条　每个县安排一位县医生和助产士，提供医疗服务。

第五十四条　县医生和接生婆的职权由普通医务条例规定。

第五十五条　县医生需要采取措施在吉尔吉斯人中推广疫苗接种。

第五十六条　县医生为吉尔吉斯人免费提供医疗服务，免费提供药品。此外，县医生有义务在各乡巡游，为民众提供医疗服务。

第五十七条　吉尔吉斯人有权到所有军民医疗机构接受治疗。医疗机构可从特别经费中免除无力支付医疗费用的病人的开销，此项特别经费由省公署确定。

第五节　地方机关

第五十八条　每个县的游牧吉尔吉斯人划分为乡，乡划分为阿吾勒。

第五十九条　乡和阿吾勒的划界工作根据地方情况展开，由省督军审批具体是分阶段还是一次性完成划界。阿吾勒包含 100—200 帐，乡包含 1000—2000 帐。

注：在有特殊理由的情况下，各省省督军划分乡和阿吾勒的规模可与上述标准略有出入。

第六十条　根据冬牧场土地使用的情况，乡由邻近的阿吾勒组成。

第六十一条　某一游牧帐更改阿吾勒或乡的隶属关系需要两边的长官同意，以及相应警察区段长官批准。整个阿吾勒划入另一个乡则需要县长批准。

第六十二条　乡长管乡，阿吾勒长管村。

第六十三条　乡长和阿吾勒长由选举产生。

第六十四条　乡长选举大会在阿吾勒长选举大会之前召开。

第六十五条　被选举条件包括受人尊敬信任、未受法庭指控、未处于侦讯之中，且年龄须在 25 岁以上。

第六十六条　乡和阿吾勒选举大会时间地点由县长决定。

第六十七条　乡和阿吾勒选举分开进行。

第六十八条　每 50 帐推举一名选举人，由选举人选举乡长和乡长候补。

注：在某一乡中，按每 50 帐推举尚有余 25 帐以上，则从剩余帐数推举一名选举人。

第六十九条 乡长选举需要县长或县长助理在场监督，但不得干预。

第七十条 阿吾勒内，每10帐推举一名选举人，阿吾勒大会选举阿吾勒长和阿吾勒长候选人。

注：在某一乡中，按每10帐推举尚有余5帐以上，则从剩余帐数推举一名选举人。

第七十一条 阿吾勒选举大会需要乡长在场，监督但不得干预。

第七十二条 乡长和阿吾勒长的选举由上述乡和阿吾勒选举人集会举行。以投票球或其他形式标记选票；以简单多数票决，得票最多者当选，第二多者为候选人。

第七十三条 乡长和阿吾勒长的选举每三年举行一次。

第七十四条 乡长和乡长候选人需要省督军批准；阿吾勒长及阿吾勒长候选人需要县长批准。

第七十五条 乡长滥用职权或履职不力，由县长呈报，省督军将其免职。紧急情况下，县长有权临时将乡长免职，后上报督军。

第七十六条 替换或免职阿吾勒长需要上报县长。

第七十七条 乡长选举大会决定乡长和阿吾勒长的薪资。乡长薪资和雇佣书吏支出总计不低于300卢布；一乡内各阿吾勒长的工资必须一致，由乡选举大会的选举人确定。

第七十八条 乡长选举大会编制乡长薪资，需要由县长批准。

注：严格禁止为维持乡和阿吾勒经费而增设本条例规定以外的税费名目。

第七十九条 乡长选举大会根据乡社分摊的征税额度确定乡长和阿吾勒长的工资，呈报县公署；从各乡税收中按额发放给乡长和阿吾勒长，由省长确定发放时间。

第八十条 发放给吉尔吉斯官员的薪资保存于县管理机关；以特殊账本依法记账。

第八十一条 省督军决定发放工资的时间和流程。

第八十二条　乡长和阿吾勒长接受由县长颁发的铜质徽标，须在履行公职时佩戴。县长向乡长和阿吾勒长颁发特殊印章和签名章，用于签发文件。

第八十三条　内务部决定印章和徽标的形制。印章和徽标的制作支出由国家财政负担。乡长或阿吾勒长离任或死亡后，印章和徽标交还县长。

第八十四条　乡长担负警务和落实政令责任，保境安民，特别关注避免发生牲畜扣押案件，执行法令，征收赋税，分配劳役。

第八十五条　乡长直接从属于县长，执行县长的政令。

第八十六条　乡长有义务执行司法判决和民间法庭的口头决议。

第八十七条　对乡境内的抗法和轻微违法事件，比如斗殴和骚乱，乡长有权监禁不超过 3 日及罚款不超过 3 卢布，拥有官衔或勋章的人除外。须向县长呈报案件。

注：乡长收缴的罚款呈交县长，在省长指定下用于公共事业。

第八十八条　阿吾勒长从属于乡长，落实乡长的任务。

第八十九条　如有村民轻微违法，由阿吾勒长上报乡长处理。

注：乡长和阿吾勒长的更多细节职责由其上司的指令规定。

第九十条　在乡长选举大会同意、县长批准的情况下，乡长可雇佣若干差役。其工资从公共账户支出。

注：发往县公署的文书由乡长的差役负责递送。

第九十一条　夏天在不同省之间游牧的吉尔吉斯人，其税收和劳役依然受原属省份管辖。

第二章　司法制度
第一节　管辖范围

第九十二条　西伯利亚和奥伦堡管区上述省份的吉尔吉斯人由如下机构审理司法案件：以帝国法为基础的军事法庭和民间法庭。

第九十三条　军事法庭审判如下案件：叛国、煽动反对政府、公然抗法、袭击邮政和官方转运队、破坏电报、谋杀想皈依基督教的人、谋杀公职人员。

第九十四条 吉尔吉斯人根据帝国普通刑法受审：谋杀、抢劫、破坏、牲畜扣押，攻击商旅，入侵他人宅地，纵火，伪造和使用假币，抢劫官方财产，违反国家机关法令，地方吉尔吉斯人机关职务违法。

注1：吉尔吉斯人的牲畜扣押指的是由某种原因引发的不满导致的盗窃牲畜或抢劫财物。在阿吾勒或乡中，该行为往往伴随着暴力，时常发生谋杀。

注2：如果他们愿意，吉尔吉斯被害者的亲属被允许在俄罗斯法庭上根据民族习惯声索赔偿。

第九十五条 在草原省份之外吉尔吉斯人犯罪，则依据案发地点的法律审判。

第九十六条 吉尔吉斯人与俄罗斯人之间以及与其他民族之间发生的案件，无论刑事还是民事，都根据帝国普通法律审理。

第九十七条 所有其他不隶属于军事法庭或帝国普通法庭的吉尔吉斯人刑事案件，无论涉案金额大小，一律归民间法庭审理。

第九十八条 哥萨克军团军属在外勤期间所涉刑事、轻微违法和民事诉讼案件均依照帝国普通法审理。

第九十九条 哥萨克在外勤期间所涉违法和犯罪行为，以及在内务期间违反纪律和军事义务均依军事条例审判。

第一百条 涉及哥萨克的轻微民事案件和轻微违法案件交由镇法庭《哥萨克军团管理条例》审理。

第二节 司法机关

第一百零一条 司法权力隶属于以下四类机构：（一）县法官；（二）军事司法委员会；（三）省公署；（四）枢密院。

一、县法官

第一百零二条 为审理县辖境内地方居民案件，根据本条例在每个县设立县法官。县法官的职责相当于治安法官，依据1864年11月20日司法条例开展司法调查和案件审理。

第一百零三条　县法官由总督提名、司法大臣批准。

第一百零四条　法官只能从获得过中高级教育机构学历的人士，或者在同类职位上服务过不少于三年、能获得司法案件审理经验的人士中选出。

第一百零五条　在生病、缺勤或临时无法履职的情况下，临时代理的人选由总督任命。

第一百零六条　省公署负责直接监督县法官。

第一百零七条　县法官一个月以内的假期由省公署批准，更长期限由总督批准。

第一百零八条　对县法官的惩罚由省公署法官依照行政流程执行：警告、记过、批评但不计入履历、在司法条例第四百五十八至第五百六十条基础上扣工资、停职（与总督、司法大臣协商）。所有其他类型的惩罚依照法院审理。

第一百零九条　县法官移送法院，须由省公署与总督、司法大臣协商。

二、军事司法委员会

第一百一十条　军事司法委员会依据本条例审理、判决军事法庭案件。

三、省公署

第一百一十一条　每个省的省公署承担民事和刑事法庭职能，依据本条例审理并判决所有不属于军事法庭和县法官刑事和民事案件，以及受理对县法官的申诉。

第三节　俄罗斯法诉讼程序

一、刑事案件

第一百一十二条　县法官受理县境内所有违法犯罪和行政诉讼案件。

第一百一十三条　如发现与违法犯罪刑事案件相关的线索，警务和行政部门有义务及时通报法官。

第一百一十四条　不涉及剥夺或限制身份权利的罪行可由县法官自行审理；涉及剥夺或限制身份权利的案件，由县法官依法调查取证。

第一百一十五条　如审理案件需要展开调查，可以委托地方警务部门。

第一百一十六条　审理案件流程遵照《刑事诉讼条例》第一卷；依照相关法律确定是否有罪及量刑。

第一百一十七条　县法官受理的案件，其判决为下列刑罚的被认为是终审：警告、记过、批评、监禁不超过 3 天、罚款不超过 100 卢布。

第一百一十八条　在非终审判决上，诉讼双方可根据司法条例规定的期限，上诉到省公署。

第一百一十九条　对县法官拖延公务、玩忽职守、任意监禁被告等行为的个人申诉可提交省公署审理。

第一百二十条　涉及剥夺或限制身份权利的违法犯罪案件，依本条例由军事法庭审理，由县法官展开司法调查，向督军呈报调查结果。调查结果及时提交军事司法委员会。

第一百二十一条　军事司法委员会在本条例基础上依法审理。

第一百二十二条　须依据帝国普通法律和县法官呈递省公署的调查结果审理案件。

第一百二十三条　司法判决和法院关于刑事案件的规定由本地警务部门执行。

二、民事案件

第一百二十四条　县法官的受理范围包括：（一）涉案金额不超过 2000 卢布的个人义务合同、动产、不动产诉讼；（二）涉案金额不超过 2000 卢布、为损失或死亡要求赔偿的诉讼；（三）关于个人名誉损害的诉讼案件。

注：在诉讼双方一致同意的前提下，法官可以处理各类民事诉讼。在此类案件上法官判决为终审，没有上诉机制。

第一百二十五条　县法官的审理范围不包括：（一）与国家财政部

门利益有关的诉讼；（二）民间法庭审理的吉尔吉斯人之间的诉讼；如诉讼双方都同意，也可以由县法官审理；（三）哥萨克部门的轻微案件由哥萨克镇法庭审理。

第一百二十六条　县法官根据 1864 年 11 月 20 日颁布的《民事诉讼条例》第一卷司法流程审理。

第一百二十七条　在审理吉尔吉斯人案件时，双方同意的情况下可以由县法官审理，法官根据本地习惯和普通民事法律审理，尽可能调解双方。

第一百二十八条　涉案金额不超过 100 卢布的案件，县法官判决即终审。

第一百二十九条　涉案金额超过 100 卢布的案件，如当事人对县法官判决不满，可以上诉到省公署。

第一百三十条　省公署审理对县法官的申诉。

第一百三十一条　省公署根据本条例作为民事和刑事法庭审理案件。

第一百三十二条　涉案金额不超过 2000 卢布的案件，省公署判决即终审。

第一百三十三条　如当事人对省公署的判决不满，上诉请求可以提交到枢密院。在西伯利亚管区下属省份，根据《西伯利亚诸省机构建制章程》第十九条、第一百六十四至第一百六十六条（法律汇编第二卷第二部分）上诉。

第一百三十四条　本地警务部门执行各级司法判决。

第四节　吉尔吉斯人的民间法庭

第一百三十五条　吉尔吉斯人之间的（参见本条例第九十七条）民事和刑事案件，以及氏族间的各类诉讼均由民间法庭受理。每个乡选举 4—8 名毕官。毕官选举与乡长选举同一时间进行，由同一批选举人依据同样的流程选出，任期同样为三年。

第一百三十六条　毕官的数量根据乡的帐户数量确定。

第一百三十七条　毕官从受人尊敬和信任的人中选出，未受法庭指控，未处于侦讯之中，且年龄须在 25 岁以上。

第一百三十八条　毕官当选需要得到省督军批准；不发工资，但有权根据民族习惯，通过审案从被告处获得特殊报酬；此种报酬的金额不得超过涉案金额的十分之一；涉及个人侮辱名誉的案件，其罚金数额根据民族习惯决定。

第一百三十九条　不履行义务和滥用职权的毕官移交法院，按照帝国普通法律审判其滥用职权罪责。

第一百四十条　毕官从县长处获得定制的铜质徽标，履行法官职务时佩戴。毕官也从县长处获得定制印章，在决议文件上盖章。徽标和印章的形式由内务部审定。

第一百四十一条　毕官离职或去世，徽标由县公署收回，转交给新任毕官。

第一百四十二条　在诉讼双方同意的情况下，除了官方批准的毕官之外，可到受人信任的人处解决纠纷。在这种情况下，此类判决带有仲裁法庭性质，无论涉案金额大小，均视为终审。

第一百四十三条　诉讼双方对毕官选择意见不一致的时候，由原告指定被告所在乡的毕官审理；被告有权两次拒绝原告指定的毕官。

第一百四十四条　民间法庭根据民族习惯公开透明审理案件。

第一百四十五条　吉尔吉斯人地方长官有义务将被告送到法庭，根据毕官的要求提供证人，但禁止干预法庭审理，违者开除公职。

第一百四十六条　毕官有权受理涉案金额不超过 300 卢布（相当于 15 匹马或 150 头羊）的案件；对于涉案金额低于 30 卢布的案件，毕官的判决即为终审。

第一百四十七条　毕官的判决通告诉讼双方，如果需要，可以签发公文复件，加盖毕官的公章。

第一百四十八条　毕官判决由乡长执行；乡长延缓或不执行，将依法遭受惩罚，并判处赔偿因延迟执行而引起的损失。

第一百四十九条　对毕官非终审的判决不满的申诉可向乡长提交，由乡长呈递乡选举人大会。提交申诉的时间期限为从宣布判决开始的两周内。

第一百五十条　涉案金额超过300卢布的案件由定期召开的乡会谳审理。乡内所有毕官必须出席乡会谳。如果少于一半的毕官参加，会议被认为无效。如果会期内有原告提起诉讼，会议也可以受理涉案金额为不超过300卢布的案件。

第一百五十一条　乡会谳准备审理的案件须由乡长整理，在召开会议之前向乡会谳呈递。

第一百五十二条　县长根据游牧活动的周期决定乡会谳的日期和地点。

第一百五十三条　乡长必须出席乡会谳，但不得干预审理，否则将承担相应责任。

第一百五十四条　乡会谳审理案件的范畴不受涉案金额限制，但涉案金额不超过500卢布（相当于25匹马或250头羊）以下的案件视为终审。

第一百五十五条　对于涉案金额超过500卢布的案件（即非终审案件）不满者，自判决之日起两周内可将申诉呈递县长，附上判决书复件。县长在上述期限内呈递省公署，不得拖延。省公署或批准乡会谳判决，或转交特别会谳重新审理。

第一百五十六条　为审理同一县内的跨乡案件，县长下令召集特别会谳；如果涉及跨县案件，则由涉案的县统一召开会议。特别会谳由省公署下令召集，为解决上诉到省公署的非终审案件。

第一百五十七条　诉讼双方均指定一定人数的毕官组成特别会谳，由地方长官批准。每方不少于两名毕官。

第一百五十八条　县长须出席特别会谳，或者在特殊情况下派遣代表官员出席，但禁止干预审判过程。

第一百五十九条　乡会谳和特别会谳均按照民族习惯审理。

第一百六十条　特别会谳的判决为终审。

第一百六十一条　不能参加特别会谳的毕官，如无合法理由，罚款10卢布，上交国库。

第一百六十二条　涉及婚姻和家庭的案件由毕官按照民族习惯审理。

第一百六十三条　涉及婚姻案件中不满于民间法庭判决的一方可以向县长申诉，由县长审理。对县长判决不满，可以向省督军上诉。

第一百六十四条　吉尔吉斯人之间的案件，在诉讼双方同意的情况下，可以由俄罗斯法庭审理。

第一百六十五条　商人和商贩与吉尔吉斯人发生的诉讼案件，如果双方同意，也可以由毕官审理。

第一百六十六条　每年年初之前，省公署向县长寄送用于记载司法判决的簿册；县长自行保存一本，供记载特别会议决议；其余簿册分发给各乡乡长保存。

第一百六十七条　当收到新的簿册时，旧簿册由县长收集，交还省公署。

第三章　税收和劳役
第一节　国家税收

第一百六十八条　向奥伦堡和西西伯利亚管区的吉尔吉斯人征收帐篷税，额度为每年每帐 3 卢布。

第一百六十九条　每三年一清点帐户数量。

注：清点帐户数量时，每个帐篷应该与一户或某一名户主对应。

第一百七十条　乡选举大会上，由选举人统计帐户数量，形成报表，所有选举人签字盖印。俄官员须在场。

第一百七十一条　该报表须反映各乡和各阿吾勒下属帐户数量，以及各阿吾勒分摊的帐篷税数额。

第一百七十二条　乡长在报表上签字。如乡长缺席或尚未选举产生，则由氏族首领或段长签字。

第一百七十三条　各乡帐户数量的报表经过各乡选出的乡长确认内容后上交县长，

注：如果某人在当选乡长之前已经确认过报表内容，则报表不再需要其签字。

第一百七十四条　乡长如认为报表信息正确，则盖印呈递县长；如对报表信息有怀疑，应禀报县长，县长采取措施确认信息准确性；如有必要，可再次召集乡大会，俄官员须在场。之后，乡长在修正后的报表上盖章，递交县长审批。

第一百七十五条　报表和实际帐篷数额的差别，如果在第一年每个阿吾勒（100—200帐）的差别仅在2—4帐，则不视为瞒报；超出该范围而没有正当理由，则视为瞒报。

第一百七十六条　如发现瞒报，将对涉案人员处以罚款，罚款数额为瞒报税额的两倍。

注：严厉禁止将罚款摊派到乡或乡选举人。

第一百七十七条　若举报乡长或乡选举人隐瞒帐户数量，则举报人可以不交罚款。

第一百七十八条　每年帐户税额是帐户数量乘以3卢布。乡选举人大会根据阿吾勒的经济状况和帐户数量，在各阿吾勒间分配税额。

注：阿吾勒的经济状况根据牲口数量、农作发展水平和各类手工业决定。

第一百七十九条　乡选举人大会以乡帐篷税簿册记录关于在阿吾勒之间分配帐篷税的决议。

第一百八十条　乡长向阿吾勒长通告税收数额。阿吾勒长召开阿吾勒选举人大会，在各帐之间分配税额。

第一百八十一条　阿吾勒选举人大会根据经济状况给所有人分配税金，大会有权给穷人免除税金。

第一百八十二条　阿吾勒选举人大会的决议中须登记各帐户主的名字和相应税额，以及免税帐户主的名字和免税金额；决议记录在阿吾勒帐篷税簿册上。

第一百八十三条 由阿吾勒选举人大会向阿吾勒居民公告税额统计的差错及修订情形。

第一百八十四条 乡长和阿吾勒长无权干预税收分配，只能监督两级大会。可向县长呈递控告乡长和阿吾勒长干预税收分配的申诉。

第一百八十五条 乡长和阿吾勒长的薪资由两级大会制定，因此不能免除帐篷税。

第一百八十六条 享受豁免缴纳帐篷税和免除劳役的有以下人群：已故的希尔加孜·艾楚瓦克夫汗家族、苏丹拜穆哈麦提·艾楚瓦克夫家族、苏丹阿赫默德和阿尔斯兰·江秋林兄弟家族，以及1844年参加平定苏丹肯尼萨尔·卡瑟莫夫叛乱中死伤的吉尔吉斯官兵家庭。

第一百八十七条 瓦里和布凯汗族的直系子嗣也享受豁免缴纳帐篷税，他们以前享受豁免一定规模牲畜的实物税（ясак）。

第一百八十八条 为记录乡选举人大会和阿吾勒选举人大会关于帐篷税分配的决议，省公署在清点帐户期限之前，通过县公署为乡长和阿吾勒长提供帐篷税簿册。

第一百八十九条 省督军在总督同意下规定缴纳帐篷税的期限。

第一百九十条 阿吾勒长征税帐篷税，上交乡长；后者转交到县库，获得相应收据。

第一百九十一条 县长将税收信息报给财税机构。省公署制定该流程规章。

注：省长应制定章程，明确县级机关收取帐篷税的财政制度，并上报审批。

第一百九十二条 乡长和阿吾勒长遗失税金将依法定罪。

第一百九十三条 地方长官应依照本地情况和地方习惯，采取措施征收欠款。

第一百九十四条 在每三年中的第一年，可从各乡征收的帐篷税中提取10%作为乡选举人的工作奖励，在选举人之间平均分配。

第一百九十五条　以上奖金的分配的章程需要省督军审核。

第二节　护照费

第一百九十六条　取消此前存在的从吉尔吉斯人收取的身份证费用。取而代之的是，奥伦堡和西伯利亚管区吉尔吉斯人进入草原地区和要塞线上的城市或村落务工者，需要缴纳护照费。

第一百九十七条　乡长给进城或村落务工的吉尔吉斯人发放护照，不得延误，除非是形迹可疑者。不得允许后者离开游牧牧地。

注：总督有权决定哪些人暂时不可获得护照。

第一百九十八条　为发放护照，县长须向乡长提供已经编号的空白护照。

第一百九十九条　乡长将收取的护照费上交县长，由县长依照财政制度封存。

第二百条　省督军与审计部协商确定护照支出和收取工本费的核算方式。

第二百零一条　为更新吉尔吉斯人的护照，应直接向地区主官提请，或将旧护照呈递给务工地点的警察机关，要求后者向地方主官办理。

第二百零二条　地方警长须监督吉尔吉斯人持照居住。

第二百零三条　无护照或持有过期护照的吉尔吉斯人将视为犯罪，依法惩处。

第三节　地方赋役

第二百零四条　地方长官，即乡长和阿吾勒长领导游牧民在其牧地修建水渠、桥梁、连接驿道的便道，提供夏季转场时供医治病患的毡房，以及为在阿吾勒办差的差役提供燃料。

第二百零五条　为不使用驿道穿越草原地区的差役提供马匹；如为非法穿越，则不予提供。

第二百零六条　和平时期军队运送物资须以自愿雇佣方式；在调动军队或运送军需的紧急情况下，省督军和县长有权征调实物或资金支持军队调动后勤工作，由总督决定的价格补偿。

第二百零七条　在地方警察的要求下，吉尔吉斯人有责任以实物或现金的方式维护驿站系统。工作和征调物资通过选举人大会讨论分配。

第二百零八条　本条例之外的任何国家税收或地方税收均不合法。

第二百零九条　出于福利或集体利益目的，乡和阿吾勒可在大会决议通过、省督军批准的情况下征集资金。

第四章　土地利用和产权

第二百一十条　作为吉尔吉斯人牧场的土地被视为国家所有，由吉尔吉斯人集体使用。

第二百一十一条　那些获沙皇御赐土地的人，或持有合法地契的人被视为合法的土地所有者，享有完全土地所有权。

注：为验证此前西西伯利亚地方机关和省公署发放的地契的有效性，持有地契的人员须在地方长官设定的时限前向省公署提交地契文件；省公署验证地契的时效和合法性，之后上报总督批准。

第二百一十二条　吉尔吉斯人可使用的土地分为冬牧场和夏牧场。

第二百一十三条　冬牧场为各乡集体使用，各乡单独使用当前牧场；当产生纠纷时，根据拥有的牲畜数量和户口规模分配牧场。

第二百一十四条　为分配冬牧场、解决一县内各乡之间的土地利用纠纷，在省督军同意下，召开特别会谳。不同县的乡发生纠纷，特别会谳需要隶属上级机关同意。特别会谳由每个乡各派三位乡选举人组成。特别会谳形成的决议由县长提交省督军，并登记在特别簿册，由省公署保管。

第二百一十五条　阿吾勒之间冬牧场分配由乡选举人大会根据户口规模和牲畜数量制定。分配方式登记在特别簿册中，由乡长保存。

第二百一十六条　阿吾勒内各帐之间冬牧场分配由阿吾勒选举人大会根据户口规模和牲畜数量制定。

注1：根据乡和阿吾勒大会以及牧户的意愿，不同层级群体所占地块之间的边界可以通过某种标记来确定。

注 2：各级长官须在合适时间进入草原，落实土地划分。

第二百一十七条　每名吉尔吉斯人在分配给自己的冬牧场土地上有权建立自己的住宅或生产性建筑，其社区不得要求拆除。上述建筑将成为私人财产，可向他人出售。建筑物所占有土地将成为所有者的可继承财产。直到建筑物拆除，土地才归还社区。

第二百一十八条　夏季游牧时，各乡可依照习惯共同使用县内土地。各乡尽可能避免到县域以外游牧。

注：锡尔河的吉尔吉斯人保留在夏季到前奥伦堡管区游牧的权利。

第二百一十九条　在社区相互同意的前提下，可根据习惯在冬牧场和夏牧场划出特别地块，作为耕地或干草场。

第二百二十条　吉尔吉斯人有权放弃自己的全部或部分地块，自愿将使用权让渡给俄罗斯人。转让需要县级机关出具证明。

第二百二十一条　开凿水渠或其他灌溉工程，须征得涉及社区土地所有者的同意。

第二百二十二条　地方长官有义务采取措施消弭分歧；吉尔吉斯人之间的分歧由毕官处理。

第二百二十三条　在耕地上建立的建筑与在冬牧场上建立的建筑一样，视为私人产权。

第二百二十四条　西伯利亚草原的俄罗斯和土著服役者土地产权在他们变更职位之后应该取消。

第二百二十五条　如吉尔吉斯人游牧到哥萨克军团土地上，须在与所属哥萨克军镇协商同意的基础上缴纳通行费或免费通过。

注：西伯利亚总督有义务研究西伯利亚哥萨克军团暂时使用的 10 俄里带的分配问题。

第二百二十六条　在县级机关驻地，包括未来将搬迁至草原深处的县公署，须由地方长官确定分配给县公署使用的土地规模。

第二百二十七条　所有在县级机关工作的定居者都可以获得免费土地供建房。规模由地方长官确定。

第二百二十八条　县机关驻地的定居者免费获得用于建房的林木；林木来源地由省督军确定，总督批准。

第二百二十九条　县机关驻地的定居者有权从事商业、手工业和制造业，也可以从事农业；土地从定居点下辖土地中划拨。

第二百三十条　俄罗斯族移居西伯利亚草原城市者将得到优待。

第二百三十一条　在城市或乡村注册登记的巴什基尔人、鞑靼人和亚洲侨民（азиатские выходцы）被视为特殊的集团，不享受俄罗斯族的优惠政策。

第二百三十二条　驿站用地从公用土地拨出，其土地规模由总督根据需要确定。

第二百三十三条　在适于牧民放牧处建立草原集市。其地块规模由总督确定。

第二百三十四条　若吉尔吉斯人所占有的土地发现金矿或其他矿物，则由开发商和土地所有者自愿谈判，决定是否让渡所有权。

第二百三十五条　矿产地块如果有冬牧场和耕地，需要由开发商与吉尔吉斯人社区协商。

第二百三十六条　夏季游牧时，土地和时间的使用是公共的，吉尔吉斯人无须支付租金。

第二百三十七条　冬牧场的渔业资源由当时使用的吉尔吉斯社区占有；夏季游牧时，任何阶层的人均可前来从事捕鱼业。

第二百三十八条　在吉尔吉斯草原上，森林是国家财产；除了那些位于哥萨克军团上的森林以外。

第二百三十九条　省长在总督批准下采取措施保护草原林木，为以后俄罗斯村镇和吉尔吉斯社区使用。

第二百四十条　吉尔吉斯人在草原上有权免费使用游牧道路。但牧民有责任采取措施避免牲畜踩踏冬牧场、农田和草场。由此发生的损失由牧户赔偿。

第二百四十一条　为便于牲畜免费通过俄罗斯村落地区，依法开辟一定宽度的牲畜过道。

第二百四十二条　牲畜经过俄罗斯村落缺少粮草时，牧户须在与村落达成协议的前提下购买草料。

第五章　吉尔吉斯人的权利

第二百四十三条　吉尔吉斯人与帝国农村居民享有同等地位；吉尔吉斯人须依法获得帝国其他阶层的权利。

第二百四十四条　只要不与人道主义思想和本条例冲突，吉尔吉斯人的内部生活可依照民族习惯存续。

第二百四十五条　吉尔吉斯无须服兵役。

第二百四十六条　吉尔吉斯人加入其他阶层仍负有交税义务，但享有终身豁免兵役和免除五年税收的优惠。

第二百四十七条　皈依基督教但留在自己社区或加入草原上俄国村社的吉尔吉斯人，依然保留吉尔吉斯人的各种权利。

第二百四十八条　皈依基督教的吉尔吉斯人，如果有意愿，可以登记入任何城市或村落，无须对象社区预先同意。

第二百四十九条　吉尔吉斯人之间诉讼无须缴纳印花税；吉尔吉斯人与其他阶层人群之间诉讼案件则须依法缴纳印花税。

第二百五十条　在各级政府中任职的吉尔吉斯人，若履职勤勉，可依法授予以下奖励：荣誉市民称号、勋章、奖牌、荣誉长袍、礼品和现金。

第六章　吉尔吉斯人的宗教事务管理

第二百五十一条　宗教事务方面，吉尔吉斯人不属于奥伦堡穆斯林宗教会议（Оренбургское магометанское духовное собрание）管辖。

第二百五十二条　吉尔吉斯的宗教事务由本地毛拉负责，属普通民事管理，由内务部管辖。

第二百五十三条　吉尔吉斯社区一个或多个乡可产生一位毛拉。

第二百五十四条　毛拉仅从俄国属民的吉尔吉斯人中选举出；条件是能了解吉尔吉斯，未受法庭指控，未处于侦讯之中。

第二百五十五条　为选举毛拉，必须起草乡大会决议，呈报县长，之后由省公署审核。

第二百五十六条　毛拉的任免由省公署和省督军决定。

注：之前存在于西西伯利亚的称号"官方毛拉"（указные муллы）现在废除。

第二百五十七条　毛拉与普通吉尔吉斯人一样须缴纳税款和服劳役；如果社区希望免除毛拉的税款和劳役，那么则改由社区承担。

第二百五十八条　只有在总督许可下才能修建清真寺。

第二百五十九条　毛拉须得到县长批准，才可教授牧民识字，或开办清真寺附属学校。

第二百六十条　清真寺、学校和毛拉的支出都由吉尔吉斯社区自行承担，但社区不得违反意愿，强迫个人参与集会。

第二百六十一条　不允许设立瓦克夫。

第七章　草原上的学校

第二百六十二条　为发展草原上的初等教育，最初须在县机关驻地开办面向所有民族的普通学校。

第二百六十三条　为支持开办学校，省公署根据各县地方需求划拨特殊款项。

第二百六十四条　总督与教育部协调制定教学科目课程。

第二百六十五条　吉尔吉斯学童可以在哥萨克和俄罗斯村镇的学校入学，前提是这些村镇社区同意；可以免收学费也可以酌情收费。

第二百六十六条　学校正式聘任的老师可以在家教授吉尔吉斯学生；但私人教师不得进入学校授课，除非得到地方长官许可。

第二百六十七条　县长和省督军根据教育部相关规章监督学校教学和私人教学工作。

第二百六十八条　在改革之前，奥伦堡和西伯利亚管区的现有吉尔吉斯学校照旧运作。

阿克莫林斯克省、塞米巴拉金斯克省、七河省、乌拉尔斯克省和图尔盖省管理条例 [①]

序　言

第一条　本条例界定如下省份的管理机构：阿克莫林斯克省、塞米巴拉金斯克省、七河省、乌拉尔斯克省和图尔盖省。

第二条　阿克莫林斯克省由五个县构成：鄂木斯克县、彼得罗巴甫洛夫斯克县、阿克莫林斯克县、科克切塔夫县、阿特巴萨尔县。

第三条　塞米巴拉金斯克省由五个县构成：塞米巴拉金斯克县、巴甫洛达尔县、卡尔卡拉林斯克县、乌斯季—卡缅诺戈尔斯克县、斋桑县。

第四条　七河省由六个县构成：维尔内县、科帕尔县、列普辛斯克县、普热瓦利斯克县、皮什佩克县、扎尔肯特县。

第五条　乌拉尔斯克省由四个县构成：乌拉尔斯克县、卡尔梅科夫县、古里耶夫县、铁米尔县。

第六条　图尔盖省由四个县构成：阿克纠宾县、尼古拉耶夫斯克县、伊尔吉兹县、图尔盖县。

第七条　省和县的边界依据通行条例划定。

第八条　一省的管理机关包括以下各类：（一）阿克莫林斯克省、塞米巴拉金斯克省和七河省统辖机关；（二）各管区的直属部门；（三）地方行政机关，包括省级、县级、城市和乡村机关；（四）司法机关。

第九条　阿克莫林斯克省、塞米巴拉金斯克省和七河省的统辖机关位于鄂木斯克市；阿克莫林斯克省的临时首府位于鄂木斯克市，塞米

---

① 该条例俄文标题为 Положение об управлении Акмолинской, Семипалатинской, Семиреченской, Уральской и Тургайской областями，颁布于俄历 1891 年 3 月 25 日，参见 Полное собрание законов（1881–1913），т. XI，No. 7574

巴拉金斯克省的首府位于塞米巴拉金斯克市，七河省的首府位于维尔内市，乌拉尔斯克省的首府位于乌拉尔斯克市，图尔盖省的首府位于奥伦市，各县的县机关驻地均位于同名城市。

第十条　各中央部委管辖哥萨克军团和各直属部门：陆军部、财政部、国家财产部、教育部以及审计部。

第十一条　各省的异族（инородцы），无论游牧或定居，享有与农村居民同等的权利。异族须依法获得帝国其他阶层的权利和特权。

第十二条　已皈依东正教的异族，如愿意在城市或俄罗斯村庄登记注册，无须对方社区同意，也无须获得原籍社区的迁出决议；同时仍终身豁免兵役。

第一部分　行政制度

第一章　阿克莫林斯克省、塞米巴拉金斯克省和七河省统辖机关

第十三条　阿克莫林斯克省、塞米巴拉金斯克省和七河省的统辖机关是草原总督。其任免由沙皇谕准、参政院令宣布。

第十四条　总督离职、死亡、重病或暂时无法履职，如沙皇尚未任命其他人选，其职务由下属地方省督军中最资深者代理。

第十五条　总督的权利、义务、行使权力的方式以及其与上级权力机关的关系由《普通行省章程》（Общее губернское учреждение）中的第四百一十五至第四百六十二条以及本条例的相关条款规定。

第十六条　总督有如下权力：（一）依法批准官方建筑工程交易；（二）批准与私人签订的总价不超过 30000 卢布的工程计划、预算和合同；（三）依法选择完成工程的办法，避免工程开支超过规定额度。

第十七条　总督有权放逐政治上不可靠的异族，在与内务部协商后，可将其放逐到帝国某一地点，期限不超过五年。每一案件均须由总督向内务大臣报备，注明必须驱逐的原因。

第十八条　总督下设办公厅。

第二章 地方行政制度

第一节 省级机关

第十九条 省级机关由省督军和省公署构成。七河省督军和乌拉尔斯克省督军兼任同名哥萨克军团阿塔曼。

第二十条 省督军的权责由《普通行省章程》第四百八十九至第六百五十七条以及本条例的相关条款规定。

第二十一条 省督军任免由内务大臣在与陆军大臣协商下提名，由沙皇谕准、参政院令宣布。

第二十二条 副督军、局长和省公署会议其他成员的任免依照《普通行省章程》的第七十九条。

第二十三条 省督军患病或无法履职时，其民政管理职权由副督军代理；副督军患病或无法履职时，由草原总督在省机关中任命人员代理；乌拉尔和图尔盖则由内务大臣任命人选代理。

第二十四条 督军之下有专员（чиновники особых поручений）。

第二十五条 省公署承担州公署的权责。此外，省公署自行处理所有尚无特殊制度规定的省内事务。涉及异族村社与其他农村居民的管理事务，省公署依照关于农民事务的州法律进行处理。

注：乌拉尔斯克省和图尔盖省公署在管理省内的国家财产职能方面隶属于国家财产部。

第二十六条 省公署由公署会议（общее присутствие）和办公厅组成。公署会议的构成和成员的权责参照州公署确定。

注：省医务官在与陆军大臣和内务大臣协商后，可向哥萨克军团医生发布政令。

第二十七条 办公厅依照《普通行省章程》处理公文往来。

第二十八条 阿克莫林斯克省、塞米巴拉金斯克省和七河省参照普通省份印刷厂管理办法，在省公署下设印刷厂。

第二节　县级和城市机关

一、县级管理

第二十九条　除了有独立行政管理机关的城市以外，各县由县长管辖。

第三十条　阿克莫林斯克省、塞米巴拉金斯克省、七河省的县长任免由各省督军提名，草原总督决定。乌拉尔斯克省和图尔盖省各县的县长则由省督军任免。

第三十一条　县长享有县警长的权责，领导县警务机关。

第三十二条　在涉及哥萨克军团的事务方面，县长的职权仅限于警务。

第三十三条　在农村居民（包括游牧和定居）的社会管理方面，县长的权责相当于（内地省份的）县农村事务会议（уездное по крестьянским делам присутствие），以及以下条款（第三十四至第三十八条）所规定的。

第三十四条　县长应监督县境内所有异族和其他农村居民管理机构，并监督撰写地方机关报告，供县长、省公署和省督军审阅。

第三十五条　县长有权审核境内各类乡会、阿吾勒会和村会决议。

第三十六条　如果县长认为上述各类决议不合法，或对社会有显著危害，或危害社会成员的合法权益，则有权要求搁置决议，将意见上报省公署。省公署决定是否要撤销乡村大会的决议。

第三十七条　县长审核关于将品行恶劣的成员驱逐出异族或农民社区的决议，以及不接受那些受法庭指控人的决议，并附上意见呈报省公署。同样，县长审核对上述各类决议的申诉，并附上意见呈报省公署。

第三十八条　如果认为有必要，县长可以对将根据决议被社区驱逐的个人采取羁押措施。

第三十九条　县长有权依法平定境内异族叛乱，处罚本条例阐明的轻罪；有权对涉案人员处以不超过七天拘留、不超过15卢布罚款。上述惩罚须由县长签发逮捕令。逮捕令即时生效，在拘留处留有复件。罚款纳入特殊资本，用于加强省内拘留设施。

注：县长可对异族的以下轻罪进行惩罚：打架斗殴或其他形式的扰乱秩序、破坏公共场所的社会安定、不尊重公职人员、不服从或侮辱家长等行为。

第四十条　如对第三十九条所述县长的逮捕令不满，可在两周内向省公署上诉。

第四十一条　县长之下设县长助理和办公室。

第四十二条　县长助理在县长患病和无法履职时代理其职务。

第四十三条　基层警务由县长雇佣警员处理。

第四十四条　为管理与中华帝国边境地区口岸（七河省的巴克图、霍尔果斯、铁列克提），边境县长下设了解地方语言的专员。

第四十五条　每个县设县医生、医助和助产士。

第四十六条　县医生有义务免费提供医疗服务，免费提供药品，其经费由省公署酌情拨发。

第四十七条　县医生负责推广疫苗接种，以及从本地居民中培养学徒。

第四十八条　为管理兽医事务，各县设置一名县兽医，接受省医务官直接领导。

二、城市管理

第四十九条　阿克莫林斯克省、塞米巴拉金斯克、七河省、乌拉尔斯克省和图尔盖省的省和县机关驻地均被认定为城市，除了塞米巴拉金斯克市的科克佩克特。

第五十条　在那些公共市政管理机关还没有建立的城市，其经济和福利事务由县长管理、市民代表参与，由省督军和省公署监督。省督军应在阿克莫林斯克省、塞米巴拉金斯克省和七河省（在草原总督同意下）、在乌拉尔斯克省和图尔盖省（内务大臣同意下）依照《普通行省章程》第二千一百零九条引入简化管理机关。

注：乌拉尔斯克、卡尔梅科夫和古里耶夫在引入城市管理机关之前，由乌拉尔哥萨克军团的军团经济局管理城市经济事务。

第五十一条　在鄂木斯克、彼得罗巴甫洛夫斯克、塞米巴拉金斯克、维尔内、乌拉尔斯克各城依照城市警察相关法律建立独立的市警察局。

注：市郊区的哥萨克定居点也归市警察局管辖。

第五十二条　阿克莫林斯克、科克切塔夫、斋桑、巴甫洛达尔、乌斯季—卡缅诺戈尔斯克、科克佩克特、扎尔肯特、科帕尔、列普辛斯克、普热瓦里斯克、尼古拉耶夫斯克等城市设立城市警长（городские пристава）管辖警务；城市警长由县长管辖。

第五十三条　为处理基层警务，依照 1887 年版《普通行省章程》第一千二百九十三条注 3 雇佣警队，经费由城市筹集。

注 1：乌拉尔斯克、卡尔梅科夫和古里耶夫各城在城市管理局形成之前，其雇佣警员的开支由乌拉尔哥萨克军团承担。

注 2：维尔内市的警队经费支出由 1889 年 12 月 14 日沙皇批准国务会议意见（《法令汇编》1890 年第 155 件）规定。

第五十四条　在鄂木斯克、彼得罗巴甫洛夫斯克、塞米巴拉金斯克和维尔内各城设立市医生、医助和助产士。在乌拉尔斯克市设立市医生和医助。这些人员的义务依照普通法律规定。

第三节　乡村机关

一、游牧人群管理

第五十五条　各县的游牧人群划分为乡，乡划分阿吾勒社区（аульные общества）。

第五十六条　乡和阿吾勒社区的游牧帐户数量由省公署依照地方条件划分。一乡不超过 2000 游牧帐户，一阿吾勒社区不超过 200 游牧帐户。

注：每位拥有独立居所（包括毡房、帐篷、地穴、石屋和木屋）的牧民被视为一个游牧帐户主。

第五十七条　乡由地理上便于组织、冬牧场位置接邻的阿吾勒社区组成。

第五十八条　阿吾勒社区由共同使用土地的游牧帐户组成。

第五十九条　游牧帐户在同一县内两个阿吾勒之间变更隶属由县长审批，不同县之间由迁出县的县长审批。须得到迁出和迁入的两个阿吾勒社区同意，出具迁出和接收的决议。异动游牧帐户的税收和劳役到下一轮税收户口清点之前仍隶属于迁出社区。上述异动均须呈报省公署。

第六十条　阿吾勒社区在乡之间的异动须得到省公署批准。

第六十一条　跨县甚至跨省的冬夏季节转场期间，牧团的警务关系从属于所到县，但其国家税收、地方税收和劳役依然归原县征收。牧团内的负责人依然负有管理职责。牧团出发之前，乡长或阿吾勒长从县长处领取票照，注明游牧帐户数量、迁徙目的地为冬牧场或夏牧场、是否跨越县界或省界。阿吾勒长和乡长有责任通报迁徙目的地的地方长官，牧团在抵达后向其出示票照。

第六十二条　乡长管辖乡，阿吾勒长管辖阿吾勒社区。

第六十三条　乡长和阿吾勒长由民众选举产生，每三年举行一次选举，

注：内务大臣（乌拉尔斯克省和图尔盖省）和草原总督（阿克莫林斯克省、塞米巴拉金斯克省、七河省）在特殊情况下有权批准更换乡长人选而无须举行选举。

第六十四条　乡和阿吾勒社区内的每位游牧帐户主在符合以下条件的情况下均有资格当选为乡长和阿吾勒长：隶属于本乡或阿吾勒社区、未被法庭指控、未被地方长官处以超过 7 天的拘留或超过 30 卢布的罚款、未处于侦讯之中、年龄 25 岁以上。

第六十五条　乡（选举人）大会选举乡长；乡大会选举人由阿吾勒大会选举，每 50 名游牧帐户主推选一人。

注：如果按每 50 帐推举尚有余 25 帐以上，则从剩余帐数推举一名选举人。

第六十六条　阿吾勒大会推选乡大会选举人，所有游牧帐户主均有权参与选举，以简单多数选出；参加人数不得少于阿吾勒游牧帐户主数量的一半。

第六十七条　召开乡大会的时间地点由县长确定。

第六十八条　乡大会需要不少于三分之二的乡大会选举人出席，方为有效。

第六十九条　乡大会选举两人，得票最多者为乡长，得票第二者为乡长候选人。两名人选由县长附意见呈报省督军批准。

第七十条　省督军可批准或否决乡选举结果。若否决，省督军或召开新选举，或以乡长候选人替换乡长。

第七十一条　乡大会根据乡的人口规模和经济状况确定乡长工资，金额在每年 300—500 卢布之间；并确定雇佣书吏（писарь）和差役（рассыльный）的开支，规模在每年 300—400 卢布。

注：书吏的雇佣须经过县长批准。

第七十二条　乡大会关于乡长薪资的决议由县长呈递省公署批准。

第七十三条　阿吾勒长及其候选人由阿吾勒大会选出，以简单多数形式投票，参与者不得少于阿吾勒游牧帐户主的一半。

第七十四条　阿吾勒长及其候选人选举结果须由县长批准。

第七十五条　阿吾勒长薪资由阿吾勒大会根据其规模和经济情况规定，不超过每年 200 卢布。阿吾勒大会的决议呈报县长批准。

第七十六条　乡大会和阿吾勒大会确定的地方长官、书吏和差役的薪资及筹款分配方式与税收一道上报县库。薪资的发放时间和流程由省公署决定。

第七十七条　乡长和阿吾勒长在履行公务时佩戴特殊徽标，以及获得官方配发的印章，如长官不识字，则签发文件时以盖章代替。

注：徽标和印章的制作初期由公费支出。

第七十八条　乡长、阿吾勒长和乡大会、阿吾勒大会的权利、义务和职权范围须遵照农村居民管理章程，以及本条例以下条款（第七十九至第八十五条）。

第七十九条　乡长的职责包括：执行政府政令和法庭判决、监督阿吾勒大会但不得干预其过程、编纂各阿吾勒游牧帐户主名录、监察乡内人口异动、完成税收工作、催缴欠税。

第八十条　乡大会其他议程包括：选举民族法官、分配各村税收和劳役。

第八十一条　阿吾勒长的职责包括：为推举乡大会选举人而召集阿吾勒大会、须出席监督但无权干预会议、征收税款和摊派劳役、发放缴税收据、上交税款给乡长。

第八十二条　对乡长和阿吾勒长不当行为的申诉，可以呈递县长。

第八十三条　乡长和阿吾勒长在履职不力或滥用职权的情形下，可以被撤职：乡长须由督军撤职，阿吾勒长可由县长撤职。特殊情况下，县长有权临时撤职乡长，需要及时上报督军。

第八十四条　乡长、阿吾勒长或乡长的书吏犯重罪时，移交省公署法庭。

第八十五条　乡长或阿吾勒长犯轻微罪行时，可由县长采取以下惩罚措施：训诫、口头警告、罚款不超过 15 卢布或拘留不超过 7 天。罚没收入用于省内监狱建设。

第八十六条　乡长和阿吾勒长履职勤勉，可授予荣誉长袍或奖金，在阿克莫林斯克省、塞米巴拉金斯克省和七河省由总督审定，由特殊经费支出；乌拉尔斯克省和图尔盖省由内务大臣审定。

二、定居人群管理

（一）俄罗斯居民点管理

第八十七条　哥萨克军团的村社管理机构和镇法庭由特殊条例管辖。

第八十八条　俄罗斯村社管理机构的组建和运作依照农村居民管理章程，以及本条例以下条款（第八十九至第九十条）。

第八十九条　当省督军发现乡和村机关公职人员有轻微违法或犯罪行为时，可根据《普通行省章程》第五百一十六条惩治违法犯罪人员。在有特殊正当理由的情况下，省督军有权将上述所有人员解职。但省督军只能临时将乡长解职，向省公署提出永久解职的提议或移送司法机关。

第九十条　省公署享有（内地省份）县农村事务会议取消乡法庭判

决的权力。当乡法庭越权时，县长可向省公署提交取消判决的申请。

（二）东干和塔兰奇人管理

第九十一条　东干和塔兰奇定居点分为乡和村社（сельские общества）。

第九十二条　村社由邻近的定居点组成，拥有共同的耕地和灌溉水渠。

第九十三条　乡根据地方条件便利，由邻近的村社组成。不宜通过分割村社来成立乡。

第九十四条　县长审批个人或某一家庭在两个村社之间变更隶属事宜，须得到迁出和迁入的两个村社的同意，出具迁出和接收的决议。异动个人或家庭的税收和劳役到下一轮税收户口清点之前仍隶属于迁出社区。省公署审批村社在不同乡之间的异动。

第九十五条　乡长管辖乡，村长管辖村社。

第九十六条　选举的流程规则、乡长、村长和乡村两级机关人员的权责，以及乡村大会的职能均参照本条例游牧人群管理部分，即第六十三条以下。

（三）异族宗教事务管理

第九十七条　允许游牧和定居异族在每个乡保留一名自己的毛拉。

第九十八条　毛拉必须由异族本群体中选出；其任免由省督军批准。

第九十九条　阿克莫林斯克省、塞米巴拉金斯克省和七河省建立清真寺须由草原总督批准；乌拉尔斯克省和图尔盖省由内务大臣批准。清真寺及其附属学校的经费由本社区承担，但严禁社区强迫不愿意集资的个人出资支持。

第一百条　不允许成立瓦克夫。

第二部分　司法制度

第一百零一条　阿克莫林斯克省、塞米巴拉金斯克省、七河省、乌拉尔斯克省和图尔盖省的司法、公证和托管监护机关以及民间法庭依照土尔克斯坦边区司法制度组建和运行，并补充以下条款（第一百零二至第一百一十八条）。

第一百零二条　上述现行条例中涉及土尔克斯坦边区土著（туземцы）的条款适用于前述省份的异族。

第一百零三条　土尔克斯坦总督所享有的对司法和托管监护机关的相关权力，适用于草原总督在阿克莫林斯克省、塞米巴拉金斯克省和七河省。

第一百零四条　鄂木斯克县、塞米巴拉金斯克县、维尔内县和乌拉尔斯克县的县域和城市均设立治安法官。

注：在图尔盖省尼古拉耶夫斯克县设置的治安法官配有两名助理，其中一名助理领导案件调查，另一名审查案件。

第一百零五条　在图尔盖省，奥伦堡刑事和民事法庭（Оренбургская палата уголовного и гражданского суда）相当于内地省份的省法庭。

注：奥伦堡刑事和民事法庭任命一名治安法官助理，作为法庭成员参与司法工作，并在图尔盖省的伊列茨克县、伊尔吉兹县、图尔盖县治安法官缺席或患病期间代理其职务。

第一百零六条　由司法部审批乌拉尔斯克省和图尔盖省的司法调查辖区边界。

第一百零七条　各省内哥萨克军团的居民如涉及民事和刑事诉讼案件，非发生在作战或执勤时，且与违反军事纪律和义务无关，则依照普通法律由哥萨克镇法庭审判。

第一百零八条　依照帝国法律定罪的罪案受害者如果没有在法庭上要求赔偿损失，则保留在民间法庭依照民族习惯申请赔偿的权利。

第一百零九条　各治安法官和省法院不受理土尔克斯坦边区管理条例第一百四十一至第一百四十二条相关案件，即异族公职人员的违法犯罪案件。

第一百一十条　禁止在阿克莫林斯克省、塞米巴拉金斯克省、七河省、乌拉尔斯克省和图尔盖省冒充他人获取土地所有权（第一百三十六条）。

第一百一十一条　如罪犯的资产不足以支付民间法庭判决的罚款，则罚款替换为不超过三个月的拘留。

第一百一十二条　民间法庭数量由省公署在选举之前确定，以免选出超过每个阿吾勒或村一名法官的数量。

第一百一十三条　所有符合以下条件的本乡居民都有被选为民族法官的资格：受民众尊敬和信任，未被曾被法庭判处拘留超过7天或罚款超过30卢布的处罚，未处于侦讯或庭审之中，年龄不小于25岁。在任何一所俄罗斯教育机构接受过教育的人可以在达到25岁的条件下获得被选举资格。

第一百一十四条　民族法官选任由省督军批准；如未批准，则重新选举。

第一百一十五条　民族法官颁授任职时佩戴的特殊徽标，此外尚有印章，以及用于登记案件判决的簿册。

注：簿册制作支出由省地方税收承担。

第一百一十六条　婚姻和家庭案件不可直接由法院受理（参见土尔克斯坦边区管理条例第二百四十四条）。

第一百一十七条　在省督军领导下，为审理跨县域或跨乡域案件而召集民族法官特别会谳，会谳由案件当事人所属县或乡的法官组成，每个乡不少于一名法官。

注：跨省域案件须由两省省督军协商指定特别会谳审理。

第一百一十八条　土尔克斯坦边区管理条例的第一百三十一条注释、第一百六十一条注释以及第一百九十六条、第二百一十一条、第二百三十五至第二百三十七条、第二百五十二至第二百五十四条不适用于阿克莫林斯克省、塞米巴拉金斯克省、七河省、乌拉尔斯克省和图尔盖省。

第三部分　土地制度

第一章　游牧人群土地制度

第一百一十九条　作为牧场的土地和森林均被视为国家财产。

第一百二十条　作为牧场的土地由牧民依照习惯和本条例规定无限期公共使用。

注1：对于牧民而言多余的土地将由国家财产部管理。

注2：生活在奥伦堡哥萨克军团新伊列茨克区境内的吉尔吉斯人根据1878年5月23日沙皇谕准国务会议令（法令汇编全集，第58551件）获得土地使用权。

第一百二十一条　牧民使用的土地分为冬牧场、夏牧场和开垦土地。

第一百二十二条　冬牧场和开垦土地可以由游牧乡或阿吾勒依照习惯无限期公共使用。发生纠纷时，依照游牧帐户和牲畜数量分配牧地。

第一百二十三条　为调节游牧乡之间的土地纠纷，在省督军批准下，县内召集特别会议。不同县之间的乡发生土地纠纷，则由两地对应机关协商同意召集会议。会议由县长主持，纠纷双方乡各指派三名选举人代表参会。参会选举人代表由乡选举人大会选出。特别会谳的决议以特殊簿册登记，提交省公署批准。

第一百二十四条　一乡内阿吾勒之间的土地纠纷，由乡选举人大会处理；游牧帐户之间的土地纠纷，由阿吾勒大会处理。

第一百二十五条　每位牧民都有权在自己使用的冬牧场地块上开垦土地，开辟花园、果园和林地，建立住房和经济建筑。已经开垦、建有建筑或种植作物的土地可以继承，只要土地上有建筑或作物。建筑物构成私人财产，但可以出于拆除目的转让给不属于本社区的个人。

第一百二十六条　在查明属于牧民的土地数量之前，游牧社区可出租冬牧场区域内的土地给俄罗斯族，期限不超过30年，用于农耕，建造作坊、工场、磨坊或其他建筑。此决议由乡大会产生，省公署批准。

注：决议中应当注明出租收益所得金额的用途。

第一百二十七条　夏牧场由牧民依照习惯公共使用（第一百二十一条）。

第一百二十八条　在社区协商的情况下，在冬夏牧场的便利地点划出特殊地块为谷物和牧草种植之用。个人之间依照习惯和个人意愿划分地块边界。耕地上所立建筑物为私人财产，依照上述冬牧场建筑的相关条款（第一百二十五条）。

第一百二十九条　冬牧场的矿区和农垦地块可以在与所属社区达成自愿协议的基础上租用开发。夏牧场地块上开发矿藏的活动须依照在尚未占用的国家土地上进行开发活动的相关规定。

第一百三十条　在建立牧场上的合法牲畜通道之前，牧民有权无偿驱赶牲畜免费通过各地区，但需要对造成的损失负责，如牲畜踩踏冬牧场、耕地和割草场等。

第二章　定居人群土地制度

第一百三十一条　哥萨克军团关于土地占有和使用的权利依照特殊法律。

第一百三十二条　城市土地由城市社区依法占有和使用。依法向没有牧场的城市划拨未被使用的国家土地。

注：在国家财产部和内务部批准下，根据实际需求向铁米尔市、伊尔吉兹市、图尔盖市、阿克纠宾斯克市和尼古拉耶夫斯克市划拨牧场，供愿意从事农垦的人群开垦。

第一百三十三条　在国家土地上建立的俄罗斯族和异族村落由特殊条例规定其土地制度。

第一百三十四条　在国家财产部和内务部的同意下，向远离定居区的驿站划拨特殊的割草场地块，其规模以冬季供养驿站马匹所必需的草料为准。

第一百三十五条　在村社土地和私人土地上划出法定宽度的牧道，便于牧民驱赶牲畜免费通过。

注：牧团通过村社或私人牧道时缺乏草料，可与村民自愿贸易；或由陆军大臣及内务大臣协商，确定固定的通过费用。

第一百三十六条　禁止非俄罗斯臣民和除土著以外的所有非基督徒在草原诸省购买土地。

第四部分　赋税和劳役

第一章　游牧人群赋税

第一百三十七条　草原诸省游牧人口的国家税收是向居住在各类住所（毡房、木屋、石屋、地穴）的人群征收的每年4卢布的帐篷税。

注：冬夏牧场的两处居住点视为同一游牧帐户。

第一百三十八条　帐户的清点每三年开展一次。在下一轮清点之前，每个阿吾勒社区的阿吾勒长和乡选举人有义务查验游牧帐户主名单，核实后签字盖章。

第一百三十九条　核实过的游牧帐户主名单由阿吾勒长递交乡大会，由乡大会上再核实一遍；之后，乡机关人员、所有乡选举人和阿吾勒长均在名单上签字盖章，呈递县长。

第一百四十条　县长在税收监察官参与下，校对游牧帐户主名单和人员异动名单，之后编成报表呈递省公署，汇报帐户数目和应收税额。

第一百四十一条　省公署在核实上报的帐户清单和税收数据后，将报表递交到国库，以编制税收表单。

第一百四十二条　乡长和阿吾勒长有义务监督游牧帐户的迁入和迁出。

第一百四十三条　乡选举人如果未能如实上报帐户数字，则省公署可处以未交税金的两倍罚款。除此之外，还要从未上报帐户征收未交税金；如欠税人无力缴纳，则由其所属的阿吾勒社区承担。

第一百四十四条　阿吾勒长或乡长刻意上报错误信息，或因懒惰、粗心致信息错误，都将被视为职务犯罪，承担法律责任。

第一百四十五条　帐篷税根据各游牧帐户主的经济情况分配，由乡大会在阿吾勒社之间分配，由阿吾勒大会在游牧帐户主之间分配。乡大会和阿吾勒大会关于帐篷税征收分配的决议应登记入簿册。

第一百四十六条　阿吾勒长在阿吾勒社征收帐篷税，转运至乡长处获得收据；由乡长将帐篷税转运至县库。

第一百四十七条　阿克莫林斯克省、塞米巴拉金斯克省七河省的征税和转运期限由草原总督确定；乌拉尔斯克省和图尔盖省由财政大臣与内务大臣协商确定。

第一百四十八条　如游牧帐户主未能缴纳帐篷税，则由阿吾勒社根据阿吾勒大会分配情况支付欠缴金额；如阿吾勒社未能缴纳帐篷税，则由乡内其他阿吾勒社根据向大会分配情况承担。依照民族习惯明确对欠税的处罚措施。

第二章　定居人群赋税

第一百四十九条　草原诸省由俄罗斯农民、东干、塔兰奇在国家土地上组建的村社，须同国家农民一样遵照以下条款（第一百五十至第一百五十二条）交纳国家土地税。

第一百五十条　国家土地税依照立法程序设立和变更。

第一百五十一条　土地税按照户主名单中良地的面积征收。在户主名单尚未完成的地区，土地税按照每个村使用土地面积的总数计算。

第一百五十二条　各村社依据村大会决议在纳税人之间分配土地税；以同样的形式确定征收和保存土地税金的程序，以及处理欠税的措施。

第三章　地方赋役

第一百五十三条　在各省引入《地方机构章程》（Положение о земских учреждениях）之前，地方赋役都由省公署管理。县级劳役的公文处理和会计工作由县长领导。省公署和县长依照《地方赋役条例》（Устав о земских повинностях）组织工作。

注：省公署审议地方赋役的全体会议须以下官员出席：省法院的主席，省邮传工作的主任，哥萨克军团代表和省会城市的市长。图尔盖省公署全体会议中，省法院主席由奥伦堡刑事和民事法院主席替代，或由后者挑选一位法院成员替代。受邀参加会议的成员审议劳役事务中涉及本机构的工作。

第一百五十四条　地方赋役分为实物和现金两类；现金劳役分为省

和社区两级。

注：哥萨克军团的地方赋役由特殊法律管辖。

第一百五十五条　省级劳役的用途和来源由《地方赋役条例》和本条例第一百五十六条和第一百五十七条规定。

第一百五十六条　实物劳役服务于以下需求：（一）兴修水利开支；（二）对付蝗虫和其他病虫害；（三）维护驿道，除雪；（四）维护重要隘口和边境哨所；（五）维护驿道之外的牧民牲畜过道；（六）紧急情况下征调帐篷、燃料和运输牲畜的支出，支付价格由督军批准。

第一百五十七条　省级货币劳役用于以下开支：（一）社会福利和救济；（二）发展地方商业、手工业和畜牧业，以及各类种植业；（三）公共健康和疫苗接种；（四）预防牲畜倒闭或农作物歉收、除灭害虫；（五）依照沙皇批准的编制，部分支持教育和民族学校。

第一百五十八条　社区货币劳役用于以下支出：（一）游牧、定居乡村的乡村集体管理人员工资；（二）异族社区疫苗接种；（三）异族社区水利灌溉管理人员工资。

注：俄罗斯族农村居民的劳役由特殊法令管辖。

第一百五十九条　省级货币地方赋役（参见第一百五十七条）从以下渠道征收：（一）游牧民；（二）俄罗斯和异族定居村社；（三）城市不动产；（四）作坊和工场房产；（五）商业和工业票照、专利和票据。

第一百六十条　游牧民、定居社区和城市不动产税收的规模［第一百五十九条（一）至（三）］每年确定一次，与地方预算同时根据国家税收的某一百分比确定。

第一百六十一条　作坊和工场房产，商业和工业票照、专利［第一百五十九条（四）至（五）］，其税收额度根据《地方赋役条例》确定。

第一百六十二条　地方赋役由乡大会、阿吾勒大会和村大会以与国家税收相同的程序在牧民和定居居民中明确分配方案。

第一百六十三条　社区货币劳役（第一百五十八条）由各社区以书面决议征收一定规模的特殊税。

第一百六十四条　省级货币劳役每年由地方收支预算规定；地方赋役开支不得超出收入。

第一百六十五条　省级地方赋役预算根据《地方赋役条例》规定的程序制定。

注：地方预算草案同时向财政部和地方审计部门呈递。

第一百六十六条　禁止任何地方预算之外的支出。

第一百六十七条　地方赋役经费的接收、保存和支出以及会计和报告遵照国家财政收支相关法律。

第一百六十八条　地方货币劳役与国家税收同时征收。

参考文献

一、未出版档案文献和史料汇编

（一）相关档案卷宗

哈萨克斯坦中央国立档案馆（Центральный государственный архив Республики Казахстан，ЦГА РК）

第 44 号卷宗　七河省公署（Ф. 44，Семиреченское областное правление，1868-1918）

第 46 号卷宗　七河省军区司令部（Ф. 46，Штаб войск Семиреченской области，1882-1917）

第 64 号卷宗　草原总督办公厅（Ф. 64，Канцелярия степного генерал-губернатора，1882-1917）

第 354 号卷宗　科克切塔夫县长（Ф. 354，Кокчетавский уездный начальник）

第 825 号卷宗　科尔帕科夫斯基（Ф. 825，Колпаковский，Герасим Алексеевич，1819-1896）

俄罗斯联邦国家档案馆（Государственный архив Российской федерации，ГАРФ）

第 730 号卷宗　伊格纳季耶夫伯爵（Ф. 730, Игнатьев, Николай Павлович, Граф）

俄罗斯国家历史档案馆（Российский государственный исторический архив, РГИА）

第 954 号卷宗　冯·考夫曼（Ф. 954, фон-Кауфман, Константин Петрович）

第 1396 号卷宗　帕伦伯爵（Ф. 1396, Пален, Константин Константинович, Граф）

俄罗斯国家军事历史档案馆（Российский государственный военно-исторический архив, РГВИА）

第 400 号卷宗　参谋总部亚洲司（Ф. 400, Главный штаб Азиатская часть, 1836–1918）

第 447 号卷宗　中国处（Ф. 447, Китай, 1737–1918）

第 752 号卷宗　西伯利亚哥萨克军团（Ф. 752, Сибирское Казачье войско, 1760–1920）

第 1434 号卷宗　七河哥萨克军团（Ф. 1434, Семиреченское Казачьи войско, 1867–1920）

（二）史料汇编

1. Академия наук КазССР. Казахско-Русские отношения в XVI-XVIII веках: сборник документов и материалов. Алма-Ата, 1961.

2. Академия наук КазССР. Казахско-Русские отношения в XVIII-XIX веках: сборник документов и материалов. Алма-Ата, 1964.

3. Койгелдиев М.К. ред. История Казахстана в русских источниках.

Т. 1–10. Алматы，2005.

4. Масевич М. Г. Материалы по истории политического строя Казахстана. Т. 1，Алматы，1960.

5. Субханбердина Y. Киргизская степная газета：литературные образцы. Алма-Ата，1990.

二、帝俄时期出版俄文文献

1. Алтынсарин И. Киргизская хрестоматия. Оренбург，1879.

2. Аничков И.В. Киргизский герой（батыр）Джанходжа Нурмухамедов // ИОАИЭК. Т. 12，Вып. 3. 1894.

3. Аристов Н.А. Опыт выяснения этнического состава киргиз-казаков Большой Орды и кара киргизов. СПб.，1894.

4. Аристов Н.А. Заметки об этническом составе тюркских племен и народностей и сведения об их численности // Живая старина，1896，шестой，вып. 3–4. С. 277–456.

5. Бабков И.Ф. Воспоминания о моей службе в Западной Сибири （1859–1875 г.）. СПб.，1912.

6. Бартольд В.В. Очерк истории Семиречья，Верный，1898.

7. Бородин Н. Уральское казачье войско. Статистическое описание. Т. 1–2，Уральск，1891.

8. Брокгауз Ф.А. и Ефрон И.А. Энциклопедический словарь Брокгауза и Ефрона. Т. 13. СПб.，1894.

9. Букейханов А.Н. Исторические судьбы Киргизского края и культурные его успехи // Семенов П.П. Россия. Полное географическое

описание нашего Отечества. СПб., 1903.

10. Вельяминов-Зернов В.В. Исследование о касимовских царях и царевичах. Т. 1–4. СПб., 1863–1887.

11. Гейнс А.К. Собрание литературных трудов. СПб., 1897.

12. Добросмыслов А.И. Тургайская област // Известия оренбургского отдела Императорского Русского географического общества, вып. 17, Тверь, 1902.

13. Иакинф (Бичурин). Собрание сведений о народах, обитавших в Средней Азии в древние времена. СПб., 1851.

14. Красовский М. Область сибирских киргизов. СПб., 1868.

15. Крафт И.И. Сборник узаконений о киргизах степных областей. Оренбург, 1898.

16. Кудайбердиев Ш. Родословная тюрков, киргизов, казахов и ханских династий. Оренбург, 1910.

17. Кузнецов В.К. ред. Сборник статистических сведений об экономическом положении переселенцев в Сибири: Материалы по обследованию типических переселенческих поселков. СПб., 1913.

18. Леденев Н.В. История Семиреченского казачьего войска. Верный, 1909.

19. Леонтьев А.А. Русская колонизация в степях Средней Азии // Северный вестник 1889, Ho. 8: 87–88.

20. Лёвшин А.И. Описание Киргиз-Казачьих или Киргиз-Кайсацких орды степей. Т. 1–3, СПб., 1832.

21. Мейер Л.Л. Киргизская Степь Оренбургского ведомства. СПб., 1865.

22. Обзор Акмолинской области. Омск, 1881–1915.

23. Обзор Семипалатинской области. Семипалатинск, 1894–1904.

24. Обзор Семиреченской области. Верный, 1882–1917.

25. Обзор Тургайской области. Оренбург, 1881–1902.

26. Пален К.К. Отчет по ревизии Туркестанского края. СПб., 1910.

27. Паллас П.С. Путешествие по разным провинциям Российского государства. СПб., 1773–1788.

28. Памятная книжка и адрес-Календарь Семиреченской области на 1900 год. Верный, 1900.

29. Потанин Г.Н. О рукописи капитана Андреева о Средней киргизской орде, писанной в 1785 году // ИзИРГО. Т. 9, вып. 2, 1875.

30. Переселенское управление. Азиатская Россия: люди и порядки за Уралом. Т. 1. 1914.

31. Радлов В.В. К вопросу об уйгурах. Рипол Классик, 1893.

32. Румянцев П.П. Киргизский народ в прошлом и настоящем. СПб., 1910.

33. Рычков Н.П. Дневные записки путешествия капитана Николая Рычкова в киргиз-кайсацкой степе, 1771 году. СПб., 1772.

34. Рычков П.И. История Оренбургская по учреждению Оренбургской губернии. Уфа, 1759.

35. Середа Н.А. Бунт киргизского султана Кенесары Касымова // Вестник Европы, No. 8–9, 1870; No. 9, 1871.

36. Середа Н.А. Из истории волнений в Оренбургском крае: Материалы для истории последнего киргизского восстания, 1869–1870 // Русская мысль. Т. 13, вып. 8. М., 1892.

37. Семёнов П.П. Значение России в колонизационном движении европейских народов // Известия РГО. 1892. Т. 28. Вып. 4. 1892.

38. Семиреченский областный статистический комитет. Памятная книжка и адрес-календарь. Семиреченской области на 1898 год. Верный, 1898.

39. Семиреченский Переселенческий район. Сельскохозяйственный обзор Семиреченской области за 1914. Верный, 1915.

40. Смирнов Е.Т. Султаны Кенесары и Садык. Ташкент, 1889.

41. Стеткевич, А. Убыточен ли Туркестан для России. СПб., 1899.

42. Стариков Ф.М. Историко-статистический очерк Оренбургского казачьего войска. Оренбург, 1891.

43. Стратонов В.В. Туркестанский календарь на 1904 год. Ташкент, 1904.

44. Терентьев М.А. История завоевания Средней Азии. СПб., 1906.

45. Тизенгаузен В.Г. Сборник материалов, относящихся к истории Золотой Орды. СПб., 1884.

46. Троцкий В.Н. ред. Русский Туркестан. Т. 3. СПб., 1872.

47. Ушаков В.А. Киргиз-кайсак. М., 1830.

48. Федоров Д.Я. Чжунгарско-Семиреченский приграничный район. Т. 2. Ташкент, 1910.

49. Фишер. И.Е. Сибирская история. СПб., 1774.

50. Харузин А.Н. Киргизы Букеевской орды: антрополого-этнологический очерк. М., 1889.

51. Хорошхин М.П. Казачьи войска: опыт военно-статистического описания. СПб., 1881.

52. Щербина Ф.А. ред. Материалы по киргизскому землепользованию. Т. 1–12. Воронеж, 1898–1909.

三、中文文献

1.［哈］阿拜·库南巴耶夫著，艾克拜尔·米吉提译：《阿拜》，杭州：浙江文艺出版社，2020 年。

2.［哈］阿拜著，哈拜译：《阿拜诗文全集》，北京：民族出版社，1993 年。

3.［法］阿德尔等编，吴强等译：《中亚文明史（第6卷）：走向现代文明：19世纪中叶至20世纪末》，北京：中国对外翻译出版公司，2013 年。

4. 阿拉腾奥其尔、吴元丰：《清廷册封瓦里苏勒坦为哈萨克中帐汗始末——兼述瓦里汗睦俄及其缘由》，《中国边疆史地研究》1998年第3期，第52—58 页。

5.［德］埃利亚斯《文明的进程：西方国家世俗上层行为的变化》，上海：上海译文出版社，2013 年。

6. ［俄］巴布科夫著，王之相译，陈汉章校：《我在西西伯利亚服务的回忆》，北京：商务印书馆，1973 年。

7. ［俄］巴托尔德著，张丽译：《巴托尔德文集（第 2 卷第 1 分册）：吉尔吉斯简史》，兰州：兰州大学出版社，2013 年。

8. 白建才：《世界帝国史话：俄罗斯帝国》，北京：中国国际广播出版社，2015 年。

9. ［澳］布雷特·鲍登著，杜富祥、季澄、王程译：《文明的帝国：帝国观念的演化》，北京：社会科学文献出版社，2020 年。

10. ［俄］鲍维金、彼得罗夫著，张广翔、王昱睿译：《俄罗斯帝国商业银行》，北京：社会科学文献出版社，2018 年。

11. 编写组：《哈萨克族简史》，北京：民族出版社，2008 年。

12. 曹龙虎：《近代中国帝国主义概念的输入及衍化》，《武汉大学学报（人文科学版）》2017 年第 4 期。

13. 陈学惠：《俄罗斯军事改革研究》，中国社会科学院研究生院博士论文，2002 年。

14. ［英］约翰·达尔文著，黄中宪译：《帖木儿之后：1405 年以来的全球帝国史》，北京：中信出版集团，2021 年。

15. ［俄］尼·费·杜勃罗文著，吉林大学外语系俄语专业翻译组译：《普尔热瓦尔斯基传》，北京：商务印书馆，1978 年。

16. ［英］尼尔·弗格森著，雨珂译：《帝国》，北京：中信出版社，2011 年。

17. 傅正：《颠倒了的中心与边缘——地缘政治学的善恶之辨》，《开放时代》2018 年第 6 期，第 127—143 页。

18. ［英］格里夫顿编著，胡欣、慕翼蔚译：《俄罗斯帝国的兴衰，1613—1917：罗曼诺夫王朝三百年》，北京：中国画报出版社，2021 年。

19. ［哈］哈菲佐娃著，杨恕、王尚达译：《十四至十九世纪中国在中央亚细亚的外交》，兰州：兰州大学出版社，2002 年。

20. ［美］哈特、奈格里著，杨建国等译：《帝国》，南京：江苏人民出版社，2005 年。

21. 米儿咱·马黑德·海答儿著，王治来译：《中亚蒙兀儿史—拉失德史（第一编）》，上海：上海古籍出版社，2013 年。

22. ［美］亨利·赫坦巴哈等著，吉林师范大学历史系翻译组译：《俄罗斯帝国主义：从伊凡大帝到革命前》，北京：生活·读书·新知三联书店，1978 年。

23. 黄中祥：《哈萨克英雄史诗与草原文化》，伊宁：伊犁人民出版社，2010 年。

24. ［英］约翰·阿特金森·霍布森著，卢刚译：《帝国主义》，北京：商务印书馆，2017 年。

25. ［英］霍普柯克著，张望、岸青译：《大博弈：英俄帝国中亚争霸战》，北京：中国青年出版社，2016 年。

26. ［英］杰弗里·霍斯金，李国庆等译：《俄罗斯史》（全 3 卷），广州：南方日报出版社，2013 年。

27. 慧立、彦悰：《大慈恩寺三藏法师传》，北京：中华书局，1983 年。

28. 强世功：《文明的终结与世界帝国：美国建构的全球法秩序》，香港：三联书店，2021 年。

29.［俄］捷连季耶夫：《征服中亚史》（三卷本），北京：商务印书馆，1980—1986年。

30.［哈］格奥尔吉·瓦西里耶维奇·坎著，中国社会科学院丝绸之路研究所等译：《哈萨克斯坦简史》，北京：中国社会科学出版社，2018年。

31.［波斯］拉施特主编，余大钧、周建奇译：《史集（第一卷，第一分册）》，北京：商务印书馆，1983年。

32.［美］拉铁摩尔著，唐晓峰译：《中国的亚洲内陆边疆》，南京：江苏人民出版社，2008年。

33.［美］拉伊夫著，蒋学祯、王端译：《独裁下的嬗变与危机：俄罗斯帝国二百年剖析》，上海：学林出版社，1996年。

34.蓝琪：《16—19世纪中亚各国与俄国关系论述》，兰州：兰州大学出版社，2012年。

35.蓝琪：《中亚史（第六卷）》，北京：商务印书馆，2020年。

36.蓝琪：《论沙俄在中亚的统治》，《贵州师范大学学报》2016年第1期，第77—90页。

37.［英］利芬著，苏然、王橙译：《走向火焰：帝国、战争与沙皇俄国的终结》，北京：社会科学文献出版社，2020年。

38.李宁：《前苏联的遗产：哈萨克斯坦的粮食和能源产业》，沈阳：白山出版社，2016年。

39.李琪：《中亚维吾尔人》，乌鲁木齐：新疆人民出版社，2003年。

40.李伟丽：《尼·雅·比丘林及其汉学研究》，北京：学苑出版社，2007年。

41.李永全、王晓泉编：《"丝绸之路经济带"与哈萨克斯坦"光明之路"新经济政策对接合作的问题与前景》，北京：中国社会科学出版社，2016 年。

42. 李友东：《从"王朝"到"帝国"的转移——西方学术范式中"历史中国"的意涵变化》，《史学理论研究》2020 年第 3 期。

43. 厉声：《哈萨克斯坦及其与中国新疆的关系：15 世纪至 20 世纪中期》，哈尔滨：黑龙江教育出版社，2004 年。

44. 厉声：《中俄"司牙孜"会谳制度研究》，《新疆社会科学》1988 年第 4 期，第 68—79 页。

45. 联共（布）中央特设委员会编，中共中央马克思、恩格斯、列宁、斯大林著作编译局译：《联共（布）党史简明教程》，北京：人民出版社，1975 年。

46. ［美］梁赞诺夫斯基、斯坦伯格著，杨烨、卿文辉主译：《俄罗斯史》，上海：上海人民出版社，2007 年。

47. ［俄］列宁：《帝国主义是资本主义的最高阶段》，北京：人民出版社，2014 年。

48. 刘禾主编：《世界秩序与文明等级》，北京：生活·读书·新知三联书店，2016 年。

49. 刘显忠：《近代俄国国家杜马：设立及实践》，北京：社会科学文献出版社，2007 年。

50. 卢凌宇：《西方学者对非洲国家能力（1970—2012）的分析与解读》，《国际政治研究》2016 年第 4 期，第 102—126 页。

51. 罗新：《黑毡上的北魏皇帝》，北京：海豚出版社，2014 年。

52. 鲁迅：《再论雷峰塔的倒掉》，《鲁迅全集（第 1 卷）》，北京：人民文学出版社，1981年。

53. 马大正、成崇德编：《卫拉特蒙古史纲》，乌鲁木齐：新疆人民出版社，2006年。

54. 《马克思恩格斯全集》，北京：人民出版社，2012年。

55. ［哈］马萨诺夫等著，杨恕、焦一强译：《哈萨克斯坦民族与文化史》，北京：民族出版社，2018年。

56. ［英］麦金德著，林尔蔚、陈江译：《历史的地理枢纽》，北京：商务印书馆，2008年。

57. 孟楠：《俄国统治中亚政策研究》，乌鲁木齐：新疆大学出版社，2000年。

58. ［俄］米罗年科著，许金秋译：《19世纪俄国专制制度与改革》，北京：社会科学文献出版社，2017年。

59. ［俄］米罗诺夫著，张广翔、许金秋、钟建平译：《帝俄时代生活史》，北京：商务印书馆，2013年。

60. ［哈］努·纳扎尔巴耶夫著，哈依霞译：《前进中的哈萨克斯坦》，北京：民族出版社，2000年版。

61. ［哈］努·纳扎尔巴耶夫著，陆兵、王沛译：《时代·命运·个人》，北京：人民文学出版社，2003年版。

62. ［哈］努·纳扎尔巴耶夫著，徐葵等译：《哈萨克斯坦之路》，北京：民族出版社，2007年版。

63. ［哈］卡·托卡耶夫：《哈萨克斯坦：从中亚到世界》，北京：新华出版社，2001年。

64. ［苏］潘克拉托娃等编：《苏联通史（第三卷）》，上海：上海三联书店，1980 年。

65. 潘志平：《评五十年代苏联对中亚历史上抗俄民族主义的批判》，《俄罗斯东欧中亚研究》1984 年第 1 期，第 82—86 页。

66. 彭柳：《国家能力与苏东地区的国家建构：理论和机制》，《比较政治学研究》2021 年第 1 期，第 53—73 页。

67. ［哈］叶尔兰·巴塔舍维奇·塞德科夫著，李喜长译：《哈萨克草原之魂》，北京：中国社会科学出版社，2017 年。

68. ［哈］邵英巴耶夫等著，萧扬、罗焚译：《为正确阐明苏联中亚细亚各民族的历史问题而斗争》，北京：人民出版社，1954 年。

69. 施越：《十九世纪后期沙俄政府在中亚的内外政策考虑：以七河省的隶属变更为中心》，《中亚研究》2017 年第 2 期，第 1—20 页。

70. ［俄］斯大林：《斯大林全集（第六卷）》，北京：人民出版社，1956 年。

71. ［古希腊］斯特拉博著，李铁匠译：《地理学（下）》，上海：上海三联书店，2014 年。

72. 苏北海：《哈萨克族文化史》，乌鲁木齐：新疆大学出版社，1996 年。

73. 苏力：《法治及其本土资源》，北京：中国政法大学出版社，2004 年。

74. 苏力：《大国宪制：历史中国的制度构成》，北京：北京大学出版社，2018 年。

75. 孙成木、刘祖熙：《俄国通史简编（上、下）》，北京：人民出版社，1986 年。

76. ［俄］塔格耶夫著，薛蕾译：《在耸入云霄的地方》，北京：商务印书馆，1975 年。

77. ［美］汤普逊著，杨德友译：《帝国意识：俄国文学与殖民主义》，北京：北京大学出版社，2009 年。

78. ［俄］特列宁著，韩凝译：《帝国之后：21 世纪俄罗斯的国家发展与转型》，北京：新华出版社，2015 年。

79. ［哈］托卡耶夫：《哈萨克斯坦：从中亚到世界》，北京：新华出版社，2001 年。

80. 王国杰：《东干族形成发展史：中亚陕甘回族移民研究》，西安：陕西人民出版社，1997 年。

81. 王明珂：《游牧者的抉择：面对汉帝国的北亚游牧部族》，桂林：广西师范大学出版社，2008 年。

82. 王明珂：《英雄祖先与弟兄民族：根基历史的文本与情境》，北京：中华书局，2009 年。

83. 王绍光：《国家治理与基础性国家能力》，《华中科技大学学报（社会科学版）》2014 年第 3 期，第 8—10 页。

84. 王绍光：《国家汲取能力的建设——中华人民共和国成立初期的经验》，《中国社会科学》2002 年第 1 期，第 77—93 页。

85. 王治来：《中亚史（第一卷）》，北京：中国社会科学出版社，1980 年。

86. 王治来：《中亚国际关系史》，长沙：湖南出版社，1997 年。

87. 王治来：《中亚通史（古代卷）》，乌鲁木齐：新疆人民出版社，2004 年。

88. 王治来：《中亚通史（近代卷）》，乌鲁木齐：新疆人民出版社，2007年。

89. 丁笃本：《中亚通史（现代卷）》，乌鲁木齐：新疆人民出版社，2004年。

90. 徐景学主编：《西伯利亚史》，哈尔滨：黑龙江教育出版社，1991年。

91. 万雪玉：《1916年中亚各民族起义原因探讨》，《新疆大学学报（哲学社会科学版）》1997年第4期，第78—82页。

92. 汪金国：《1916年中亚起义的性质及其历史意义》，《兰州大学学报（社会科学版）》2000年第6期，第98—102页。

93. 王希隆、汪金国：《哈萨克跨国民族社会文化比较研究》，北京：民族出版社，2004年。

94. ［德］马克斯·韦伯著，冯克利译：《学术与政治》，北京：生活·读书·新知三联书店，1998年。

95. 韦进深、舒景林：《哈萨克斯坦国家发展与外交战略研究》，北京：世界图书出版公司，2016年。

96. 吴宏伟：《中亚人口问题研究》，北京：中央民族大学出版社，2004年。

97. 吴筑星：《沙俄征服中亚史考叙》，贵阳：贵州教育出版社，1996年。

98. ［古希腊］希罗多德著，王以铸译：《希罗多德历史：希腊波斯战争史（上册）》，北京：商务印书馆，1997年。

99. 项英杰主编：《中亚史丛刊（第一至七期）》，贵阳：贵州师范大学，1983—1988 年。

100. 辛华编：《俄语姓名译名手册》，北京：商务印书馆，2014 年。

101. 熊宸：《19 世纪罗马"帝国主义"问题在西方学术界的缘起与发展》，《世界历史》2021 年第 2 期，第 122—124 页。

102. ［俄］谢苗诺夫著，李步月译：《天山游记》，乌鲁木齐：新疆人民出版社，2001 年。

103. 徐海燕：《清朝在新疆与沙俄在哈萨克斯坦的"军政合一"管理体制比较》，《俄罗斯中亚东欧研究》2005 年第 3 期，第 75—79 页。

104. 杨素梅：《哥萨克的起源与社会属性分析一种哥萨克学的研究视角》，《俄罗斯研究》2012 年第 3 期，第 90—102 页。

105. 袁剑：《寻找"世界岛"：近代中国中亚认知的生成与流变》，北京：社会科学文献出版社，2020 年。

106. 曾向红、杨恕：《中国中亚研究 30 年来进展评估——基于观察视角与研究主题的评估框架》，《国际观察》2020 年第 6 期，第 66—98 页。

107. 张保国：《苏联对中亚及哈萨克斯坦的开发》，乌鲁木齐：新疆人民出版社，1989 年。

108. 张广达：《碎叶城今地考》，《北京大学学报（哲学社会科学版）》1979 年第 5 期。

109. 张宏莉：《当代哈萨克斯坦民族关系研究》，北京：世界知识出版社，2007 年。

110. 章永乐：《旧邦新造》，北京：北京大学出版社，2011 年。

111. 赵常庆主编：《列国志：哈萨克斯坦》，北京：社会科学文献出版社，2004 年。

112. 赵华胜：《中俄美在中亚的存在：上升和下降》，《国际观察》2015 年第 6 期，第 87—103 页。

113. 郑振东：《阿拜——哈萨克草原上的北极星》，北京：民族出版社，2003 年。

114. 竹效民：《浅议 18 世纪中叶至 19 世纪中叶沙俄对哈萨克草原的侵吞和哈萨克人民的抵抗》，《伊犁师范学院学报（社会科学版）》2007 年第 3 期，第 11—15 页。

115. 朱新光：《英帝国对中亚外交史研究》，南京：江苏人民出版社，2002 年。

116. 庄宇、施越主编：《俄罗斯国家建构的道路选择》，北京：商务印书馆，2021 年。

117. ［美］祖博克著，李晓江译：《失败的帝国》，北京：社会科学文献出版社，2014 年。

四、外文文献

（一）俄文和哈萨克文

1. Абдиров М.Ж. История казачества Казахстана. Алматы，1994.

2. Абдыкалыкова М. и Панкратовой А. ред., История Казахской ССР，Алма-Ата，1943.

3. Абылхожин Ж.Б. История Казахстана（с древнейших времен до наших дней）. Т. 1–5，Алматы，1997–2010.

4. Абдыкалыков М. и Панкратова А.М. ред. История Казахской ССР с древнейших времен до наших дней. Алма-Ата，1943.

5. Акишев А.К. ред. История Казахстана с древнейших времен до

наших дней（очерк）. Алматы, 1993.

6. Алтынсарин И. Собрание сочинений в трех томах. Т. 2. Алма-Ата, 1976.

7. Алтынсарин Ы. Мұсылманшылықтың тұтқасы. Шараит-ул-ислам. Алматы, 1991.

8. Аполлова Н.Г. Присоединение Казахстана к России в 30-х годах 18в. Алма-Ата, 1948.

9. Аполлова Н.Г. Экономические и политические связи Казахстана с Россией в 18-начале 19 в. М., 1960.

10. Асылбеков М.Х. Железнодорожники Казахстана в первой русской революции. Алма-Ата, 1965.

11. Басин В.Я. Казахстан в системе внешней политики России в первой половине 18в// Казахстан в 15-18 вв. Алма-Ата, 1969.

12. Басин В.Я. Россия и казахские ханства в 15-18 вв.Алма-Ата, 1971.

13. Баталина М. и Миллер А. Российская империя в сравнительной перспективе: сборник статей. М., 2004.

14. Бакунин Б. М. Описание калмыцких народов, а особливо из них торгоутского, и поступков их ханов и владельцев. Элиста, 1995.

15. Бейсембиев К. Очерки истории общественно-политической и философской мысли Казахстана（дореволюционный период）. Алма-Ата, 1976.

16. Бекмаханов Е.Б. Казахстан в 20-40 годы XIX века. Алма-Ата, 1947.

17. Бекмаханов Е.Б. Присоединение Казахстана к России. М., 1957.

18. Бекмаханова Н.Е. Формирование многонационального населения Казахстана и Северной Киргизии. Алма-Ата, 1980.

19. Бекмаханова Н.Е. Многонациональное население Казахстана и Киргизии в эпоху капитализма. 60-е годы XIX в.–1917 г. М., 1986.

20. Большакова О.В. Российская империя: система управления. Современная зарубежная историография. М., 2003.

21. Букейхан А. Тандамалы: Шығармалар жинағы. Алматы, 2002.

22. Валиханов Ч.Ч. Собрание сочинений в 5 томах. Алма-Ата, 1984–1985.

23. Верт П., Миллер А. и Кабытов П. ред. Российская империя в зарубежной литературе: работа последних лет. М., 2005.

24. Востров В.В., Муканов М.С. Родоплеменной состав и расслонеие казахов. Алма-Ата, 1968.

25. Вяткин М.П. Очерки по истории Казахской ССР. Т. 1. М., 1941.

26. Галузо П.Г. Аграрные отношения на юге Казахстана в 1867–1914 гг. Алма-Ата, 1965.

27. Герасимова Э.И. Уральск. Исторический очерк (1613–1917) Алма-Ата, 1969.

28. Дильмухамедов Е.Д. Из истории горной промышленности Казахстана. Алма-Ата, 1977.

29. Евтухова Е. Казань, Москва, Петербург: Российская империя взглядом из разных углов. М., 1997.

30. Еренов А. Очерки по истории феодальных земельных отношеений у казахов. Алма-Ата, 1960.

31. Ерофеева И.В. Хан Абулхаир: полководец, правитель, политик. Алматы, 2007.

32. Ерофеева И.В. Символы казахской государственности (позднее средневековье и новое время). Алматы, 2001.

33. Ерофеева И.В. и др. Аныракайский треугольник: историко-географический ареал и хроника великого сражения. Алматы, 2008.

34. Зиманов С.З. Общественный строй казахов первой половины 19 в. Алма-Ата, 1958.

35. Зиманов С.З. Политический строй Казахстана конца 18 и первой половины 19 в. Алма-Ата, 1960.

36. Карнаухова Е.С. Размещение сельского хозяйства России в период капитализма, 1860–1914. М., 1951.

37. Касымбаев Ж.К. Семипалатинск в канун Октябрьской революции. Алма-Ата, 1970.

38. Кунанбаев А. Избранное стихотворения, поэмы, слова-назидания. М., 1981.

39. Құнанбаев Абай. Шығармаларының толық жинағы. М., 1945.

40. Ленин В.И. Переселенческий вопрос // Полное собрание сочинений. Т. 21. М., 1961.

41. Ленин В.И. Крепость цепь определяется крепостью самого слабого звена ее // Полное собрание статей. Т. 32. М. 1969.

42. Ливен, Д. Российская империя и ее враги с XVI века до наших дней. М., 2007.

43. Мавродина Р. М. Киевская Русь и кочевники: историографический очерк. Ленинград, 1983.

44. Маджун. Д.С. Культура и просвещение дунган Центральной Азии. Бишкек, 2008.

45. Маликов Ф. Февральская буржуазно-демократическая революция в Казахстане. Алма-Ата, 1972.

46. Масанов Н.Э. ред. История Казахстана: народы и культуры. Алматы, 2001.

47. Малтусынов С.Н. Аграрная история Казахстана (конец XIX-начало XX в.). Алматы, 2006.

48. Мацузато К. Генерал-губернаторство в Российской империи: от этнического к пространственному подходу // Новая имперская история постсоветского пространства. Сборник статей. Герасимова И. ред. Казань, 2004.

49. Милов Л.В. ред. История России 18–19 веков. М., 2006.

50. Муратова С.Р. На страже рубежей Сибири // Национальные культуры региона. Тюмень, 2007. С. 32–46.

51. Муратова, С. Р. Географическое описание Тоболо-Ишимской линии // Известия Российского государственного педагогического университета им.

АИ Герцена. Т. 13, No. 36 (2007).

52. Муратова С.Р., Тычинских З.А. Фортификационные особенности пограничных крепостей Урала и Западной Сибири XVIII в. // Проблемы востоковедения. Т. 77, No. 3, (2017). С. 33–38.

53. Невольник. Предание о киргиз-кайсацком хане Абулхаире // Тургайские областные ведомости. 1899. No 52.

54. Нусупбеков А.Н. История Казахской ССР с древнейших времен до наших дней в 5 томах. Алма-Ата, 1977–1981.

55. Оболенский (Осинский) В.В. Международные и межконтинентальные миграции в довоенной России и СССР. М., 1928.

56. Правилова Е.А. Финансы империи: деньги и власть в политике России на национальных окраинах, 1801–1917, М., 2006.

57. Рязанов А.Ф. Сорок лет борьбы за национальную независимость Казахского народа (1797–1838 г.): Очерки по истории национального движения Казахстана. Кзыл-Орда, 1926.

58. Рязанов А.Ф. Восстание Исатая Тайманова. Ташкент, 1927.

59. Рязанов А.Ф. Батыр Сырым Датов // Советская Киргизия. 1924.

60. Семёнов Тянь-Шанский П.П. Путешествие в Тянь-Шань в 1856–1857 гг. М., 1948.

61. Скляров Л.Ф. Переселение и землеустройство в Сибири в годы столыпинской аграрной реформы. Ленинград, 1962.

62. Стеблин-Каменская М.И. К истории восстания султана Кенесары Касымова // Исторические записки. No. 13. 1942.

63. Степняк К. (Букейханов А.Н.) Материалы к истории султана Кенесары Касымова. Ташкент, 1923.

64. Сулейменов В.С. Аграрный вопрос в Казахстане в последней трети 19–начале 20 в. Алма-Ата, 1963.

65. Сулейменов В.С. Революционное движение в Казахстане в 1905–1907 гг. Алма-Ата, 1977.

66. Сулейменов В.С. и Басин В.Я. Восстание 1916 года в Казахстане. Алма-Ата, 1977.

67. Султангалиева Г.С. Казахское чиновничество Оренбургского ведомства: формирование и направление деятельности (XIX) // *Acta Slavica Iaponica*, 27 (2009): 77–101.

68. Султанов Т.И. Поднятые на белой кошме: Ханы казахских степи. Астана, 2006.

69. Тажибаев Т.Т. Развитие просвещения и педагогической мысли в Казахстане во второй половине XIX века. Алма-Ата, 1958.

70. Толыбеков С.Е. Кочевое общество казахов в 17–начале 20 в. Алма-Ата, 1971.

71. Торайгыров С. Избранное. Алма-Ата, 1971.

72. Тумайкина В.В. Основные направления военно-политической и административной деятельности Г.А. Колпаковского. Автореферат, Алтайский государственный университет, 2010.

73. Чулошников А.П. Очерки по истории казак-киргизского народа в связи с общими историческими судьбами других тюркских

племен. Оренбург, 1921.

74. Чулошников А.П. К истории феодальных отношений в Казахстане XVII-XVIII вв. // Известия АН СССР. Отделение общественных наук, No. 3. 1936.

75. Шахматов В.Ф. Казахская пастбищно-кочевая община. Алма-Ата, 1964.

76. Шоинбаев Т.Ж. Прогрессивное значение присоединения Казахстана к России. Алма-Ата, 1973.

77. Центральное статистическое управление. Всесоюзная перепись населения 1926 года. Т. 31.

78. Жиречин А.М. Из истории Казахской книги. Алма-Ата, 1987.

79. Якунин А.Ф. Восстание Кенесары Касымова // Большевик Казахстана. No. 8. 1939.

（二）英文和其他西文文献

80. Akira, Ueda. "How did the Nomads Act during the 1916 Revolt in Russian Turkistan？" *Journal of Asian Network for GIS-based Historical Studies*, Vol. 1,（Nov. 2013）：33-44.

81. Allworth, Edward. *Central Asia: A Century of Russian Rule*. New York：Columbia University Press, 1967.

82. Anderson, Benedict. *Imagined Communities: Reflections on the Origin and Spread of Nationalism*. London：Verso, 1983.

83. Bacon, Elizabeth. *Obok: a Study of Social Structure in Eurasia*. N.Y.: Wenner-Gren Foundation for Anthropological Research, 1958.

84. Barkey, Karen. *Empire of Difference: The Ottomans in Comparative Perspective*. Cambridge University Press, 2008.

85. Barkey, Karen. ed. *After empire: Multiethnic Societies and Nation-Building: The Soviet Union and the Russian, Ottoman, and Habsburg Empires*. Routledge, 2018.

86. Barrett, Thomas M. *At the Edge of Empire The Terek Cossacks and the North Caucasus Frontier 1700–1860*. Westview Press, 1999.

87. Bassin, Mark. *Imperial visions: Nationalist Imagination and Geographical Expansion in the Russian Far East. 1840–1865*. Cambridge University Press, 1999.

88. Becker, Seymour. "Russia between east and west: The intelligentsia, Russian national identity and the Asian borderlands," *Central Asian Survey*, Vol. 10, No. 4 (1991).

89. Bell, Duncan. *The Idea of Greater Britain Empire and the Future of World Order, 1860–1900*. Princeton, N.J.: Princeton University Press, 2007.

90. Bennigsen, Alexandre, and S. Enders Wimbush. *Mystics and Commissars: Sufism in the Soviet Union*. University of California Press, 1985.

91. Brower D. and Edward J. Lazzerini ed., *Russia's Orient: Imperial Borderlands and People, 1800–1917*. Bloomington, I.N.: Indiana University Press, 1997.

92. Burbank, Jane, David L. Ransel, *Imperial Russia: New Histories for the Empire*. Bloomington, I.N.: Indiana University Press, 1998.

93. Burbank, Jane, Mark von Hagen, and Anatolyi Remnev, eds.,

Russian Empire: Space, People, Power, 1700–1930. Bloomington, I.N.: Indiana University Press, 2007.

94. Burbank, Jane, and Frederick Cooper, *Empires in World History: Power and the Politics of Difference.* Princeton, N.J.: Princeton University Press, 2010.

95. Bustanov, Alfrid K. and Michael Kemper, "Russia's Islam and Orthodoxy beyond the Institutions: Languages of Conversion, Competition and Convergence." *Islam and Christian-Muslim Relations* 28, No. 2 (2017), pp. 129–139.

96. Campbell, Elena I. "Global Hajj and the Russian State." *Kritika: Explorations in Russian and Eurasian History* 18, No. 3 (2017): 603–612.

97. Campbell, Ian. *Knowledge and the Ends of Empire: Kazak Intermediaries and Russian Rule on the Steppe, 1731–1917.* Ithaca, N.Y.: Cornell University Press, 2017.

98. Campbell, I.W. "Settlement Promoted, Settlement Contested: the Shcherbina Expedition of 1896–1903", *Central Asian Survey*, 2011, Vol. 30, No. 3–4, pp. 423–436.

99. Castle. Jomal von der Aog. 1736 aus Orenburg zu dem Abul- Gheier Chan der Kirgis-Kaysak Tartarischen Horda // Matcrialen zu der Russischen Geschichte seit dem Tode Kaiser Peter der Grossen. Riga, 1784.

100. Castle, John. Into the Kazakh Steppe: John Castle's Mission to Khan Abulkhayir. Signal Books, 2014.

101. David-Fox, Michael Peter Holquist, Alexander M. Martin. "The

Imperial Turn," *Kritika: Explorations in Russian and Eurasian History*, Vol. 7, No. 4, (Fall 2006), pp. 705-712.

102. Demko, George. *The Russian Colonization of Kazakhstan: 1896-1916*. Bloomington I.N.: Indiana University, 1964.

103. Donnelly, A.S. "The Orenburg Expedition: Russian Colonial Policies on the Southeastern Frontier, 1734-1740". Ph. D. dissertation, University of California, Berkeley, 1960.

104. Frank, Allen J. *Muslim Religious Institutions in Imperial Russia: the Islamic World of Novouzensk District and the Kazakh Inner Horde, 1780-1910*. Leiden: Brill, 2001.

105. Ferguson, Niall. *Empire: How Britain Made the Modern World*. London: Allen Lane, 2003.

106. Gellner, Ernest. *Nations and Nationalism*. Oxford: Blackwell, 1983.

107. Hamalainen, Pekka. *The Comanche Empire*. New Haven: Yale University Press, 2008.

108. Hancock-Parmer, Michael. "The Soviet Study of the Barefooted Flight of the Kazakhs." *Central Asian Survey*, No. 3 (2015): 281-295;

109. Hardt, Michael, Antonio Negri. *Empire*. Cambridge: Harvard University Press, 2000.

110. Jersild, Austin. *Orientalism and Empire: North Caucasus Mountain Peoples and the Georgian Frontier, 1845-1917*. McGill-Queen's Press, 2002.

111. Kane, Eileen. *Russian Hajj: Empire and the Pilgrimage to Mecca.*

Ithaca, N.Y.: Cornell University Press, 2015.

112. Kappeler, Andreas. *The Russian Empire: A Multi-Ethnic History.* London: Longmans, 2001.

113. Khodarkovsky, Michael. *Russia's Steppe Frontier: the Making of a Colonial Empire, 1500–1800.* Bloomington, I.N.: Indiana University Press, 2002.

114. Kotkin, Stephen. "Mongol Commonwealth?: Exchange and Governance across the post-Mongol space." *Kritika: Explorations in Russian and Eurasian History*, Vol. 8, No. 3, (2007), pp. 487–531.

115. Krader, Lawrence. *Social Organization of the Mongol-Turkic Pastoral Nomads.* The Hague: Mouton & Co. 1963.

116. Kudaibergenova, Diana, *Rewriting the Nation in Modern Kazakh Literature: Elites and Narratives.* Lanham, Maryland: Lexington Books, 2017.

117. LeDonne, John P. *The Russian Empire and the World, 1700–1917: the Geopolitics of Expansion and Containment.* Oxford: Oxford University Press, 1996.

118. Levi, Scott C. *The Rise and Fall of Khoqand, 1709–1876: Central Asia in the Global Age.* Pittsburg, P.A.: University of Pittsburgh Press, 2017.

119. Lieven, Dominic. ed., *The Cambridge History of Russia. Volume II. Imperial Russia, 1689–1917.* Cambridge, U.K.: Cambridge University Press, 2006.

120. Lieven, Dominic. *Empire: The Russian Empire and its Rivals.* Yale

University Press, 2002.

121. Lieven, Dominic. "Empire on Europe's Periphery: Russian and Western Comparisons", in Alexei Miller and Alfred J. Rieber eds, *Imperial Rule*, Budapest and New York: Central European University Press, 2004.

122. Mackenzie, David. "Kaufman of Turkestan: an Assessment of his Administration 1867-1881", *Slavic Review*, Vol. 26, No. 2 (1969), pp. 265-285.

123. Malikov, Yuriy. "The Kenesary Kasymov Rebellion (1837-1847): a National-Liberation Movement or 'a Protest of Restoration'?," *Nationality Papers*, Vol. 33, No. 4, (2005), pp. 569-597.

124. Malikov, Yuriy, *Tsars, Cossacks, and Nomads: The Formation of a Borderland Culture in Northern Kazakhstan in the 18th and 19th Centuries*. Berlin: Klaus Schwarz Verlag, 2011.

125. Marc Raeff, *Siberia and the Reforms of 1822*. Seattle: University of Washington Press, 1956.

126. Martin, Terry. *The Affirmative Action Empire: Nations and Nationalism in the Soviet Union, 1923-1939*. Ithaca, N.Y.: Cornell University Press, 2001.

127. Martin, Virginia. *Law and Custom in the Steppe: the Kazakhs of the Middle Horde and Russian Colonialism in the Nineteenth Century*, Surrey: Curzon Press, 2001.

128. Matsuzato, Kimitaka ed. *Imperiology: From Empirical Knowledge to Discussing the Russian Empire*. Sapporo: Slavic Research Center, 2007.

129. McKenzie, Kermit E. "Chokan Valikhanov: Kazakh Princeling and Scholar," *Central Asian Survey*, Vol. 8, No. 3 (1989): 1–30.

130. Moon, David. "Peasant Migration and the Settlement of Russia's Frontiers, 1550–1897," *The Historical Journal*, 40 (No. 4, 1997): 859–893.

131. Morrison, Alexander. *Russian Rule in Samarkand 1868–1910: A Comparison with British India.* Oxford University Press, 2008.

132. Morrison, Alexander. "Metropole, Colony, and Imperial Citizenship in the Russian Empire" *Kritika: Explorations in Russian and Eurasian History* 13, 2 (Spring 2012): 327–364.

133. Morrison, Alexander. "Russian Settler Colonialism" in Edward Cavanagh and Lorenzo Veracini eds, *The Routledge Handbook of the History of Settler Colonialism.* London: Routledge, 2017, pp. 313–326.

134. Morrison, Alexander. *The Russian Conquest of Central Asia. a Study in Imperial Expansion, 1814–1915.* Cambridge University Press, 2021.

135. Naganawa, Norihiro, "Transimperial Muslims, the Modernizing State, and Local Politics in the Late Imperial Volga-Ural Region." *Kritika: Explorations in Russian and Eurasian History* 18, No. 2, (2017), pp. 417–436.

136. Naganawa, Norihiro, "The Hajj Making Geopolitics, Empire, and Local Politics: A View from the Volga-Ural Region at the Turn of the Nineteenth and Twentieth Centuries," in Alexandre Papas, Thomas Welsford, and Thiery Zarcone, eds., *Central Asian Pilgrims: Hajj Routes*

and Pious Visits between Central Asia and the Hijaz. Berlin: Klaus Schwarz Verlag, 2012, pp. 168–198.

137. Nishiyama, Katsunori. "Russian Colonization in Central Asia: A Case of Semirechye, 1867–1922," in Hisao Komatsu, et al. eds., *Migration in Central Asia: its History and Current Problems.* Osaka: The Japan Center for Area Studies, National Museum of Ethnology, 2000.

138. Noda, Jin. *The Kazakh Khanates between the Russian and Qing Empires: Central Eurasian International Relations during the Eighteenth and Nineteenth Centuries.* Leiden: Brill, 2016.

139. Olcott, Martha. *The Kazakhs.* Stanford, C.A.: Hoover Institution Press, 1987.

140. Papas, Alexandre, Thierry Zarcone, and Thomas Welsford, eds. *Central Asian Pilgrims.: Hajj Routes and Pious Visits between Central Asia and the Hijaz.* Vol. 308. Walter de Gruyter, 2020.

141. Payne, Matthew J. *Stalin's Railroad: Turksib and the Building of Socialism.* Pittsburgh, P.A.: University of Pittsburgh Press, 2001.

142. Pierce, Richard A. *Russian Central Asia 1867–1917.* University of California Press, 1960.

143. Pipes, Richard. *The Formation of the Soviet Union. Communism and Nationalism, 1917–1923,* Cambridge: Harvard University Press, 1954.

144. Penati, Beatrice. "The Cotton Boom and the Land Tax in Russian Turkestan (1880s-1915)." *Kritika: Explorations in Russian and Eurasian History,* Vol. 14, No. 4 (2013), pp. 741–774.

145. Roshwald, Aviel. *Ethnic Nationalism and the Fall of Empires: Central Europe, the Middle East and Russia, 1914–1923*. Routledge, 2002.

146. Rywkin, Michael. ed. *Russia in Central Asia*, N.Y.: Collier, 1960.

147. Rywkin, Michael. ed. *Russian Colonial Expansion to 1917*. London: Mansell Publishing Limited, 1988.

148. Sabol, Steven. *Russian Colonization and the Genesis of Kazak National Consciousness*. Springer, 2003.

149. Said, Edward W. *Orientalism*. New York: Pantheon, 1978.

150. Seeley J. R. *The Expansion of England: Two Courses of Lectures*. London: Macmillan, 1883.

151. Schuyler, Eugene. *Turkistan: Notes of a Journey in Russian Turkistan, Kokand, Bukhara and Kuldja*, Praeger, 1966.

152. Sultangalieva, Gulmira. "The Russian Empire and the Intermediary Role of Tatars in Kazakhstan: The Politics of Cooperation and Rejection," in *Asiatic Russia: Imperial Power in Regional and International Contexts*, 2012, pp. 52–80.

153. Sultangalieva, Gulmira. "The Role of the *Pristavstvo* Institution in the Context of Russian Imperial Policies in the Kazakh Steppe in the Nineteenth Century", *Central Asian Survey*, Vol. 33, No. 1, (2014), pp. 62–79.

154. Suny, Ronald G. and Terry Martin, eds. *A State of Nations: Empire and Nation-making in the Age of Lenin and Stalin*. Oxford University Press,

2001.

155. Tomohiko Uyama, ed., *Empire, Islam, and Politics in Central Eurasia*. Sapporo: Slavic Research Center, 2007.

156. Uyama, Tomohiko, "The Geography of Civilizations: A Spatial Analysis of the Kazakh Intelligentsia's Activities, from the Mid-Nineteenth to the Early Twentieth Century," in ed. Kimitaka Matsuzato, *Regions: A Prism to View the Slavic-Eurasian World*. Sapporo, 2000, pp. 70–99.

157. Uyama, Tomohiko "A Strategic Alliance between Kazakh Intellectuals and Russian Administrators: Imagined Communities in *Dala* Walayatïnïŋ Gazetí (1888–1902)," in Tadayuki Hayashi ed. *The Construction and Deconstruction of National Histories in Slavic Eurasia*, Sapporo: Slavic Research Center, 2003, pp. 249–251.

158. Uyama, Tomohiko, "A Particularist Empire: The Russian Policies of Christianization and Military Conscription in Central Asia." In Uyama, Tomohiko ed., *Empire, Islam, and Politics in Central Eurasia*. Sapporo: Slavic Research Center Hokkaido University, 2007, pp. 23–63.

159. Weeks, Theodore. *Nation and State in Late Imperial Russia: Nationalism and Russification on the Western Frontier, 1863–1914*. DeKalb, 1996.

160. Werth, Paul. *At the Margins of Orthodoxy: Mission, governance, and Confessional Politics in Russia's Volga-Kama Region, 1827–1905*. Ithaca, N.Y.: Cornell University Press, 2002.

161. Wortman, Richard. *Scenarios of Power: Myth and Ceremony in*

Russian Monarchy. Princeton, N.J.: Princeton University Press, 1995, 2000.

162. Yaroshevski, Dov. "Empire and Citizenship" in ed. Daniel Brower and Edward J. Lazzerini, *Russia's Orient: Imperial Borderlands and People, 1800-1917*, Bloomington, I.N.: Indiana University Press, 1997, pp. 69-70.

后　记

自 2011 年负笈海外至今，一晃已有十余年。在克服初到大洋彼岸的种种困难之后，我大致选定了以中亚草原地区的近代转型为研究方向，尝试以中亚地区的现状为问题的出发点，理解塑造当代中亚国家政治经济和社会文化的源流。西域和南洋自古为我国对外交通的主要渠道，当下借"一带一路"倡议的历史机遇更为人所知。西域在近代欧洲列强的地缘政治博弈中划分为中亚、南亚和西亚，而中亚在 1991 年末之后形成独立的五个国家。尽管该地区在跨洋航海技术成熟之后逐渐失去了国际政治和全球贸易层面的重要性，但对于关心中国近代转型和边疆时局的学人而言，中亚历史和当代问题无疑具有独特的吸引力。

今日的中亚在地缘上处于欧亚大陆腹地，在国际经济格局中处于边缘，故各界投入的研究资源有限，基础研究相对较为薄弱。但这一地区自古希腊时代至今长期为周边文明所叙述。故而中亚历史文化脉络庞杂，文史研究涉及对多个文明传统的把握，往往须学习多种语言，熟谙多语种文献，考订大量官职、史地、年代和版目细节，以重构文字背后的事件和历史进程。

得益于在乔治敦大学的长期学习，我在研究语言、史料文献和学术史三方面均取得了显著的进步，对美国学界的俄罗斯史和区域研究都有了一些切身的感受。在社会科学诸领域学说主导历史书写的时代，语言学习的枯燥重复、史料文献的庞杂浩渺和学术共同体的势单力薄使得攀登书山的道路尤为曲折。中亚文史的学术训练无疑是对心性的考验。

赴俄罗斯和哈萨克斯坦访学的两年帮助我厘清了研究思路。如果说两国城市的大街小巷能使年岁稍长的中国游客回忆起改革开放初期大城市和工矿中心居民区的街景，那么莫斯科、圣彼得堡和阿拉木图的各家档案馆和图书馆则仿佛时空穿梭机器，帮助我与19世纪以降的历代前人学者建立对话。至今，位于阿拉木图市中心的哈萨克斯坦中央国立档案馆阅览室的墙上还挂着1898年维尔内市（今阿拉木图）的市区街道地图。图上清晰标注着阿拉木图老城区各条街道在帝俄时期的名称。在阅览室之外的广阔世界，西伯利亚大铁路上的绿皮车厢穿梭在茫茫白雪覆盖的森林之间。18—19世纪俄国的远征官兵、逃亡农奴和流放人犯、20世纪初向草原东路迁徙的欧俄移民沿着类似的路线向西伯利亚南缘的山麓和河谷地区寻求生计。沿中亚草原东西两路旅行期间所见迥异的气候、地形和植被则使我更为直观地认识到区域差异和游牧部落分化的史地因素。结合档案文献中记载的人物、机构、地点和事件，田野经历使得数百年前的研究对象逐渐与我产生了关联。在理解了研究主题所涉文献的种类、来源和史料性质之后，此前由理论生发的各类问题经由实践检验变得更加"接地气"。即便如此，面对浩如烟海的史料文献和有限的写作时间，我不得不放弃了写作计划中的一些章节。这些缺憾只能期待在未来的学术生涯中弥补。

本书的构思、写作的修订获得了诸多机构的支持和师友的指教。我有幸受聘于北京大学外国语学院国别和区域研究专业，在博士毕业之后继续从事以中亚地区为焦点的教学和科研工作。我在此诚挚感谢北京大学外国语学院的各位领导和同事。他们从不同角度为本书的完成提供了支持和鼓励。感谢陈明、罗新、侯艾君、昝涛、袁剑、孔元、傅正、康杰等诸位师友阅读或点评书稿的早期版本，为最终版本的修订指明了方向。感谢庄宇、谢维宁、李海鹏、尹旭等同事帮忙解决书中涉及的诸多翻译问题。

北京大学"人才创新启动项目"和北京大学"区域与国别学术基金"为本作的研究提供了慷慨的资助。本作品在写作过程中得到了北京市社科基金青年项目立项支持。燕园密集的学术活动帮助我重新寻找作品的定位和架构、思考史料的历史研究价值和现实意义。感谢北京大学人文社会科学研究院邀请我就本书的部分内容作专题讲座"俄国对中亚草原的征服与现代中亚的形成"。感谢章永乐、陈一峰等诸位老师发起的"帝国与国际法史研讨会"。在早年论题构思和搜集资料的过程中，乔治敦大学的诸位师友为我提供了无私的帮助，此处不再一一罗列。需要特别感谢的是 Alexander Morrison 教授和 Beatrice Penati 教授为我赴哈萨克斯坦访学所做出的不懈努力，以及在哈萨克斯坦开展档案研究方面提供的无私指导。同样需要感谢的是 Michael David-Fox 教授对我赴俄罗斯访学提供的支持，以及 Svetlana Kozhirova 教授在 2019 年夏季赴哈国调研活动中的组织协调工作。

本书的部分章节内容曾以期刊论文和编著章节形式发表，感谢朱永彪、鲁大东、李文博、万骏、刘玉伟等老师的编校工作。感谢吕成敏、马萍和籍春蕾在书稿校订方面给予的帮助。

最后，自攻读博士至完成书稿，我的父母和妻子为我提供了方方面面的支持。走笔至此，我不禁想起苏力教授的经典问题："什么是你的贡献？"可能是接续我国学界前辈学者开创的中亚近代史研究传统，结合当代中亚研究的问题意识，整理出一些或许对于人文社科学者、当代国际问题研究者、实务领域从业者和普通读者有一定参考价值的观点吧。

施　越

2022 年 2 月

北京大学燕园